W0064489

Inhalt

Bill Donahue • Russ Robinson

Gemeinschaft, die Leben verändert

Praktische Schritte zu einer
Kleingruppen-Gemeinde

WILLOW
CREEK
EDITION
Kirche für Distanzierte

Projektion J

Originaltitel:
Building a Church of Small Groups

© 2001 by *Willow Creek* Association
Published by Zondervan Publishing House,
Grand Rapids, Michigan 49530, USA

© 2003 der deutschen Ausgabe
by Gerth Medien GmbH, Asslar

ISBN 3-89490-456-9

Die Bibelstellen stammen, wenn nicht anders vermerkt,
aus „Die Gute Nachricht"-Bibel.

Übersetzung: Dagmar Gleiss-Forcioli
Umschlaggestaltung: Hanni Plato
Satz: Nicole Schol
Druck und Verarbeitung: Schönbach-Druck, Erzhausen

Vorwort

George Bernard Shaw hat die berühmten Worte geprägt: „Wer fähig ist, schafft, wer unfähig ist, lehrt."

Dasselbe gilt, wie ich annehme, auch für das Schreiben. Aber in dem vorliegenden Fall trifft es nicht zu.

„Gemeinschaft" ist eines jener Schlagworte geworden, über die jeder wie über das Wetter spricht, zu denen aber kaum jemand wirklich etwas beiträgt. Aber Bill Donahue und Russ Robinson haben nicht nur über Gemeinschaft nachgedacht, gelesen und gesprochen. Sie haben die Ärmel hochgekrempelt und ihr Leben darin investiert, um herauszufinden, wie man Gemeinschaft tatsächlich schafft – mit richtigen Menschen und in einer wirklich bestehenden Gemeinde.

Robert Wuthnow, ein Sozialwissenschaftler an der Universität Princeton, hat einmal geschrieben, die Kleingruppen-Bewegung sei „die größte Revolution unserer Tage". Aber er sagt auch, dass die Kleingruppen-Bewegung nicht einfach Gemeinschaft schafft; sie verändert auch die Natur der Gemeinschaft grundlegend, leider nicht immer zum Guten. Die Menschen, die bereit sind, sich in Kleingruppen einzubringen, machen sich oft mit einer Haltung ans Werk, die im Grunde besagt: „Kommt, wenn ihr könnt. Geht, wenn ihr müsst. Sollten euch die Dinge nicht mehr passen, könnt ihr euch jederzeit freikaufen."

Gemeinschaft in einer Gemeinde sollte jedoch eine vollkommen andere Erfahrung sein. Die Herausforderung besteht darin, die Gemeinschaft unter Christen in eine Erfahrung des Zusammenkommens zu verwandeln, und das inmitten einer auf Konsum ausgerichteten Welt.

Genau hier setzen die beiden Praktiker Russ und Bill an. Dass sie nicht einfach Theoretiker sind, ist für ihre Rolle entscheidend. Sie kennen nicht nur ihre Bücher auswendig; sie waren auch wirklich im Labor und haben alles ausprobiert. Natürlich muss man auch die Theologie von Gemeinde im Griff haben, wenn man dort Gemeinschaft aufbauen will. Aber es erfordert auch eine umfassende Kenntnis im Umgang mit Menschen, die man nur durch Erfahrung gewinnen kann. Wie findet man wirkungsvolle Leiter? Wie lässt sich das Leben in einer gemeindlichen Kleingruppe durchhalten, wenn man „nebenher" noch zum Gottesdienst geht, evangelisiert, Kinder aufzieht, einen Beruf ausübt – einfach das Leben voll auslebt? Wie verhindert man, dass schwierige Menschen die Gruppe auseinander brechen lassen? (Gerade darin haben Bill und Russ besondere Erfahrung, weil einer von ihnen ein wirklich schwieriger Mensch ist.)

Ich betrachte es als Vorrecht, schon seit Jahren Seite an Seite mit Bill und Russ zu arbeiten, in dem gemeinsamen Ziel, in unserer Gemeinde Gemeinschaft aufzubauen. Und es ist mein Vorrecht, Ihnen jetzt ihre Arbeit vorzustellen, damit wir anschließend alle zusammen noch wirkungsvoller ans Werk gehen können.

John Ortberg

Dank

Dieses Buch ist letztendlich eine Geschichte, und diese spielt sich in einem bemerkenswerten Labor ab, der *Willow Creek*-Gemeinde. Wir haben dort im vergangenen Jahrzehnt eine Reihe von Experimenten durchgeführt und dabei sehr viel über Kleingruppen gelernt. Wenn man all die Schauspieler aufzählen wollte, die in dem Stück, das den Titel „Wie Willow Creek zu einer Gemeinde aus Kleingruppen wurde" trägt, mitgewirkt haben, fände man kein Ende. Daher beginnen unsere Danksagungen mit der Entschuldigung, dass wir unmöglich jeden namentlich nennen können. Welches Mitglied aus unserer Gemeinde-Familie auch immer dies liest, soll wissen, dass beinahe bei jedem Satz ein bestimmtes Gesicht vor unserem inneren Auge steht und dass uns sehr oft Gefühle des Dankes und der tiefen Ehrfurcht überlaufen haben für das, was Gott durch euch getan hat.

Wir wissen, wie wenig wir unseren Traum von Gemeinschaft hätten umsetzen können, hätten nicht „Dr. B." (Gilbert Bilezikian), Bill Hybels und John Ortberg die Vision und die Werte geteilt und die Leiterschaft und die Lehre vorgegeben, die dieser Traum voraussetzt. Auch die *Willow Creek*-Ältesten und das Direktoren-Team haben uns voll und ganz unterstützt. Sie haben es uns ermöglicht, die Gemeinde so zu verwandeln, dass wir zusammen auf die gemeinsame Vision von einer Gemeinde, die alle Menschen stärker einbezieht, hinarbeiten konnten.

Diese Vision wäre niemals Wirklichkeit geworden, wenn wir nicht eine Armee von Bereichs-, Dienst- und Abteilungsleitern, Trainern für Mitarbeiter und Freiwillige und Leiter von Kleingruppen hätten, die bereit sind, sich ganz für andere einzusetzen und ihnen zu dienen. Jeder von ihnen gibt alles, um jedem, der *Willow Creek* sein geistliches Zuhause nennt, einen Platz in unserer Gemeinschaft zu ermöglichen. Außerdem hatten wir das Vorrecht, dass wir schon Jahre zuvor eine Gemeinde mit tollen Kleingruppen waren, was wir Don Cousins und Mark Weinert nebst ihren Mitarbeitern und Freiwilligen verdanken. Wir bezweifeln, dass wir es ohne diesen Vorsprung zu dem gebracht hätten, worüber wir mit Ihnen in diesem Buch reden möchten.

9

Auch Vorreiter wie Jim Dethmer, Jon Wallace, Greg Hawkins, Brett Eastman und John Burke haben auf allem, was wir hier beschreiben, ihre Fingerabdrücke hinterlassen. Marge Anderson, Rob Stevens, Deb Beise, Judson Poling und viele andere aus unserer Abteilung zur Unterstützung der verschiedenen Dienste haben oft hinter den Kulissen ihre Dienste angeboten und geleistet. Wenn wir diese Erfolgsgeschichte schreiben, stehen wir auf den Schultern vieler anderer, die uns hochgehoben und -gehalten haben.

Wir möchten auch den zahllosen Lesern danken (in- und außerhalb von *Willow Creek*) – solchen, die in der „unglücklichen" Lage sind, zu unseren Kleingruppen oder zu unseren Freundeskreisen zu gehören –, jene, die unsere ersten Manuskripte gelesen haben und deren Anmerkungen dazu beitrugen, dieses Buch klarer und hilfreicher zu gestalten.

Sie werden auch viele Geschichten von anderen Gemeinden lesen. Deren Leiter haben sichergestellt, dass wir neben unserer Geschichte auch ihre schilderten, und zwar realistisch und so, dass es Ihnen weiterhilft. Unsere Praktikanten, Joe Besenjak und Sandra Unger, hielten uns über die theologische und praktische Entwicklung bei uns auf dem Laufenden.

Zwei Teams, die sich ganz mit der Veröffentlichung von Büchern und anderen Materialien beschäftigen, haben ihre Kräfte vereinigt, um dieses Projekt Wirklichkeit werden zu lassen. Die *Willow Creek Association* (WCA) hat Joe Sherman, Doug Yonamine, Christine Anderson und andere bereitgehalten, die uns, wann immer wir sie brauchten, in die richtige Richtung lenkten – egal, ob es um Inhalt oder Logistik ging. *Zondervan Publishing House* hat uns mit Jack Kuhatchek gesegnet, unserem Mitstreiter und „Kleingruppen-Zeloten" nebst seinem „Klassenbesten", die aus unserem Projekt alles an Potenzial herausgewrungen haben, was drinsteckte. Ken Kent verdient unseren Dank für seine Hilfe beim Zusammentragen der Geschichten. Joan Huyser-Honig war unser „Engel der Barmherzigkeit"; sie verlieh diesem Buch – sofern bei zwei Autoren überhaupt möglich – eine Stimme und lektorierte das Original-Manuskript mit Kompetenz, Sorgfalt und Leidenschaft für die Sache.

Wir schulden unseren Assistentinnen, Joan Oboyski und Karen Bell, eine ganze Menge Dank. Sie haben nicht nur alles erjagt, was wir während des Schreibens brauchten; sie sorgten auch dafür, dass zu Zeiten, als das Projekt unsere ganze Aufmerksamkeit forderte, unser Dienst doch noch flüssig geleistet werden konnte. Wir konnten also Praktiker bleiben, die zusammen mit Ihnen, dem Leser, noch aus dem lernen, was wir hier schreiben. Und sie haben es ausgezeichnet gemacht, unter großen Opfern, weshalb wir sie hier nicht genug loben können.

Zuletzt gibt es noch sieben Leute, die es ganz persönlich einiges gekostet hat, dass dieses Projekt zustande kommen konnte. Diese Opfer haben sie aber sehr großherzig erbracht. Es handelt sich dabei um unsere Frauen und Kinder, Gail, Ryan und Kinsley sowie Lynn, Phil, Mark und Tim. Sie mussten so manches Mal ohne uns auskommen und haben uns doch immer wieder angespornt, wenn es hart auf hart kam. Gail und Lynn haben ihre Zeit geopfert und Ideen beigesteuert, während sie unsere ersten Entwürfe lasen. Sie sind mit den vielen Unterbrechungen und Notfällen klargekommen, die das vergangene Jahr mit sich brachte. Ohne ihren Glauben, ihre Unterstützung und Liebe wären wir nie im Stande gewesen, von dem Ort zu berichten, den wir zusammen schaffen möchten: von einer Gemeinschaft, die Leben verändert.

Bill Donahue und Russ Robinson

Die Geschichte von Willow Creek

Die *Willow Creek Community Church* wurde 1975 in einem Vorort von Chicago gegründet, und zwar in einem Kino. Sie ist eine der bekanntesten und vielfältigsten Gemeinden in den USA und wurde sehr schnell für ihre *Seeker Services* bekannt, die Gottesdienste für Kirchendistanzierte. Diese sind darauf ausgerichtet, die zeitlosen christlichen Wahrheiten auf Wegen darzubieten, die den modernen Gegebenheiten entsprechen: Schauspiel, Musik, Video, Tanz und biblische Botschaft. Fast ohne Unterbrechung wuchsen all die verschiedenen Dienste heran, über die wir die Bedürfnisse der Kirchendistanzierten und Gläubigen zu befriedigen suchten – durch Dienste für Kinder und Erwachsene, für Singles und Verheiratete, für langjährige Christen und Neubekehrte ebenso wie für krisengeschüttelte Familien. Unsere Gemeinde hat heute über 20 000 Mitglieder und kommt durch den weltweiten Dienst der *Willow Creek Association* inzwischen mit Tausenden von Gemeinden in Kontakt – in ihrer Rolle als einer „lehrenden Gemeinde".

Aber 1991 musste *Willow Creek* eine Krise durchstehen, die jeden Bereich der Gemeinde traf. Es klingt eigentlich ganz einfach: Unsere Mitarbeiter arbeiteten zwar hart dafür, Menschen für Christus und die Gemeinde zu gewinnen, hatten aber im Gegenzug immer mehr Schwierigkeiten damit, die Gemeinde zu einem Teil ihres Lebens zu machen und selbst Teil des Gemeindelebens zu sein. In vielen Fällen fanden die Menschen keinen Zugang zur Gemeinde, der wirklich etwas mit ihrem Leben zu tun hatte. Der Bereich Kleingruppen war ein Dienst in der Gemeinde, aber nur 10 bis 15 Prozent der Gesamtgemeinde wurden so erreicht und waren auf diese Weise ins Gemeindeleben integriert. Wir waren eine große wachsende Gemeinde mit einem echten Problem: Wie konnte man die Menschen an die Gemeinde anbinden und sich wirklich um sie kümmern?

Willow Creek erklärte 1992 mutig, dass man zu einer Gemeinde werden wolle, in der niemand allein dastünde. Aber um dieses Ziel zu erreichen, brauchten wir, das war uns klar, einen Ort, an dem echte Gemeinschaft wirklich möglich war. „Gemeinschaft" ist ein beliebtes Schlagwort und kann viele Bedeutungen annehmen. Für uns Christen bedeutet es im Wesentlichen, dass einer dem anderen begegnet, wie Christus selbst uns begegnet, dass wir die Fülle des Lebens mit jedem Anderen teilen, den wir treffen. Dietrich Bonhoeffer sagte es in seinem Buch „Gemeinsames Leben" mit den Worten: „Es bedeutet erstens, dass ein Christ andere braucht, um Jesu Christi willen. Es bedeutet zweitens, dass ein Christ nur durch Jesus Christus zu anderen kommt. Es bedeutet drittens, dass wir in Jesus Christus schon seit Ewigkeit erwählt, in der Gegenwart angenommen und in alle Ewigkeit vereint sind."[1]

Nirgendwo in unserer gesamten Gemeinde erlebten wir diese Art der Gemeinschaft. Und Bill Hybels, unser leitender Pastor, wusste das. Er hatte schon immer davon geträumt, eine biblisch fundierte, funktionierende Gemeinschaft zu bauen. Stattdessen waren wir geworden, was er als „einen Bund von Unterdiensten" bezeichnet. Tatsächlich waren wir nichts anderes als ein Haufen von übergemeindlichen Diensten, die unter derselben Adresse zu erreichen waren. Jeder von uns hatte Menschen in seinem oder ihrem Dienstbereich um sich geschart, alle hatten viele Programme und Veranstaltungen entwickelt, die sich um den Gottesdienst rankten. Kleingruppen gehörten lediglich zu den Hilfstruppen.

Eine unserer Gruppen versammelte sich, um den Traum zu Ende zu träumen: Wie würde eine Gemeinde aussehen, die mit dem biblischen Konzept von Gemeinschaft Ernst machte und jedermann den Zugang dazu ermöglichte? Mit dieser Vision und Herausforderung, das Leben und den Dienst Christi zu jedem einzelnen Menschen zu bringen, der in der Reichweite unserer Gemeinde wohnte, verfolgten wir den von Gott geschenkten Traum. Wir bewegten uns weg von einer Gemeinde *mit* Kleingruppen, die man besuchen konnte, wenn man dazu Lust hatte, hin zu einer Gemeinde, in der Kleingruppen das Herzstück der Organisationsstrategie waren. *Willow Creek* stellte sicher, dass jedes einzelne Mitglied der Gemeinde die Möglichkeit erhielt, lebensverändernde Beziehungen aufzubauen – indem die Gemeinde zu einer Gemeinde *aus* Kleingruppen wurde.

Als wir diese Entscheidung fällten, unterschätzten wir jedoch das Ausmaß der Aufgabe, die vor uns lag. Oberflächlich betrachtet schien alles glatt zu laufen. Unsere Wochenend-Gottesdienste zogen 12 000 Menschen an. Über 1 800 Erwachsene waren in 200 Jüngerschafts-Gruppen integriert. Unsere Gottesdienste für Kirchendistanzierte, die ebenfalls am Wochenende stattfanden und ganz darauf ausgerichtet waren, den Kirchendistanzierten das Evangelium kreativ und einladend zu präsentieren, zogen viele Nichtchristen an; und jedes Jahr tauften wir Hunderte von Menschen. Die Gemeindegottesdienste in der Wochenmitte (die so genannte *New Community* – „Neue Gemeinschaft") versammelten ungefähr 4 500 Erwachsene zu Gottesdienst, Gebet, Bibellehre und Sakramenten. Gemeindeglieder setzten ihre Gaben im Dienst ein; Dutzende von Diensten liefen glatt, und die Gemeinde hatte gerade einen Anbau abgeschlossen, der bald abbezahlt sein würde. Danach würden wir über schuldenfreie Vermögenswerte von 50 Millionen Dollar und über 55 Hektar Land verfügen. Gemeindeleiter aus der ganzen Welt hatten angefangen, zu Konferenzen, die die neu gegründete WCA organisierte, zu uns zu strömen. Es schien, als könnte es gar nicht mehr besser werden.

Aber unter der Oberfläche dieses pulsierenden Dienstes zeigten sich im Fundament der Beziehungen zwischen den Gemeindegliedern erste Risse. Bill Hybels erinnert sich: „Wir bauten einen 20-stöckigen Wolkenkratzer auf ein Fundament, das nur für 10 Stockwerke ausgelegt war, und schon bald begann es, nachzugeben." Ich (Russ) erinnere mich noch an ein Treffen der Ältesten – ich war vier Jahre lang einer von zehn Ältesten von *Willow Creek* –, bei dem wir über dieses Rätsel nachdachten. Das Wachstum, mit dem wir gesegnet waren, war zu einem Fluch geworden, der uns in Entscheidungen stürzte, die von Hassliebe geprägt waren. Wir liebten es, den Heiligen Geist in der Gemeinde am Werk zu sehen sowie die völlig veränderten Leben von Menschen. Wir empfanden tiefe Ehrfurcht, wenn wir Gott am Werk sahen. Aber wir hassten die chaotische Organisation; wir fanden es schrecklich, dass unsere Mitarbeiter und Leiter an einem Burnout litten, dass Einzelne sich nicht zurechtfanden oder „untergingen" und dass so viele Menschen nicht zu Jüngern wurden.

Wachstum durch Evangelisation, neue Dienste mit Tausenden von Freiwilligen und der zunehmende Bedarf an Jüngerschaftsschulung unter Gemeindegliedern und Neubekehrten stellten uns vor eine überwältigende Herausforderung. Wir waren drauf und dran, die *Community* („Gemeinschaft") aus dem Namen unserer Gemeinde – *Willow Creek Community Church* – zu verlieren. Uns allen war Gemeinschaft als grundlegender Wert der Gemeinde immer noch sehr wichtig, und dies fand auch noch immer in manchen Bereichen unserer Gemeinde ihren Ausdruck, aber wir mussten einen besseren Weg finden, wie in unserer Gemeinde Gemeinschaft verbindlich praktiziert werden konnte. Wir wollten sicherstellen, dass die Leben spendende und lebensverändernde Kraft der Gemeinschaft sich entfalten konnte.

15

Wir wussten, dass Gemeinschaft nicht ein Lebensstil unter vielen ist; wir kannten einfach zu viele Menschen, die sich danach sehnten. Aber wir hatten keine Methoden an der Hand, die es uns ermöglicht hätten, dass viele Menschen diese Gemeinschaft hätten erleben können. Wir analysierten Carl Georges Strategie für das, was er „die Mega-Gemeinde" nennt, und entschieden uns, den Kopfsprung ins Ungewisse zu tun, indem wir sein Modell in einige unserer Dienste einführten. Voller Freude konnten wir beobachten, dass immer mehr Leben verändert wurden. Gleichzeitig machten wir uns daran, einige der anfänglichen (und wesentlichen) Hindernisse, die jeder Änderung im Wege stehen, zu beseitigen. Dann fällten wir die unwiderrufliche Entscheidung, *Willow Creek* ganz neu aufzubauen. Ein pulsierendes Gemeinschaftsleben sollte nun das Herzstück sein. Kleingruppen, die früher nur ein Dienst unter vielen waren, wurden nun die zentrale Methode, wie wir leben und dienen wollten.

Nachdem wir uns zu diesen Veränderungen entschlossen hatten, setzten wir alles, was wir hatten und waren, dafür ein: intensiveres und häufigeres Gebet, Geld, Energie, Durchhaltevermögen und unzählige Stunden in Mitarbeiterversammlungen. Wir stellten allen unseren Traum vor und ermutigten sie, sich ebenfalls ganz dafür einzusetzen. Wir luden sie sanft ein und feuerten sie mutig an; wir malten ihnen unsere Vision vor Augen und baten sie; wir lebten sie ihnen vor und schulten sie; wir lachten und weinten – und manchmal fragten wir uns, ob die Sache das auch wirklich wert sei. Aber das fragten wir uns nicht lange.

Jede Geschichte über ein vollkommen verändertes Leben, jede Entscheidung für Christus, jede vollkommen neu aufgebaute Ehe, jedes zerbrochene Leben, das wieder hergestellt wurde, jede neu entdeckte geistliche Gabe, die für den Bau des Reiches Gottes frei- und eingesetzt wurde, rief es laut hinaus: „Genau das ist es – es ist jeden Einsatz wert!" Und was noch wichtiger ist: Das Leben und der Dienst Jesu Christi, der uns für das Leben in Gemeinschaft geschaffen hat, erinnerten uns daran, dass die Sache den Preis mehr als wert ist. Immerhin hatte er einen hohen Preis bezahlt, um die erste Gemeinschaft zu schaffen: die Gemeinde. Wenn wir uns mit weniger zufrieden gegeben hätten, hätte das den Einen betrübt, dessen grenzenlose Liebe uns aus der ewigen Isoliertheit von allem, was gut ist, herausgerissen hat.

Das Ergebnis von all dem war, dass *Willow Creek* seit 1992 keine Gemeinde mit Kleingruppen mehr ist, wo Kleingruppen nur eines unter vielen Programmen und Angeboten sind. Stattdessen hat sich die Gemeinde zu einer Gemeinde aus Kleingruppen entwickelt. Nun sind nicht länger nur 10 bis 15 Prozent der gesamten Gemeinde mehr oder weniger zufällig in Kleingruppen zusammengeschlossen, sondern wir sind zu einer Gemeinde geworden, in der sich über 18 000 einzelne Christen in über 2700 Kleingruppen treffen.

In jedem Dienst und jedem Bereich unserer Gemeinde, inklusive den Ältesten, dem Vorstand und dem Management-Team, streben wir nach authentischer Gemeinschaft durch das Leben in der Gruppe. Wir stecken jeden Einzelnen in eine Kleingruppe: Kinder und Erwachsene, Geschiedene und Verheiratete, Intellektuelle und Sportler, Leute aus jeder Generation, Neubekehrte und altgediente Christen. Wer auch immer Sie sind – wenn Sie zu *Willow Creek* gehören, dann haben wir auch die passende Kleingruppe für Sie. Der Körper unserer Gemeinde hat ein Skelett aus Kleingruppen.

Dieses Buch beschreibt unser Abenteuer. Wir möchten Sie in den folgenden Kapiteln an den Lektionen teilhaben lassen, die wir lernen mussten (und das waren einige), an den Fehlern, die wir machten (sie waren unzählbar), und den Schritten, die nötig waren, um eine biblisch funktionierende Gemeinschaft aus Nachfolgern Christi aufzubauen, die die Praxis der Gemeinschaft und der Integrität in ihren Beziehungen leben. Wir werden Ihnen Leitlinien an die Hand geben, Entscheidungen nahe legen, Warnungen mitteilen und Weisheiten anbieten, die Sie auf die Gegebenheiten in Ihrer Gemeinde anwenden können.

Dieses Buch wurde so geschrieben, dass die Schlüsselpersonen in Ihrer Gemeinde verstehen lernen, warum Sie sie – wenn Sie sich denn dafür entschieden haben – auf das Modell einer Kleingruppen-Gemeinde zusteuern. Es enthält praktische und erprobte Prinzipien, die wir durch unsere Erfahrung bei *Willow Creek* und andere Personen in ihren jeweiligen Gemeinden gewonnen haben. Pastoren, Älteste, Diakone, Bischöfe, Kleingruppen-Leiter, Lehrer und andere, die sich das Wachstum ihrer Ortsgemeinde auf das Banner geschrieben haben, werden davon profitieren können. Wir hoffen, dass sie dieses Buch an ihre Teams weitergeben und es mit den leitenden Mitarbeitern in ihrer Umgebung diskutieren und durchsprechen werden. Es hängt so viel davon ab, und es ist von entscheidender Bedeutung, dass Mitarbeiter in leitenden Positionen begreifen, welch eine ungeheure Bedeutung das alles für die Gemeinde bzw. die Kirche haben kann.

Teil I dieses Buches enthält theologische und menschliche Beweise, die dafür sprechen, Kleingruppen ins Leben zu rufen. Wie sicher auch in Ihrer Gemeinde, haben uns die Menschen gefragt: „Kleingruppen – wozu brauchen wir das?", „Liegen wir nicht gut im Rennen?" oder: „Leisten wir denn keine gute Arbeit? Immerhin können wir Wachstum vorweisen. Wir schulen Neubekehrte und begleiten sie dabei, zu Jüngern zu werden. Wozu brauchen wir noch ein Programm?" Die Wahrheit ist, dass Sie kein zusätzliches Programm brauchen – wir auch nicht. Was wir allerdings brauchten, war die Gemeinde als ein Leib, der Ausdruck des Gemeinschaftslebens ist, das die Dreieinigkeit lebt, das bei der Schöpfung in den Menschen hineingelegt wurde, das Jesus praktiziert hat und das für die Ortsgemeinde ebenfalls vorgesehen ist. Wir werden Ihnen und Ihrer Gemeinde dabei helfen, sich ganz auf den Ruf zur Gemeinschaft einzulassen und ihn am Ende voll zu bejahen.

In Teil II des Buches bewegen wir uns von der Vision zur Praxis. Es mag Sie überraschen zu beobachten, wie wir die gesamte Spanne überbrücken und uns von der Makroperspektive der biblischen Gemeinschaft hinüber bewegen zur Mikroperspektive einer einzelnen Kleingruppe. Nach unserer Erfahrung muss man die theoretische Vision von Einheit jedoch tatsächlich auf die praktische Ebene des alltäglichen Lebens in einer Kleingruppe herunterbrechen. Sonst wird man sich nicht bewusst, worauf eine Gemeinde achten und zusteuern muss. Dieser zweite Abschnitt definiert den Begriff „Kleingruppe" und beschreibt, wie die große Idee von der Gemeinschaft ihren tiefsten Ausdruck in einer ganz kleinen Gemeinschaft findet, in der das durchschnittliche Kleingruppen-Mitglied zu erkennen beginnt, was Gott bereits weiß und für jeden erträumt.

Teil III berichtet, wie man Leiter einsetzen kann. Wir werden Ihnen erklären, wie man Kleingruppen-Leiter findet und gewinnt, wie man sie auf einen wirkungsvollen Dienst vorbereitet und schult und wie man sie schließlich begleitet und unterstützt, damit ihr Dienst Bestand hat.

Teil IV hilft Ihnen dabei, sich die Änderungen vorzustellen, die Sie in Ihrer Gemeinde einleiten müssen, wenn Sie eine Gemeinde aus Kleingruppen werden wollen. In diesem Teil werden fünf Schlüsselentscheidungen beschrieben, denen Sie sich im Zuge der Umwandlung stellen müssen. Sie werden sechs Kernprinzipien kennen lernen, die Sie werden umsetzen müssen, ganz unabhängig von dem Modell, für das Sie sich entschieden haben.

Ein Letztes: Wenn Sie sich dieser Herausforderung stellen, dann wird das die größte Aufgabe, die Sie je in Angriff genommen haben. Die Gemeinde ist schon komplex genug, auch ohne dass man eine völlig neue „Infrastruktur" einführt. Da Kleingruppen-Arbeit sich immer um Menschen dreht, werden Sie unausweichlich mit großen Herausforderungen konfrontiert werden. Sie werden Ihr Ziel nicht ohne Veränderung erreichen. Wappnen Sie sich also für einen Langzeit-Einsatz, der Sie ganz fordern wird.

Diese Geschichte ist nicht nur die Geschichte von *Willow Creek*, es ist auch die von zahllosen anderen Gemeinden – und kann auch Ihre werden. In diesem Buch werden Sie vielen Gemeinden begegnen, die wie Ihre sind und alle das Ziel biblischer Gemeinschaft anstreben, das sie durch Kleingruppen zu erreichen suchen. Unter ihnen sind:

- eine 128 Jahre alte traditionelle lutherische Gemeinde, die sich in den vergangenen fünf Jahren dramatisch verändert hat, seit sie versucht, Gemeinschaft im tiefsten Sinne zu verwirklichen und zu leben,
- eine neue Gemeinde in der Innenstadt von Chicago, die die junge Generation erreicht,
- eine Gemeinde in Texas, die entdeckt hat, wie man eine ganze Stadt verändern kann, nämlich einen Vorort nach dem anderen,
- eine Presbyterianer-Gemeinde, die verstanden hat, dass Hingabe an die Ortsgemeinde gleichbedeutend ist mit Einsatz für eine kleine Gemeinschaft von Nachfolgern Christi,
- eine Gemeinde in Pennsylvania, die erkannt hat, dass die Unterstützung und Schulung von Leitern von grundsätzlicher Bedeutung für diese Sache ist.

So geht es Gemeinde um Gemeinde, Geschichte um Geschichte. Wir haben nur wenige ausgesucht, aber wir meinen, dass Sie sich sicher in einigen wiederfinden werden. So werden Sie Hoffnung schöpfen und Inspiration gewinnen. Alle diese Gemeinden haben erkannt, dass dieses Ziel harte Arbeit erfordert, dass sie über lange Zeit kompletten Einsatz leisten müssen – aber der Gewinn ist diesen Einsatz mehr als wert. Auch Sie persönlich werden erleben – und Ihre Gemeinde wird es zusammen mit Ihnen erfahren –, was es bedeutet, die Gemeinschaft zu leben, wie Gott sie sich immer schon für uns erträumt hat. Sie werden überrascht sein, wie sehr Kleingruppen Menschen verändern können. Was auch immer an Ihrer Gemeinde bisher gut war, wird verstärkt und weit größeren Gewinn bringen. Aber der Weg zu einer Kleingruppen-Gemeinde macht nicht nur Arbeit, sondern auch Freude; auch das Ziel beflügelt, und so werden Sie schon auf dem Weg merken, dass all Ihr Einsatz die Mühe wert ist. Besonders, wenn Sie Gottes Vision von Einheit kennen und immer im Hinterkopf behalten …

Teil I

Überzeugende Argumente
für Gemeinschaft

Rechtsanwälte lieben ihr Schlussplädoyer. Das stimmt ohne Ausnahme: Anwälte, die Freude an herausfordernden Fällen haben, lieben es, sich in das Schlussplädoyer zu stürzen. Und das war es, worauf ich (Russ) mich immer schon freute, wenn ich während meiner Zeit als Anwalt (die von 1982 bis Mitte der 1990er Jahre dauerte) einen Mandanten zu vertreten hatte.

Ich erinnere mich noch heute an das Gefühl, das ich empfand, als ich vor 15 Jahren in einem Fall von Körperverletzung das Schlussplädoyer hielt. Die Gerichtsverhandlung hatte sich ungefähr eine Woche hingezogen; wir hatten alle unsere Zeugen befragt, alle anderen Beweismittel vorgelegt und waren bereit für die Ansprache an die Geschworenen. Ich sah noch einmal kurz in die Notizen, die ich mir während einer Verhandlungspause gemacht hatte. Mein Gegner kam zuerst dran; er vertrat die Klägerin, eine große Firma, die meine Mandanten verklagt hatte – ein junges Ehepaar, das angeblich die Firma durch Nachlässigkeit geschädigt hatte.

Dann war ich an der Reihe. Die Gegenseite hatte gute Argumente vorgebracht, aber ich wusste, wo die Sympathien der Geschworenen lagen. Und ich wusste zudem, dass das Gesetz und die Fakten ganz auf unserer Seite waren. In meinem Schlussplädoyer kam alles zusammen, alles, was ich an der Universität gelernt hatte, all meine Erfahrung und meine Vorbereitung auf diesen besonderen Fall. Meine Mandanten, aber auch der gegnerische Anwalt merkten später an, dass ich die Geschworenen so weit hatte, dass sie mir aus der Hand gefressen hätten. Wenige Gefühle sind ähnlich erhebend wie ein solches Schlussplädoyer.

Mancher Rechtsstreit dauert Jahre oder sogar Jahrzehnte, aber alle Untersuchungen, Zeugenbefragungen und vorgelegten Beweise steuern doch nur auf das Eine zu, den Höhepunkt, der innerhalb von wenigen Minuten vorüber sein kann, wenn man die Schlussansprache an die Geschworenen hält, die direkt danach ihre Besprechung beginnen, die zu ihrer Abstimmung führen muss. Geschworene und der Richter müssen aufmerksam den Bewertungen von Beweisen und Zeugenaussagen beider Seiten zuhören. Der Richter hat einiges bekannt gegeben, die Parteien haben das Ihre zu diesem Fall beigetragen; die Bühne ist frei. In diesem Moment, das ist jedem Anwalt vor Gericht klar, ist der Druck am größten; jetzt ist seine letzte Chance, bevor die Geschworenen ihr Urteil fällen. Mit dem, was er nun sagt, steht oder fällt sein Fall. Es hängt alles am Schlussplädoyer.

Wir haben den ersten Teil dieses Buches in die Form eines Schlussplädoyers gegossen. Ihre Entscheidung über den Fall „Gemeinschaft" – darüber, ob Sie eine Gemeinde aus Kleingruppen aufbauen wollen – und über Ihre eigene Leiterschaft mag von den Entscheidungen abhängen, die Sie bei der Lektüre der nächsten drei Kapitel fällen. Wir werden den Fall klären: Sie müssen mit einer kristallklaren Vision von Gemeinschaft anfangen, sonst wird es Ihnen nicht gelingen, Ihre Gemeinde oder sich selbst auf das Fernziel Kleingruppen zuzubewegen.

Wir legen eine große Menge von Beweisen vor, meist aus der Bibel, und fügen sie zu einem Plädoyer für Gemeinschaft zusammen. Wir machen uns auf die Reise zum Neubau einer Gemeinde aus Kleingruppen, indem wir versuchen, Sie davon zu überzeugen, dass diese Vision weit mehr ist als nur eine ausgeklügelte Methode zur Assimilation von Menschen. Wir beziehen unsere schlagenden Argumente für die Einführung von Kleingruppen aus dem Wesen Gottes selbst, seinem Innersten, denn Gottes eigene Aussagen über Gemeinschaft sind der überzeugendste Beweis.

Unsere Motive sind einfach: Unsere Gemeinde-Mitarbeiter, freiwillige sowie fest angestellte, haben erkannt, dass man sich eine ganze Weile lang allein auf die eigenen Kräfte verlassen kann, auf den rein menschlichen Impuls zur Durchführung und Aufrechterhaltung eines Dienstes. Aber die Erfahrung, bekanntlich ein harter Zuchtmeister, hat uns gelehrt, dass menschliche Ideen allein (Programme, Konzepte, gute Management-Strategien und derlei mehr) auf Dauer nicht die Energie spenden können, die wir brauchen, um zu einer Kleingruppen-Gemeinde zu werden.

Je mehr uns bewusst wird, dass Gemeinschaft auch das Wesen Gottes ausmacht, dass Gemeinschaft sein Wunsch und Traum für uns ist, desto mehr neue Energie können wir von ihm für unseren Dienst beziehen.

Unser Argument für den Neubau einer Gemeinde aus Kleingruppen beginnt mit dem theologischen Beweis, der bei Gott ansetzt (Kapitel 1). Danach konzentrieren wir uns auf die soziologischen Beweise, a) wer wir als Gottes Geschöpfe sind und b) warum wir Kleingruppen brauchen (Kapitel 2). Schließlich präsentieren wir Ihnen organisatorische Beweise dafür, dass eine Gemeinde am Allerbesten durch Kleingruppen Gemeinschaft erlangen und anbieten kann (Kapitel 3).

Ein Richter würde jetzt sagen: „Anwälte Robinson und Donahue; Sie haben das Schlusswort ..."

„Im Anfang schuf Gott ..." –
Der theologische Beweis

„Welche Gemeinschaft auch immer als Folge der Schöpfung Gottes existiert, sie ist nur ein Abbild einer ewigen Realität, die im Wesen Gottes immanent ist. Da Gott in Ewigkeit ‚eins' ist, schuf er Einheit, als er Wesen nach seinem Bild erschuf."

Gilbert Bilezikian: „Gemeinschaft"

„Meine Damen und Herren Geschworenen! Auf Ihnen lastet jetzt eine ungeheure Verantwortung. Demnächst werden die Schlussplädoyers gehalten sein, und Sie werden Ihr Urteil fällen. Unsere Gesellschaft vertraut die Entscheidung über das Urteil fehlbaren Männern und Frauen an. Es liegt an Ihnen, die Beweise zu sichten und zu bewerten, so nüchtern und objektiv wie überhaupt nur möglich. Unsere Argumente sind kein Beweis. Sie müssen in Ihrem Endurteil ausführen, wie Sie die Argumente werten. Das Urteil liegt ganz bei Ihnen. Aber wir glauben, klare, überzeugende Beweise dafür vorlegen zu können, dass man eine Kleingruppen-Gemeinde aufbauen kann und sollte. Zunächst wollen wir die theologischen Beweisstücke betrachten, die für Gemeinschaft sprechen."

Die Argumente aus dem Bereich der Theologie – also aus dem Studium Gottes und seiner Person – belegen ohne Zweifel, dass Gott seinem Wesen nach Gemeinschaft ist. Unsere theologische Analyse wird Ihnen zeigen, warum Gottes gemeinschaftliches Wesen es erfordert, dass Sie darauf reagieren, indem auch Sie Gemeinschaft bauen – zu Ihren eigenen Gunsten und zum Vorteil der Gemeinde. Zweitens ist Gott in Jesus Christus Fleisch geworden: Diese transformierende Beziehung bietet ein Modell an, das Sie nicht ignorieren dürfen. Drittens wünschte sich Jesus, dass alle Christen eins sein sollen; und deshalb sollten Sie sich mit Ihrer Gemeinde auf diese Vision zubewegen.

Der Gott der Gemeinschaft

In Genesis 1, Vers 26 heißt es: „Dann sprach Gott: ‚Nun wollen wir Menschen machen, ein Abbild von uns, das uns ähnlich ist!‘" Haben Sie bemerkt, dass in diesem Textabschnitt der Plural verwendet wird? Diese 16 Wörter enthalten vier Hinweise auf Gottes einzigartige Wesensart: Beachten Sie die Hinweise im Gebrauch von „wir" und „uns", die das Herzstück der Lehre von der Dreieinigkeit verkünden. Gleichzeitig ist Gottes Einheit und Einzigartigkeit ein Herzstück der Lehre der weltweiten Christenheit. In Deuteronomium 6, Vers 4 heißt es: „Höre, Israel! Der Herr ist unser Gott, der Herr und sonst keiner" (Luther formuliert den letzten Halbsatz: „der Herr allein"). Mit anderen Worten: Gott beginnt die Bibel und die Schöpfungsgeschichte mit der theologischen Idee von der Vielheit in der Einheit.

Der Schöpfungsbericht öffnet uns ein überraschendes Fenster mit Blick auf Gottes Gemeinschafts-Natur, als dessen Abbild wir geschaffen sind. Diese Vielheit von Wesen einigen sich, Menschen „zu ihrem Bilde" zu schaffen. Sie erschaffen ein Abbild ihrer Gemeinschaft, also Menschen, die auf Gemeinschaft angelegt sind. Es genügt daher nicht zu sagen, Gott habe Interesse an Gemeinschaft oder der Gedanke an Gemeinschaft lasse ihn nicht los. Die Wahrheit ist, dass Gott, richtig verstanden, Gemeinschaft ist.

Die Lehre von der Dreieinigkeit ist komplex. Orthodoxe Christen haben über viele Generationen hinweg akzeptiert und übernommen, dass Gott drei in einem ist, und haben dies „Dreieinigkeit" genannt. Aber wirklich darüber nachgedacht haben die wenigsten. Die scheinbar rätselhafte Lehre von der Dreieinigkeit führt jedoch, so Gareth Icenogle, zu wichtigen Folgerungen:

> *„Die Kleingruppe ist eine artgemäße Form menschlicher Gemeinschaft, die transkulturell, generationenübergreifend und sogar transzendent ist. Der Ruf an die Menschen, sich in Gruppen zu versammeln, ergeht von Gott (ontologisch) und schafft einen von Gott kommenden (theologischen) Dienst, der der Eigenart und dem Zweck des Wesens Gottes entspringt. Gott als Wesen existiert in Gemeinschaft. Dieser Wesensart Gottes ist der Mensch nachgebildet, was sich ganz natürlich und einfach am Zusammenkommen in einer Kleingruppe zeigen lässt."*[1]

Mit anderen Worten: Die Entsprechung zur Gemeinschaft Gottes ist für die Menschheit die Kleingruppe. Die gesamte Bibel verkündet, dass Gott (als Singular) außerhalb der Zeit existiert, und zwar als eine Gemeinschaft, als Dreieinigkeit (Plural). Diese Lehre von der Dreieinigkeit beginnt beim Schöpfungsbericht, in dem alle drei Personen der Dreieinigkeit gegenwärtig sind. Als Gott die Welt erschuf, „schwebte der Geist Gottes über den Fluten" (Genesis 1,2). Johannes beschreibt Jesus als das Mittel der Schöpfung: „Am Anfang war das Wort und das Wort war bei Gott, und in allem war es Gott gleich. [...] Alles wurde durch das Wort geschaffen und ohne das Wort ist nichts entstanden" (Johannes 1,1–3). Da Gott selbst in Gemeinschaft lebt und wirkt und da wir als Ebenbilder Gottes erschaffen wurden, sind auch wir in und für Gemeinschaft geschaffen.

Sie können die wahre Eigenart Gottes nicht verstehen, wenn und sofern Sie nicht akzeptieren, dass er nicht einfach ein Einzelwesen ist. Gott ist, in jedem Sinn des Wortes, an und für sich eine Gruppe. Im biblischen Zusammenhang können „zwei oder drei", die „zusammenkommen und sich einig werden", gemeinsam aktiv werden – zum eigenen Vorteil oder zum Vorteil anderer (vgl. Matthäus 18,15–20). Etwas ganz Einzigartiges geschieht, wenn Individuen sich einig sind und zusammenarbeiten. So ist es auch mit Gott in der Dreieinigkeit. Ohne auch nur im Entferntesten gotteslästerlich sein zu wollen, möchten wir Gott als die allererste Kleingruppe bezeichnen.

Ich (Bill) hatte das nie zuvor begriffen, bis ich Dr. Gilbert Bilezikian zum ersten Mal über das Thema „Gemeinschaft" predigen hörte. Er war einer der ersten Theologen, der nicht nur die machtvolle dreieinige Wesensart Gottes darlegte, sondern auch die Beziehungsaspekte herausarbeitete. Wenn Sie eine Vision für die Art von Gemeinschaft suchen, wie Bilezikian sie uns vor Augen malte, dann sollten Sie sein Buch „Gemeinschaft" lesen[2]. Bilezikian beschreibt darin die Gemeinschaft als etwas, das sowohl senkrecht als auch waagerecht verbindet – genau wie die Balken des Kreuzes. Sie treffen sich im Zentrum, und wahre Gemeinschaft entsteht dort, wo wir Gott und gleichzeitig sein Volk in all seiner Fülle erleben.

Gott ist der Eine, und doch sind es gleichzeitig drei in einem, drei ganz besondere Persönlichkeiten. Gott existiert in Gemeinschaft. Und dieses Bild von der Einheit Gottes erschüttert unsere Unabhängigkeit.

Das Gemeinschafts-Gen

Im Buch Genesis heißt es: „Nun wollen *wir* Menschen machen, ein Abbild von *uns*, das *uns* ähnlich ist!" Was hat das für Folgen für uns, wenn wir wissen, dass wir das Abbild von jemandem sind, der „Gemeinschaft" ist?

Es ist klar, was es *nicht* bedeutet: Wir sind keine dreieinigen Götter. (Nur schizoide Menschen sagen: „Ich bin Gott und daher bin Ich der Ich bin.") Unser Abbild-Sein muss also etwas anderes bedeuten.

Theologen haben vorgeschlagen, dies bedeute, dass Gott zwar wirklich drei Personen in einer ist, aber dass wir Menschen sein Abbild seien, verweise lediglich darauf, dass wir ewige Seelen besäßen, was uns vom Rest der Schöpfung unterscheide. Diese Deutung erscheint jedoch unwahrscheinlich. Wenn dieser Bibelvers dazu dienen sollte, die Menschen vom Rest der Schöpfung zu unterscheiden, dann hätte die Feststellung des dreieinigen Gottes vielmehr so gelautet: „Lasst uns Menschen machen, die anders sind als alles andere bisher Geschaffene. Lasst uns ihnen eine geistliche Dimension und Existenz geben, damit sie sich von allem anderen Geschaffenen abheben." Aber das sagte Gott nicht.

Als Gott die Menschen erschuf, hat er all das bisher Dagewesene überboten. Er schuf etwas Krönendes; dieser Akt der Schöpfung überbot alles Bisherige so weit in einer Art und Weise, wie wir es kaum fassen können. Ja, er gab den Menschen eine Seele, eine geistliche Existenz, die sie von Pflanzen, Tieren und anderen Geschöpfen unterscheidet. Dann tat er noch viel mehr, sehr viel mehr. Gott entschied sich, in uns eine Art Beziehungs-DNS[3] einzubauen. Gott erschuf uns alle mit einem „Gemeinschafts-Gen", einem festen Bestandteil unserer Erbinformation, die einen bestimmten Zweck hat und definiert, was es heißt, Mensch zu sein.

Diese „Beziehungs-DNS" oder dieses „Gemeinschafts-Gen" bieten eine Erklärung dafür, warum Gemeinden Kleingruppen brauchen. Menschen kommen nicht nur deshalb zur Gemeinde, weil sie geistliche Bedürfnisse hätten. Das auch, aber sie kommen zu uns, weil sie sich nach Kontakt sehnen, weil sie Teil von etwas sein möchten. Sie sehen Gemeinde als einen Ort, an dem sie Gottes Anteilnahme an der Schöpfung und auch an ihrem Leben mit einiger Wahrscheinlichkeit erleben können.

Dieser Hunger nach Zusammensein ist ein fester Bestandteil des Menschseins. Wenn wir diesen Hunger vernachlässigen, dann unterdrücken wir insgeheim die Wahrheit des Schöpfungsberichtes. Wenn jedoch unsere Gemeinden die Verantwortung übernehmen, Menschen miteinander in Beziehung zu bringen, dann ehren wir das Wesen Gottes auch in denen, die sein Abbild sind. Wir sind dazu geschaffen, Gottes Abbilder zu sein; daher sind wir für Gemeinschaft geschaffen. Das ist ein Teil dessen, was es bedeutet, Abbild Gottes zu sein.

Gemeinschaft überbrückt kulturelle Unterschiede

Man muss nicht Christ oder Kirchgänger sein, um zu begreifen, dass Menschen einander brauchen. Gefangene wissen, was es heißt, hinter Gittern zu sitzen und aus der Gemeinschaft herausgerissen zu sein, die man normalerweise tagtäglich erlebt. Und Einzelhaft ist noch viel schlimmer. Wenn man längere Zeit dem Alleinsein ausgeliefert ist, bringt dies den Geist um, führt zum Wahnsinn und zerstört die Persönlichkeit. Der Senator und frühere Vietnam-Veteran John McCain war Kriegsgefangener und beschreibt das Gefühl der Begeisterung, als er nach schrecklich langer und brutaler Isolation endlich wieder mit anderen Mitgefangenen zusammenkam:

„Ich wurde von dem Zwang übermannt, unaufhörlich zu reden, Auge in Auge mit meinem neuen Zellenkameraden, der sehr entgegenkommend und verständnisvoll war. Ohne Pause redete ich die nächsten vier Tage. [...] Eines der amüsantesten Schauspiele im Gefängnis ist der Anblick zweier Gefangener, die beide frisch aus der Einzelhaft entlassen wurden und wie Wasserfälle aufeinander einreden, ohne einander zuzuhören, beide vollkommen hingerissen vom Klang der eigenen Stimme."[4]

Wir alle kennen den Unterschied zwischen introvertierten und extrovertierten Menschen. Manche sehnen sich mehr nach Einsamkeit als andere. Und doch wissen wir, dass auch Introvertierte die Gesellschaft anderer brauchen, weil Menschen mehr als andere Geschöpfe auf Beziehung angelegt sind. Wir suchen nacheinander. Wir treffen einander, machen einander den Hof und heiraten. Wir definieren das Leben durch die Gemeinschafts-Einheit der Familie. Wir loben funktionierende Familien und gute Freunde; Beziehungen, die von Loyalität und Treue geprägt sind, die Sicherheit geben und in denen Zuneigung ausgetauscht wird. Nur der Soziopath (den man als Abweichler von der sozialen Norm definiert) lehnt letztendlich jede Form einer Beziehung ab. Alle anderen – und das gilt unabhängig von Alter, Rasse, Geschlecht, Temperament oder persönlicher Vergangenheit – erkennen, dass es einen Teil unseres Menschseins ausmacht, wenn wir einen unstillbaren Hunger nach Gesellschaft haben. Im Europa des ausgehenden 20. Jahrhunderts beklagten die Menschen ihre zunehmende Vereinsamung – ein untrügliches Zeichen dafür, dass sie erschaffen wurden, um Gemeinschaft zu erleben.

Paulus, der Heidenapostel, erklärte, warum jede Gesellschaft diese menschliche Leidenschaft für das Miteinander-verbunden-Sein anerkennt: „Weil Gott die Welt geschaffen hat, können die Menschen sein unsichtbares Wesen, seine ewige Macht und göttliche Majestät mit ihrem Verstand an seinen Schöpfungswerken wahrnehmen. Sie haben also keine Entschuldigung" (Römer 1,20). Ein Teil dieses „unsichtbaren Wesens" Gottes wird an dem Schöpfungswerk „Mensch" deutlich, nämlich an seinem Verlangen nach Gemeinschaft. Daran zeigt sich die Pluralität Gottes und sein eigenes Verlangen nach Gemeinschaft. Gottes erschaffenes Zeugnis macht dem Ungläubigen klar, dass Menschen einander brauchen.

Gläubige verstehen, dass wir alle nach Gemeinschaft hungern: Erstens, weil Gott selbst Gemeinschaft ist, und zweitens, weil wir das Abbild der Gemeinschaft sind, die Gott ist. Dallas Willard erklärt, wie unser Verständnis von der Lehre der Dreieinigkeit unser Leben beeinflussen und verändern sollte:

„[…] *nahezu jeder Christ besitzt einige Informationen über die Dreieinigkeit, die Fleischwerdung, den stellvertretenden Opfertod Jesu Christi und andere Standard-Lehren. Aber es besteht ein Riesenunterschied zwischen dem Verfügen über ‚die richtigen Antworten' über die Dreieinigkeit (nur beispielsweise) und dem realen Glauben an die tatsächliche Existenz der Dreieinigkeit. Wenn man an die tatsächliche Existenz der Dreieinigkeit glaubt, hat man nicht den Vorteil, dass man daraufhin von Gott eine Eins für die richtige Antwort bekäme. Merken Sie sich bitte, ‚etwas glauben' heißt zu handeln, als ob etwas so sei. […] Der Vorteil des Glaubens an die Dreieinigkeit besteht darin, dass wir dann leben, als sei die Dreieinigkeit Wirklichkeit: als ob der Kosmos, der uns umgibt, nichts anderes wäre als eine sich selbst genügende Gemeinschaft unaussprechlich majestätischer Personen-Wesen, die vor Liebe, Weisheit und Macht überfließen. Und daher integrieren wir unser Leben, wenn wir das glauben, ganz natürlich durch unsere Handlungen in die Wirklichkeit eines solchen Universums, genauso natürlich, wie zwei und zwei vier sind. "*[5]

Lassen Sie mich nun die ersten theologischen Beweise für die Bedeutung der Gemeinschaft zusammenfassen: Gott ist drei und doch einer. Wir wurden als Abbild erschaffen, das die Gemeinschaft widerspiegelt, die Gott ist. Sowohl die Bibel als auch die Schöpfung weisen darauf hin, dass Menschsein bedeutet, sich nach Gemeinschaft zu sehnen. Wenn wir also der Gemeinschaft in der Gemeinde Schaden zufügen, dann fügen wir auch uns als Geschöpfen Gottes Schaden zu.

Jesus in Gemeinschaft

Das zweite Beweisstück für Gemeinschaft im Bereich der theologischen Argumente ist auf die Tatsache zurückzuführen, dass Gott sich selbst in die Geschichte der Menschheit hineinbegeben hat. In unserem eigenen Leben treffen wir den fleischgewordenen Gott, den „Gott mit uns", Immanuel, Jesus Christus.

Wenn die Evangelien das Verhalten Jesu Christi schildern, beschreiben sie im Grunde, was es heißt, als Abbild des dreieinigen Gottes erschaffen zu werden. Der gesamte öffentliche Dienst Jesu führt uns vor Augen, was es heißt, wirklich in Gemeinschaft zu leben. Sein Verhalten zeigt uns, warum Gemeinschaft – und vor allem Gemeinschaft, die in Kleingruppen-Beziehungen gelebt wird – ein Muss und kein möglicher Lebensentwurf unter vielen ist, wenn man ein Jünger Jesu sein und seinen Namen tragen will.

Die negativen Auswirkungen von diesem Leben in Gemeinschaft können Sie in Kapitel 3 des Markus-Evangeliums nachlesen. Schon zu Beginn seines Dienstes zog Jesus überall, wo er sich aufhielt, die Massen an. Die Leute hörten von der Macht seiner Worte und Taten und begannen – laut Markus –, ihn zu verfolgen:

„Jesus zog sich mit seinen Jüngern an den See zurück. Viele Menschen aus Galiläa folgten ihm. Auch aus Judäa und aus

Jerusalem, aus Idumäa und dem Gebiet auf der anderen Seite des Jordans und aus der Gegend der Städte Tyrus und Sidon kamen viele zu Jesus. Sie hatten von seinen Taten gehört und wollten ihn sehen. Jesus wies seine Jünger an, ein Boot für ihn bereitzuhalten; denn die Menge war so groß, dass sie ihn fast erdrückte. Weil er schon so viele geheilt hatte, stürzten sich alle Kranken auf ihn und wollten ihn berühren" (Markus 3,7–10).

Viele unter uns würden vielleicht einen solchen Augenblick dazu nutzen, die Menge auf unsere Seite zu bringen. Wir würden die große Zuhörerschaft als sicheres Zeichen der Gegenwart Gottes und unserer „Salbung" interpretieren und daher versuchen, noch mehr Publikum anzuziehen und unseren Bekanntheitsgrad zu steigern. Wir würden untersuchen, wie man die Menschenmassen logistisch besser unter einen Hut bekommt, und den Vorschlag machen, ein Gebäude für Großveranstaltungen zu bauen.

Anders Jesus. Für ihn waren viele Menschen nicht gleichbedeutend mit echter Gemeinschaft. Statt die Massen hinter sich zu bringen, versetzte er ihnen einen Dämpfer und zog sich von ihnen zurück. „Dann stieg Jesus auf einen Berg und rief von seinen Jüngern die zu sich, die er für eine besondere Aufgabe vorgesehen hatte" (Markus 3,13). Jesus lud zwölf Männer ein, sich ihm drei Jahre lang anzuschließen, auf einer Reise, die ihr Leben verändern und in den Dienst an den Menschen eingebettet sein würde.

Sein Kontakt mit den Jüngern ist ein perfektes Vorbild für die Abhängigkeit in Beziehungen. Jesus wusste, dass die Massen große Nöte und Bedürfnisse hatten. Und doch verbrachte er den größten Teil seines öffentlichen Dienstes damit, mit seiner kleinen Gemeinschaft von zwölf Jüngern zu leben und ihnen zu dienen. Er zog sich von der Menge zurück und wählte dann wenige aus, mit denen zusammen er die vielen erreichen würde. Eugene Peterson erklärte den Amerikanern dies in einer Predigt mit den Worten: „Jesus investierte 90 Prozent seiner Zeit in zwölf jüdische Männer, um alle Amerikaner zu erreichen." Hätte er in einem anderen Land gepredigt, hätte er diese Wahrheit sicher in den örtlichen Zusammenhang gestellt und gesagt: „... um die Chinesen/die Deutschen/die Indonesier/Südafrikaner ... zu erreichen."

Jesus folgte dem göttlichen Muster und brachte wenige Menschen zusammen, um viele Leben zu berühren. Jesus existierte schon vor dem Beginn der Zeit in der Gemeinschaft der drei in einem, der Versammlung der wenigen. Auf Grund seines Wesens und seiner

31

Identität war es unausweichlich, dass Jesus, als er Mensch wurde und wie wir das Bild des dreieinigen Gottes in sich trug, ein paar wenige in die Gemeinschaft mit sich rief.

Einzelkämpfer sind Alleinkämpfer

Auf den vorangegangenen Seiten haben wir zwei Beweisstücke untersucht, die für die Gemeinschaft sprechen. Als Geschöpfe Gottes sind wir auf Gemeinschaft angelegt. Als Nachfolger Jesu Christi werden wir verwandelt und für das Leben in Gemeinschaft „tauglich gemacht". Trotz dieser Tatsache hebt die westliche Kultur immer wieder hervor, wie wichtig Individualismus und die Unabhängigkeit von anderen ist. Daher verpassen viele Christen das Zeugnis des Lebens Jesu. Sie glauben, sie könnten Christus ähnlicher werden, ohne ein Leben in Gemeinschaft anzustreben.

Viele von uns Christen halten Gemeinschaft für einen möglichen Lebensentwurf. Als Leiter der Kleingruppen-Arbeit von *Willow Creek* sprach ich (Russ) vor einer Weile mit langjährigen Christen, die sich dagegen wehrten, in das einbezogen zu werden, was sie „das System" nannten. Sowohl altgediente „Creeker" als auch Christen, die in unsere Nähe gezogen sind und bereits viele Erfahrungen mit dem Gemeindeleben gemacht haben, lehnen es ab, durch eine Kleingruppe formal an die Gemeinde gebunden zu sein. Wir nennen diese Menschen liebevoll „die Abtrünnigen".

Manche unter ihnen sind „Gemeinde-wechsel-dich-Abtrünnige". Sie leben die Konsumenten-Philosophie auch im Bereich ihres Gemeinde-Engagements und behandeln *Willow Creek* wie ein Gericht auf einem Büfett. Sie wollen ausschließlich „gefüttert und gesättigt"[6] werden, sie selbst und ihre Familie. Dabei entscheiden sie rein nach dem Geschmack eines Häppchens, ob sie unsere Einrichtung je wieder mit ihrer Gegenwart beehren. Lebensverändernde Gemeinschaft steht jedoch nicht auf ihrem Speiseplan.

Zugegeben, die Gemeinde hat bislang wenig für sie getan. Wir haben das Bild eines christlichen Lebens so gezeichnet, wie es richtigerweise gelebt werden sollte: als allein davon abhängig, dass die Beziehung zu Gott stimmt. Solche minimalistischen Ansätze, die man als „Feuerversicherungs-Glauben" bezeichnen könnte, mögen dafür sorgen, dass der betreffende Christ dem Höllenfeuer entgeht – aber sie haben nichts mit echter Nachfolge zu tun. Jesus nachzufolgen bedeutet, ihm in die Gemeinschaft zu folgen.

Manche Menschen gehen ein bisschen weiter und nähern sich Gott in der Haltung eines „unabhängigen Vertragspartners" – damit lassen sie sich auf eine Billigversion von Gemeinschaft ein, die oft mit dem Wort „Gemeinde-…" geschmückt wird. Wir bei *Willow Creek* sind alle in verschiedenen Gemeinden und Denominationen aufgewachsen, und überall hat man uns „Gemeinde-Essen" angeboten, serviert im „Gemeinde-Saal" bei „Gemeinde-Versammlungen". Das könnte man „Gemeinschaft light" nennen, ohne Fett- oder sonstige Nährstoffe. Während des geistlichen Erwachsenwerdens wurden wir mit vielen guten Gaben bedacht. Allerdings haben unsere unterernährten Gemeinschaften die Art von Einheit, wie man sie am Beispiel der Dreieinigkeit sehen kann und wie sie durch Christus vorgelebt wurde, dramatisch unter Wert verkauft.

Ich (Bill) habe diese „Mangeldiät" schon früh in meinem Leben als Christ erfahren. Ich kam in einer Gemeinde zum Glauben, in der es keine Kleingruppen gab. Ich hungerte nach Gemeinschaft und fand diese bald in einer Gruppe christlicher Freunde. Diese hatten einen Hauskreis gestartet, mit dem sie Gläubige in ihrem geistlichen Leben weiterbringen und Suchende erreichen wollten. Wir fingen an, Bekannte einzuladen, die Gott noch nicht kannten. Schon bald wuchs unsere Bibelgruppe auf 35 Leute an, von denen die Hälfte keine Beziehung zu Jesus hatte. Es war ein unglaubliches Erlebnis. Leben veränderten sich grundlegend, Gläubige wurden ermutigt, und die Nichtchristen erlebten aus erster Hand, wie echte geistliche Gemeinschaft aussehen kann. Dann schloss die Gemeinde unseren Kreis. Sie befürchtete, dass zu viele „Zöllner und Sünder" in der Gemeinde die jungen Leute negativ beeinflussen könnten. Sie machten sich Gedanken darüber, dass unsere Neubekehrten schließlich zu sehr den dortigen Sündern ähneln würden. Doch es kam ihnen niemals der Gedanke, dass das Gegenteil eintreten könnte. Und wieder einmal wurde echte Gemeinschaft *ad acta* gelegt.

Natürlich sind wir immer wieder einmal in tiefere christliche Freundschaften hineingestolpert, was seltene und wunderbare Hinweise auf unsere gottgegebene Neigung waren, Kontakte zu knüpfen und zu pflegen. Manchmal haben uns unsere Familien einen Vorgeschmack darauf gegeben, wie diese Gemeinschaft aussehen könnte. Wir haben uns gefragt, ob kirchliche Organisationen das anbieten könnten, was wir suchten. Im Laufe unseres Lebens haben wir einem Dutzend eigentlich guter Gemeinden angehört. Es schmerzt, das zuzugeben, aber irgendwo auf diesem Weg ist vielen Gemeinden das biblische Konzept von Gemeinschaft verloren gegangen, wie Gott es erschaffen und gewollt und wie Jesus es uns vorgelebt hat.

Vielen Gemeinden fehlt jeder Wille, ein Leben in Gemeinschaft anzustreben. Wir lieben *Willow Creek*, aber auch dort ist man manchmal weit hinter dem Ideal zurückgeblieben, das sich schon aus einer einfachen Theologie ergibt. Während *Willow Creek* exponenzielles Wachstum erlebte, waren authentische Beziehungen auch bei uns eher die Ausnahme, nicht die Regel. Wir müssen uns noch weiterentwickeln, bevor die Mehrheit erleben kann, was die Jünger in der Gegenwart Jesu schmecken konnten. Es ist eine riesige Aufgabe, eine ganze Gemeinde miteinander in Beziehung zu bringen. Wie viel schwerer ist es dann, ihnen die Erfahrung einer Gemeinschaft zukommen zu lassen, wie Jesus sie kannte und vorlebte!

Aber der Beweis aus dem Leben Jesu ermutigt uns, auf Kurs zu bleiben und dem Widerstand entgegenzutreten. Wenn die Gemeinde ihr Urteil zugunsten des Jesus fällt, der in Gemeinschaft lebte und lebt, muss sie ihre Fundamente neu gießen, wobei sie diesmal die Regeln befolgt, die Jesus aufstellte, als er ein Leben in der Gemeinschaft vorlebte.

Jüngerschaft dreht sich um Einheit

Es steckt ein gewisser Trost darin zu wissen, dass sogar Jesus, nachdem er drei Jahre in seine Jünger investiert hatte, nicht alles erreicht hatte, was seinem Wissen nach möglich gewesen wäre. Die Art und Weise, mit der er diesem „Ungenügen" Ausdruck verlieh, ist der dritte Beweis der theologischen Argumente, die für Gemeinschaft in Kleingruppen sprechen.

Wir finden dieses Beweisstück im Bericht des Johannes, am Ende von Jesu Dienst. In seinem so genannten hohepriesterlichen Gebet gibt Jesus einen Ehrfurcht gebietenden Einblick in Gottes Ideal für seine Kinder: Sie sollen in Einheit leben. Die bislang ausgeführten Beweise für Gemeinschaft (die Dreieinigkeit und die Fleischwerdung) sind überzeugend; Johannes 17 ist jedoch das Herzstück der theologischen Beweise, der Argumente für Kleingruppen. Jeder Anwalt träumt davon, eine schmauchende Pistole zu finden, den wasserdichten Beweis, der den ganzen Fall klärt. Wenn es im Fall der Kleingruppen je eine „schmauchende Pistole" gab, dann ist dies das 17. Kapitel des Johannes-Evangeliums.

Betrachten Sie zunächst den Kontext, in dem dieses Kapitel steht:

Jesus führt sein letztes Gespräch vor seinem Tod, eine ausgedehnte Unterhaltung mit seinem himmlischen Vater. Die elf übrig gebliebenen Jünger sind trotz der Entlassung von Judas und trotz der internen Kämpfe um die Vorherrschaft noch immer um Jesus versammelt. Jesus hat sie beschämt, indem er ihnen wie ein Sklave die Füße wusch. Und während jetzt seine Freunde warten, betet Jesus zu seinem Vater.

Dieser ergreifende Abschnitt gibt uns einen tiefen Einblick in das Gebet Jesu. Jesus betet als jemand, der vor jeder Zeit war und nach jeder Zeit sein wird, der Anteil hat am Wesen Gottes, mit dem er spricht und mit dem er schon immer und für immer gemeinschaftlich in der tiefsten Form von Gemeinschaft existiert, die es gibt.

In diesem Gespräch spielt noch ein weiterer Faktor eine Rolle. Es heißt, dass ~~Worte und Gespräche von Todeskandidaten enthüllen, was sie in ihrem tiefsten Inneren hoffen, träumen, wünschen und wofür ihr Herz wirklich schlägt~~. Aus diesem Grund tun wir alles Menschenmögliche, um Wünsche zu erfüllen, die auf dem Totenbett geäußert wurden. ~~In den letzten Stunden seines Menschenlebens gibt uns Jesus einen unüberhörbaren Hinweis darauf, was ihm am meisten am Herzen lie~~gt.

Jesus weiß, dass er in wenigen Stunden als Gottes größtes, einzigartiges Opferlamm sterben wird. Der Tod ist nahe und unausweichlich, es sei denn, Gott hätte vor, in letzter Sekunde doch noch einzugreifen und die Heilsgeschichte zu verändern. Während Jesus mit seinem himmlischen Vater spricht, sagt er eindringliche Worte, die erkennen lassen, welche Bedeutung er dem beimisst, was wir Gemeinschaft nennen. Er betet für eine Gruppe von Nachfolgern, vor allem für die Jünger, mit denen er die meiste Zeit verbracht und denen er Gemeinschaft vorgelebt hat:

„Jetzt bin ich auf dem Weg zu dir. Ich sage dies alles, solange ich noch bei ihnen in der Welt bin, damit meine Freude ihnen in ganzer Fülle zuteil wird. […] Sie gehören nicht zu dieser Welt, so wie ich nicht zu ihr gehöre. Lass sie in deiner göttlichen Wirklichkeit leben und weihe sie dadurch zum Dienst. Ich bete nicht nur für sie, sondern auch für alle, die durch ihr Wort von mir hören und zum Glauben an mich kommen werden […] darum, dass sie alle eins seien, so wie du in mir bist, Vater, und ich in dir. So wie wir sollen auch sie in uns eins sein, damit die Welt glaubt, dass du mich gesandt hast" (Johannes 17,13.16–17.20–21).

„So wie wir sollen auch sie in uns eins sein." Wenn Sie irgendeine Antenne für das haben, was Jesus da sagt, dann erkennen Sie den überwältigenden Nachdruck dieser Feststellung. Jesus sagt: „Ich möchte, dass die Menschen – zum Beispiel diese Männer, in die ich mein Menschenleben investiert habe – die Art von Einheit finden, die wir in der Dreieinigkeit erfahren." Die Gemeinschaft innerhalb der Dreieinigkeit war die erste Gemeinschaft überhaupt. Unser Gott ist die Modell-Gemeinschaft. Jesus hält es wirklich für möglich, dass auch wir Menschen dies erfahren können!

Was machen Sie mit diesen Worten? Beachten Sie, wie genau die letzten Worte Jesu an seinen Vater auf Kleingruppen-Arbeit zutrifft, darauf, dass wir in unseren Gemeinden Gemeinschaft schaffen müssen. Jesus brachte die drei Jahre seines Menschenlebens, die er öffentlich im Dienst verbrachte, auf ganz besondere Art zu: Er versammelte andere um sich, investierte sein Leben in sie und vertraute ihnen nun an, diese Strategie weiter zu verfolgen – ihr Leben in Menschen zu investieren und so zu dienen. In seiner letzten Nacht als Mensch bat Jesus seinen himmlischen Vater um etwas ganz Bestimmtes – er bat darum, seiner Menschen-Gemeinschaft das Geschenk der göttlichen Einheit zu machen.

Stellen Sie sich vor, Jesus hätte seinen Jüngern die Gelegenheit geboten, letzte Gebetsanliegen vorzubringen. Früher an diesem Abend hatten einige um Ehrenplätze gebeten, was andere von diesen Plätzen ausgeschlossen hätte, nämlich die Stellung zur Rechten und zur Linken Jesu, oder um zukünftige Sicherheit, da sie ja immerhin ihr Leben an seines gebunden hatten. „Stürze Rom", hätten manche sicher gebetet. Ein paar hätten sich vielleicht damit beschieden, künftig immer gutes Fischfang-Wetter zu bekommen; wieder andere hätten vielleicht darum gebetet, dass ihr künftiger Dienst in den ihnen vertrauten Bahnen verlaufen möge. Gemeinschaft? Mit keiner grauen Zelle hätte irgendeiner von ihnen daran gedacht!

Aber genau das erbittet Jesus von Gott für sie.

Er bittet darum, dass sie Einheit erleben, nicht irgendeine Form von Einheit. Nein, Jesus ist viel mutiger. Er bittet seinen himmlischen Vater, seinen Jüngern eine unglaubliche Anzahlung in Sachen Gemeinschaft zu geben. Er bittet um nichts weniger als um jene Gemeinschaft, wie sie auf der Ebene der Dreieinigkeit normal ist!

Als ich (Russ) zum ersten Mal begriff, um was Jesus in seinem Gebet wirklich bittet, hat mich das vollkommen verändert. Ich habe angefangen, mich damit zu beschäftigen, was es bedeuten würde, meinen Job als Anwalt an den Nagel zu hängen und in den vollzeitlichen Dienst zu gehen. Pastor Bill Hybels hatte mich eingeladen, die Leitung der Kleingruppen-Arbeit in *Willow Creek* zu übernehmen. Abgesehen von den Schwierigkeiten, die ein solcher Wechsel mit sich bringt, hatte ich auch andere Bedenken: Sollte ich wirklich mein Leben für etwas total umkrempeln, das so aussah, als sei es bloß für strategische Leiter von Interesse? Zu der Zeit war ich schon längere Zeit Ältester in *Willow Creek* und hatte bemerkt, welchen Einfluss es auf *Willow Creek* hatte, zu einer Gemeinde aus Kleingruppen zu werden. Mir war klar, dass ein Fundament aus Kleingruppen sinnvoll war, jedenfalls aus der Perspektive guten Managements und der Praxis betrachtet. Aber ich hatte mich nie mit dem tieferen Grund für das alles beschäftigt. Ich war ein toller Ältester, nicht wahr?

Ich fing an zu verstehen, dass ich eine Leidenschaft für jene Gemeinschaft brauchte, die mehr ist als nur ein ausgeklügeltes Gemeinde-Programm. Wenn ich diese Leidenschaft nicht bekäme, hätte es gar keinen Sinn, meine Anwaltstätigkeit aufzugeben. Ich bat Gott, mich mit einer größeren Vision für Kleingruppen zu erfüllen. Dann wartete ich ab. Es gab keine Bücher, die mir hätten helfen können. Gespräche mit Kleingruppen-Gurus brachten auch nicht viel. In einer schlaflosen Nacht saß ich in „Denny's Restaurant" (dem einzigen, das für gequälte Seelen bis 2:00 Uhr morgens auf hat) und las das 17. Kapitel des Johannes-Evangeliums zum x-ten Mal durch. Gott beantwortete mein Gebet mit diesen Worten von den Lippen Jesu: „So wie wir sollen auch sie in uns eins sein."

Diese Verse überwältigten mich, als ich begriff, was dies für die Kleingruppen-Arbeit bedeutete: Jesus betete ja tatsächlich darum, dass echte Menschen – diese kleine Bande echter, lebendiger, ungeschönt fehlerhafter Nachfolger – eine überragende Form der Einheit fänden. Dass es Menschen überhaupt möglich sein könnte, eine solche Gemeinschafts-Beziehung zu finden, ist schon bemerkenswert. Und Jesus sagt hier, dass diese Form göttlicher Gemeinschaft uns zur Verfügung steht! Sie dürfen sie sogar erwarten!

Und es kommt ja noch besser: Jesus blieb nicht dabei stehen, Einheit für den engsten Kreis zu erbitten. Er weitete den Horizont auf sehr viel mehr Menschen aus: „Ich bete nicht nur für sie, sondern auch für alle, die durch ihr Wort von mir hören und zum Glauben

37

an mich kommen werden [...] darum, dass sie alle eins seien, so
wie du in mir bist, Vater, und ich in dir. So wie wir sollen auch sie
in uns eins sein, damit die Welt glaubt, dass du mich gesandt hast"
(Johannes 17,20–21). Jesus, der Todeskandidat zu unserer Rettung
und Befreiung, betete ein richtiges Gebet an einem echten Ort, nicht
nur für seine Jünger, sondern für Sie, für jeden, den Sie kennen,
jeden Nachfolger Christi, den Sie in Ihrer Gemeinde kennen, jeden
Menschen, der je an ihn glauben wird. Er erbat von Gott, dass
sie dieselbe Art von Einheit erfahren würden, die er sich für seine
Jünger wünschte – die Einheit, die seiner eigenen Erfahrung in der
Dreieinigkeit entspricht.

Zeit zur Entscheidung

Jetzt ist es Ihre Aufgabe, etwas mit diesem Gebet anzufangen. Sie
können zu dem Schluss kommen, dass es sich nur um blumige Worte
handelt oder dass Jesus emotional in Panik war und nicht mehr genau
wusste, was er da redete, aber wie auch immer – Sie müssen darauf
reagieren. Können wir davon ausgehen, dass Jesus wirklich meinte,
was er da betete?

Ich entschied mich, das zu glauben. Damit stand fest, dass ich
meinen gesamten Einsatz und alle meine Gaben brauchen würde, um
der Aufgabe gerecht zu werden, eine Gemeinde aus Kleingruppen
aufzubauen. Es würde mich alles kosten – und ich war bereit
dazu. Ich entschied, dass ich mich dieser Mission vollkommen widmen würde, bis Gott mich in eine andere Richtung führen würde.
Am Ende beinhaltete dieser Entschluss auch den Verkauf meiner
Anwaltskanzlei, einen Umzug, eine Veränderung weg von Business,
Nachfrage und Angebot, hin zum vollzeitlichen Dienst und dem
Erlernen neuer beruflicher Fertigkeiten. Aber ich musste etwas mit
dem Echo machen, das das Gebet Jesu in meinem Herzen ausgelöst
hatte – ich musste dazu beitragen, dass es in meiner Gemeinde
Folgen hatte.

Was tut Ihre Gemeinde mit diesen Worten Jesu? Christus bat
um Einheit unter seinen engsten Nachfolgern und denen,
die ihretwegen später an ihn glauben würden. Ist das eine
ganze normale Erfahrung in Ihrer Gemeinde? Vermutlich nicht.

haben Gemeinden und Kirchen diese Vision verloren – oder nie besessen. Eine ~~Billig-Theologie~~ hat zu einer billigeren Lehre von Gemeinde geführt, eine Klein-Klein-Theologie der Gemeinschaft. Gemeinden reagieren auf den Ruf Jesu mit Flohmarkt-„Gemeinde"-Ereignissen. Wir sollten uns jedoch mit nichts weniger zufrieden geben als mit dem Traum Jesu von Gemeinschaft für uns. Neue Visionen, Strategien und Vorgehensweisen, die des theologischen Modells der Einheit würdig sind, müssen her. ~~Wir haben keine andere Wahl~~!

Was wäre, wenn Jesus eine Beziehungsgemeinschaft zwischen sterblichen Männern und Frauen beschrieb, die nur theologisch erklärt werden kann? Dann kann die Gemeinde zusammen mit ihm den großartigen Traum christlicher Freundschaft träumen, die einzigartig und vollkommen anders ist als alles, was die Gesellschaft anzubieten hat. Dann können wir unsere Theologie verfeinern und uns durch unsere Lehre von Gott und der Dreieinigkeit formen lassen. ~~Der Weg zur Gemeinschaft ist in Gott selbst gelegt und findet in ihm sein Ziel.~~

Gilbert Bilezikian – einer der Gründer von *Willow Creek*, emeritierter Professor des Wheaton-College und unser Mentor in Sachen Gemeinschaft – erklärt, warum die theologischen Argumente für Gemeinschaft so wichtig sind:

> *„Diese Sorge um das Überleben der Gemeinde erklärt den besorgten Ton in Jesu Gebet. Er wusste, dass die christliche Gemeinschaft den Missionsauftrag nicht erfüllen konnte, wenn sie es nicht schaffte, der Welt Einheit exemplarisch vorzuleben. Denn dann hätte die Welt keinen Grund, an das Evangelium zu glauben (Verse 21.23). ~~Wenn man von diesem Gebet ausgeht, ist der überzeugendste Beweis für die Wahrheit des Evangeliums die deutlich sichtbare Einheit seiner Anhänger.~~"*[7]

Mit anderen Worten: Nur wenn wir Gottes Identität und Wesensart verstehen, können wir die Einheit erfahren, die er sich für seine Nachfolger wünscht. Gott existierte vor Beginn der Zeit bis in alle Ewigkeit, ~~in und als Gemeinschaft~~. Der fleischgewordene Gott führte in Jesus ein Leben in Gemeinschaft und diente in einer Beziehungs-Gemeinschaft. Jesus wusste, dass nur ein einziger Maßstab die Art von Freundschaft richtig kennzeichnen konnte, die seine Nachfolger in der Gemeinschaft der Gläubigen finden sollten – der Maßstab der Beziehungs-Gemeinschaft Gottes und seiner dreieinigen Wesensart.

Wenn Sie die gesamten Folgerungen des Wunsches Jesu nach Gemeinschaft für seine Nachfolger an sich heranlassen, dann wird es Ihnen das Herz weit öffnen. Es wird Sie veranlassen zu sagen: „Ich weiß zwar nicht, welchen Einsatz es fordern wird, das in unserer Ortsgemeinde Wirklichkeit werden zu lassen, aber wir werden es dennoch gemeinsam durchstehen und zustande bringen – koste es, was es wolle." Wir müssen nachforschen, überlegen, planen, wie Menschen durch Beziehungs-Gemeinschaft geistlich reifen können. Vielleicht, vielleicht werden echte Leute zu unseren Lebzeiten anfangen, die Art von Einheit zu erfahren, die Gott sich für sie erträumt.

Das sind die Träume Gottes für uns und unsere Gemeinden. Wir sind berufen, uns als Antwort auf die Frage, wer Gott ist, in Gemeinschaft hineinzugeben, einer nach dem anderen: eine Gemeinschaft von drei in einem. Wir können sein Beispiel in der Fleischwerdung Jesu nicht ignorieren, auch nicht sein Abschiedsgebet. Dies alles ruft jede einzelne Gemeinde auf, echte Gemeinschaft in das Muster ihres Gemeindelebens hineinzuweben. Wir müssen herausfinden, wie wir auf diesen Ruf Gottes antworten können, indem wir ein Netzwerk von Kleingruppen ins Leben rufen, das sich ausbreitet. Das ist der theologische Beweis. Die Beweislast ist erdrückend. Aber es ist nur der Anfang.

2

Auf Gemeinschaft angelegt – der soziologische Beweis

„Christliche Bruderschaft ist kein Ideal, das wir umsetzen müssten; es ist vielmehr eine Wirklichkeit, die von Gott in Christus geschaffen worden ist und an der wir teilhaben dürfen."
Dietrich Bonhoeffer: „Gemeinsames Leben"

Wir sind überzeugt, dass bereits der theologische Beweis genügend Argumente für den Neubau der Gemeinde enthält. Und dennoch möchten wir dort nicht stehen bleiben. Es gibt ebenso überzeugende *soziologische* Beweise, die deutlich machen, warum jeder Mensch und jede Gemeinde echte Gemeinschaft brauchen. Gott hat Sie so erschaffen, dass Sie sich nach Gemeinschaft sehnen. Und es liegt ganz in Ihrem Interesse, das Leben in und mit der Kleingruppe mit offenen Armen willkommen zu heißen.

Der soziologische Beweis: Wo Sie stehen

Wie Dietrich Bonhoeffer glauben auch wir, dass christliche Bruderschaft oder Einheit ein Teil der göttlichen Ordnung ist, die er erschaffen hat. Diese Sicht über die Menschheit galt für Menschen direkt nach der Erschaffung, nach dem Sündenfall und auch für uns heute. Menschen, also auch Sie, tragen ja nicht nur das Abbild Gottes und sind daher auf Gemeinschaft angelegt, sondern sie wurden auch dafür geschaffen, Gemeinschaft mit Gott zu suchen und die wechselseitige Abhängigkeit von ihm zu genießen. Gleichzeitig wurden Sie aber dafür erschaffen, mit anderen Menschen in Kontakt zu treten und als Gemeinschaft in anderen geistlich neues Leben hervorzubringen.

Auf Abhängigkeit angelegt

In der Bibel werden wir an zahlreichen Stellen daran erinnert, dass wir als menschliche Wesen von Natur aus in Abhängigkeit leben und dass wir ohne die Gabe des Lebens von Gott nicht leben können. Paulus schreibt:

> „Er ist der Gott, der die Welt geschaffen hat und alles, was darin lebt. Als Herr über Himmel und Erde wohnt er nicht in Tempeln, die ihm die Menschen gebaut hätten. Er ist auch nicht darauf angewiesen, von den Menschen versorgt zu werden; denn er selbst gibt ihnen das Leben und alles, was sie zum Leben brauchen. Er hat aus einem einzigen Menschen die ganze Menschheit hervorgehen lassen, damit sie die Erde bewohnt; für jedes Volk hat er im Voraus bestimmt, wie lange es bestehen und in welchen Grenzen es leben soll" (Apostelgeschichte 17,24–26).

Dann folgt die entscheidende Aussage, auf die es Paulus ankommt: „Und er hat gewollt, dass die Menschen ihn suchen, damit sie ihn vielleicht ertasten und finden könnten. Denn er ist ja jedem von uns ganz nahe" (Apostelgeschichte 17,27). In der Luther-Übersetzung ist Vers 27 noch prägnanter angebunden: „… damit sie Gott suchen sollen …" Gott, das „Gemeinschafts-Wesen", schenkt uns unser Leben, damit wir Gemeinschaft mit ihm suchen. Gott wünscht sich eine persönliche Beziehung zu uns. Und selbst wenn wir gar nicht nach ihm Ausschau halten, ist Gott doch immer bei uns.

> Gott selbst bräuchte keine Beziehung zu uns. Und dennoch zeigt die Bibel uns wiederholt, dass er sich für eine wechselseitige Abhängigkeit mit uns entschieden hat. Er möchte teilhaben an unseren Gefühlen, unseren Entscheidungen, unseren Plänen, unseren Sorgen, sogar an unserem Körper. Und im Gegenzug wünscht er sich, dass wir an seinen Gefühlen, Plänen, Entscheidungen, sogar an der Gemeinschaft, die er in sich hat und ist, teilhaben.

Klingt es in Ihren Ohren befremdlich, wenn ich sage, dass Gott schlichten menschlichen Wesen seine *Gefühle* mitteilt? Während Gott auf dem Gipfel des Berges Sinai mit Mose redete, um ihm die Zehn Gebote zu geben, erbauten die ungeduldigen Israeliten einen Altar und beteten ein goldenes Kalb an, das sie angefertigt hatten. Gott wurde zornig: „Ich habe erkannt, dass dies ein widerspenstiges Volk ist. Deshalb will ich meinen Zorn über sie ausschütten und sie vernichten. Versuche nicht, mich davon abzubringen! Mit dir will ich neu beginnen und deine Nachkommen zu einem großen Volk machen" (Exodus 32,9–10). Überraschend und doch wahr: Gott entscheidet sich für gegenseitige emotionale Abhängigkeit mit fehlbaren Menschen wie Ihnen und mir. Sie können den Heiligen Geist „betrüben" (Epheser 4,30), ihm aber auch Freude machen und der Grund dafür sein, dass er „laut jubelt, wenn er dich sieht" (Zefania 3,17).

Gott lässt uns auch manchmal an seinen *Entscheidungen* Anteil haben. Als Gott beispielsweise androhte, das sündige Sodom zu vernichten, die Stadt, in der Abrahams Neffe Lot wohnte, da bat Abraham ihn: „Willst du wirklich Schuldige und Schuldlose ohne Unterschied vernichten? Vielleicht gibt es in Sodom 50 Leute, die kein Unrecht getan haben. Willst du sie auch umkommen lassen und nicht lieber die ganze Stadt verschonen wegen der 50? Du kannst doch nicht die Unschuldigen zusammen mit den Schuldigen töten und die einen genauso behandeln wie die anderen?" (Genesis 18,23–25). Abraham setzte die Messlatte immer niedriger und ging ein immer größeres Risiko ein. Gott blieb erstaunlich flexibel und stimmt schließlich zu, Sodom und Gomorra nicht zu zerstören, wenn es auch nur zehn Schuldlose geben sollte.

Aber Gott wartet nicht einfach darauf, dass wir ihm unsere *Bedenken* mitteilen. Er lässt sich so weit auf uns ein, dass er sogar dann eingreift, wenn wir nicht wissen, wie wir das Problem umschreiben und fassen können und weit von einem Lösungsvorschlag entfernt sind. Paulus schreibt in seinem Brief an die Römer:

„Aber ebenso seufzt und stöhnt auch der Geist Gottes, der uns zu Hilfe kommt. Wir sind schwache Menschen und unfähig, unsere Bitten in der rechten Weise vor Gott zu bringen. Deshalb tritt sein Geist für uns ein mit einem Stöhnen, das sich nicht in Worte fassen lässt. Und Gott, vor dem unser Innerstes offen liegt, weiß, was sein Geist in unserem Innern ihm sagen will. Denn so, wie es vor Gott angemessen ist, legt er Fürsprache ein für die, die Gott als sein Eigentum ausgesondert hat" (Römer 8,26–27).

Ich (Russ) habe schon immer Maschinen geliebt – Autos, Motorräder, einfach alles, was einen Motor hat. Jeden Winter begleitet mich einer meiner drei Söhne zu einem der großen amerikanischen Rituale – der

Autoausstellung in Chicago. Wir bleiben bei den innovativen neuen Modellen hängen und träumen davon, Autos zu fahren, die wir nie besitzen werden; aber vor allem ziehen uns die neuesten technischen Fortschritte an. Witzigerweise bin ich trotz meines Hangs für Motoren technisch völlig unbegabt. Daher gefallen mir besonders die neuen Computersysteme, die das Auto vor jedem Start durchchecken und während der Fahrt weiter kontrollieren.

Wenn schon Menschen solche ausgefeilten Überwachungssysteme austüfteln können, dann stellen Sie sich doch einmal vor, was für ein fantastischer Satz geistlicher Sensoren in Ihnen aktiviert sein muss, sobald der Heilige Geist in Ihnen wohnt. Gottes Interesse ist so riesig, dass sogar „jedes Haar" auf Ihrem Kopf „gezählt ist" (Matthäus 10,30) und jede Träne verbucht (Psalm 56,9). Wie das diagnostische System in den allerneuesten Modellen, so überwacht der Heilige Geist unsere schlimmsten Sorgen. Zudem „ölt der Heilige Geist die Bindeglieder" in der Kommunikation zwischen uns und Gott – um unsere Wünsche auf seinen perfekten Willen abzustimmen.

Schließlich hat Gott uns dazu erschaffen, Wohnraum für ihn selbst zu sein. Unsere irdischen ~~Körper~~ haben eine ~~Doppelrolle~~, denn sie dienen ~~auch Gott als Wohnung~~. Aus diesem Grund ist es Gott so wichtig, was wir mit unserem Körper anstellen: „Wisst ihr nicht, dass euer Leib ein Tempel des Heiligen Geistes ist, der in euch wohnt? Gott hat euch seinen Geist gegeben; und ihr gehört nicht mehr euch selbst. Er hat euch freigekauft und als sein Eigentum erworben. Macht ihm also Ehre an eurem Leib!" (1. Korinther 6,19–20).

Entworfen für gegenseitige Abhängigkeit

Gott hat uns nicht nur erschaffen, damit wir in Gemeinschaft mit ihm leben, sondern er hat uns auch mit dem Ziel entworfen, dass wir mit anderen unser geistliches Leben teilen, damit daraus neues geistliches Leben entstehen kann. Diese wechselseitige Abhängigkeit zwischen den Menschen ist Teil von Gottes Schöpfungsordnung und keine Folge des Sündenfalles.

„Gott, der Herr, dachte: ‚Es ist nicht gut, dass der Mensch so allein ist. Ich will ein Wesen schaffen, das ihm hilft und das zu ihm passt.' […] Da versetzte Gott, der Herr, den Menschen in einen tiefen Schlaf, nahm eine seiner Rippen heraus und füllte die Stelle mit Fleisch. Aus der Rippe machte er eine Frau und brachte sie zu dem Menschen. Der freute sich und rief:
‚Endlich! Sie ist's!

Eine wie ich!
Sie gehört zu mir,
denn von mir ist sie genommen.'
Deshalb verlässt ein Mann Vater und Mutter, um mit seiner Frau
zu leben. Die beiden sind dann eins, mit Leib und Seele" (Genesis
2,18.21–24).

Gott ist einer und doch drei, und diese drei sind doch eins. Gott hat
Mann und Frau für eine ähnliche Form der Einheit geschaffen; in
der Ehe sollen zwei eins sein, und doch besteht das Paar aus zwei
Leuten. Diese Schöpfungsordnung hat den Sündenfall überlebt, wie
Paulus in seinem Brief an die Epheser herausstellt:

„So müssen auch die Männer ihre Frauen lieben wie ihren eigenen
Körper. Denn ein Mann, der seine Frau liebt, liebt sich selbst. [...]
Ihr kennt das Wort: ‚Deshalb verlässt ein Mann Vater und Mutter,
um mit seiner Frau zu leben. Die zwei sind dann eins, mit Leib
und Seele.' In diesem Wort liegt ein tiefes Geheimnis. Ich bezie-
he die Aussage auf Christus und die Gemeinde. Es gilt auch für
euch: Jeder von euch muss seine Frau so lieben wie sich selbst.
Die Frau aber soll ihren Mann achten" (Epheser 5,28.31–33).

Erstaunlich, nicht wahr? Gott hat uns als verschiedene Individuen
geschaffen, uns aber in die Lage versetzt, zum untrennbaren Teil
eines anderen Menschen zu werden. Diese Definition des Lebens in
Gemeinschaft lässt sich auf die Ehe anwenden, gilt aber auch für die
Gemeinde. Schauen Sie sich das 5. Kapitel des Epheser-Briefs noch
einmal an. Ebenso wie für die Ehemänner gilt, dass sie ihre Frau wie
ihren eigenen Leib lieben sollten, gilt das auch für die Gemeinde:
„Niemand hasst doch seinen Körper; im Gegenteil, er ernährt und
pflegt ihn. So tut es auch Christus mit der Gemeinde. Wir alle sind ja
zusammen sein Leib" (Epheser 5,29–30).
Paulus zieht eine überraschende Parallele: Wie Gott drei in einem
ist und wie Ehepartner zwei in einem sind, so kann man auch in der
Gemeinde nicht die einzelnen Glieder vom Leib Jesu trennen: „Denkt
an den menschlichen Leib: Er bildet ein lebendiges Ganzes und hat
doch viele Teile, und jeder Teil hat seine besonderen Funktionen. So
ist es auch mit uns: Als Menschen, die zu Christus gehören, bilden
wir alle ein unteilbares Ganzes; aber als Einzelne stehen wir zueinander wie Teile mit ihrer besonderen Funktion" (Römer 12,4–5).
Dieser Abschnitt wird oft als Grundlage für die Lehre über die

Unterschiedlichkeit der Menschen herangezogen – und das mit Recht. In den Versen 6 bis 8 erklärt Paulus, warum wir unsere eigenen Gaben identifizieren, einsetzen und hochachten sollen. Aber Gott möchte, dass wir diese Gaben in der Gemeinschaft der Heiligen einsetzen. Wenn wir uns nach unserer Entscheidung für ihn einmal in die Abhängigkeit von Gott begeben haben, begeben wir uns gleichzeitig auch in das Leben der christlichen Gemeinschaft hinein. Auch dies ist wieder kein möglicher Entwurf unter vielen, sondern eine Tatsache. So hat Gott uns geschaffen. Ist Ihnen aufgefallen, dass sich die allerersten Christen „Tag für Tag einmütig im Tempel versammelten und in ihren Häusern das Mahl des Herrn hielten und gemeinsam aßen, mit jubelnder Freude und reinem Herzen"? (Apostelgeschichte 2,46). Wie viele Gemeinden fassen heute „Gemeinde" wirklich noch als Ausdruck der innigen Gemeinschaft mit Gott und miteinander auf, als etwas, das Gott für uns Menschen geplant hat?

Als Christen wissen wir über Sünde, die Notwendigkeit der Gnade und die Freiheit durch Erlösung Bescheid. Aber unglücklicherweise ist unser biblisches Wissen durch den Individualismus unserer Kultur geprägt, sodass wir zwar von der Notwendigkeit persönlicher Erlösung wissen – aber das ist es dann auch schon. Wir vernachlässigen es, die gesamte Lehre des Menschseins zu predigen, dass wir nämlich dafür erschaffen wurden, von Gott abhängig zu sein, die gegenseitige Abhängigkeit von Gott zu genießen und die Fülle der gemeinschaftlichen Abhängigkeit innerhalb der Gemeinde zu erleben.

Warum ist das so? Weil wir noch nicht erfahren haben, welche „Sprengkraft" in unserer Abhängigkeit von dem dreieinigen Gott und der Gegenseitigkeit dieses Verhältnisses steckt. Und wir haben den Reichtum dessen verpasst, was es heißt, gemeinschaftlich zu leben, und wissen auch nicht, wie wir unsere Gemeinden auf diese Vision Gottes hinführen können.

Als Konsequenz leidet die Gemeinde an einem „Abhängigkeits-Mangel-Syndrom", einer Krankheit, die von einer Generation zur nächsten „vererbt" wird. Immerhin ist das geistliche Leben eine Generationenfrage; es hängt davon ab, dass eine Person das Evangelium der nächsten weitergibt. Beachten Sie die Worte von Paulus in Römer 10, Vers 14: „Sie können sich aber nur zu ihm bekennen, wenn sie vorher zum Glauben gekommen sind. Und sie können nur zum Glauben kommen, wenn sie die Botschaft gehört haben. Die Botschaft aber können sie nur hören, wenn sie ihnen verkündet worden ist."

Paulus hat auch davon gesprochen, dass er einen „Sohn" hervorgebracht hat: Timotheus: „...Timotheus, der mir ein richtiger Sohn geworden ist, weil ich ihn zum Glauben geführt habe" (1. Timotheus 1,2). Paulus erkannte durchaus an, dass Eunice und Lois, die Mutter und die Großmutter des Timotheus, dessen körperliche und geistliche Ahnen waren; er selbst hatte jedoch sein Leben in diesen jungen Mann investiert. Er wies ihn an: „Was ich dir vor vielen Zeugen als die Lehre unseres Glaubens übergeben habe, das gib in derselben Weise an zuverlässige Menschen weiter, die imstande sind, es anderen zu vermitteln" (2. Timotheus 2,2). Paulus wusste, dass jede Generation ihren Glauben und ihre Leiterschaftsgaben in die nächste Generation investieren muss. Wir dürfen dies alles nicht nur „irgendwie" weitergeben, sondern müssen sicherstellen, dass die Person, die es von uns empfängt, imstande ist, einen anderen Menschen zu lehren.

Wir in *Willow Creek* nennen dies „ein Larry Clark sein". Larry Clark war jahrelang einer der freiwilligen Mitarbeiter unserer Gemeinde. Als junger Mann verdiente er eine Menge Geld, aber es war ihm viel wichtiger, in andere zu investieren; daher schränkte er seinen Lebensstil so weit wie möglich ein. Um nicht durch Geldverdienen abgelenkt zu sein, aß er sogar die Nahrungsmittel vom Vortag, die der Lebensmittelhändler sonst weggeworfen hätte. Larry brachte sein Leben damit zu, „viele Söhne zu zeugen" und ihnen das geistliche Leben zu schenken.

Er investierte sich unaufhörlich in das Leben anderer Menschen, bis zu einer Gemeindefreizeit, die wir 1999 für die Kleingruppen-Leiter organisiert hatten. Während dieses Wochenendes wurde Larry beim allmorgendlichen Jogging von einem Bus erfasst und getötet. Sie können sich nicht vorstellen, wie sehr dieser Verlust unsere Gemeinde traf und wie viele Menschen um Larry trauerten! Aber weil er in so enger Abhängigkeit von Gott und den Menschen gelebt und sich in das Leben zahlloser Menschen investiert hatte, entschieden sich viele an jenem Tag, zu „einem Larry Clark" zu werden. Sie hatten von ihm das einzig sinnvolle Leben erlernt, nämlich jenes, das sich ganz in die nächste Generation hineingibt und das Leben Christi anderen nicht nur bezeugt, sondern es in anderen erzeugt.

Wir müssen wieder lernen, die Gemeinschaft, die auf Gottes Identität und seinem Traum für uns aufbaut, *zu vermitteln und anderen vorzuleben.* Wir sollten die Menschen lehren, was es nach Gottes Plan wirklich bedeutet, ein Mensch zu sein, und dann ganz praktisch Gemeinschaft schaffen und in anderen geistliches Leben hervorbringen.

Der soziologische Beweis: Was Sie brauchen

Bisher haben wir theologische und soziologische Beweise geliefert, um zu belegen, warum Gemeinden sich von der Struktur einer Gemeinde *mit* Kleingruppen wegbewegen sollten – hin zur Gemeinde *aus* Kleingruppen. Theologisch haben wir gezeigt, inwiefern die Tatsache, dass auch Gott ein Gemeinschafts-Wesen ist, verlangt, dass Sie Gemeinschaft für sich und Ihre Gemeinde schaffen. Soziologisch haben wir gezeigt, dass Sie sich für eine Kleingruppen-Gemeinde entscheiden sollten, weil Gott uns als Menschen so geschaffen hat, dass wir uns nach Gemeinschaft sehnen.

Nach unserer Erfahrung besteht jedoch ein himmelweiter Unterschied zwischen dem Wissen, dass Sie etwas akzeptieren sollten, und dem Wunsch, sich entsprechend zu verhalten. Wir gestehen, dass wir unseren Fall bislang auf Gottes Seite beschränkt haben. Nun werden wir uns den Menschen zuwenden. Wir werden Ihnen anhand der Bibel und persönlicher Erfahrung zeigen, warum es in Ihrem eigenen Interesse liegt, sich um ein Leben in Kleingruppen zu bemühen.

Ein Blick in die Bibel zeigt, dass echte Gemeinschaft vierfachen Segen bringt:

- Wir gewinnen *Stärke* für die Stürme des Lebens.
- Wir empfangen *Weisheit* für schwierige Entscheidungen.
- Wir erfahren, was *persönliche Verantwortung* für unsere geistliche Entwicklung bedeutet.
- Wir erleben *Angenommen- und Aufgenommen-Sein*, was unsere Wunden leichter heilen lässt.

Die Gemeinde ist wie keine andere Institution geeignet, durch ein Netzwerk von Kleingruppen jedem Menschen diese vier Segnungen zu ermöglichen. Solche Beziehungen haben auf jeden, der mit ihnen in Berührung kommt, unglaubliche Anziehungskraft!

Stärke

Der Prediger führt einen praktischen Grund an, warum man sich in eine Gemeinschaft hineinbegeben sollte: „Zwei sind allemal besser dran als einer allein. […] Wenn zwei unterwegs sind und hinfallen, dann helfen sie einander wieder auf die Beine" (Kohelet 4,9–10). Jeder Einzelne kann einem anderen helfen, sein „Päckchen" zu tragen, wenn es für diesen allein zu schwer wird. Manche von uns werden jahrelang mit keinem größeren Problem konfrontiert, und doch sagt die Bibel, dass es nur eine Frage der Zeit ist, bis diese auftauchen – eine Frage des „Wann", nicht des „Ob". Dies machte auch Jesus deutlich, als er zu seinen Jüngern sagte: „In der Welt wird man euch hart zusetzen" (Johannes 16,33).

Ich (Russ) musste diese Wahrheit im Verlauf des Weihnachtsfestes 1998 lernen. Wir erledigten unsere normalen Familienaktivitäten – besuchten den Gottesdienst am Heiligen Abend, aßen zusammen zu Abend, öffneten die Geschenke. Früh am Weihnachtsmorgen bestiegen wir unser 10 Jahre altes rollendes Zuhause, um von Chicago nach Phoenix zu fahren. Wenn Sie im eisigen Mittleren Westen leben, ist die Hoffnung auf besseres Wetter ein guter Grund, am Weihnachtstag früh aufzustehen. Wie geplant wechselten meine Frau und ich uns ab und fuhren bis tief in die Nacht hinein. Wir hielten im Nordosten von Texas an, um kurz aufzutanken – wobei „kurz" gemessen ist an der Menge an Benzin, die so ein mobiler Wohncontainer „frisst". Danach übernahm ich wieder das Steuer und meine Familie legte sich schlafen.

Mein schwerfälliges Wohnmobil hatte beinahe Autobahn-Geschwindigkeit erreicht, als die Scheinwerfer plötzlich auf der ländlichen Schnellstraße in der Winternacht eine betrunkene Frau erfassten, die, ganz in Schwarz gekleidet, mitten auf der Straße herumtorkelte. Ich versuchte, ihr auszuweichen, aber es war unmöglich. Als das Auto sie erfasste, schlug ihr Schädel die Windschutzscheibe ein, ihr Körper krachte gegen die rechte Seite des Autos, und sie landete im Straßengraben. Später erfuhr ich, dass sie sich mitten auf die Straße begeben hatte, in der Hoffnung, überfahren zu werden und so Selbstmord zu begehen. Sie überlebte. Meine Gefühlswelt überlebte nur mit knapper Not.

Diese sinnlose Tragödie machte mein Gefühlsleben so wackelig und instabil, wie ich es mir nie hätte vorstellen können. Mich davon zu erholen war ein langer, schwieriger Prozess. Sogar Autofahren erschien mir voller Gefahren. Ich musste meine zerschlagene Psyche wieder aufbauen und wusste nicht so recht, an wen ich mich wenden sollte.

Dieses Trauma lehrte mich, was Gottes Zusage bedeutet, dass er uns durch echte Gemeinschaft in den Stürmen unseres Lebens Stärke schenken wird. Nach dem Zusammenstoß stellte ich das Auto am Straßenrand ab, rief mit dem Handy 110 und 112 und, bevor ich in einen Schockzustand verfiel, noch einen Mann aus meiner Kleingruppe an – und meine Frau telefonierte mit einer Frau aus ihrer

Kleingruppe. Nach kürzester Zeit begannen diese Kleingruppen für uns zu beten und wenig später die Gemeinschaft um diese Gruppen herum.

Ihre Gebetsunterstützung half mir auf dem Weg zur emotionalen Heilung. Meine Gemeinschaft hörte meinen langen Ergüssen zu, führte endlose Gespräche mit mir, durch die meine verworrenen Gefühle wieder ins rechte Lot kamen. Als ich mit Gott rang – weil ich versuchte, diesem Ereignis einen höheren Sinn abzuringen –, boten mir diese Menschen Rückhalt und andere Formen von Hilfe. Ich brauchte Leute, die mit mir beteten, und ich begann zu verstehen, was es bedeutet, „mit den Traurigen zu weinen" (Römer 12,15). Ich erlebte, wie der Leib Christi echte Menschenhände nach jemandem ausstreckt, der in bodenlosen Schmerz gestürzt war.

Auch für Sie wird eine Zeit kommen, in der sich das Leben gegen Sie zu wenden scheint und in der Sie Hilfe brauchen werden. Auch die biblischen Glaubenshelden haben diese Wahrheit entdeckt. Davids Freundschaft mit Jonatan hielt ihn am Leben, als er von Saul verfolgt wurde. Als Elija vor Königin Isebel davonrannte, betete er darum, sterben zu dürfen. Aber Gott führte ihn zu Elischa, einem Fels der Treue. Noomi verlor ihren Ehemann und beide Söhne, aber sie hatte Rut, auf die sie sich stützen konnte. Wer weiß, ob der Apostel Paulus ohne Priszilla und Aquila als Lebensretter und ohne Onesiphorus als Mutmacher Verfolgung und Gefangenschaft durchgestanden hätte?

Die Glaubenshelden haben, gestützt auf Gemeinschaft und Glauben, Widrigkeiten durchgestanden. Das können Sie auch. Aber Sie müssen heute in Gemeinschaft „säen", damit Sie ihre Vorteile in schlimmen Zeiten ernten können, wenn Ihnen Verlust und Entbehrung ins Gesicht starren – was ja schon morgen passieren könnte. Jakobus hat sich auf Gottes Gebot „Liebe deinen Mitmenschen wie dich selbst" (Levitikus 19,18) bezogen und es „das wahrhaft königliche Gebot" genannt (Jakobus 2,8). Paulus hat geraten: „Helft einander, Lasten zu tragen. So erfüllt ihr das Gesetz, das Christus uns gibt" (Galater 6,2).

Weisheit

Kleingruppen können auch Weisheit bereithalten, wenn wir vor wichtigen Entscheidungen stehen. In den Sprichwörtern heißt es: „Pläne ohne Beratung schlagen fehl; durch gute Ratgeber führen sie zum Ziel" (Sprichwörter 15,22). Gott sagt, dass Sie umso wahrscheinlicher die richtige Entscheidung fällen, je mehr weise Ratgeber Sie haben.

In unserer Zeit, in der Firmen hoffen, sich gesund zu schrumpfen, kennen Sie ziemlich sicher Menschen, die ihre Stelle verloren haben. Sie können sich leicht vorstellen, was ja ein allzu bekanntes Ereignis ist: Man hört Gerüchte über finanzielle Schwierigkeiten, Ihr Chef bittet Sie um ein Gespräch, er erklärt Ihnen, dass Ihre Abteilung geschlossen wird. Nach nur minimaler Vorbereitung stehen Sie ohne Gehalt da, ohne Titel, Stellenbezeichnung, Familienroutine, ohne das soziale Netz Ihrer Kollegen.

Oder vielleicht hatten Sie Probleme mit der Kindererziehung? Oder Sie kennen jemanden, dessen Kind unter Verhaltensstörungen leidet? Kluge und liebevolle Eltern investieren alles, was sie haben, in ihre Kinder, und doch geht die Sache manchmal vollkommen schief. Kindererziehung ist besonders für allein Erziehende eine riesige Herausforderung. Können Sie sich vorstellen, welch ungeheure Hilfe verlässliche, vertrauenswürdige Mitglieder einer Kleingruppe solchen Menschen bieten, wenn sie sie durch die komplexen Entscheidungen hindurch begleiten, wie zum Beispiel eine neue Arbeitsstelle zu finden, oder zur Heilung in ihrer Familie beitragen können?

Auch meine Kleingruppe hat mir beigestanden, als ich schwerwiegende Entscheidungen zu fällen hatte. Wie in Kapitel 1 bereits erwähnt, hatte ich (Russ) eine Anwaltskanzlei und war einer der Ältesten von *Willow Creek*. Eines Tages bat mich Pastor Bill Hybels um ein Treffen. Ich erwartete, dass wir über Angelegenheiten der Ältesten reden würden. Aber Bill stellte meine Welt auf den Kopf. Er forderte mich dazu heraus, meine Anwaltskanzlei aufzugeben und bei *Willow Creek* als Leiter der Kleingruppen-Arbeit vollzeitlich einzusteigen.

Ich sammelte meine Kleingruppe und andere Freunde um mich, unterbreitete ihnen meine Gedanken und vorläufig letzten Entscheidungen. Sie nahmen mich wie Anwälte ins Kreuzverhör, wogen verschiedene Argumente und Befürchtungen gegeneinander ab – dabei trat ein unglaublicher Schatz an Weisheit zutage! Sie gaben mir Zuversicht, die ich nicht gehabt hätte, wenn ich meine Entscheidung ganz allein hätte fällen müssen. Ohne meine Ratgeber hätte ich vielleicht einen Weg gewählt, der ins soziale und familiäre Desaster geführt hätte.

Verantwortung und Rechenschaftspflicht

Die Bibel bietet noch ein weiteres soziologisches Argument, das für Gemeinschaft spricht: Sie macht deutlich, dass wir Freunde brauchen, die uns zur Verantwortung ziehen und uns annehmen, auch während des Veränderungsprozesses.

Freundschaften können uns einzigartige Gelegenheiten bieten, geistlich zu wachsen, besonders, wenn wir uns verpflichten, uns voreinander zu öffnen und einander die Wahrheit zu sagen und diese auch zu hören. Die meisten von uns wollen wirklich Christus ähnlicher werden. Wir lesen die Bibel, um Einsichten in uns selbst zu erhalten. Aber Jakobus beschreibt, wie sogar diese Strategie versagt, wenn wir wahre Gemeinschaft meiden:

> „Wer die Botschaft Gottes nur hört, aber nicht danach handelt, ist wie ein Mensch, der in einen Spiegel blickt: Er sieht sich, wie er ist, und betrachtet sich kurz. Aber dann geht er weg und vergisst sofort, wie er aussah. Anders der Mensch, der tief und anhaltend in das vollkommene Gesetz Gottes blickt, das uns frei macht. Er hört nicht nur hin, um es gleich wieder zu vergessen, sondern handelt danach. Er darf sich freuen; denn Gott segnet sein Tun" (Jakobus 1,23–25).

Sie haben vermutlich schon selbst oder bei anderen erlebt, dass dieses Gesetz tatsächlich zutrifft. Typische Christen „nehmen etwas mit", wenn sie die Bibel lesen oder eine Predigt hören. Diese Botschaften helfen ihnen dabei, geistliche Probleme zu identifizieren. Aber Botschaften sind wie Spiegel; sie spiegeln Ihr Bild nur dann wider, wenn Sie sich davor stellen und dem aussetzen. Sobald Sie sich abwenden, werden Sie das Gespiegelte vergessen.

Wenn Sie beim Lesen der Bibel oder während einer Predigt eine (neue) Idee oder (neue) Einsichten gewonnen haben und diese dann vertrauenswürdigen Brüdern und Schwestern eröffnen, werden Sie feststellen, dass solche engen Freunde wie ein Dauerspiegel fungieren: Sie erinnern Sie immer wieder daran, an der Idee oder den Einsichten festzuhalten, selbst wenn Sie Ihre Augen lieber davor verschließen würden.

Wenn wir jedoch mit anderen in Kontakt treten wollen, müssen wir zunächst unsere Angst vor der Selbstoffenbarung überwinden. Am besten wäre es, wenn sich Kleingruppen explizit dazu verpflichten, die Termine wahrzunehmen, die Ziele der Gruppe zu ihren eigenen zu machen und das Gesagte vertraulich zu behandeln. Die einzelnen Mitglieder müssen die Sicherheit haben, dass ihre Geheimnisse in der Gruppe bestens aufgehoben sind und gewahrt werden. Nur wenn man sich sicher fühlt, wird man sich für das öffnen, was man im Spiegel der Wahrheit Gottes erkennt. Nur dann wird man sich genug geliebt fühlen, um im Gegenzug auch andere zu ermutigen, sich der Veränderung auszusetzen und geistlich oder seelisch zu wachsen.

Salomo erinnert uns daran, warum wir für echtes geistliches Wachstum Gemeinschaft brauchen: „Eisen wird mit Eisen geschärft und ein Mensch bekommt seinen Schliff durch Umgang mit anderen" (Sprichwörter 27,17; Luther übersetzt: „Ein Messer wetzt das andre und ein Mann den anderen."). Ein solcher Schliff ist ein seltenes Geschenk der Lebensveränderung. Es geschieht nur, wenn man einander nahe genug kommt. Kleingruppen bieten eine Verbindung an – zwischen Jesus, anderen und uns –, die uns reinigt und zum Positiven verändert. Johannes erklärt: „Leben wir aber im Licht, so wie Gott im Licht ist, dann haben wir Gemeinschaft miteinander, und das Blut, das sein Sohn Jesus für uns vergossen hat, reinigt uns von jeder Schuld" (1. Johannes 1,7).

Angenommensein

Wir brauchen Gemeinschaft, um bleibende Veränderung zu erreichen. Aber auch während dieses Prozesses brauchen wir das Gefühl, dass wir selbst in unserem gegenwärtigen Zustand angenommen sind und dass sich jemand um uns kümmert, etwas, das außer der christlichen Gemeinde nur wenige andere Einrichtungen bieten können. Kirche oder besser Gemeinde kann dann besondere Annahme anbieten, wenn sie aus einem Netz von Kleingruppen besteht. Erscheint Ihnen dieser Anspruch zu hoch? Denken Sie im Folgenden mit uns darüber nach, wer noch Annahme bieten könnte …

Wenn Sie sich mit anderen über ihre Familie unterhalten, werden Sie eine überraschende Wahrheit erkennen, die die wenigsten bereitwillig eingestehen: Viele Menschen erleben in ihren Familien weit mehr Schmerzvolles als Liebe und Angenommensein. Scheidung, Drogenmissbrauch aller Art, verbunden mit sexuellem, verbalem oder emotionalem Missbrauch, beruflicher Stress und finanzieller Druck verdrehen und verkrüppeln die Dynamik in den Familien. Wenn das auf Sie nicht zutrifft, dann sollten Sie jetzt gleich eine Pause einlegen, um Ihrem Schöpfer dafür zu danken!

Die Menschen können sich auch nicht mehr auf den Arbeitsplatz als Quelle der Akzeptanz verlassen. Die Zeiten lebenslanger Stellensicherheit sind vorbei und wurden durch weltweiten Wettbewerb, Gesundschrumpfen, Massenentlassungen und Mobbing am Arbeitsplatz ersetzt. Jeder technische Wandel bringt neue Jobs, lässt aber auch alte überflüssig werden. Wer am Arbeitsplatz auch nur überleben will, muss so viel Energie aufwenden, dass nur ganz wenige Menschen überhaupt noch die Kraft haben, mit Kollegen tiefe Freundschaften aufzubauen und zu pflegen.

Sie können sich auch nicht mehr auf die Leute in der Nachbarschaft verlassen, wenn es darum geht, angenommen zu sein. Sicher sind manche unter uns mit tollen Nachbarn gesegnet. Aber die meisten sind viel zu sehr mit Arbeit oder familiären Pflichten beschäftigt, als dass sie lebendige Beziehungen zu den Menschen von nebenan aufbauen oder pflegen könnten. Und ob Sie nun in einer weniger wohlhabenden Gegend wohnen oder in einem Vorort, wo alle sich mit Zäunen oder hohen Mauern umgeben haben – fast jeder fürchtet sich vor gewaltsamen Übergriffen von Fremden.

Die meisten Menschen haben aufgegeben und sich mit Isolation abgefunden, weil sie nicht mehr erwarten, irgendwo echte Annahme und Gemeinschaft zu finden. Die Gemeinde kann jedoch die tiefste Form der Freundschaft anbieten. Nur sie hat als einzige Institution von Jesus das Mandat dazu erhalten: „Dies ist mein Gebot: ‚Ihr sollt einander so lieben, wie ich euch geliebt habe.' Niemand liebt mehr als einer, der sein Leben für seine Freunde opfert. Ihr seid meine Freunde, wenn ihr mein Gebot befolgt" (Johannes 15,12–14). Jesus erwartet tatsächlich, dass wir alles für diese Gemeinschaft einsetzen, was auch immer, wie auch immer, wann auch immer!

Lebt Ihre Gemeinde nach diesem Maßstab für die von Christus verordnete Gemeinschaft? Sie wissen natürlich, dass die Gemeinde mit anderen Institutionen im Hinblick auf den Unterhaltungswert nicht konkurrieren kann. Als die *Willow Creek Community Church* 1975 ihre Pforten öffnete, waren die Kirchendistanzierten von unserem innovativen Einsatz von Video, Theater, zeitgenössischer Musik, gutem Klang- und Licht-System beeindruckt. Und noch heute bemühen wir uns um eine Form von Kommunikation, die für die modernen Menschen verständlich und alltagsrelevant ist. Aber unsere Gottesdienste werden es niemals mit dem neuesten Kinohit aufnehmen können, nicht mit den Spezialeffekten in Videos, den Attraktionen in Freizeit-Parks, nicht mit den immer neuesten Gags, Effekten oder Computerspielen.

Worin kann Gemeinde also konkurrieren? In Sachen Gemeinschaft! Wir alle wissen, dass Gemeinden manchmal frustrierende Konflikte durchzustehen haben, aber achten Sie nur einen Augenblick darauf, was die weltliche Gesellschaft an Gemeinschaft zu bieten hat: Restaurants, Bars, Kegelclubs und Spiel-„Höllen". Die Gemeinde ist der einzige Ort, an dem die meisten Menschen, seien sie nun extrovertiert oder introvertiert, mit einiger Wahrscheinlichkeit gesunde, funktionierende Beziehungen finden werden, in denen sie sich aufgehoben und angenommen wissen.

Der soziologische Beweis ist: Alle Vorteile der Gemeinschaft stehen zu Ihrer Verfügung – vor allem, wenn Sie lehren, dass Gott uns dazu geschaffen hat, uns nach Gemeinschaft zu sehnen, und wenn Sie Ihre Gemeinde so ausrichten, dass die Menschen miteinander in Kontakt kommen können. Ihre Kleingruppen-Strategie wird heranreifen und die Menschen werden die Art von Freunden finden, die „enger zu ihnen hält als ein Bruder" (Sprichwörter 18,24b). Sie werden in der Gruppe einen Vorrat an Trost und Weisheit finden, und dort wird man sie in Liebe zur Verantwortung ziehen, was beides zusammen zu geistlichem Wachstum führen wird.

Haben der theologische und der soziologische Beweis Sie davon überzeugt, diese gewinnende Vision künftig zu verfolgen? Falls Sie noch schwanken, sollten Sie sich den organisatorischen Beweis anschauen, der dafür spricht, dass Sie Ihre Gemeinde zu einer Kleingruppen-Gemeinde machen sollten.

Was die Gemeinde hervorbringen muss – Der organisatorische Beweis

„Vor 40 Jahren begann die Revolution der Gemeinde. [...] nach Jahrhunderten zunehmender Verkrustung kehrt die Gemeinde zurück in die Häuser und ins Leben ihrer Glieder [...]. Die Kleingruppen-Arbeit in Gemeinden gewinnt an Bedeutung und schlägt ein neues Kapitel in der reichen Geschichte der Gemeinde auf. Durch Gottes Gnade und seine angewandte Weisheit kann auch Ihre Gemeinde aus dieser Revolution Vorteile ziehen und dazu beitragen."

Jeff Arnold: *Starting Small Groups*

Wir haben bislang gezeigt, dass Gott uns so erschaffen hat, dass wir uns nach Gemeinschaft sehnen, nach Gemeinschaft mit ihm und mit anderen Menschen. Wir haben uns all die Vorteile angeschaut, die wahre Gemeinschaft mit sich bringt. Jetzt ist es an der Zeit, unsere Vision von Gemeinschaft in den heutigen Ortsgemeinden praktisch umzusetzen. Unser letztes Argument, die organisatorische Beweisführung, wird zeigen, warum Gemeinden sich wegbewegen sollten von der Struktur einer Gemeinde *mit* Kleingruppen hin zu der einer Gemeinde *aus* Kleingruppen.

Die organisatorische Argumentation beruht auf zwei Prinzipien. Erstens kann Ihre Gemeinde das Bedürfnis jedes einzelnen Gemeindegliedes nach Gemeinschaft am besten befriedigen, indem sie beachtet, was Carl George die „Fürsorgespanne" nennt: Dieses Prinzip stellt sicher, dass für jeden Einzelnen jemand da ist, der sich um ihn kümmert. Gleichzeitig muss sich aber niemand um zu viele Menschen kümmern.

Zweitens kann die Gemeinde nicht wie von Gott vorgesehen funktionieren, wenn Menschen sich nicht als Glieder eines Leibes sehen. Jedes Teil muss seine Verantwortung übernehmen, wenn der Körper Jesu Christi in der Welt funktionieren soll. Nur wenn alle, also wirklich jeder Einzelne, an die Arbeit gehen, werden Leben verändert werden.

Die „Fürsorgespanne"

Die „Fürsorgespanne" berücksichtigt, dass jeder Mensch nur eine begrenzte Kapazität hat, sich um andere zu kümmern. Die „Weite" der „Fürsorgespanne", also die Anzahl der Menschen, um die sich jeder Leiter kümmert, hängt von Ziel und Art der Gruppe ab, sollte jedoch zwölf nicht übersteigen. Dementsprechend führt die „Fürsorgespanne" dazu, dass man eine Hierarchie von unten nach oben aufbaut: Man zerlegt die große, komplexe Gruppe auf der untersten Ebene in kleinere, handhabbare Einheiten. Dann ernennt man Leiter, die für die Einheiten auf dieser Ebene zuständig sind. Diese Leiter fasst man dann auf der nächsten Ebene in weitere Einheiten der gleichen Größe zusammen, wo sich wiederum ein anderer Leiter um sie kümmert. So wird dann niemand *über*fordert, aber jeder ist *ge*fordert – und die Bedürfnisse jedes Einzelnen werden befriedigt.

Keine andere Strategie wird eine Gemeinde aus Kleingruppen stärker umkrempeln als die Berücksichtung der „Fürsorgespanne" und der oben beschriebenen Gemeinde-Hierarchie. Carl George beschreibt diese Revolution in seinem Buch *Nine Keys to Effective Small Group Leadership*:

> *„Ich bin zu der Überzeugung gelangt, dass Gott viele Gemeinden in eine stille Revolution hineinführt. Die Verwandlung oder die Änderung ist wesentlich, weil sie Raum dafür schafft, dass geisterfüllte, von Gott begabte Menschen sich darauf konzentrieren, einander zu lieben, einander die Wahrheit in Liebe zu sagen und zusätzliche Leiter freizusetzen, die diese Reformation an weiteren Orten anstoßen, begleiten und voranbringen können. Die Folgen sind, dass viele, sehr viele Menschen herausgefordert sind, zu lieben und gute Werke zu tun – durch gesunde Kleingruppen, die sich vermehren. In einem gewissen Maß werden auch die Fundamente*

unserer weltlichen Gesellschaft durch diese Laienbewegung neu
gelegt und neu aufgebaut werden."[1]

Jeder braucht Kontakte

Die *Willow Creek Community Church* musste auf die harte Tour lernen, dass die Menschen ein Bedürfnis nach Fürsorge haben. Unsere Gründer haben uns eine Vision vor Augen gemalt bzw. gaben uns entsprechende Werte vor, nach denen Beziehungen in unserer Gemeinde von großer Bedeutung sind – und unsere Mitgliederzahlen schnellten in die Höhe. Und doch mussten wir, nachdem unsere Gemeinde 15 Jahre bestanden hatte, feststellen, dass nicht jeder Mensch bei uns die Chance erhielt, lebensverändernde Beziehungen aufzubauen und einzugehen. Es gab Bedürfnisse, die wir vernachlässigt hatten. Menschen verloren ihre Fähigkeit, die Gemeinde und die Leute, aus denen sie bestand, aufzubauen.

Ich (Bill) erinnere mich noch daran, dass unsere Gemeinde in den frühen Jahren unseres Kleingruppen-Abenteuers intensiv versuchte, Menschen miteinander in Kontakt zu bringen. Wir hatten ein Jahr damit verbracht, Kleingruppen als ein „Pilotprojekt" aufzuziehen. Wir steckten noch im Experimentierstadium und fragten uns, ob diese Gruppen wirklich von Vorteil wären. Daher starteten wir eine Umfrage.

Die Ergebnisse waren schockierend, und zwar angenehm überraschend. Von all den Menschen, die wir befragten, sagten über 500, dass sie erwogen hatten, *Willow Creek* zu verlassen, sich aber zum Bleiben entschlossen – weil sie jetzt Verbindung zu einer Kleingruppe hatten! Das war ein unübersehbares Signal! Diese 500 Menschen blieben Gemeindeglieder, weil man sie in die Gemeinschaft einer Kleingruppe eingeladen hatte! Ihre Leben wurden verändert. Dieses überraschende Ergebnis unserer Umfrage überzeugte uns, dass wir Menschen in eine echte Beziehung mit Jesus Christus und miteinander bringen mussten, indem wir lebensverändernde Kleingruppen schufen. Und wir mussten jedem den Zutritt zur Gemeinschaft ermöglichen, aber auch wirklich jedem.

Unsere gesamte Gemeinde zu einer Kleingruppen-Gemeinde umzustrukturieren, erforderte harte Arbeit. Wir mussten die organisatorischen Argumente jedem Arbeitszweig der Gemeinde vorlegen, auch der Arbeit mit Kindern, der Erwachsenenarbeit, der Abteilung, die mit Singles arbeitet ebenso wie der für Ehepaare, für Männer- und für Frauenarbeit, für Computerfreaks ebenso wie für die reifen

Christen oder für Menschen mit psychischen Problemen, dem Bereich für die Leiter ebenso wie dem für die Neubekehrten. Aber das Beachten der „Fürsorgespanne" kann Ihrer Gemeinde dazu verhelfen, die Umorganisation durchzustehen und sich vollkommen neu zu organisieren.

Niemand schafft alles alleine

Wie bereits beschrieben, zerlegt man bei der „Fürsorgespanne" zunächst große, komplexe Gruppen in kleinere, handhabbare Einheiten und ernennt dann für jede Ebene gemäß der „Fürsorgespanne" so viele Leiter, wie die Gruppen es erfordern. Dann können die Bedürfnisse aller befriedigt werden.

> Das erste Mal begegnet man diesem System von Leiterschaft und gemeinschaftlicher Kontakte in Exodus 18, Verse 14 bis 22. Mose hatte geglaubt, was so viele engagierte Christen glauben: „Wenn du etwas richtig machen willst, dann musst du es selbst in die Hand nehmen" – bis sein Schwiegervater Jitro ihn besuchte.

Mose hatte sich als Achtzigjähriger dem Pharao entgegengestellt, das Volk Israel aus Ägypten herausgeführt, im Laufe der nächsten 40 Jahre vielfach mit Gott gesprochen, diesen gebeten, das Volk mit reinem Trinkwasser und täglichem Essen zu versorgen, versucht, ein großes Volk zu leiten, zu lehren und alle Rechtsstreitigkeiten selbst zu schlichten – und hatte sich dabei vollkommen übernommen. Fachleute gehen davon aus, dass Mose versuchte, ein Volk von wenigstens 2 Millionen Menschen allein zu führen.[2] Er tat das alles vollkommen allein, sogar ohne die Unterstützung seiner Frau oder seiner beiden Söhne. Die hatte er nämlich bei seinem Schwiegervater Jitro zurückgelassen, als Gott aus dem brennenden Dornbusch zu ihm sprach und ihn nach Ägypten sandte.

Exodus 18 berichtet davon, dass Jitro gehört hatte, wie Gott Mose geholfen hatte, Israel aus Ägypten zu führen. Daher machte er sich auf, um Mose mit seiner Frau und seinen Söhnen wieder zu vereinen. Jitro und Mose tauschten die neuesten Nachrichten aus, und der Ältere sagte, er freue sich darüber, „dass der Herr den Israeliten so viel Gutes erwiesen" habe (Vers 9).

Am nächsten Tag beobachtete er, wie Mose, inzwischen sicher

100 Jahre, von morgens bis abends Streitigkeiten zu schlichten hatte. Als midianitscher Priester und Besitzer großer Herden hatte Jitro einige Erfahrung in Management. Daher fragte er Mose:

„'Was machst du dir da für eine Mühe? Die Leute drängen sich vor dir vom Morgen bis zum Abend. Musst du das alles alleine tun?' Mose sagte: ,Was soll ich machen? Sie wollen eine Entscheidung von Gott haben. Wenn zwei von ihnen Streit haben, kommen sie zu mir. Ich entscheide ihren Fall und sage ihnen die Gesetze und Weisungen Gottes'" (Exodus 18,14–16).

Jeder, der schon einmal versucht hat, Menschen in Wirtschaft, Politik oder Gemeinde zu leiten, wird sich in Moses Lage hineinversetzen können. Sein Leiterschaftsstil war ungenügend, denn er war viel zu beschäftigt, als dass er sich nach einer besseren Strategie hätte umsehen können. Zum Glück war Jitro klug genug, um eine Lösung anbieten zu können.

„Du musst das anders anfassen. Es ist einfach zu viel für dich, du kannst nicht alles alleine tun. Du reibst dich sonst noch auf und auch für die Leute ist es viel zu anstrengend. Pass auf, was ich dir rate – Gott möge seinen Segen dazu geben! Deine Aufgabe soll es sein, in schwierigen Rechtsfällen die Entscheidung Gottes einzuholen. Du sollst ihnen auch die Gebote und Anordnungen Gottes erklären und ihnen sagen, welche Regeln für das Zusammenleben des Volkes gelten sollen.
Für die leichteren Streitfälle aber wählst du angesehene Männer aus, die nach Gottes Geboten leben, zuverlässig und unbestechlich sind. Setze sie ein als Verantwortliche für jeweils tausend, hundert, fünfzig und zehn. Sie sollen dem Volk jederzeit als Schiedsleute zur Verfügung stehen und die gewöhnlichen Rechtsfälle entscheiden; nur mit den schwierigeren Fällen kommen sie zu dir. Mach dir die Last leichter, lass sie daran mittragen" (Exodus 18,17–22).

Wenn Sie jetzt anfangen zu rechnen, werden Sie feststellen, dass Jitro eine „Fürsorgespanne" von fünf bis zehn Leuten pro Leiter vorschlug. Ein Mensch kann Hirte von zehn Leuten sein. Ein anderer muss sich dann um fünf bis zehn solcher Leiter kleiner Einheiten kümmern und ist so „Verantwortlicher für Fünfzig" oder „Verantwortlicher für Hundert". Und wieder einer – auf der Tausender-Ebene – kümmert sich um fünf bis zehn dieser Leiter von je 50 oder 100 Leuten.

Die Bibel bietet noch viel mehr Beispiele für das Interesse Gottes an organisatorischer Integrität: Der Prophet Jeremia verurteilte König Jehojachin, weil er das Volk, das seiner Fürsorge unterstellt war, vernachlässigte:

„Ich, der HERR, sage zu euch, den Hirten meiner Schafe: ‚Versprengt und auseinander getrieben habt ihr meine Schafe und habt euch nicht um sie gekümmert. Jetzt werde ich mich um euch kümmern: Ich werde euch zur Rechenschaft ziehen für eure bösen Taten'" (Jeremia 23,2).

Jesus kam auf die Welt, um alle Menschen mit der Guten Nachricht zu erreichen. Aber auch er beschränkte seinen persönlichen Dienst auf zwölf Jünger. Diese gründeten die Gemeinde, bis nach Pfingsten alles explodierte, weil plötzlich über 3 000 Leute dazugehörten. Bald darauf stellte sich ein neues Problem:

„Die Gemeinde wuchs und die Zahl der Nachfolger wurde immer größer. Da kam es – um eben diese Zeit – zu einem Streit zwischen den Griechisch sprechenden Juden in der Gemeinde und denen mit hebräischer Muttersprache. Die griechische Gruppe beschwerte sich darüber, dass ihre Witwen bei der täglichen Verteilung von Lebensmitteln benachteiligt würden" (Apostelgeschichte 6,1).

Aus diesem Grund baten die Zwölf die griechische Gruppe, sieben Diakone zu ernennen, die für die Verteilung der Lebensmittel verantwortlich sein sollten, was die Apostel für ihren eigentlichen Dienst der Lehre freistellte.

Die Apostel gründeten und pflanzten neue Gemeinden in ganz Kleinasien. Dabei beachteten sie das Prinzip der „Fürsorgespanne" genau. So lehrte Paulus beispielsweise Timotheus und Titus: „Ich habe dich zurückgelassen, damit du tust, was ich selbst nicht mehr ausführen konnte: In jeder Stadt solltest du Älteste einsetzen" (Titus 1,5).

Um das System der „Fürsorgespanne" in Gang zu setzen, mussten Leiter wie Mose und die alttestamentlichen Könige Israels und Judas ebenso wie Jesus und der Apostel Paulus feststellen, woraus ihre Arbeitslast bestand, sie aufteilen, dann herausfinden, welche Leiter am besten auf welcher Ebene tätig werden konnten, sie einsetzen und beauftragen. Ähnlich ist es auch im Fall einer Gemeinde, die eine Kleingruppen-Struktur einführen will: Wenn sie die „Fürsorgespanne" und die dazugehörige Hierarchie einführt, werden die Bedürfnisse aller befriedigt; und Leiter bleiben wirkungsvoll, weil man sie nicht überlastet. Niemand versucht auch nur, alles allein zu erledigen.

Schon bevor ich (Russ) meinen Posten als *Willow Creek*s Kleingruppen-Leiter antrat, hatte ich erkannt, wie das System der Fürsorgespanne funktioniert. Ich half einem Ehepaar dabei, sein Testament zu überarbeiten. Jemand, der sich augenscheinlich nicht sehr gut in diesem Bereich auskannte, hatte das Dokument verfasst. In der Folgezeit kamen der Mann und die Frau einzeln zu mir in die Gemeinde, um mir von ihren dortigen Problemen zu berichten. Sie hatten eine Kleingruppe geleitet, die all ihre Mitglieder verloren hatte, durch Weggang in andere Gruppen, Umzug und dergleichen. Der Ehemann hatte erst kurz zuvor seine Arbeitsstelle gewechselt, und das Ehepaar hatte zwei Kinder, die sehr viel Zuwendung brauchten. Auf Grund all dieser Belastungen fragten sie sich, ob sie wirklich wieder eine neue Kleingruppe aufbauen sollten, doch sie machten mir auch deutlich: „Aber wir können uns nicht vorstellen, keine Gruppe zu leiten, weil wir sonst die Fürsorge durch unseren Leiter nicht erhalten."

Sie wollten also Leiter bleiben, damit sie weiter Fürsorge erhalten konnten. Das war so etwas wie ein wahr gewordener Traum: Niemand muss für zu viele Menschen sorgen und jeder erhält Fürsorge. Wir in *Willow Creek* hatten keine Methode gefunden, wie wir Menschen diese Art der Fürsorge zukommen lassen könnten, bis wir die Fürsorgespanne einführten und jeden Einzelnen in Kleingruppen organisierten. Wir wählten Leiter aus, die sich um Gruppen von Kindern, Frauen, Männern, Ehepaaren, Familien, Singles etc. kümmerten. Mentoren (wir in *Willow Creek* nennen sie „Coaches", also Trainer) kümmern sich um diese Kleingruppen-Leiter, und unsere Mentoren erhalten wiederum Fürsorge von den Mitarbeiter-Leitern.

Natürlich werden auch heute manche Bedürfnisse noch immer nicht regelmäßig erfüllt. Aber das Defizit schrumpft. Die Menschen betrachten „ihre" Kleingruppe als eine Familie, die ihnen Unterstützung in Krisenzeiten bietet, Weisheit beim Fällen von Entscheidungen, Wahrheiten in Liebe widerspiegelt und die Mitglieder vollkommen und bedingungslos annimmt. Schließlich ist unsere Gemeinde organisatorisch darauf eingestellt, sich um jeden Einzelnen zu kümmern, der zu uns kommt. Es gelingt uns inzwischen viel öfter, für jeden Einzelnen da zu sein, wenn Not am Mann ist. Die Fälle, in denen wir ein Bedürfnis einmal nicht befriedigen können, sind demgegenüber verschwindend selten.

Glieder des einen Leibes

Das Prinzip der „Fürsorgespanne" schreit geradezu nach Kleingruppen und erklärt gleichzeitig, inwiefern Kleingruppen dazu beitragen, dass eine Gemeinde hoffen kann, die individuellen Bedürfnisse jedes Einzelnen zu decken. Der Grundsatz, dass alle Glieder eines Leibes sind, regelt dagegen die individuelle Verantwortung.

> Da jeder von uns Glied eines Leibes ist, hat jeder eine Rolle zu übernehmen. Gemeinde kann nur dann zu dem werden, was Gott für uns vorgesehen hat, wenn auch wirklich jeder die ihm zugedachte Rolle und Verantwortung übernimmt. Wenn alle zusammenarbeiten, Hand in Hand, dann verändert Gott das Leben des Einzelnen und schafft diese besondere Art von Einheit, die in der Dreieinigkeit existiert, jene einzigartige Gemeinschaft, die Jesus für uns vorschwebt.

Kleingruppen sind der beste Weg, den jeder von uns beschreiten kann – wo jeder eine Rolle spielen und verändert werden kann, wenn alle gemeinsam an einem Strang ziehen.

Alle müssen Hand in Hand arbeiten

Wenn die Gemeinde ganz zu der Gemeinde werden soll, die sie nach Gottes Plan sein sollte, dann muss jeder daran teilhaben und -nehmen. Paulus erklärt den Grund dafür im ersten Brief an die Korinther: Gott sieht uns als Glieder eines Leibes:

> „Der Körper des Menschen ist einer und besteht doch aus vielen Teilen. Aber all die vielen Teile gehören zusammen und bilden einen unteilbaren Organismus. So ist es auch mit Christus: mit der Gemeinde, die sein Leib ist. Denn wir alle – Juden wie Griechen, Menschen im Sklavenstand wie Freie – sind in der Taufe durch denselben Geist in den einen Leib, in Christus, eingegliedert und auch alle mit demselben Geist erfüllt worden" (1. Korinther 12,12–13).

Von Vers 14 bis 27 beschreibt Paulus die Absurdität der Ansicht mancher „Christen", dass sie als Individuen nur mit Christus verbunden seien, aber nicht untereinander. Wenn nicht jeder seine Verantwortung

63

akzeptiert und wenn nicht jeder alle anderen Teile mit Ehrfurcht und derselben Liebe behandelt wie Jesus uns dies vorlebte, dann leidet der gesamte Körper darunter. Außerdem „erfüllt" dann auch dieser „Einzelchrist" seine eigentliche Aufgabe nicht.

„Ein Körper besteht nicht aus einem einzigen Teil, sondern aus vielen Teilen. Wenn der Fuß erklärt: ‚Ich gehöre nicht zum Leib, weil ich nicht die Hand bin' – hört er damit auf, ein Teil des Körpers zu sein? Oder wenn das Ohr erklärt: ‚Ich gehöre nicht zum Leib, weil ich nicht das Auge bin' – hört es damit auf, ein Teil des Körpers zu sein? Wie könnte ein Mensch hören, wenn er nur aus Augen bestünde? Wie könnte er riechen, wenn er nur aus Ohren bestünde? Nun aber hat Gott im Körper viele Teile geschaffen und hat jedem Teil seinen Platz zugewiesen, wo und wie er es gewollt hat. Wenn alles nur ein einzelner Teil wäre, wo bliebe da der Leib? Aber nun gibt es viele Teile; und alle gehören zu dem einen Leib.
Das Auge kann nicht zur Hand sagen: ‚Ich brauche dich nicht!' Und der Kopf kann nicht zu den Füßen sagen: ‚Ich brauche euch nicht!' Gerade die Teile des Körpers, die schwächer scheinen, sind besonders wichtig. Die Teile, die als unansehnlich gelten, kleiden wir mit besonderer Sorgfalt und die unanständigen mit besonderem Anstand. Die edleren Teile haben das nicht nötig. Gott hat unseren Körper zu einem Ganzen zusammengefügt und hat dafür gesorgt, dass die geringeren Teile besonders geehrt werden. Denn er wollte, dass es keine Uneinigkeit im Körper gibt, sondern jeder Teil sich um den andern kümmert. Wenn irgendein Teil des Körpers leidet, leiden alle anderen mit. Und wenn irgendein Teil geehrt wird, freuen sich alle anderen mit.
Ihr seid alle zusammen der Leib Christi, und als Einzelne seid ihr Teile an diesem Leib. So hat Gott in der Gemeinde allen ihre Aufgabe zugewiesen" (1. Korinther 12,14–28).

Vor und nach dieser Gleichsetzung der Gemeinde Christi mit einem Leib mit vielen Gliedern, beschreibt Paulus verschiedene geistliche Gaben, die der Heilige Geist Gottes „in der Weise und mit dem Ziel [zeigt], dass alle etwas davon haben" (1. Korinther 12,7). Wenn jeder Teil des Leibes seine Aufgabe erfüllt, können die Gaben des Geistes einen riesigen Einfluss auf die Arbeit der Gemeinde haben. Wenn jedes Glied seine Verantwortung aktiv wahrnimmt, kann die Gemeinde das Werk Christi in dieser Welt vollbringen. Kleingruppen sind der beste Weg, um die Menschen dazu zu motivieren, ihre Verantwortung zu akzeptieren, andere mit Respekt zu behandeln und so zu erfahren, was es bedeutet „Mit"-Glieder des einen Leibes zu sein.

Die Schönheit des Ganzen

In seinem Brief an die Epheser, Kapitel 4 argumentiert Paulus, dass die Gemeinde nicht so funktionieren kann, wie von Jesus vorgesehen, wenn sie nicht wie ein einziger Leib funktioniert. Wenn jeder mit den anderen an einem Strang zieht, sich um Einheit bemüht und seine Gaben zum Wohle aller einbringt, dann bemerken die einzelnen Gemeindeglieder, wie ihr Leben sich von Grund auf verändert:

„Bemüht euch darum, die Einheit zu wahren, die der Geist Gottes euch geschenkt hat. Der Frieden, der von Gott kommt, soll auch alle miteinander verbinden!

Ihr alle seid ja ein Leib; in euch allen lebt ein Geist; ihr alle habt die eine Hoffnung, die Gott euch gegeben hat, als er euch in seine Gemeinde berief. Es gibt für euch nur einen Herrn, nur einen Glauben und nur eine Taufe. Und ihr kennt nur den einen Gott, den Vater von allem, was lebt. Er steht über allen. Er wirkt durch alle und in allen.

Jeder und jede von uns hat einen eigenen Anteil an den Gaben erhalten, die Christus in seiner Gnade ausgeteilt hat. […] Er hat die einen zu Aposteln gemacht, andere zu Propheten, andere zu Evangelisten, wieder andere zu Hirten und Lehrern der Gemeinde. Deren Aufgabe ist es, die Glaubenden zum Dienst bereitzumachen, damit die Gemeinde, der Leib Christi, aufgebaut wird.

So soll es dahin kommen, dass wir alle die einende Kraft des einen Glaubens und der einen Erkenntnis des Sohnes Gottes an uns zur Wirkung kommen lassen und darin eins werden – dass wir alle zusammen den vollkommenen Menschen bilden, der Christus ist, und hineinwachsen in die ganze Fülle, die Christus in sich umfasst.

Wir sind dann nicht mehr wie unmündige Kinder, die kein festes Urteil haben und auf dem Meer der Meinungen umhergetrieben werden wie ein Schiff von den Winden. Wir fallen nicht auf das falsche Spiel herein, mit dem betrügerische Menschen andere zum Irrtum verführen. Vielmehr stehen wir fest zu der Wahrheit, die Gott uns bekannt gemacht hat und halten in Liebe zusammen. So wachsen wir in allem zu Christus empor, der unser Haupt ist. Von ihm her wird der ganze Leib zu einer Einheit zusammengefügt und durch verbindende Glieder zusammengehalten und versorgt. Jeder einzelne Teil erfüllt seine Aufgabe und so wächst der ganze Leib und baut sich durch die Liebe auf" (Epheser 4,3–7.11–16).

Ich (Russ) bin heute 43 Jahre und habe in dieser Zeit zehn unterschiedlichen Gemeinden angehört, aber noch immer keine gefunden, die das Ideal auch wirklich auslebt, das Paulus uns in seinem Brief an die Epheser vor Augen malt; eine Gemeinde, in der jeder seine Aufgabe übernimmt und voll erfüllt. Aber ich habe zahllose Gemeinde-Diagramme und Organisations-Schemata gesehen und kann Ihnen eines verraten:

> Auch die faszinierendsten Gottesdienste, besondere Dienste und Programme oder neue Lehrmethoden werden Ihre Gemeinde nicht zu einem Ort machen, an dem die Menschen einander in Liebe aufbauen und an dem „der ganze Leib wächst und sich in Liebe aufbaut".

Die Gemeinden, die dem Ideal nahe kommen, haben eines gemeinsam: Alle Glieder der Gemeinde stehen hinter der gemeinsamen Vision, und alle versuchen, sie in die Praxis umzusetzen. Ihre leitenden Mitarbeiter – Hauptpastor, Mitarbeiter, Älteste, Freiwillige in Schlüsselpositionen – sind mutig genug, sich das scheinbar Unmögliche vorzustellen. Sie glauben, dass die Gemeinde Einheit erfahren kann, wenn Menschen in echte Gemeinschaft geführt werden. Und diese Leiter haben festgestellt, dass Kleingruppen der Schlüssel dazu sind. Kleingruppen ermöglichen es, die oben beschriebenen Inhalte in der Praxis auch wirklich anzuwenden, und tragen so entscheidend dazu bei, die Vision in den Alltag zu überführen.

Diese Gemeindeleiter haben sich für Kleingruppen entschieden, weil sie wissen, dass jedes Gemeindeglied nur auf diesem Weg die Kraft lebensverändernder Beziehungen erleben kann. Sie möchten, dass ihre Gemeinden bunt werden, weil alle ihre Mitglieder in lebendiger Gemeinschaft und gegenseitiger Abhängigkeit voneinander leben, dass sie so werden, wie seine Braut nach Gottes Willen sein soll.

Diese Leiter wissen, dass nur das Einweben des Kleingruppen-Musters in ihre Gemeinden dazu führt, dass die Gemeinde ein echter Leib wird. Die Glieder werden zusammengeführt und -gehalten, indem jedes das andere unterstützt, sich und die anderen in Liebe aufbaut und jeder Teil seine Aufgabe erfüllt.

Welches Urteil fällen Sie?

Das Gerichtsverfahren ist erst vorüber, wenn die Geschworenen oder der Richter ein Urteil fällen/fällt. Wenn ich (Russ) wieder in den Gerichtssaal zurückkehren würde, dann würde ich als letztes Argument in meinem Plädoyer für die Gemeinschaft in Kleingruppen noch das eine sagen: „Meine Damen und Herren Geschworenen! Die Beweise, die für den Aufbau von Gemeinden aus Kleingruppen sprechen, liegen nun alle offen da. Wie ich schon zu Anfang sagte, obliegt Ihnen eine große Verantwortung. Gott hat das Urteil in Ihre Hände gelegt; und er hat Ihnen die Aufgabe anvertraut, die Beweisstücke sorgsam, nüchtern und objektiv zu untersuchen. Nun müssen Sie entscheiden, wie Sie die Beweise für sich und für Ihre Gemeinde bewerten.

Wir haben mit dem ~~theologischen Beweis~~ begonnen und gesehen, dass Gott drei in einem ist, dass er ein gemeinschaftliches Wesen hat, und so wie er Gemeinschaft ist, sollten auch Sie mit ihm und mit Ihrer Gemeinde in Gemeinschaft leben.

Wir haben in einem zweiten Schritt Beweise dargelegt, die zeigen, dass Ihr ~~gottgegebenes Bedürfnis nach Gemeinschaft~~ und Beziehungen am besten im Rahmen von Kleingruppen befriedigt wird.

Und schließlich haben wir argumentiert, dass Ihre Gemeinde nur dann je hoffen kann, ~~Gottes Idealbild von Gemeinschaft~~ nahe zu kommen, wenn sie sich darauf einlässt, 1. das Bedürfnis jedes Einzelnen nach Gemeinschaft zu befriedigen, und wenn sie 2. Vorsorge dafür trifft, dass jeder Mensch Teil dieser göttlichen Gemeinschaft werden kann.

Wir haben klare und überzeugende Beweise dargelegt, die es zwingend erforderlich machen, Ihre Gemeinde aus Kleingruppen aufzubauen. Sie mögen sich entscheiden, die überwältigende Beweislage aus der Bibel abzulehnen. Sie mögen finden, dass diese Beweise für Ihre Entscheidung nicht wesentlich seien. Sie mögen sogar ablehnen, Ihr Urteil ordentlich zu begründen – indem Sie unsere Ausführung lieber zur Theorie erklären, statt zu akzeptieren, dass es sich um die Wirklichkeit Gottes handelt, die Ihre Gemeinde völlig verändern könnte. Aber Sie müssen das Urteil fällen; es liegt ganz allein bei Ihnen, wie. Wir werden ernsthaft und nachdrücklich dafür beten, dass Sie zugunsten einer Kleingruppen-Gemeinde entscheiden."

Du musst wählen!
ergo: und dann handeln!

Teil II

Gemeinschaft in Kleingruppen erleben

Als ich (Bill) noch Theologie studierte, brauchte ich ein neues Auto. Da mein altes so gut wie Schrott war und ich kaum Geld besaß, machte ich mich auf den Weg zu einem Autohändler. Ich war jung und naiv und hatte noch nie selbst einen Wagen gekauft. Der Gebrauchtwagenhändler durchschaute mich in 30 Sekunden.

„Haben Sie schon mal ein Auto gekauft?"

„Nein", gab ich zur Antwort.

„Wissen Sie genau, was Sie wollen?"

Ich zuckte die Achseln: „Nnnnoch nicht ganz."

„Wollen Sie Ihr altes Auto in Zahlung geben?"

Ohne nachzudenken, bejahte ich. Ich hatte ja keine Ahnung, dass er den Preis, den er mir für mein altes Auto geben würde, von vornherein auf den Kaufpreis des Neuen draufschlagen würde.

Dem Verkäufer begann das Wasser im Mund zusammenzulaufen. Ich war ein Rumpsteak für ihn und er war hungrig wie ein Wolf.

„Ich werde mich um Sie kümmern", sagte er mit einem breiten Lächeln. Und wissen Sie was? Er hat sich um mich gekümmert: Bevor ich mich recht versah, unterzeichnete ich diverse Dokumente und verließ den Ort in einem blauen Sedan, der nur vier Jahre alt war, tiefschwarz glänzende Reifen, Servolenkung und einen vollen Tank hatte. Es war ein großartiger Tag – dachte ich jedenfalls.

Da ich die Sache rasch zu einem Abschluss bringen wollte, hatte ich eine schnelle Testrunde mit dem Wagen gedreht, war einmal außen herum gegangen und hatte gegen die Reifen gekickt – wie man das im Fernsehen so sieht. Ich wusste, dass dieser Gebrauchtwagenhändler schon anderen Studenten am theologischen Seminar Autos verkauft hatte. Daher nahm ich an, er sei einer von jenen Menschen, für die gilt: „Ich liebe Jesus, die Gemeinde und Gemeindeleiter. Daher werde ich immer die Wahrheit sagen und künftigen Gemeindepastoren einen besonders günstigen Deal anbieten." Irrtum! Vielmehr war er einer dieser „Herr, ich lebe von diesen Seminaristen, weil sie kein Geld haben, neu zugezogen sind und einen Schrottwagen nicht vom Toten Meer unterscheiden können"-Typen. Wir waren uns so schnell handelseinig, dass ich den klassischen Fehler aller Erstkäufer machte – ich schaute nicht unter die Motorhaube.

Innerhalb von nur vier Monaten musste ich weitere 2 500 Dollar investieren – in Keilriemen, Lichtmaschine, Ölpumpe, alle möglichen neuen Ersatzteile, die alle keine wesentliche Funktion hatten, aber doch „150 Dollar inkl. Arbeitszeit" kosteten. Es war eine harte Lektion. Seit dieser Zeit habe ich nie wieder ein Auto gekauft, ohne die Motorhaube aufzumachen und einen Mechaniker meines Vertrauens zu bitten, das Auto durchzuprüfen. Diese Methode hat mich weit gebracht.

„Wie bringen wir eine Kleingruppe zum Funktionieren?" Diese Frage hören wir sehr oft. Die Menschen wollen wissen, wie das aussieht, wenn eine Kleingruppe tatsächlich wie eine kleine Gemeinschaft handelt und funktioniert. Pastoren und leitende Mitarbeiter, die auf eine Gemeinde aus Kleingruppen zusteuern, fragen sich manchmal: „Wie sieht es unter der Motorhaube aus?" Sie haben tolle Geschichten über Kleingruppen und Lebensveränderung gehört, aber ist das nicht alles nur eine Verkaufsmasche? Andere glauben an Gruppen und was da alles passieren kann, haben aber noch keine Gelegenheit gehabt, „mal eine gründliche Inspektion zu machen" und zu entdecken, was dazugehört, damit man in Kleingruppen auch wirklich Gemeinschaft erleben kann.

Was sind die grundlegenden Bestandteile der Kleingruppen-Gemeinschaft und was tragen sie zum Leben in der Gemeinde bei? Wenn wir die Urgemeinde untersuchen, die in Kapitel 2 der Apostelgeschichte beschrieben wird, und sie mit Kleingruppen in *Willow Creek* und anderen Gemeinden vergleichen, finden wir, dass es einige Elemente gibt, die unabdingbar dazugehören, wenn man in Kleingruppen geistliches Wachstum erreichen möchte. Wenn wir auch nur eines dieser entscheidenden Elemente weglassen, wird das unseren „Gemeinschafts-Quotienten" in der Gemeinde ganz wesentlich vermindern.

1. Kleingruppen sind auf authentischen Beziehungen aufgebaut (siehe Kapitel 4).
2. Kleingruppen sind der Schnittpunkt von Wahrheit und Leben (siehe Kapitel 5).
3. Kleingruppen bieten einen Rahmen für gesunde Auseinandersetzungen (siehe Kapitel 6).
4. Kleingruppen sorgen für ein ausgewogenes Hirtenamt – jeder sorgt für andere und für jeden wird gesorgt (siehe Kapitel 8).

Sobald Ihnen diese vier Komponenten klar sind, können Sie ans Werk gehen und die besondere Form des göttlichen Gemeinschafts-lebens aufbauen. Sie möchten doch, dass es sich in der Gemeinde vielfach wiederfinden und durchsetzen wird, oder? Lassen Sie uns also „die Motorhaube öffnen" und das, was Gruppen wirklich leisten können, einer richtigen Inspektion unterziehen.

4

Kleingruppen bauen
authentische Beziehungen auf

„Kleingruppen sind ein Mikrokosmos von Gottes Schöpfung ‚Gemeinschaft'. Wo auch immer zwei oder mehr Personen zusammenkommen, sind sie echte Abbilder des Bildes Gottes und ihm ähnlich. Auf dem Gebiet der Kleingruppen entscheidet es sich, ob sie die erlösende Gegenwart Gottes abbilden oder die Zerstörungskraft menschlicher Systeme ausleben. Jede kleine oder größere Versammlung von Menschen bewegt sich in dem Spannungsfeld, entweder eine unmenschliche Struktur zu manifestieren oder göttliche, erlösende Beziehungen zu verkörpern."
Gareth Icenogle: *Biblical Foundations for Small Group Ministry*

Der christliche Seelsorger und Autor Larry Crabb beeindruckt viele Menschen durch seine intensive Suche nach geistlicher Gemeinschaft und persönlichem Wachstum. In seinem Buch *The Safest Place on Earth* bittet er die Leser, zur authentischen geistlichen Gemeinschaft mit Jesus und anderen zurückzukehren. Crabb weiß, dass Kleingruppen für diese Rückkehr eine Rolle spielen. Er ist sich ebenso bewusst, dass sich das Leben und die Werte in Kleingruppen ändern müssen, wenn man mit ihnen geistliche Gemeinschaft erreichen will.

Crabb stellt in seinem Buch die Frustration dar, die sogar viele Befürworter von Kleingruppen durchleben, und schreibt:

„Ein Kleingruppen-Pastor sagte mir einmal während des Mittagessens: ‚Wir müssen uns auf eine höhere Ebene hinaufarbeiten. Es passieren wirklich gute Dinge in unseren Gruppen, aber nicht das, was am Wichtigsten ist, nicht das, von dem ich tief drinnen spüre, das es eigentlich geschehen sollte. Unsere Körper sitzen auf Sesseln in einem Kreis und sind einander zugewandt, aber unsere Seelen sitzen auf Stühlen mit sehr steilen, hohen Lehnen, die voneinander abgewandt sind.'"[1]

Dieser Kommentar gibt eine Wirklichkeit wieder, die vielen Pastoren und Gruppenleitern nur allzu vertraut ist. *Körper im Kreis – zugewandt, Seelen – abgewandt.* Sie haben so sehr versucht, die Meere geistlicher Gemeinschaft zu befahren, und dann schlagen solche Worte an Ihr Ohr und treffen Ihre Seele wie Sturmwellen, die gegen den Rumpf eines müden Schiffes branden. *Körper im Kreis – zugewandt, Seelen – abgewandt.*

Fragen Sie sich, ob das Leben in Kleingruppen wirklich die Früchte der Veränderung und der echten Beziehungen tragen kann? Was müssen Kleingruppen beachten, dass es ihnen gelingt, einander nichts mehr vorzumachen und einander so zu begegnen, dass es Sinn hat und dass der Heilige Geist die Begegnung leiten kann? Muss im Leben der Kleingruppen alles beim Alten bleiben? *Körper im Kreis – zugewandt, Seelen – abgewandt?*

Wachstum in Gemeinschaft: der kleinste gemeinsame Nenner

Auf dem Tisch der Gemeinschaft steht kein Fastfood mit löslichem Kaffee. Wir Westler wollten immer alles auf einmal, und zwar sofort. Kürzlich stieß ich auf ein Diätprogramm, das versprach, dass man innerhalb von 48 Stunden fünf Kilo verlieren würde. Ich wage gar nicht zu fragen, wie das funktionieren soll. Es erinnert mich an einen Witz, den meine Mutter mir erzählte, als ich abnehmen wollte, um im Ringerteam bleiben zu können: „Bill, möchtest du wissen, wie du ganz leicht 10 Pfund Fett los wirst?"

„Klar, Mami! Kennst du etwa ein Rezept?

Sie grinste: „Hau dir den Kopf ab."

Ich wollte Ergebnisse, ohne dafür gearbeitet zu haben. Und Christen wollen Veränderung ohne Herausforderung, Stärke ohne Leiden, Gemeinschaft ohne Verpflichtung.

Geistliche Veränderung – eines der großen Ziele beim Aufbau von Gemeinschaft – setzt das voraus, was Eugene Peterson einen „lange anhaltenden Gehorsam in immer derselben Richtung" nennt. Der Apostel Paulus beschrieb dies in seinem Brief an die Philipper:

„Ich möchte nichts anderes mehr kennen als Christus, damit ich die Kraft seiner Auferstehung erfahre. Ich teile mit ihm sein Leiden und seinen Tod, in der Hoffnung, dass ich wie er zur Auferstehung der Toten gelange. Ich meine nicht, dass ich schon vollkommen sei und das Ziel erreicht hätte. Ich laufe aber auf das Ziel zu, um es zu ergreifen, nachdem Jesus Christus von mir Besitz ergriffen hat. […] Ich lasse alles hinter mir und sehe nur noch, was vor mir liegt. Ich halte geradewegs auf das Ziel zu, um den Siegespreis zu gewinnen. Dieser Preis ist das ewige Leben, zu dem Gott mich durch Jesus Christus berufen hat" (Philipper 3,10–14).

Beachten Sie, was Paulus hier sagt. John Ortberg, einer unserer Pastoren in *Willow Creek*, erinnerte uns in einer seiner Predigten daran, dass niemand in eine geistliche Veränderung einfach so hineinschlittert. Im Gegenteil, es erfordert ein hohes Maß an Einsatz. Auch Petrus war – wie Paulus – der Ansicht, dass man sich um Wachstum bemühen sollte:

> „Setzt alles daran, dass aus eurem Glauben sittliche Bewährung erwächst, aus der sittlichen Bewährung Erkenntnis, aus der Erkenntnis *Selbstbeherrschung*, aus der Selbstbeherrschung *Standhaftigkeit*, aus der Standhaftigkeit echte Frömmigkeit, aus der Frömmigkeit Liebe zu den Glaubensgeschwistern, aus der Liebe zu den Glaubensgeschwistern Liebe zu allen Menschen. […] Deshalb, meine Brüder und Schwestern, *setzt alles daran*, so zu leben, dass eure Berufung und Erwählung gefestigt wird. Dann werdet ihr niemals zu Fall kommen, und Gott bereitet euch einen herrlichen Einzug in das ewige Reich unseres Herrn und Retters Jesus Christus" (2. Petrus 1,5–7.10–11).

Sie können echte geistliche Veränderung – die die Bibel „Heiligung" nennt – nicht aus eigener Kraft erreichen. Petrus macht deutlich, dass es sich um einen Prozess fortschreitender Veränderung handelt, der in echter Liebe in Gemeinschaft gipfelt. Eine Ihrer größten Erfolge, der höchste Lohn Ihres geistlichen Wachstums, ist die Auswirkung, die dies auf die Gemeinschaft der Nachfolger Christi haben wird.

Persönliches Gebet, Bibelstudium und das Auswendiglernen von Bibelstellen, Einsamkeit und andere geistliche Übungen sind wichtig. Wenn sie aber unabhängig von der Gemeinschaft durchgeführt werden, werden sie nicht dasselbe Wachstum hervorbringen, nicht dieselbe tief greifende Veränderung, die Jesus sich für Sie wünscht. Geistliches Wachstum kann nicht unabhängig von Gemeinschaft stattfinden, und die Frucht eines solchen Wachstums kann nur in der Gemeinschaft reifen und geerntet werden.

Jesus ähnlicher zu werden steht in einer sehr engen Beziehung zu dieser Kernwahrheit. Wir müssen unsere Seelen einander zuwenden und das werden, was Dietrich Bonhoeffer mit den Worten umschreibt: „Wir müssen füreinander Boten der Erlösung werden."

Aber die ganz praktische Frage lautet: „Wie?" Wie können wir gemeinsam unsere Erlösung in einer Umgebung der Gemeinschaft „schaffen"? Wie können wir solche „göttlichen, erlösenden Beziehungen" aufbauen, von denen Icenogle in dem Text schreibt, mit dem wir das Kapitel eingeleitet haben?

Christliche Leiter haben sich ähnlich ausgedrückt, wenn sie beschreiben wollten, was Kleingruppen leisten müssen, um authentische Beziehungen aufzubauen. Henri Nouwen hat Gläubige dazu angehalten, Menschen zu werden, „die kennen und erkannt werden, die sorgen und für die man sorgt, die vergeben und denen man vergibt, die lieben und die man liebt".[2] Parker Palmer ruft in seinem Buch *To Know As We Are Known: Education As a Spiritual Journey* Lehrer dazu auf, Wissen auf eine liebevolle Art und Weise zu vermitteln und sich darum zu bemühen, ihre Schüler wirklich kennen zu lernen.[3] Lehrer müssen also in einem Umfeld lehren, in dem Gemeinschaft möglich ist. Während einer vierwöchigen Predigtreihe über das Thema „Gemeinschaft" hat Bill Hybels darüber gepredigt, was es heißt, zu kennen und wirklich gekannt zu werden, zu dienen und bedient zu werden, zu lieben und geliebt zu werden, zu feiern und gefeiert zu werden.

Wir haben unsere Beschreibung authentischer Beziehungen im Labor der 2.700 *Willow Creek*-Kleingruppen überprüft. Immer wieder – ob es sich um aufgabenbezogene Gruppen handelte oder um Rehabilitationsgruppen, um Männerarbeit oder welche Gruppe auch immer – stellte sich heraus, dass fünf Übungen absolut unentbehrlich sind, wenn eine Kleingruppe authentische Beziehungen aufbauen will: Offenheit, sich umeinander kümmern, Demut, die Wahrheit sagen, Bestätigung.

Offenheit: kennen und gekannt werden

Wenn wir kennen und wirklich gekannt werden wollen, dann müssen wir zunächst begreifen, was zwischenmenschliche Nähe wirklich ist. Und dann müssen wir das aus dem Weg räumen, was uns davon abhält, andere ganz nah an uns heranzulassen, indem wir uns in angemessener Weise öffnen. Tief in uns sehnen wir uns danach, dass die Menschen wissen, wer wir wirklich sind – dass unsere Geschichte, unser Schmerz, unsere Träume sie interessieren. Und doch sprechen die meisten von uns lieber über sich selbst, als zu versuchen, andere zu verstehen. Freunde, die echte Fragen stellen und wirklich zuhören, sind wie Balsam für die Seele oder wie Wasser für eine ausgetrocknete Kehle. Keine Gruppe, keine Freundschaft, keine Ehe wird diese innige Nähe erreichen, wenn nicht alle Beteiligten versuchen, einander wirklich zu verstehen und verstanden zu werden. Julie Gorman, eine Professorin am Fuller-Seminar und eine Befürworterin von Kleingruppen, schreibt:

> *„Wahre Gemeinschaft ist mehr als nur zusammen zu sein. Ein Mensch baut kein Vertrauen in andere auf, nur weil er in einer Gruppe ist, deren Mitglieder gemeinsam etwas studieren, gemeinsam beten und denselben Gruppenleiter haben. Vertrauen setzt Verbundenheit voraus. Verbundenheit ist mehr als nur Zusammensein, auch wenn das natürlich dazugehört. Sich als in Beziehung zueinander empfinden bedeutet, einander zu kennen. Und einander kennen setzt voraus, dass man sich für Vertrauen öffnet.“* [4]

Vielleicht ist der Schmerz, den wir empfinden, wenn die Beziehung endet, der beste Gradmesser für echte und liebevolle Beziehungen. Wenn man wahre Nähe oder Gemeinschaft aufbauen will, dann setzt das Liebe voraus; sie zu verlieren verursacht Trauer und Schmerz. Jesus weinte, als Lazarus gestorben war (Johannes 11), die Epheser betrauerten den Abschied von Paulus (Apostelgeschichte 20). Lyman Coleman, der Gründer der *Serendipity Ministries* und ein Vorkämpfer für Kleingruppen weltweit, verlor kürzlich seine Frau Margaret. Wenn Trauer und Schmerz wirklich Indikatoren für die Tiefe einer Beziehung sind, dann ist der Brief, den Lyman an seine Gesellschafter schrieb, ein Zeugnis besonders tiefer Intimität. Hier geben wir mit seiner Erlaubnis ein paar Auszüge wieder:

> *„Sie war ein Original – vollkommen unvorhersagbar, schelmisch, vorwitzig, mit einem Schuss guter englischer Zurückhaltung und*

frechem Humor. Sie war auch tief, tief geistlich. Margaret liebte Menschen, Kindern vorzulesen, im Wald herumzustreunen und durch die Blätter zu ,knirschen', Flohmärkte, sich an Halloween als ,Handtaschen-Dame' zu verkleiden, 5-Uhr-Tee mit Plätzchen, Neugeborenen vorsichtig in die Wange zu zwicken, ein neues Buch zu beschnuppern, verrückte Hüte und ungewöhnliche Spazierstöcke. Sie hasste schlechte Grammatik, ausgefallene Kleidung und jede Form von Unechtheit. Ihre Vorstellung von einem guten Abend bestand darin, am offenen Kamin Popcorn zu knabbern, sich mit guten Freunden zu unterhalten, die Sinnvolles zu C. S. Lewis sagen konnten und früh nach Hause gingen. Wenn ich nun meinen Kummer in den Griff bekommen will, dann muss ich zwischen dem Schmerz unterscheiden, den ich jetzt empfinde, und der Trauer, die ich mein restliches Leben lang spüren werde. Mein heutiger Schmerz beinhaltet Verlust, Einsamkeit, Ärger, Hilflosigkeit und geistliche Leere. Im Laufe der Zeit wird das, wie ich hoffe, vorübergehen. Meine Trauer um Margaret wird hingegen niemals aufhören. Sie wird mich an sie erinnern und mir helfen, die wunderbaren Jahre, die wir zusammen verbracht und miteinander geteilt haben, immer wieder zu durchleben und zu feiern.

Die schmerzlichste Entscheidung meines Lebens war, Gott zu bitten, sie heimzuholen. Sie litt wiederholt unter Anfällen und ihr Körper war verfallen. Ich habe ihr ins Ohr geflüstert: ,Liebling, ich liebe dich. Ich liebe dich sehr. Jesus möchte, dass du nach Hause kommst. Mach dir um uns keine Sorgen. Wir werden es schaffen. Wir erlauben dir, alles hinter dir zu lassen und zu gehen.' Sie schloss die Augen und schlief ein."

Lyman schließt seinen Brief mit den folgenden düsteren und doch hoffnungsvollen Worten:

„Beim Schreiben dieses Briefes wird mir klar, dass ich meinen Herausgeber nicht an meiner Seite habe. Meine beste Kritikerin. Meinen Teampartner. Die Freundin meiner Seele. Gebetspartnerin. Partnerin in allem und jedem. Wir sind gemeinsam die wenig bereiste Straße[5] entlanggewandert, in guten und in schlechten Tagen. Mein Liebling, ich vermisse dich. Ich vermisse dich sehr. Ich werde das Licht für die Kinder anlassen. Ich werde für deine Freunde da sein. Und eines Tages werden wir uns dir anschließen. Wir alle. Weil Jesus es versprochen hat: ,Der Tod seiner Heiligen wiegt schwer vor dem HERRN' (Psalm 116,15)."

Warum sehen wir uns in einer Ehe nach einer solchen Nähe, erwarten sie vielleicht sogar, während wir in der Gemeinde authentische Gemeinschaft auf dem Altar oberflächlicher, kumpelhaftiger Beziehungen opfern? Warum richten wir Barrieren auf, um die zwischenmenschliche Nähe abzuhalten, und begnügen uns mit oberflächlichen Bekanntschaften?

Wenn wir nicht nur eine Gemeinde mit kleinen Gemeinschaften aufbauen wollen – also eine Gemeinde mit Kleingruppen –, dann müssen wir diese Hindernisse benennen. Jemand hat einmal gesagt: „Wenn ich sehen möchte, muss ich bereit sein, gesehen zu werden. Wenn ein Mensch seine Sonnenbrille abnimmt, kann ich ihn viel besser hören." Kennen und gekannt zu werden heißt, die Hindernisse an der Oberfläche (Sonnenbrille) zu überwinden, aber auch die tiefer liegenden Abwehrmechanismen aufzugeben – wie Angst, Scham, Stolz, Faulheit. Christine M. Anderson erklärt in *Equipping the Saints*, wie man die Hindernisse für Nähe beiseite räumen kann: Man muss die Vorstellung ablehnen, dass jeder sich selbst genug ist; man muss Wegwerf-Freundschaften meiden; man muss mehr wollen als das, „was Cornel West die ‚Hotel-Gesellschaft' nennt. In einer solchen Gesellschaft lebt man zwar in Gegenwart anderer, aber die Beziehungen weigern sich hartnäckig, tiefer zu gehen, und bleiben an der Oberfläche. Sie sträuben sich, mehr zu sein als nur vorübergehend."[6]

Anderen einen tiefen Einblick in unser Leben zu gewähren, ist das größte Geschenk, das man ihnen machen kann. Es ist ein Geschenk, das in das bunte Papier von Vertrauen, Hoffnung und Liebe eingewickelt ist. In Gruppen kann man dieses Geschenk bekommen, wenn man sich den anderen gegenüber in angemessener Weise öffnet. Wir erzählen unsere Geschichte und erlauben anderen einen Blick in unsere Seele. Sie finden praktische Hinweise, wie man sich öffnet, und Übungen, die Gemeinschaft fördern, zum Beispiel in „Authentische Kleingruppen leiten" von Bill Donahue.

Durch diese Übungen kann man einander viel intensiver kennen lernen, auf einer Ebene, die in der Liebe wurzelt. Parker Palmer betont in seinem Buch *To Know As We Are Known*, dass Kennen nicht immer mit Liebe gleichgesetzt werden kann. Er warnt davor, andere nur aus Neugier kennen lernen zu wollen oder weil man eine „unmoralische Leidenschaft" hat oder nach Kontrolle strebt.

Er rät vielmehr, sich um jenes

„Kennen [zu bemühen]*, das in* […] *Mitgefühl oder Liebe wurzelt – eine Quelle, die nicht nur in unserer intellektuellen Tradition gefeiert wird, sondern auch in unserem geistlichen Erbe. Wenn wir solche Kenntnis gewinnen, dann kennen wir und werden wir als Glieder einer Gemeinschaft erkannt, und unsere Kenntnis wird zu einem Verfahren, wie die Bande zwischen den Gliedern der Gemeinschaft neu geknüpft und besser verwoben werden können."*[7]

Wenn Sie bei diesem letzten Satz nicht die Kirchenglocken durchklingen hören, dann brauchen Sie unbedingt ein Hörgerät. Wir bei *Willow Creek* können uns das Gemeindeleben gar nicht mehr anders vorstellen als aufs Engste mit dem Leben in der Kleingruppe verknüpft: Jeder Einzelne ist nur durch die Kleingruppe Teil jener Gemeinschaft der Liebe, für deren Erlösung Jesus starb. Ohne Kleingruppen werden Sie außer Stande sein, die Bande der Gemeinschaft in Ihrer Gemeinde neu zu verweben – auch wenn Sie jedem Glied die Gabe zu kennen und erkannt zu sein anbieten würden. Authentische Beziehungen sind unabdingbar, wenn Sie eine biblisch fundierte Gemeinschaft aufbauen wollen, und sich selbst zu öffnen ist dazu der erste Schritt.

Sich umeinander kümmern: lieben und geliebt werden

Wenn wir beginnen, einander immer besser kennen zu lernen, dann lernen wir ebenfalls, den anderen zu lieben und selbst Liebe anzunehmen. Jesus sagt: „Niemand liebt mehr als einer, der sein Leben für seine Freunde opfert" (Johannes 15,13). In seinem ersten Brief erläutert Johannes, wie das aussehen könnte, wenn einer sein Leben für die anderen gibt: „Angenommen, jemand hat alles, was er in der Welt braucht. Nun sieht er seinen Bruder Not leiden, verschließt aber sein Herz vor ihm. Wie kann er dann behaupten, er liebe Gott?" (1. Johannes 3,17).

Diese mutige, Leben spendende Art der Liebe, wie sie auch in 1. Korinther 13 beschrieben ist, fängt damit an, dass man lernt, wirklich zuzuhören und sich an das Gehörte zu erinnern. Ich (Bill) arbeite immer noch an diesem „Liebe die anderen zuerst", und das haben wohl auch die Leute am meisten vermisst, als ich meine erste Pastorenstelle innehatte, wo ich der Leiter der Abteilung für christliche Erziehung, Evangelisation und Jugendarbeit war. Ich war auch bei weniger anspruchsvoller Seelsorge und ein bisschen Predigen von der Kanzel dabei – und das alles, während ich meinen Abschluss am Seminar vorbereitete! Ich war schnell und entschieden, viel zu beschäftigt, als dass ich meine To-do-Liste hätte beiseite schieben können, zu beschäftigt, als dass ich mein Leben für andere hätte geben können. Ich setzte weder Hilfsmittel ein, um geistliche Gaben aufzuspüren, noch nutzte ich Persönlichkeitsprofile. Ich investierte einiges in die Jugend, aber die Erwachsenen mussten sich dazwischen schieben lassen. Mein Motto war: „Wir brauchen jemanden, Sie haben einen Puls – das wird schon gehen!" Ich betete dafür, dass sie keine echten Bedürfnisse hatten. Heute, Jahre später, frage ich mich, ob in den Augen meiner Gemeindeglieder nicht diese Parodie des 23. Psalms mein Hirtentum am besten beschrieb:

> *„Bill ist mein Pastor; der hat mir gerade noch gefehlt.*
> *Er bringt mich zu Jugendlagern*
> *und lässt mich niemals ruhen.*
> *Er drängt mich, von Tür zu Tür zu evangelisieren, um seines Namens willen.*
> *Und wenn ich auch unaufhörlich zwischen den Bänken der Kirche zu finden bin,*
> *ist er doch niemals bei mir.*
> *Seine Frau und sein Mitarbeiterstab sind untröstlich über mich.*
> *Du leitest mich zum Missionars-Dinner; du füllst mich ab mit Sachen vom Büfett zugunsten unseres Hilfsprojektes. Mein Saftglas läuft über.*
> *Sicher wird das Finanzkomitee mir mein Leben lang auf den Fersen sein!*
> *Und ich werde bleiben im geistlichen Krabbelkindergarten immerdar."*

Ich bezweifle, dass jemand, wenn ich ihn anrief, zu sich sagte: „Na, wunderbar, das ist Bill, mein Hirte, der mich liebt und sich um mich kümmert." Viel eher fragte er sich: „Was will der denn jetzt schon wieder?"

Lieben setzt aktives Zuhören und gezieltes Erinnern voraus, besonders in den Beziehungen innerhalb einer Kleingruppe. Richtig zuhören hört sich so an: „Mensch! Als ich dich das sagen hörte, konnte ich richtig sehen, dass du dich darüber gefreut hast! Das war das Highlight deines Tages, nicht wahr?" Es geht über das eigentlich Mitgeteilte hinaus, denn Sie kümmern sich wirklich. „Erzähl mir mehr davon. Ich möchte es von Grund auf verstehen." ~~Aktives Zuhören~~ ehrt andere, drückt Liebe aus und wendet die biblischen Prinzipien an. „Jeder soll stets bereit sein zu hören, aber sich Zeit lassen, bevor er redet, und noch mehr, bevor er zornig wird" (Jakobus 1,19). Jakobus möchte, dass wir Menschen an die erste Stelle setzen, denn Menschen sind Gott ungeheuer wichtig.

~~Aktives Zuhören geht nahtlos in gezieltes Erinnern über.~~ Jemandem eine Dankesnotiz zu senden, ihn daran zu erinnern, dass man für ihn oder sie betet, einander nach dem Gottesdienst zu umarmen, ein kleines Geschenk zu überreichen oder eine ermutigende E-Mail zu schicken oder eine Nachricht auf dem Anrufbeantworter zu hinterlassen – diese einfachen Gesten zeigen dem anderen: „Ich habe dran gedacht!" Zusammen sollten diese kleinen Zeichen der Zuneigung eine Atmosphäre schaffen, in der die Beziehungen sich vertiefen und das geistliche Leben sich ändert.

Sich so zu erinnern bedeutet auch, sich zu verhalten wie „~~lebendige Erinnerungszeichen an Jesus~~"[8]. Jene unter Ihnen, die ein Hirtenamt innehaben – zum Beispiel Pastoren und Leiter von Kleingruppen –, sind Erinnerungszeichen, die eine heilsame Kraft haben. Sie ermöglichen es manchem Menschen, sich der schmerzlichen Vergangenheit zu stellen, bringen ihn mit dem Arzt Jesus und mit der heilsamen Gemeinschaft in Kontakt. Wir sind unterstützende Erinnerungszeichen an Jesus, die dazu beitragen, dass andere bei Jesus Kraft, Nahrung und Stärke finden. Und wir sind leitende Erinnerungszeichen, die anderen geistliche Ausrichtung geben, indem wir sie auf Probleme ansprechen oder sie ermutigen. All diese Erinnerungszeichen erinnern nicht nur wirklich an die Menschen in unserer Umgebung und an das, was wir von ihnen wissen. Wir helfen ihnen auch, sich zu erinnern, dass Jesus immer in der neuen Gemeinschaft gegenwärtig ist und in jedes einzelne Leben, aber auch in das Leben der Kleingruppe, einbezogen werden möchte.

Wenn Sie diese Art zu lieben mit der bereits beschriebenen gegenseitigen Kenntnis kombinieren, die Gruppenmitglieder auf einer tiefen Ebene verbindet, dann haben Sie die Anfänge authentischer Gemeinschaft. ~~Der Kenntnis- und der Liebesquotient in unseren Gruppen sind Beweise für unsere authentischen Beziehungen.~~ Wenn man sich nur zusammensetzt, ohne zu kennen und gekannt zu werden, dann fördert man ~~oberflächliche Geselligkeit~~; Menschen nur zu kennen, ohne sie zu lieben, schafft bloße ~~kollegiale Vertraulichkeit~~.

Neben Liebe und Kenntnis brauchen Sie eine weitere Zutat für die Beziehungsmischung: Demut, die aus dem Dienst aneinander stammt.

Demut: Dienen und sich dienen lassen

Ein christlicher Leiter, der nicht bereit ist, anderen zu dienen, ist nicht für die Leiterschaft geeignet. Dennoch ist es überraschend, wie oft wir in die Falle konventionellen Wissens tappen, anstatt auf die biblische Weisheit zu hören. Wenn Menschen einander dienen, wird das oft nicht bemerkt. Aber wenn sie einander *nicht* dienen, fällt dies auf wie ein bunter Hund. Einige Gemeindeglieder, die bei der Vorbereitung einer Veranstaltung halfen, sagten über ein Mitglied des Mitarbeiterkreises des Pastors: „Wenn es darum geht, irgendetwas anderes zu tun als zu predigen, dann rührt der nicht den kleinen Finger. Könnt ihr euch noch daran erinnern, als wir beim Wegräumen der Stühle Hilfe brauchten? Offensichtlich war das *unter seiner Würde*. Ich schätze, für Stühle ist er nicht zuständig."

Ist das Ihre Haltung als Leiter – „für Stühle nicht zuständig"? Wie die Leute in der Reinigungsfirma, die „nicht für Fenster zuständig" sind, neigen wir dazu, uns die Dienste herauszupicken, die uns auch „etwas bringen". Jesus war anders. Er hätte sich auch für Stühle zuständig erklärt. Sogar für Füße. Wir sind überhaupt nicht gut, wenn es um Füße geht. Aber Jesus schnappte sich ein Handtuch, griff sich eine Schüssel und kümmerte sich um die Füße.

Johannes schreibt: „Jesus hatte die Menschen, die in der Welt zu ihm gehörten, immer geliebt. Jetzt gab er ihnen einen letzten und äußersten Beweis seiner Liebe" (Johannes 13,1). Sicherlich bezieht sich diese Anmerkung letztlich auf das Kreuz, aber zweifellos schließt es dieses demütige Dienen ein. Für Jesus war es ein Akt demütiger Liebe.

Eine solche Form der Hingabe wird von Rechtsanwälten, Börsenmaklern, Politikern und Profi-Sportlern nicht hoch geschätzt oder gar gepriesen. Wenn wir ehrlich sind, kommt sie uns auch aus dem Spiegel nicht so häufig entgegen wie es sein sollte. Wenn jedoch ein Leiter Dienstbereitschaft vorlebt, dann folgen die anderen Glieder ihm in der Regel.

Wenn wir uns auf der anderen Seite dienen lassen, bedeutet das, dass wir einräumen: „Ich habe ein Bedürfnis" – und oft will das unser Stolz nicht zulassen. Aus diesem Grund weigerte sich der Apostel Petrus zuerst, sich von Jesus die Füße waschen zu lassen. Paulus bezeichnet ~~Demut~~ als etwas, das wir „anlegen" wie ein Gewand. ~~Eugene Peterson~~ übersetzt es in seiner Bibelausgabe *The Message* („Die Botschaft") mit: „Nun habt ihr eine neue Garderobe erhalten. Jedes Stück eures neuen Lebens ist maßgeschneidert vom Schöpfer und mit seinem Markenzeichen versehen. Alle alten Moden sind jetzt überflüssig und hinfällig. […] Da ihr nun von Gott für dieses neue Leben erwählt seid, so zieht euch auch entsprechend an, mit der Garderobe, die Gott für euch ausgesucht hat: Mitgefühl, Güte, Demut, ruhige Stärke, Disziplin" (Kolosser 3,12).

Eine fantastische Art, echtes Dienen zu üben, ist, Menschen zu helfen, die den Dienst nicht erwidern können. Die Bibel zählt zum Beispiel die Armen, Waisen, Witwen und den Fremden dazu. Wenn man solchen Menschen etwas gibt, dann ist das etwas ganz anderes, als wenn wir denen, die uns ähnlich sind, ein Weihnachtsgeschenk geben – in diesen Fällen erhalten wir in der Regel ein Gegengeschenk. Aber wenn wir geben, wie Jesus gegeben hat, setzt dies voraus, dass man zunächst Bedürfnisse identifiziert und dann jemandem dient und Zuneigung erweist, der vielleicht außer Stande ist, etwas zurückzugeben. Diese Art des Gebens und Dienens bewirkt in einer Kleingruppe eine Atmosphäre der Demut.

Eine *Willow Creek*-Gruppe, die aus Ehepaaren bestand, hatte erfahren, dass eine Frau, die nicht Teil ihrer Gruppe war, von ihrem Ehemann verlassen worden war – und sie war mit drei Kindern, einem großen Haus und ohne Einkommen zurückgeblieben. Die Mitglieder beschlossen, dass sie ihr wie die ~~Heinzelmännchen~~ den ganzen Sommer lang den Rasen mähen und das Haus säubern würden. Bis heute hat diese Frau nur ein Mitglied der Gruppe je getroffen; das war zwar keine Absicht, hat sich aber zufällig ergeben. Die anderen dienen der Frau in aller Stille, ohne ihr je begegnet zu sein.

Viel zu oft dienen wir, weil wir dieses „Herzlichen Dank. Sie haben mir ja sooooo geholfen!" hören wollen oder im Gegenzug etwas erwarten. Aber Jakobus macht deutlich, dass wahrer Glaube wahres Dienen hervorbringt – an jenen, die die Bibel als die Armen, Waisen, Witwen und den Fremden bezeichnet – ~~Leute, die niemals „zurückzahlen" können~~ (Jakobus 1,27). Eine solche Form von Dienst wird in Ihrer Gruppe jeden Anflug von Stolz im Keim ersticken.

Wie wir bislang gesehen haben, entwickeln sich authentische Beziehungen, wenn die Menschen sich gegenseitig immer besser kennen lernen, anderen Liebe zeigen und ihnen dienen. Diese Fortschritte sind der ideale Nährboden für echte Nähe, wahre Fürsorge und Dienstbereitschaft. So wird Ihre Gruppe Auswirkungen auf die

Menschen in ihrer Umgebung haben und Leben verändern, so wie Gott es geplant hatte. In dieser Umgebung des Kennens und Erkannt-Seins, des Liebens und Geliebt-Werdens, des Dienens und Sich-dienen-Lassens kann man sich auf den Weg machen, auf dem die eigentliche Herausforderung wartet, die ebenfalls eine hohe Belohnung mit sich bringt: die zwischenmenschliche Kommunikation.

Die Wahrheit sagen: ermahnen und ermahnt werden

Bislang klang doch das, was wir über den Aufbau authentischer Beziehungen in Kleingruppen gesagt haben, ausgesprochen gut, oder? Aber „ermahnen" und „ermahnt werden"? Die meisten unterziehen sich lieber einer Wurzelbehandlung beim Zahnarzt, als sich in das Beziehungschaos zu wagen, das entstehen kann, wenn eine Schwester eine andere in der Gemeinschaft ermahnt. Und doch haben wir in *Willow Creek* seit unserer Gründung 1975 immer daran gearbeitet, anderen in Liebe die Wahrheit zu sagen und sich selbst auch sagen zu lassen. Wir schätzen Ermahnung sehr hoch, fast so hoch wie unsere „*Willow-Creek*-Mantras": „Jeder Mensch ist Gott unendlich wichtig" und: „Wir möchten dazu beitragen, dass kirchendistanzierte Menschen zu hingegebenen Nachfolgern Christi verwandelt werden."[9]

Wenn man liebevolle Kritik Wirklichkeit werden lassen will, muss die Kernmannschaft der Leiter hart daran arbeiten. Aber auch die Kleingruppen müssen sich viel Mühe geben, weil diese Herausforderung sich manchmal zu einer Herkules-Arbeit auswachsen kann. Aber wir halten durch und bleiben dran, weil es ein biblisches Gebot ist. Wenn man es nachlässig handhabt, die Wahrheit zu sagen, kann das Probleme bereiten, aber es führt zu geistlichem Wachstum, wenn man es richtig macht. Bedenken Sie bitte die folgenden drei biblischen Gebote (Hervorhebungen von uns):

- „Diesen Christus verkünden wir. Und wir hören nicht auf, jeden Einzelnen in der Gemeinde zu *ermahnen* und jedem Einzelnen in der Gemeinde den Weg zu zeigen, den uns Christus gewiesen hat. Das tun wir mit der ganzen Weisheit, die uns gegeben ist. Denn wir möchten jeden und jede in der Gemeinde dahin bringen, *dass sie vor Gott dastehen in der Vollkommenheit*, die aus der Verbindung mit Christus erwächst" (Kolosser 1,28).

- „Und der *Friede Christi, zu dem ihr auch berufen seid* in einem Leibe, regiere in euren Herzen; und seid dankbar. Lasst das Wort Christi reichlich unter euch wohnen: Lehrt und ermahnt einander in aller Weisheit; *mit Psalmen, Lobgesängen und geistlichen*

Liedern singt Gott dankbar in euren Herzen" (Kolosser 3,15–16; Luther).

- „Liebe Brüder und Schwestern, wir bitten euch: Erkennt die an, die sich *für euch abmühen* und in der Gemeinde des Herrn Verantwortung übernehmen, um euch den rechten Weg zu zeigen. Wegen des Dienstes, den sie an euch tun, sollt ihr ihnen mit *Hochachtung und Liebe* begegnen. Lebt in Frieden und Eintracht miteinander" (1. Thessalonicher 5,12–13).

Im Griechischen wird für das Wort „ermahnen" *noutheteo* verwendet, was so viel bedeutet wie „jemanden hinweisen" oder „warnen"; es handelt sich also um eine Form der Lehre.

Auch wenn sie in erster Linie zurechtweisen soll, wird die Ermahnung, wie auch in diesen Versen, im Kontext von Frieden, Ermutigung, Ermunterung und aufbauendem Reden gebraucht. Der Dienst der Ermahnung ruft Menschen zur Veränderung auf und stattet sie dann mit Ermutigung und Lehre aus, die ihnen helfen sollen, sich zu ändern. So ist Ermahnung ein Ausdruck echter Liebe und Wahrheit, den man immer im Auge behalten sollte.

Und doch haben wir oft die Wahrheit nicht gesagt, um einen Konflikt zu vermeiden. Was haben Sie bei sich schon so oft gedacht, aber noch nie einem geliebten Menschen gesagt? Schreiben Sie die Ermahnung oder Bestätigung, die Sie so gerne sagen würden, nieder. Und was hält Sie jetzt noch davon ab, es auch laut zu sagen? In der Regel tun Sie dies nicht, weil Sie befürchten, Sie könnten den anderen verletzen, ärgern oder beschämen (oder aber auch sich selbst). Vielleicht fragen Sie sich, ob Sie überhaupt das Recht haben, unangenehme Wahrheiten zu äußern, oder ob es nicht viel christusähnlicher wäre, Konflikten aus dem Weg zu gehen. Henry Cloud, ein christlicher Psychologe, hat Tausende von Menschen beraten, deren Familien kaum spürbar, aber doch dauerhaft darauf hingearbeitet haben, sich auf niemanden einzulassen. Er schreibt diese unausgesprochenen Regeln in seinem Buch *Changes That Heal* nieder:

„Du sollst niemanden nahe an dich herankommen lassen. Halte Abstand.

85

Du sollst nicht sagen, was du wirklich fühlst. Wenn du verletzt bist, verbirg es.

Du sollst immer dann lügen, wenn es dazu beiträgt, den lieben Frieden zu wahren.

Du sollst niemals außer Haus über Familienangelegenheiten reden, auch über keine Verletzung, die man dir dort beibringt. Diese Loyalität zu verraten ist abscheulich.

Gefühle zu haben ist widerwärtig."[10]

Aber wenn man die Wahrheit nicht sagt, beraubt man die Menschen vieler Gelegenheiten zu geistlichem Wachstum. Wahrheit ist das Fundament jeder authentischen Beziehung. Einander wahrhaft zu vertrauen bedeutet, einander die Wahrheit zu sagen und sie voneinander anzunehmen.

Stellen Sie sich die folgende Szene vor: Martin, ein Kleingruppenleiter, und Sven, sein Mentor und verantwortlich für bis zu fünf solcher Kleingruppenleiter, haben sich fünf Jahre lang beinahe allwöchentlich getroffen. Schon früh in ihrer Beziehung hatte Martin Sven gefragt: „Sven, darf ich dir etwas sagen?" Als Sven bejahte, hatte Martin fortgefahren: „Wenn wir reden, schaust du oft an mir vorbei auf Dinge, die hinter mir vor sich gehen. Das vermittelt mir die Botschaft, dass das, was ich dir zu sagen haben, für dich unwichtig ist. Das stört mich."

Verlegen hatte Sven gewitzelt: „Okay, sonst noch etwas, das du mir sagen möchtest?"

Martin war vorsichtig, aber direkt: „Sven, unsere Beziehung bedeutet mir und dir etwas. Wenn wir einander nicht helfen und einander nicht zur Rede stellen, dann wäre das hier doch nur irgendeine von diesen oberflächlichen Beziehungen."

Sven fühlte, wie eine Stimme in ihm immer lauter wurde und gerne herausgeschrien hätte; „Okay, okay, Mr. Perfect! Wenn du unbedingt willst, dann kann ich auch anders!" Die Versuchung, etwas Bissiges zu erwidern, war sehr groß – aber ihm lag mehr an persönlichem Wachstum und der Freundschaft. Es stimmt, dass Martin ihm in den folgenden drei Stunden wirklich nicht besonders sympathisch war. Aber Sven hörte auf die Stimme des Heiligen Geistes, die flüsterte: „Er hat Recht. Martin hat Recht." Dieser Wendepunkt in ihrer Beziehung forderte beide Männer heraus, aber danach sprachen und hörten sie beide mit Liebe, Respekt und Güte mit- und aufeinander. Das weiß ich ganz genau, denn „Martin" bin ich (Bill) und „Sven" ist mein Freund Jim. Es ist wirklich passiert – und hat uns beide verändert.

Unsere Beziehung ist heute tief verwurzelt – in Vertrauen, Liebe und Hoffnung auf eine geistliche Veränderung. Unsere Freundschaft ist nicht perfekt, aber echt. Wir versuchen, das praktisch zu leben, was Paulus in seinem Brief an die Epheser empfiehlt: „Legt die Lüge ab und sagt zueinander die Wahrheit; denn wir alle sind Glieder am Leib Christi" (Epheser 4,25).

Ohne Ermahnung wird unser Leben in der Gruppe unter all den Masken unkenntlich; dann prägen Unterstellungen und Annahmen das Leben der Gruppenmitglieder; und unerfüllte Erwartungen sorgen für Enttäuschungen. Gefühle werden verborgen; Schmerz wird mit Medikamenten ausgeblendet, aber nicht wirklich behandelt; und statt neuer Beziehungen, nach denen wir uns sehnen, fügen wir nur der Liste der Bekanntschaften ein paar Namen hinzu.

Wenn wir einander in unseren Kleingruppen kennen, lieben, dienen und ermahnen, dann bemerken wir, wie die Wärme der christlichen Gemeinschaft sich in der gesamten Gemeinde ausbreitet. Das Gruppenleben durchdringt alle Arbeitszweige der Gemeinde und berührt das Leben Außenstehender auf eine Art und Weise, die Menschen berührt – wie bei den ersten Christen, die „mit jubelnder Freude und reinem Herzen Gott priesen und vom ganzen Volk geachtet wurden" (Apostelgeschichte 2,46–47). Nun lasst uns noch das Öl des Feierns in das angefachte Feuer authentischer Beziehungen gießen! Aber wir möchten Sie vorher noch warnen: Die Feuer, die so entstehen, sind nicht leicht zu löschen!

Bestätigung und Anerkennung: feiern und gefeiert werden
Nachdem ich (Bill) zum Glauben gekommen war, schloss ich mich einer Gemeinde an, die überzeugt zu sein schien, dass du umso heiliger bist, je saurer du dreinblickst. Jeder, der viel lachte, hatte augenscheinlich zu viel Spaß im Leben – da musste Sünde dahinterstecken. Als ich meine Stelle als Bankangestellter kündigte, um Theologie zu studieren, erlaubte mir meine Gemeinde großzügig, das bei ihnen auszuprobieren, was ich am Seminar lernte. Etwa alle drei Wochen ließen sie mich eine Predigt halten. Ich war Mitglied des B-Teams, das für den Sonntagabend zuständig war. (Jeder weiß natürlich, dass das A-Team den Sonntagmorgen bestreitet. Sonntagabend, wenn kaum einer kommt und das Interesse und die Energie gering sind, ist das B-Team dran.)

Unsere ungeschriebene Strategie war, dass jeder, der die Zuhörer mit seinen Talenten „erfreuen" wollte, das am Sonntagabend probieren konnte. Es wurden Zeugnisse gegeben, die aber keinen Widerhall fanden. Mary pflegte zu sagen: „Gott hat mir ein Lied geschenkt", aber wir Zuhörer fragten uns, ob Gott wirklich gewollt hatte, dass wir es hören sollten. Auch mir erlaubte man, die unglücklichen Leute mit meinen Predigten zu behelligen – alles in der Hoffnung, dass sie geistlich wachsen würden und ich dazulernen würde.

Wir Mitglieder des B-Teams gaben zwar unser Bestes, aber wir wussten, dass wir uns eigentlich nur durchmogelten. Wir fühlten uns verletzlich und den Launen des Publikums ausgesetzt. Wir waren sehr dankbar für jede Bestätigung wie: „Vielen Dank, dass Sie heute gepredigt haben" und: „Es war schön, Sie wieder mal zu hören", bis zu wohlmeinenden Anmerkungen wie: „Nächstes Mal wird's besser" und: „Einen schicken Schlips haben Sie an." Ermutigung ließ in mir die zarte Hoffnung keimen, dass ich es vielleicht, aber nur vielleicht, eines Tages zum Pastor oder Lehrer schaffen könnte. Eine Frau jedoch wartete immer am Ende der (kurzen) Schlange von Menschen, die im Anschluss an den Gottesdienst anstanden, um mir ihre Gedanken mitzuteilen. Sie sah mich mit düsteren Augen an, aus denen dumpfer Missmut starrte, und sagte: „Das eine dürfen Sie nie vergessen, Bill, wir sind alle nur aus Lehm und Dreck gemacht." So was ist doch zum Heulen, oder etwa nicht? Ich weiß, ich weiß, zu viel Bestätigung wäre mir unter Umständen zu Kopfe gestiegen.

Aber die Bibel setzt keinesfalls Düsterkeit mit Heiligkeit gleich. Wie Jesus und Paulus feiern Kleingruppen, dass Gott in unseren Leben am Werk ist. Wir erinnern einander daran, dass Gott gütig ist, dass die Erlösung tatsächlich geschehen ist, dass Christus in uns lebt und an uns arbeitet. Überall in der Bibel finden sich Passagen, in denen von der Freude am Leben und vom Feiern die Rede ist. Beispielsweise freuen sich die Engel und jubeln über jeden Sünder, der zu Gott umkehrt (Lukas 15,10). Sie und ich sind eingeladen, an dem herrlichen Hochzeitsfest des Lammes teilzunehmen, wo das größte Halleluja aller Zeiten gesungen werden wird (Offenbarung 19,9).

Jesus war ein richtiger Fachmann in Sachen Feiern. Ob er nun auf einer Hochzeit Wasser in Wein verwandelte und sich mit den Nachfolgern an ihrer Entdeckung freute, dass das Reich Gottes unmittelbar bevorstand (Lukas 10,21–24), oder ob er mit einem Zollbeamten zusammen aß, der erst kürzlich seine Erlösung angenommen hatte – im Leben Jesu gab es viel Freude.

Er hatte eine ansteckende Liebe für Menschen, die mit beiden Beinen im Leben standen. Pharisäer, die anderen Lohn und Brot wegnahmen, die heuchlerisch, fürchterlich anmaßend und selbstgerecht waren, regten Jesus auf. Das einzige Echte an ihnen war ihre Unechtheit. Aber die Freude, die Jesus in sich hatte, floss über, wenn er sich in kleinen Gruppen von „richtigen" Menschen aufhielt, die mit ihm lebten, dienten und aus ganzem Herzen sein Reich suchten.

Sogar während des letzten Abendmahls redete Jesus noch von Freude: „Ich habe euch dies gesagt, damit meine Freude euch erfüllt und an eurer Freude nichts mehr fehlt" (Johannes 15,11). Als die Zeit seiner Festnahme schon kurz bevorstand, ermunterte Jesus seine schwachen Nachfolger: „Ihr werdet traurig sein; und ich sage euch: Eure Trauer wird sich in Freude verwandeln. […] Jetzt seid ihr voll Angst und Trauer. Aber ich werde euch wiedersehen. Dann wird euer Herz voll Freude sein und diese Freude kann euch niemand nehmen. […] Bittet, und ihr werdet es bekommen, damit eure Freude vollkommen und ungetrübt ist" (Johannes 16,20.22.24).

Paulus wusste, was es heißt zu leiden, aber er kannte auch Freude. Er wusste, dass Gruppen dazu da waren, Zeit mit gemeinsamem Feiern zuzubringen. „Freut euch mit den Fröhlichen", gebot er den Römern (Römer 12,15). Die Gläubigen in Kolossä sollten einander lehren und ermahnen (Kolosser 3,16), aber dabei „Gott aus vollem Herzen Psalmen, Hymnen, Loblieder" singen. Und derselbe Paulus, der vermutlich Gefangener Roms war, ermunterte die Philipper: „Freut euch immerzu, mit der Freude, die vom Herrn kommt! Und noch einmal sage ich: Freut euch!" (Philipper 4,4). Er wollte wirklich, dass sie die vollkommene Freude Christi um seinetwillen erleben sollten (Philipper 1,25–26). Es war sehr wichtig, dass die frisch gegründeten Gemeindegruppen – und das gilt bis heute – immer wieder aus dem Alltagstrott und aller Gefahr ausbrachen und Gottes Wirken feierten.

Wir haben einige Gruppen erlebt, die das Feiern zu einem Teil ihres Gemeinschaftslebens gemacht haben. Manche setzen ein Mitglied in die Mitte und sprechen ihm Worte der Annahme und Bestätigung zu. Andere treffen sich tatsächlich jeden Abend ganz kurz, um sich bewusst zu machen, wie Gott während des Tages im Leben der Mitglieder gewirkt hat, und um Gott zu feiern. Andere Gruppen schießen Fotos oder malen Bilder, schreiben ermutigende Briefe, machen Geschenke und singen Loblieder. So stellen sie sicher, dass ihr Dienst und ihr Leben Gott ehren.

Sie erinnern sich: Wir leben in einer Gesellschaft, der es an Bestätigung und Ermutigung mangelt. Erinnern Sie sich an das letzte Mal, dass Sie zur Arbeit kamen und Ihr Chef zu Ihnen sagte: „Karin! Wie schön, dass Sie wieder da sind! Wir haben Sie am Wochenende so vermisst. Was Sie beisteuern, Ihre fürsorgliche Art, Ihre Pünktlichkeit und Ihr Einsatz sind einfach toll. Ich kann mir gar nicht vorstellen, wie das hier dauerhaft ohne Sie gehen würde. Die Mitarbeiter fühlen sich wohl, wenn Sie in der Nähe sind. Sie schaffen das irgendwie, dass alle ihr Bestes geben. Das wäre wirklich ein schwarzer Tag, wenn Sie sich einmal entschließen sollten, uns zu verlassen. Sie sind einfach unersetzlich." So was passiert Ihnen jeden Montag, oder? Schön wär's. Daher sollten Kleingruppen es zu einer Gewohnheit machen, einander die Ermutigung und Bestätigung zukommen zu lassen, die jeder braucht.

„Und wir wollen aufeinander Acht geben und uns gegenseitig zur Liebe und zu guten Taten anspornen. Einige haben sich angewöhnt, den Gemeindeversammlungen fernzubleiben. Das ist nicht gut; vielmehr sollt ihr einander Mut machen. Und das umso mehr, als ihr doch merken müsst, dass der Tag näher rückt, an dem der Herr kommt" (Hebräer 10,24–25).

Einander die Seelen zuwenden

Wenn Sie eine Gemeinde aus Kleingruppen aufbauen wollen, müssen Sie immer wieder darauf achten, dass in jeder Gruppe der Gemeinde authentische Beziehungen geschaffen werden. Dazu gehören unbedingt die in diesem Kapitel geschilderten fünf Kennzeichen – sich den anderen zu öffnen, sich umeinander zu kümmern, Demut zu üben, die Wahrheit zu sagen und einander zu ermutigen –, die zu einem festen Bestandteil des Gemeindelebens werden müssen. Wenn Sie diese Charakteristika vernachlässigen, wird das Ihre Fähigkeit beeinträchtigen, ein lebendiges Netz kleiner Gemeinschaften zu schaffen, die ein beinahe unerschöpfliches „Erlösungspotenzial" in sich tragen – durch die also die Gemeinde das Wort Gottes von der Erlösung durch Jesus Christus allen nur erdenklichen Menschen in der näheren und ferneren Umgebung bringen kann.

90

Wenn man eine „Kultur der Gemeinschaft" pflegen möchte, dann muss die Qualität des Lebens in den Kleingruppen auf alle anderen Gruppen der Gemeinde ausstrahlen. Sie muss das, was man normalerweise in Bibelkreisen, Teams oder Komitees erlebt, bei weitem übersteigen. Aus diesem Grund braucht man ~~Entschiedenheit~~, um die Gruppen aus einer oberflächlichen Bekanntschaft herauszuholen und sie in Bewegung zu bringen – bis sie zu einer hingegebenen Gemeinschaft derer geworden sind, die einander kennen, sich über alle Maßen schätzen, einander demütig dienen, gütig ermahnen und fröhlich miteinander feiern. ~~Wer solche Authentizität anstrebt, geht ein großes Risiko ein~~. „Was passiert, wenn man mich ablehnt?", „Was sollen wir tun, wenn die Gemeinde auf die Veränderungen nicht vorbereitet ist?" oder: „Wie lange wird sich der Prozess hinziehen?" Solche Fragen werden Ihnen immer wieder zu denken geben und auch von außen gestellt werden.

~~Doch wir können uns nicht den Luxus erlauben, erst eine Antwort auf all unsere Fragen zu finden und dann die nächsten Schritte zu gehen.~~ Jeder Sonntag ist der Beginn einer weiteren Woche, die durch die mangelnden Beziehungen zwischen den einzelnen Gläubigen geprägt ist. Und er ist der Beginn weiterer sieben Tage, in denen hungrige Kirchendistanzierte, die Gott so unendlich wichtig sind, bildlich gesprochen draußen vor der Tür der Gemeinde sitzen (die ihnen doch Erlösung bringen sollte) und darauf warten, dass ihnen vom Tisch der Gemeinde ein paar Bröckchen authentischen Christentums in die bittenden, ausgezehrten Hände fallen. ~~In der Gemeinde mit Kleingruppen haben sie wenig Chance, satt zu werden. Im Idealfall brauchen sie eine Unmenge Glück~~ – es sei denn, jemand würde vorangehen und den Weg zur Gemeinde aus Kleingruppen bahnen und beschreiten.

Icenogle findet sehr gute Worte dafür:

„Kleingruppen sind Gemeinschaften mit Gesicht. Kleingruppen haben nicht nur insofern Profil, als sie das Angesicht Gottes und der anderen Gruppenmitglieder aufnehmen und widerspiegeln. In einer echten Kleingruppe kann es dem Leiter gelingen, dass die Mitglieder Gott und einander von Angesicht zu Angesicht begeg-

nen. Wie Mose muss der Gruppenleiter den persönlichen Glauben und Mut haben, das Risiko eines Aufeinandertreffens von Mann zu Mann einzugehen und verletzlich zu werden, auch wenn sich der Rest der Gruppe voller Angst abwenden sollte. Ein Leiter, der seinen Schutzschild weglegt, mit dem er sich bis dahin bedeckt gehalten hat, und sich anderen nähert, ermutigt auf diese Art die gesamte Gruppe, es ihm nachzutun."[11]

Sie haben die Wahl, ob Sie ein solcher Pastor oder Kleingruppenleiter werden möchten. Jetzt ist genau die richtige Zeit, um damit anzufangen – ein Leben nach dem anderen, einen Leiter nach dem anderen, eine Gruppe nach der anderen. Bedenken Sie, dass jeder eine Gruppe zusammenstellen kann. *Die Körper im Kreis, einander zugewandt, die Seelen abgewandt.* Wir aber folgen Christus, nicht der Tradition. Wir streben nach geistlicher Gemeinschaft, nicht nach oberflächlicher Kameraderie.

Die Körper im Kreis, einander zugewandt, die Seelen abgewandt? Nicht bei uns. Keine Minute länger. Nie wieder.

Die Kleingruppe als Schnittstelle von Wahrheit und Leben

„So wie die Wahrheit die Macht hat, einem Menschen Heilung auf der Ebene des Gefühls zu bringen, so kann sie auch Heilung auf der Ebene des Miteinanders bewirken, vorausgesetzt, sie wird in rechter Weise umgesetzt. Die Wahrheit heilt sowohl die zwischenmenschlichen Beziehungen als auch die persönlichen inneren Verletzungen."

Dr. William Backus: „Befreiende Wahrheit. Teil II"

Vermutlich werden die Christen Nordamerikas mehr als alle anderen Gläubigen auf dieser Welt in biblischer Wahrheit gebadet, wenn nicht sogar von ihr überflutet. Wir Amerikaner können die Bibel in über 400 englischen Versionen lesen, jedes Jahr eine neue Studienbibel aussuchen, die Bibel auf Kassette hören, sie online studieren oder im Fernkurs … Die christlichen Verleger führen jede Menge Bücher, in denen es um biblische Themen geht, Kassetten, CDs, Seminare, Radiosendungen. Und doch hat unsere Kultur – sogar die christliche Subkultur – kein wirkliches Wissen über die Bibel. Jemand hat einmal gesagt: „Etwas zu wissen und es doch nicht richtig zu wissen, bedeutet, es gar nicht zu wissen."

Neben der Wissenskrise befinden wir uns in einer Anwendungskrise. Die Menschen können das Bibelwissen nicht auf ihr tägliches Leben übertragen – falls sie es überhaupt haben. James Monroe, ehemaliger Präsident der USA, hat einmal gesagt: „Man darf am Ende der gesamten Ausbildung nicht fragen: ‚Was hat der Student gelernt?', sondern: ‚Zu was für einem Menschen ist der Student geworden?'" Kleingruppen bieten Christen die seltene Gelegenheit, die Bibel zu studieren und dann einander dabei zu unterstützen, dass nun auch geistliches Wachstum folgt und die Frucht des Geistes sich zeigt. *Wenn* … Diese Lebensveränderung kann nur eintreten, *wenn* Leiter 1. zwei Extreme vermeiden, die bei Bibelstudien häufig vorkommen, und *wenn* sie 2. lernen, wie man aus Fragen eine Diskussion macht und 3. wie man gewöhnliche Treffen zu Schlüsselerlebnissen macht.

1. Leben und Wahrheit im Gleichgewicht

Authentische Beziehungen sind die Grundlage jeder guten Klein-gruppe. Wenn erst einmal der Beziehungsrahmen gebastelt ist, kön-nen wir ihn mit der Leben verändernden Wahrheit des Wortes Gottes ausgießen. Wir können die Grundlage für die Lebensveränderung verstärken. ~~Wir erkunden diese Wahrheit im Kontext unserer funktio-nierenden Beziehungen.~~ Dadurch wird unsere Gruppe bestrebt sein, bleibenden Wandel einzuleiten, wonach wir alle das Bild und Wirken Christi in uns widerspiegeln. Das nennen wir dann mit Freuden eine Kleingruppe. *So muss es sein.*

Def.

Die Erfahrung hat uns gelehrt, dass es ~~zwei Arten von Gruppen~~ gibt, die „~~Wahrheitsgruppen~~" und die „~~Lebensgruppen~~". Die Gruppen, die die Wahrheit in den Mittelpunkt stellen, kümmern sich haupt-sächlich um den Inhalt und blühen auf, wenn sich Fragen ergeben. Die Gruppen, die das Leben in das Zentrum stellen, drehen sich um Erfahrung und blühen auf, wenn Gefühle offenbar werden. ~~Leider bringt keine der beiden Gruppen die Art von Veränderung hervor, zu der wir als Christen berufen sind.~~ —> *Keine Veränderung!*

„Wahrheitsgruppen" — *verita...*

> Gruppen, die hauptsächlich zum Bibelstudium gegründet werden, neigen dazu, sich nur mit der biblischen Lehre zu be-schäftigen und „~~die richtige Antwort~~" zu suchen und festzulegen. Leiter bestätigen die „~~richtigen~~" Antworten und „~~richtigen~~" Glaubensinhalte, und in solchen Gruppen kennzeichnet Bibelwissen den langjährigen Christen.

Ob die Gruppe jemanden akzeptiert, hängt hauptsächlich von seiner Fähigkeit ab, einen bestimmten Standpunkt zu verstehen und zu ver-treten. Jene, die sich dem nicht anschließen, werden oft als „Spalter" oder „Unruhestifter" empfunden. ~~Weil solche Gruppen die Wahrheit nur auf der Verstandesebene diskutieren, halten sie oft fälschlicher-weise korrekte Antworten für ein Zeichen geistlichen Wachstums.~~

Einer unserer Gruppenleiter, wir wollen ihn hier Michael nennen, hatte Probleme damit, in seiner Gruppe echte Gemeinschaft her-zustellen. Daher bat er uns um unser Feedback. Die Gruppe ver-sammelte sich zu einem gemeinsamen Essen, und danach begann Michael, Fragen zu stellen, wobei er sich eines Studienheftes bedien-

94 *gutes Bsp.!*

te: „Sascha, was hast du für eine Antwort bei Nr. 2 eingetragen?"
Sascha nannte seine Antwort und Michael reagierte: „Das ist eine
gute Antwort! Barbara, was hast du? Was hast du dort eingetragen?"

Barbara sah angespannt aus. Saschas Antwort war doch „gut" gewesen, aber sie hatte eine ganz andere. Sie war sich nicht sicher, ob sie
richtig oder falsch lag. Aber sie wollte Bestätigung und sagte: „Ich stimme Sascha zu." Die „Diskussion" zog sich elend lange hin, bis Michael
Maria ansprach. Diese war einer dieser berühmten „Dorne im Fleisch"
eines jeden Gruppenleiters, der die Wahrheit ins Zentrum stellt.

Wie es sich für so jemanden gehört, gab Maria keine direkte
Antwort, sondern erzählte, was ihr dazu in den Sinn kam. Ihre aus-
führliche Art der Darstellung erinnerte uns an das Wanderlied „Wenn
wir erklimmen schwindelnde Höhen …". Aber während sie Michael
antwortete, öffnete sie sich ein wenig: „Wie manche von euch wissen,
denkt meine Tochter immer noch darüber nach, einen Nichtchristen
zu heiraten, mit dem sie schon länger befreundet ist. Wir haben versucht, sie daran zu erinnern, was Gott zu solchen Plänen sagt, aber
sie ist einfach nicht bereit, darüber zu reden. Das macht uns sehr
traurig. Jedenfalls, wie ich ja schon gesagt habe …" Damit kehrte
Maria zu der erwünschten Antwort zurück.

Mit der Einfühlsamkeit eines aufmerksamen Leiters und dem für-
sorglichen Herzen eines Hirten, der Jesus ähnlich ist, sagte Michael:
„Das war eine gute Antwort, Maria. Willi, und wie hast du Nr. 2
beantwortet?"

Da hatte gerade jemand versucht, ein Streichholz anzuzünden, mit
dem das Feuerchen der Gemeinschaft hätte entfacht werden können –
und im selben Augenblick goss Michael einen ganzen Eimer Wasser
darüber. Das war's. Er merkte vermutlich nicht einmal, was er da
getan hatte. Aber er war dem Irrtum erlegen, dass Inhalte wichtiger
seien als Menschen, denen dieser doch nahe gebracht werden soll.

„Lebensgruppen" – vita

Im Gegensatz dazu betonen Gruppen, die das Alltagsleben in
den Mittelpunkt stellen, das Verständnis füreinander, indem sie
einander erzählen, was sie schmerzt oder bewegt und was Gott
in ihrem Leben tut. Die Leiter bestätigen jene, die ihren Gefühlen
freien Lauf lassen. Der oberste Wert einer solchen Gruppe ist
Annahme – ohne dass es irgendjemandem erlaubt wäre, ein
Urteil abzugeben.

Die Mitglieder lernen nicht, zu unterscheiden oder biblische Wahrheit auf ihr Leben anzuwenden. Niemand schaut dem anderen gütig und aufrichtig in die Augen und sagt: „Gott möchte, dass du dich änderst."

Als Vorbereitung auf meine (Bill) Doktorarbeit belegte ich einen Kurs in Seelsorge. Der Professor war toll. Jeden Dienstag widmete er die erste halbe oder dreiviertel Stunde der Vorlesung der Teilnahme an einer Modellgruppe. Er vermittelte 20 von uns eine Seelsorge-Erfahrung, indem er uns zu einer Test-Seelsorge-Gruppe machte. Oft musste einer von uns im Kreis das Treffen leiten. Während der letzten halben Stunde der Vorlesung nahmen wir an einer „Encounter-Gruppe" („Begegnungsgruppe") teil, wie Carl Rogers sie in den 1970er Jahren eingeführt hat. Das Ziel von Encounter-Gruppen besteht darin, dass man das Risiko eingeht, Beziehung herzustellen, etwas vom eigenen Ich zu enthüllen, die anderen im Kreis herauszufordern und die eigenen Mauern ein wenig abzubauen.

Der Professor teilte die 18 Frauen und zwei Männer in zwei Gruppen ein, wobei jede Gruppe einen Mann zugeteilt bekam. Außer mir noch neun unbekannte Frauen in einem fensterlosen Raum, der nur 16 Quadratmeter groß war – und das 90 wunderschöne Minuten lang. Und ich hasste es.

Jedes Mal eröffnete die Lehrassistentin die Sitzung mit der Frage: „So, worüber wollen wir denn heute mal reden?" Totenstille – manchmal zehn Minuten lang. Die Ziele des „Encounters" klingen in der Theorie des Vorlesungssaales, wenn der Professor sie darlegt, einfach, sind aber in dieser „Gefängniszelle" äußerst schwierig umzusetzen. Es gibt keine Maßstäbe, nichts Absolutes, kein Urteil über andere oder ihre Ansichten. Das Öffnen für andere und die Rückmeldung der Gruppe sollen zu Wachstum führen. Kein Schatten biblischer Wahrheit in diesem Raum, kein Buchstabe eines Bibelverses, der sich dorthin verirrt hätte – nicht einmal ein Fragment von einer der Schriftrollen vom Toten Meer.

Einmal brachte eine Frau eine Puppe mit und sprach mit ihr, weil diese Puppe sie nicht beurteile, wie wir es täten. Ich konnte nicht entkommen, weil die Lehrassistentin die einzige Tür verstellt hatte. Die Gruppe war vollkommen auf Annahme ausgerichtet und hatte nicht das leiseste Verständnis für die Idee, dass man Prinzipien der Wahrheit diskutieren könnte. Ich zog mich aus der Diskussion zurück. Plötzlich sagte eine Teilnehmerin, die schon in einem höheren Semester war: „Ich mag Ihre Haltung nicht", womit sie das Fehlen jeder Teilnahme meinte.

Ich antwortete dümmlich: „Das kann ich ändern" – und schlug die Beine andersherum übereinander. Dann fragte ich: „Ist das besser so?" Die Augen aller anwesenden Frauen durchbohrten mich blitzartig. 20 Minuten lang fielen sie über mich her und es erschien mir wie 20 Jahre. Ich erklärte Gott, dass ich bereit sei, sofort zum verrücktesten Missionsfeld aufzubrechen, wenn er mich nur dort herausholen würde.

Um bei der Wahrheit zu bleiben: Ich habe auch von dieser Gruppe etwas gelernt. Diese Erfahrung hat mich dazu gebracht, mein Leben offen darzulegen, Menschen zu vertrauen, die ich noch kaum kannte, Nichtchristen zu lieben, die vollkommen entgegengesetzte Ansichten vertraten als ich, und Menschen zuzuhören, die tief verletzt waren. Einige Mitglieder der Gruppe steuerten direkt auf die Scheidung zu oder hatten dieses Trauma schon durchlitten. Aber dennoch besaß diese Gruppe keinerlei Maßstab für Wahrheit, kein sicheres Leuchtfeuer, das ihnen die Straße der Heilung und echten Wachstums hätte weisen können. Christliche „Lebensgruppen" können ganz ähnlich aussehen. Aber Gemeinschaften innerhalb der Gemeinde der Gläubigen fordern von uns, dass wir einander herausfordern und fragen: „Meinst du nicht, dass Gott uns zu einem höheren Standard beruft?"

„Veränderungsgruppen"

In Ihrer Kleingruppe gibt es vielleicht Menschen, die zu einem der beiden Extreme neigen. Wir möchten an dieser Stelle betonen, dass die „Wahrheitsgruppen" Recht haben, wenn sie gut fundierte Lehre lieben und Bibelkenntnis fördern (Das sind Werte, die auch unter hingegebenen Christen immer seltener zu finden sind!). Wir wollen auch den „Lebensgruppen" insofern applaudieren, als es ihnen wichtig ist, dass die Menschen sich voreinander öffnen, ihren Gefühlen freien Lauf lassen, echte Nöte bemerken und darauf eingehen. Wir sind als Kleingruppenleiter herausgefordert, der Unwissenheit entgegenzuwirken. Wir müssen unsere Gruppenmitglieder immer wieder zu diesem Kreuzungspunkt hinbewegen, zum Schnittpunkt von Wahrheit und Leben – und diese Stelle nennt sich Transformation.

Im Gegensatz zu Gruppen, die ausschließlich von Lehre bestimmt sind oder sich nur auf persönliche Themen konzentrieren, gibt es in Veränderungsgruppen eine Schnittstelle von Wahrheit und Leben, von Leben und Wahrheit. Gruppen, die darauf aus sind, dass Leben sich ändern, erkunden die Wahrheit über Gott und sich – nicht nur über sich und nicht nur über Gott. Die Mitglieder sind nicht von reinen Informationen besessen, sondern streben nach Veränderung.

Sie fragen: „Wie werde ich Jesus Christus ähnlicher?" Wir belohnen unsere Mitglieder dafür, wenn sie zu Gott und anderen ehrlich sind. Gemeinschaft gründet sich auf Authentizität, nicht nur auf Annahme oder Zustimmung. Natürlich ist eine „Komm-wie-du-bist"-Annahme Voraussetzung. Aber Gruppen, denen es um Lebensveränderung geht, erlauben einander nicht, unverändert durchs Leben zu gehen.

John Ortberg hat dieses Ziel einmal mit den Worten „ein gut geordnetes Herz" umschrieben. Damit meinte er ein Herz, das sich vor allem darum sorgt, was Jesus an unserer Stelle denken, sagen, tun oder lassen würde. Wir unternehmen mutig Schritte, die über den Bereich eines gut unterrichteten Studenten oder eines richtig verstandenen Selbst hinausgehen, um ein „gut geordnetes Herz" zu bekommen – ein Herz, das verändert und Jesus Christus immer ähnlicher wird.

Woher wissen Sie, ob eine Gruppe eine „Wahrheits-", „Lebens-" oder „Veränderungsgruppe" ist? Wie sehen die Kleingruppen in Ihrer Gemeinde aus? Die Tabelle auf Seite 99 bietet Ihnen eine hilfreiche Gegenüberstellung und ermöglicht Ihnen so, Ihre Lage zu beurteilen.

Sie fragen sich jetzt vielleicht: „Aber wie gründet man eine ‚Veränderungsgruppe'?" Diese Frage stellen auch wir uns, weil jeder von uns beiden eine Kleingruppe leitet. Wir haben festgestellt, dass die Leiter einer solchen Gruppe, in der Wahrheit und Leben aufeinander treffen, zwei Schlüsselweisheiten brauchen: Sie müssen wissen, wie man Fragen stellt und wie man Treffen plant.

Aus Fragen eine Diskussion machen

Jahrelange Ausbildung hat bewirkt, dass wir glauben, der Sinn des Fragenstellens bestehe darin, eine Antwort zu erhalten. Wenn unsere Gruppe sich jedoch an der Schnittstelle von Wahrheit und Leben befinden soll, dann müssen wir die Fragen so formulieren, dass sie den Mitgliedern helfen, die Wahrheit zu erkennen und diese anzuwenden, und dass sie zu Verständnis und zu echter Gemeinschaft beitragen. Egal, ob Sie nun Ihre eigenen Fragen aus einem biblischen

98

Wahrheitsgruppe	Lebensgruppe	Veränderungsgruppe
Kennt die Antwort auf die Fragen.	Kennt die Lösung persönlicher Probleme.	Kennt die Wahrheit über Gott und mich.
Schwerpunkt auf Information: „Was bedeutet das?"	Schwerpunkt auf Innensicht: „Wie geht es mir?"	Schwerpunkt: „Wie werde ich Jesus Christus ähnlicher?"
Belohnung der Mitglieder für die richtige Antwort/ gute Kenntnis.	Belohnung der Mitglieder für Echtheit.	Belohnung der Mitglieder für Aufrichtigkeit vor Gott und anderen.
Gemeinschaft fußt auf dem Prinzip der Übereinkunft.	Gemeinschaft fußt auf dem Prinzip der Annahme.	Gemeinschaft fußt auf dem Prinzip der Authentizität.
Ziel ist, dass jeder gut unterrichtet ist.	Ziel ist, dass jeder sich selbst versteht.	Ziel ist ein „gut geordnetes Herz".

Text entwickeln oder Studienmaterialien einsetzen: Sie müssen in jedem Fall vom einfachen Fragenstellen abrücken und zur geleiteten Diskussion übergehen.

Studienmaterialien können entweder eine große Hilfe oder eine riesige Hürde sein, je nachdem, wie sie geschrieben und eingesetzt werden. Bedenken Sie bitte, dass Studienmaterialien als Diener der Gruppe gedacht sind, und nicht als Sklaventreiber. Wählen Sie solche Materialien aus, die es der Gruppe ermöglichen, ihre Ziele zu erreichen. Berücksichtigen Sie darüber hinaus die geistliche Reife Ihrer Mitglieder, die Menge des Materials, das jedem Thema, und die Dauer eines Treffens, die dem Studium gewidmet ist. Dann suchen Sie die Fragen weise aus oder formulieren Sie sie in lebensverändernde Fragen um.

Bleiben Sie beim Thema,
halten Sie die Unterhaltung persönlich
Jesus hat niemals gesagt: „Gott hat mir unbeschränkte Vollmacht im Himmel und auf der Erde gegeben. Darum geht hin zu allen Völkern

und geht mit ihnen den gesamten Lehrplan durch." Indem Sie während der Gruppenstunde beim Thema bleiben und Ihre Fragen persönlich formulieren, können Sie Ihren Teil dazu beitragen, dass die Mitglieder Ihrer Gruppe lernen, die biblischen Wahrheiten zu erkennen und anzuwenden.

Auch wenn die Herausgeber von Studienheften für Kleingruppen oft 10 bis 20 Fragen pro Einheit anbieten, sind Sie nicht gezwungen, jede Einzelne davon auch wirklich zu stellen. Rechnen Sie mit: Wenn Ihre Gruppe aus acht Leuten besteht und jeder zehn Fragen beantwortet, dauert das Bibelstudium selbst dann 80 Minuten, wenn Sie die Redezeit jedes Mitglieds auf 1 Minute pro Antwort begrenzen – und jeder sich daran hält.

Die Herausgeber bieten deshalb so viele Fragen an, weil sie davon ausgehen müssen, dass ihre Materialien von Menschen bearbeitet werden, die in ihrer geistlichen Entwicklung unterschiedlich weit sind und unterschiedliche Fähigkeiten mitbringen. Und alle von ihnen sollen die Materialien ansprechen. Neue Gruppen brauchen anfänglich mehr Fragen, bis die Beziehungen sich vertieft haben. Andere Gruppen brauchen zu Beginn der Treffen einige Fragen, bis das „Eis" gebrochen ist. Die meisten Gruppenleiter sind weder darauf vorbereitet, noch überhaupt darauf eingestellt, eigene Fragen zu entwickeln. Ein Einzelner, der dasselbe Studienmaterial zum eigenen Gebrauch durcharbeitet, wird sehr viel mehr Fragen durcharbeiten können als eine Gruppe.

Aber Sie müssen sich auf die Gruppenstunde(n) konzentrieren. Daher müssen Sie aus all den Fragen, die im Studienheft angeboten werden, ein paar heraussuchen und sie vielleicht umformulieren. Sie werden ein bis zwei Aufwärm-Fragen brauchen, dann nur noch zwei oder drei, die den Einstieg zu intensiver Diskussion und Kommunikation bieten sollten.

Gute Fragen sind persönliche Fragen. Manche allgemeinen Fragen – wie: „Warum haben die meisten Leute zu wenig Glauben?" oder: „Was lehrt die Bibel über Glauben?" – mögen lohnende inhaltsbezogene Diskussionen anregen. Um aber in einer Gruppe und in Einzelnen Lebensveränderung hervorzubringen, müssen Sie zu persönlichen Fragen übergehen: „Wir alle möchten Gott gerne vertrauen und daran glauben, dass er in unserem Leben am Wirken ist. Aber wir können ihn weder sehen noch spüren, jedenfalls oft nicht. Wo hast du gerade Schwierigkeiten? Welchen Glaubensschritt wünscht sich Gott heute von dir und wie kannst du diesen Schritt gehen – selbst wenn du Angst hast?"

100

Sorgen Sie für ~~Interaktion~~, seien Sie kreativ

Wenn Sie Fragen stellen, die die Menschen miteinander ins Gespräch bringen, und Ihre Treffen kreativ gestalten, wird das die Gemeinschaft innerhalb Ihrer Gruppe fördern: Die Mitglieder werden es leichter finden, einander zu verstehen und gute Beziehungen zueinander aufzubauen. Nutzen Sie die Dynamik der Kleingruppe und formulieren Sie Fragen, die die Teilnehmer dazu einladen, beim Antworten miteinander in Beziehung zu treten. Das können Sie erreichen, indem Sie Untergruppen bilden, eine Debatte beginnen, Menschen über verschiedene Perspektiven zu einem Thema befragen oder indem Sie sie in Zweiergruppen einteilen, die am Ende der gesamten Gruppe ihre Gedanken und Ideen präsentieren.

Sie könnten beispielsweise sagen: „Wir werden heute über das Gleichnis vom Weinstock und den Reben aus Johannes 15 sprechen. Dazu möchte ich Sie in zwei Gruppen einteilen. Gruppe A stellt eine Liste von Fähigkeiten und Eigenarten zusammen, die jemand haben wird, der mit Christus verbunden ist. Wie ist so jemand? Gruppe B sollte die Charakteristika eines Menschen notieren, der keine Verbindung zu Christus hat – jemand, der nicht an den Weinstock (Christus) gepfropft ist. In zehn Minuten wollen wir vergleichen, was bei unseren Diskussionen herausgekommen ist, und darüber sprechen, was jeder Einzelne von uns tun kann, um die Beziehung zu Christus zu verbessern."

Wenn es nur die Leiter sind, die alle Fragen stellen, werden sie das Zentrum des Gesprächs. Interaktive Fragen helfen den Mitgliedern, miteinander zu reden und Beziehungen untereinander aufzubauen. Es ist nicht gut, wenn sie all ihre Anmerkungen „über den Leiter laufen" lassen. Und mit ein bisschen Einsatz können Sie Ihre interaktiven Fragen auch kreativ gestalten. ~~Versuchen Sie, Fragen zu formulieren, die denkwürdige Diskussionen auslösen, sei es durch den Einsatz von Artikeln aus der Tageszeitung, von Fotos aus Zeitschriften, Rollenspielen, vielleicht sogar Kostümen.~~

Als Beispiel möchte ich Ihnen an dieser Stelle berichten, wie unsere Familiengruppen einmal in der Weihnachtszeit eine interaktive Diskussion durchgeführt haben[1]. Für das weihnachtliche Gesamttreffen aller Familiengruppen musste jede Untergruppe Nachforschungen zum Weihnachtsgeschehen anstellen, musste den Hintergrund der verschiedenen Personen und ihre Herkunft erläutern (z. B. Maria, die Engel, die Weisen aus dem Morgenland, Herodes). Dann hatten sie fünf bis sieben Minuten Zeit, um den anderen ihre Ergebnisse auf kreative Art und Weise darzubieten. Ihnen stand jede

Gestaltungsmöglichkeit offen – Kostüme waren ebenso erlaubt wie Musik, Kunstwerke und anderes.

Manche verkleideten sich als Schäfer, während andere ein Prophetie-Quiz erfanden, das auf den Vorhersagen zur Geburt Jesu aufbaute. Ein Junge spielte Jesus zum Geburtstag ein Geigenstück vor, ein Pianist spielte eine vereinfachte Version eines Stücks aus Händels „Messias" vor. Eine Familie stellte den Besuch der drei Weisen als Schauspiel dar. Ein libanesisches Gruppenmitglied zeigte Alltagsgegenstände aus dem Mittleren Osten und Fotos von Bethlehem. Die Diskussion war angeregt, tief und geistlich sehr bereichernd.

Dieses Weihnachtstreffen war der Traum eines Kleingruppenleiters. Die Mitglieder redeten noch lange danach darüber. Auch wenn niemand jedes Mal solche kreativen Fragen und denkwürdigen Treffen erwartet, enthält dieses Beispiel sicher einige Ideen, die auch Sie verwenden können. Die Zusammenkunft drehte sich um den Inhalt (das Weihnachtsgeschehen), enthielt persönliche Anwendungsideen, interaktiven Stil, kreative Gestaltung – und war Menschen mit verschiedenen Lernstilen zugänglich.

Passen Sie das Treffen den unterschiedlichen Lernstilen an

Manchen Leitern bereitet es keine Schwierigkeit, die Lehre einfach zu vermitteln und Fragen zu stellen. Aber vielleicht wissen Sie, dass Menschen, die nach Gehör lernen (auditiv), gerne Geschichten hören, dass Menschen, die nach optischen Reizen lernen (optisch), viel besser auf Bilder, Videos und Schauspiel reagieren, während drittens Menschen, die sich am Besten einprägen können, was sie berührt haben (haptisch), am Besten von Aktivitäten lernen, bei denen sie selbst mit Hand anlegen können. Dann gibt es noch den kinetischen Lernstil, wobei sich das am Besten einprägt, was mit Bewegung verbunden war (Tanzschritte, Schauspiel etc.). Im Laufe vieler Schulungstreffen haben die guten Leiter gelernt, Menschen aller Lernstile etwas anzubieten, damit jedes Mitglied mit der Wahrheit in Berührung kommt, aktiv teilnimmt, jedes Mal etwas für sich mit nach Hause nimmt und sich so im Laufe der Zeit wirklich geistlich weiterentwickelt.

Ich (Bill) erinnere mich an das eine Mal, als meine Frau uns nach den Wesenszügen Gottes fragte. Sie bat uns, diese auf Steine zu schreiben, die sie zu diesem Treffen mitgebracht hatte. Die einzelnen Mitglieder wählten eine Eigenschaft Gottes, die ihnen in der vorangegangenen Woche wichtig geworden war, und erklärten, warum sie gerade für diese Eigenschaft Gottes dankbar waren. Wir stapelten unsere Steine zu einem Altar im Stile des Alten Testamentes auf. Dann teilten wir uns in Zweiergruppen auf und beteten füreinander, wobei wir die genannten Eigenschaften Gottes als Anregung verwendeten, Gott lobten und darum baten, dass er in unserem Leben wirken würde.

Dieses Treffen war interaktiv und ideenreich, aber ich erinnere mich vor allem deshalb daran, weil diese Vorgehensweise zu meinem Lernstil passte. Ich konnte „es" berühren. Ich konnte „es" sehen. Wenn Sie jetzt denken: Aber ich bin nicht so ein Fühl-Typ. Ich kann mir nicht vorstellen, was diese Menschen brauchen, dann bitten Sie andere um Methoden. Sie werden sicher Menschen finden, die Ideen ausprobieren möchten, die zu verschiedenen Lernstilen passen.

Bsp. Bruno fout in „Der Vorkner"

Wenn Sie lernen, gekonnt Fragen zu stellen, wird das die Gruppenmitglieder einladen, sich an lebensverändernden Diskussionen zu beteiligen. Ohne solche Fragen mögen sie zwar am Wasser der Lebensveränderung auf und ab gehen, aber nie davon trinken, geschweige denn darin schwimmen.

Fragen sollten eine Diskussion auslösen. Aber Gruppentreffen müssen noch mehr bieten als nur Gespräche. Es müssen auch Schlüsselerlebnisse vorkommen. Wir wollen uns im Folgenden einmal ansehen, wie Jesus aus Treffen lebensverändernde Erfahrungen machte. Danach werden wir Ihnen zeigen, wie Sie seinem Beispiel folgen können.

Wie man Treffen zu Schlüsselerlebnissen macht

Stellen Sie es sich als eines der unglaublichsten Kleingruppen-Treffen aller Zeiten vor, ein Fenster in das Leben der Kleingruppe Jesu. Es gab keine Stühle mit hoher Rückenlehne – die Zwölf lagen um einen niedrigen Tisch. Das Passahfest war in vollem Gange. Die Juden waren nach Jerusalem gekommen, um dieses Ereignisses zu gedenken. *Knechtschaft – Blut – Freiheit.* Große Teile ihrer Theologie drehten sich ums Gedenken. Und Jesus war drauf und dran, dies zu einer Nacht zu machen, die sie nie mehr vergessen würden.

Sie können sicher sein, dass die Jünger die Kleingruppe Jesu niemals mit den Worten *„die Körper im Kreis versammelt, die Seelen voneinander abgewandt"* beschrieben hätten. Seine Gruppe hatte schon so viele Treffen erlebt, und Jesus war ein richtiger Fachmann darin, jedes einzelne zu einer denkwürdigen Erfahrung zu machen. Von einer wundersamen Rettung auf dem tosenden See Genesaret zu einem Treffen in Kapernaum, bei dem Jesus ihnen erklärt hatte, wer nun wirklich der Größte unter ihnen sei … die Jünger hatten all das miterlebt – bis sie hier im Obergeschoss eingetroffen waren. Jesus wusste, dass *„Knechtschaft – Blut – Freiheit"* – das Schema des Passahfestes – sehr bald noch einmal durchlebt werden würde. Nur würde dieses Mal er selbst das Lamm sein. Die Stimmung war düster, das Risiko hoch. Es waren die letzten Augenblicke, bevor (im wahrsten Sinne des Wortes) die Hölle los war.

Und doch haben diese „Ablenkungen" niemals dazu geführt, dass Jesus mit seiner Kleingruppe den Kurs verfehlte. Stattdessen steigerten die kommenden Ereignisse seine Entschlossenheit, diesen Augenblick in seiner Gruppe hochzuschätzen und ihn zu nutzen – zum Lehren, Lieben, Dienen und Beten. Es sollte das intensivste Gruppenerlebnis werden, das sie vor der Auferstehung gemeinsam erleben würden. Es prägte sie für den Rest ihres Lebens.

Jesus und seine Gruppe:
Schlüsselerlebnisse schaffen, nutzen und gestalten

Jesus führte seine Gruppe in geistliche Gemeinschaft hinein, indem er Gelegenheiten schuf, ergriff und zu etwas Besonderem machte, die keiner von ihnen vergessen würde. Mit „Gelegenheit" oder auch vor allem „Schlüsselerlebnis" bezeichnen wir hier ein Geschehen, bei dem im Leben Einzelner oder einer Gruppe die Gegenwart oder Kraft Gottes aktiv und unübersehbar am Wirken ist.[2]

Solche Schlüsselerlebnisse zu schaffen bedeutet, auf eine Erfahrung hinzuarbeiten, die Ihre Gruppe dahin führt, sich für Gott zu entscheiden oder auf ihn zu antworten. Wir laden den Heiligen Geist ein, an uns zu wirken, uns zu verändern – in der Art und Weise, wie wir reden, die Bibel studieren, handeln und der Atmosphäre, die wir schaffen.

Im Obergeschoss setzte Jesus alltägliche Dinge und Gegebenheiten ein, um für seine Jünger ein *Schlüsselerlebnis zu schaffen*. Zunächst hatte er für ihr letztes gemeinsames Essen einen Raum ausgesucht, der gut ausgestattet war (Lukas 22,12). So gut hatten sie es nicht oft. Dort lud er seine Gruppe zu Tisch. Tische werden selten bemerkt, und doch kann das, was wir darauf stellen, die Geschichte beeinflussen. Eheversprechen, Familienfeiern, Friedensverhandlungen, geistliche Freundschaft, liebevolle Auseinandersetzung haben oft einen Tisch als kleinsten gemeinsamen Nenner. Zweitens ergriff Jesus ein ganz normales Handtuch und wusch seinen Freunden die Füße. Fußwaschung war eine ganz gewöhnliche Sache, die normalerweise den Sklaven zufiel. Dass er bereit war, diese Aufgabe dennoch zu übernehmen, zeigte die Liebe Jesu, die ihn letztlich ans Kreuz führen sollte. Der Apostel Johannes hat dies mit den Worten formuliert: „Jetzt gab er ihnen einen letzten und äußersten Beweise seiner Liebe" (Johannes 13,1).

Jesus wollte im Obergeschoss dieses Schlüsselerlebnis schaffen. Dazu lud er die Jünger nicht nur zu Tisch und ergriff das „Handtuch der Dienstbereitschaft". Er vermittelte ihnen außerdem eine biblische Wahrheit: „Amen, ich versichere euch: Ein Diener ist nicht größer als sein Herr und ein Bote nicht größer als sein Auftraggeber. Das wisst ihr jetzt; Freude ohne Ende ist euch gewiss, wenn ihr auch danach handelt!" (Johannes 13,16–17). Jesus überfiel die Gruppe regelrecht mit seinem Dienst. Er zeigte ihnen eine Seite Gottes, die sie bis dahin noch nicht gekannt hatten. Er half ihnen zu verstehen, was Demut ist.

Jesus wusste auch, wie man *Schlüsselerlebnisse nutzt* – eine arme Frau, die ihre letzten beiden Münzen in den Opferstock legt, ein Essen im Haus eines Pharisäers, eine samaritanische Frau an einem Brunnen – alles göttliche Gelegenheiten für Gnade, Wahrheit und Lebensveränderung. Im Obergeschoss ergriff er die Gelegenheit, um die Angst seiner Gruppe zu bekämpfen. Er sagte: „Ich bin nicht mehr lange bei euch, meine Kinder. Ihr werdet mich suchen; aber ich muss euch jetzt dasselbe sagen, was ich früher schon den anderen gesagt habe: ‚Wo ich hingehe, dorthin könnt ihr nicht kommen.' Ich gebe euch jetzt ein neues Gebot: ‚Ihr sollt einander lieben!' Genauso wie ich euch geliebt habe, sollt ihr einander lieben!" (Johannes 13,33–34). Er prägte es ihnen ein, indem er ihnen sagte, sie würden auf der ganzen Welt als seine Nachfolger erkannt werden, wenn sie einander mit ebenso unfassender Liebe annähmen.

Petrus war einfach zu sehr mit dem Gedanken beschäftigt, dass Jesus sie verlassen würde, als dass er über Liebe nachdenken konnte. Er fragte: „Herr, wohin gehst du?" Jesus hätte nun antworten können: „Hallo, hast du nicht gehört, was ich gerade gesagt habe? Über das neue Gebot? Über die radikale Liebe?" Aber das tat er nicht. Stattdessen ergriff er die Gelegenheit, die Furcht zu vertreiben und Hoffnung zu bringen, indem er seine Gruppe daran erinnerte, dass er sie wiedersehen werde: „Erschreckt nicht, habt keine Angst! Vertraut auf Gott, und vertraut auch auf mich!" (Johannes 14,1).

Jesus bewirkte in seiner Gruppe auch geistliches Wachstum, indem er das *Schlüsselerlebnis gestaltete*. Seine Jünger hatten schon tausendmal Brot gegessen und Wein getrunken. Aber im Obergeschoss sagte Jesus zu ihnen: „Tut das immer wieder, damit unter euch gegenwärtig ist, was ich für euch getan habe!" (Lukas 22,19). Und jedes einzelne Mal, wenn sie danach zu Abend aßen, weckten jede Krume Brot und jeder Schluck Wein die Erinnerung an diesen denkwürdigen Augenblick. Sie erinnerten sich dann an seine Worte, seine Umarmung, dass er ihnen die Füße gewaschen hatte, das Versprechen, den Heiligen Geist zu senden, seine Einladung, mit ihm verbunden zu bleiben – wie eine Rebe mit dem Weinstock.

Jesus gelang es so gut, Schlüsselerlebnisse zu schaffen, weil er – anders als viele Gruppenleiter – niemals so in seinen Lehrplan vertieft war, dass er übersehen hätte, was die Leute in seiner Kleingruppe wirklich dachten oder empfanden. Sie erinnern sich sicher an die Situation, als Jesus die Jünger fragte, was die Leute über ihn dächten und sagten? Und was war mit ihnen? Was dachten sie, wer er wirklich sei? Simon Petrus reagierte, indem er bestätigte: „Du bist Christus, der Sohn des lebendigen Gottes!" Jesus sagte nun nicht einfach: „Das war eine tolle Antwort, Simon!" Stattdessen erkannte er, dass der Heilige Geist in Petrus am Werk war, und machte den Augenblick für die gesamte Gruppe zu einem Schlüsselerlebnis. Er antwortete auf die Bestätigung des Petrus mit einer visionären Feststellung: „Du bist Petrus; und auf diesem Felsen will ich meine Gemeinde bauen. Nicht einmal die Macht des Todes wird sie vernichten können" (Matthäus 16,18).

> Jesus schuf und nutzte diese Augenblicke; zugleich machte er sie zu etwas Denkwürdigem. Warum? Weil er wollte, dass die Menschen mehr erleben sollten als einfach ein paar Treffen. Er wollte miterleben, wie sie sich änderten; er wollte sehen, dass ihr Leben sich unter dem Einfluss der Wahrheit verwandelte.

Sie und Ihre Gruppe:
ganz normale Aktivitäten oder Schlüsselerlebnisse?

Jesus hat niemals auch nur versehentlich den Heiligen Geist zur Tür hinausbegleitet, statt ihn einzuladen, bei ihnen zu bleiben und mit ihnen zu essen. Haben Sie sich schon einmal gefragt, ob Sie jemals über „normale Treffen" hinauskommen werden? Jesus verspricht, dass mit ihm alles möglich ist – Schlüsselerlebnisse, geistliche Veränderung, echte Gemeinschaft. Ob Sie sich nun auf eine Aufgabe konzentrieren, auf Bibelstudium oder Gebet – ~~die meisten Gruppentreffen haben fünf Elemente, die überall auftauchen und sich regelmäßig wiederholen.~~ Hier ein paar Anregungen, wie Sie aus diesen gewöhnlichen Elementen Schlüsselerlebnisse machen können.

Eisbrecher: sich selbst beschreiben oder sich öffnen?

Die klassischen Eröffnungssätze wie „Lasst uns reihum unsere Lieblingsfarbe nennen" sind ebenso atemberaubend wie der Wandfarbe beim Trocknen zuzuschauen. ~~Eisbrecher sind Fehlschläge, wenn sie hauptsächlich zur Selbstbeschreibung dienen.~~ Aber Eisbrecher, die darauf ausgerichtet sind, dass Menschen sich öffnen, werden wahre Gemeinschaft bauen.

Hier einer der Eisbrecher, die in *Willow Creek* schon zu vielen Schlüsselerlebnissen geführt haben: Wir bitten die Leute, sich einen Partner auszusuchen, sich vorzustellen, alle seien unvorstellbar reich, und dann die Frage zu beantworten: „Ihr könnt unter vier Kategorien von Autos wählen – Luxuskarosse, ein Auto mit fantastischen Pferdestärken, Geländewagen, Familienkutsche. Wählt eines und begründet, warum ihr es kaufen würdet." Dabei interessiert uns besonders, warum die Leute ein besonderes Vehikel kaufen würden.

Die Leiter bitten die Partner nach einer Weile wieder in die Gesamtgruppe zurück und sorgen dann dafür, dass die Leute ihre Abwehrmechanismen sinken lassen, indem sie mit einem Scherz einsteigen: „Wie viele von Ihnen haben sich für das Luxusauto entschieden? Wenn du dabei bist, willkommen bei den Nimmersatten. Ich mache nur Spaß. Wie viele von euch wollten ein Auto mit hoher Leistung? Schaut sie euch genau an. Das sind die Leute, die in der Midlife-Krise stecken. Fragt sie doch einfach mal, wie alt sie sind. Haut hin, nicht wahr? Und wer wollte einen Geländewagen? Das sind die typischen Gesetzesbrecher, Menschen, die sich an keine Regel halten. Wann immer man diesen Leuten die Wahl zwischen A, B und C gibt, entscheiden sie sich für D. Und schließlich: Wer wollte die Familienkutsche, das Urlaubsauto für alle? Schaut sie euch an; diese Leute haben nicht genug Fun in ihrem Leben."

Dann hakt der Leiter nach und stellt tief gehendere Fragen: „Wilhelm, du hast dich für ein Auto mit hoher Leistung entschieden, weil du das Abenteuer liebst. Ich frage mich, wie das Christenleben aussähe, wenn wir es im 5. Gang führen? Michaela, du sagtest, du würdest dich für einen Geländewagen entscheiden, weil du der Typ bist, der gerne etwas riskiert. Ich frage mich, wie Gott das sähe, wenn du auch einmal geistlich ein Risiko eingingst?"

Die Studiengruppe hat sich dann schon von dem rein hypothetischen Kauf eines Fahrzeuges zu einem Blick nach Innen bewegt, zur Betrachtung geistlicher Themen und Entscheidungen. Wir können dazu beitragen, dass jemand von der Selbstbeschreibung („Ich würde mir unbedingt einen Allradwagen kaufen.") zur Selbstoffenbarung kommt („Mein Leben als Christ müsste sich wirklich tief greifend ändern, wenn ich auch einmal mit Gott ein Risiko einginge."). In solchen Eisbrechern geht es schließlich um Gespräche über Entscheidungen, also darum, was Gott von uns erwartet, was wir als Eltern, Mitarbeiter oder Gemeindeglieder im Glauben tun sollten.

Bibelstudium: „Na, und?!" oder „Und nun?"

Bibelstudium ist eine andere Form normaler Gruppentätigkeit, sogar in aufgabenzentrierten Gruppen, die nur wenig Zeit investieren können. Die meisten Gruppen verwenden einen Lehrplan, der sie darin unterstützen soll, die Bibel zu studieren und zu verstehen. Es liegt ganz bei den Leitern, ob sie die Gruppe über die Debatte über Inhalte hinausführen – zur Alltagsrelevanz, der Frage, wie man das Gehörte auf das Leben jedes einzelnen Gruppenmitgliedes anwenden kann.

Betrachten Sie einmal die folgende Frage aus einem Kleingruppenheft über den Hebräer-Brief. In einem Vers geht es darum, „im Wettlauf, zu dem wir angetreten sind", durchzuhalten, und der Verfasser ermutigt uns, „alles ab[zu]legen, was uns dabei hindert", damit wir so rennen, dass wir den Preis erhalten können (vgl. Hebräer 12,1). Das Studienheft stellt dann die Frage: „Welche Probleme erleben manche Christen, wenn sie das ‚Rennen' laufen wollen? Nennen Sie ein paar davon." Wenn wir an diesem Punkt stehen bleiben, dringen wir niemals zum Kern der Sache vor.

Ich (Bill) leite eine Kleingruppe, die sich jeden Mittwochmorgen trifft. Ein Mann drängt immer auf die Anwendung des Gehörten: „Wie gehen wir nun also vor?" Die Mitglieder antworten ihm, und seine Reaktion ist: „Und warum tun wir es nicht gleich jetzt?" Jemand sagt daraufhin: „Ehrlich gesagt, fühle ich mich nicht danach." In einer Männergruppe könnte man ebenso auch gleich den Fehdehandschuh hinwerfen. Sie können wunderbare Inhalte aufnehmen, vom Band, aus einer Predigt oder einem Buch. Aber die Kleingruppe ist der einzige Ort, an dem Ihnen jemand gerade ins Gesicht schaut und

108

sagt: „Und was nun?" Geben Sie sich nicht damit zufrieden, nur gewöhnliche Informationen weiterzugeben, wenn Sie doch das Bibelstudium dazu nutzen können, Lebensveränderung zu bewirken und Schlüsselmomente zu schaffen, in denen biblische Wahrheiten in das Leben der Menschen hineinsprechen.

Gruppenerzählung: meine Geschichte oder Gottes Geschichte?
Wie gelangt man von der Selbstbeschreibung – was gewöhnlich beim Erzählen der eigenen Geschichte geschieht – zur Geschichte Gottes? Im Laufe von neun Monaten durchlebte einer der Männer in meiner Gruppe eine unglaubliche Pechsträhne: Davids Schwiegervater verletzte sich bei einem Sturz von der Leiter schwer. Sein zwei Jahre alter Sohn musste operiert werden; die Frau seines besten Freundes starb an einem Hirntumor; zwei Freundinnen der Familie erlitten Fehlgeburten (jeweils im achten Monat); seine Firma schloss seine Abteilung. Und dann musste David sich einer Blinddarm-Notoperation unterziehen – und am selben Wochenende erlitt sein Vater einen Schlaganfall.

Unsere Gruppe kümmerte sich um seine Bedürfnisse und betete intensiv für ihn. Das allein wäre die Standardreaktion einer funktionierenden Kleingruppe gewesen. Aber uns gingen nicht nur Davids Schmerz und Kummer ans Herz, sondern uns beschäftigte auch sein geistliches Wachstum. Ein Mann schuf ein Schlüsselerlebnis, indem er fragte: „Was bringt dir der Heilige Geist in dieser schwierigen Zeit bei, wo es so aussehen könnte, als läge deine ganze Welt in Scherben? Wie sieht es gerade jetzt in deiner Beziehung zu Gott aus?" Die gesamte Gruppe gelangte so zu einem Schlüsselerlebnis, weil uns allen klar wurde, dass Davids Beziehung zu Gott das Wichtigste an unserem Treffen war.

Es war uns nicht genug, ihn in seiner Geschichte zu begleiten. Er musste die Ereignisse in Beziehung zur Geschichte Gottes setzen. Es ist die Aufgabe des Leiters, diese Art des Sich-Mitteilens in Gang zu setzen. Überlassen Sie die Leute nicht einfach ihrer eigenen Geschichte. Bringen Sie sie in Verbindung mit der Geschichte Gottes. Henri Nouwen hat einmal gesagt:

> *„In dankbarer Anerkennung der Berufung durch Gott teilen wir unser Leben mit anderen. Wenn wir gastfreundlich sind und in unserem Leben Platz für andere machen, dann wird die erfrischende Kraft des Geistes Gottes offenbar. So können alle Formen des Miteinander-Lebens Wege werden, wie wir einander offenbaren können, dass Gott in unserer Mitte gegenwärtig ist."*[3]

Zögern Sie niemals, Ihre Gruppe mutig herauszufordern, sich der heiligen Gegenwart Gottes zu stellen, auch und gerade mitten in den Höhen und Tiefen des Lebens.

Gebet: mit Gott reden oder auf Gott hören?
Sind Sie je in einer Kleingruppe gewesen, als es Zeit fürs Gebet war? Gruppen beten immer im Kreis. Der schreckliche Augenblick kommt auf Sie zu wie der weiße Hai auf den hilflosen Schwimmer.

> Laut zu beten ist für Anfänger besonders einschüchternd. Bereits dann, wenn das Gebet noch drei Beter weit weg ist, stehen ihnen die ersten Schweißperlen auf der Stirn. Maria beginnt ihre Gebete immer mit den Worten: „O allmächtiger und gerechter Schöpfer des Universums, nicht geschaffen, eins mit dem Vater, großer Befreier von Sünden ..." Weder Billy Graham noch Mutter Teresa könnten da mithalten.

Egal, was der nächste Beter beten wird, Sie entscheiden sich dafür, Gott einfach nur für die Bewahrung zu danken, die Sie in dieser Woche erfahren haben. Zwar erwägen Sie, noch vor dem nächsten Treffen ein Examen in Theologie zu absolvieren, aber schließlich sind Sie doch bereit. Und dann passiert etwas, das so schlecht ist wie die Sünde selbst: Michael, der Nachbar zu Ihrer Linken, betet: „Ich danke dir, Gott, dass du mich in der vergangenen Woche bewahrt hast." Sie sind überrascht und ärgerlich: „Er hat mein Gebet geklaut! Das ist nicht fair, lieber Gott." Dann kommt ein sehr nervöser Augenblick, und Sie danken Gott für die Luft zum Atmen und hoffen, dass niemand Ihre Stimme erkannt hat.

Gebet ist eines der Elemente im Leben einer Kleingruppe, die Ehrfurcht einflößen, aber auch ungeheuer frustrierend sein können. Gruppen sollten der Ort sein, an dem wir die Kreativität und das Wunder des Gebets miteinander erforschen und erleben können. Im Laufe der Zeit, wenn wir uns dem Gebet ganz widmen, kann das dazu führen, dass wir das Wirken Gottes in unserem Leben ganz neu erkennen und schätzen lernen. Das geistliche Oberhaupt der Episkopalkirche, Margaret Guenther, sagt über das Gebet:

> *„Auf Gott zu hören bedeutet, an einem unserer Kultur vollkommen widersprechenden Unternehmen beteiligt zu sein. Denn viele*

110

Erfahrungen und Erlebnisse unseres Alltag widersprechen der geduldigen Arbeit des Aufmerksam-Seins oder behindert oder verhindert sie sogar. Unsere Welt ist laut und scheint vollkommen süchtig zu sein nach Geräuschen und Ablenkung. Unsere Welt ist geschäftig, unsere Zeit zu verschwenden ist eine unserer nationalen Sünden. Und doch ist es ein langsamer Vorgang, wenn man auf das Heilige Acht haben möchte. Es ist die Arbeit schrittweisen Wachstums und der Reife – ganz anders als bei einem messbaren Herstellungsverfahren oder einer Eroberung."[4]

Gebete des Segnens, der Beichte, Hoffnung und Fürbitte sollten Kennzeichen einer Gebetszeit in einer Kleingruppe sein. Lassen Sie uns zu zweit beten, leise beten, Gebete in ein Heft eintragen. Lassen Sie uns beten für Freunde und Familienangehörige, die ohne Gott leben und daher verloren sind, für zerbrochene Familien, um charakterliche Reife und körperliche Heilung, um biblische Weisheit und allgemeinen Mut für den Alltag. Lassen Sie die Gebetsgespräche leicht von unseren Lippen fließen, wie man mit einem Freund oder geliebten Menschen spricht. Und lassen Sie uns dazu übergehen, genauso intensiv auf Gott zu hören, wie wir mit ihm reden. Aber um Himmels willen, lassen Sie uns das Kreisgebet unterbrechen und beenden.

Gruppenaufgabe: sich selbst erfreuen oder anderen dienen?
Eine letzte Methode, um Treffen in Schlüsselerlebnisse zu verwandeln, ist das gemeinsame Dienen. Viele *Willow Creek*-Gruppen sind von vornherein auf das eine Ziel ausgerichtet: anderen zu dienen. Andere Gruppen entdecken das Dienen als wichtige Komponente des Gruppenlebens. Um sicherzustellen, dass die Wahrheit beim Dienst auf das Leben trifft, sollten Leiter Gruppen dazu aufrufen, ihre Motive für das Dienen zu prüfen. Wollen wir eine gute Tat vollbringen und sie auf unserer Liste abhaken oder wollen wir Gott ermöglichen, uns zu verwandeln, während wir anderen dienen?

Einmal arbeitete ich (Bill) mit den Leitern der Dienstgruppen zusammen und bat die Teilnehmer, sich zu notieren, warum ihre Gruppe ihrer Ansicht nach bestand und was ihr Sinn und Zweck sei. Ich bat dann zwei Platzanweiser, uns zu sagen, worin sie den Sinn ihrer Aufgabe sahen. Der erste Mann sagte: „Unsere Aufgabe ist es, sicherzustellen, dass jeder, der hereinkommt, schnell einen Platz findet." Damit hielt er ganz richtig die Grundanforderung fest, die an diese Gruppe gestellt wird.

Der nächste Platzanweiser hatte jedoch einen ganz anderen Ansatz:

> *„Ich meine, unsere Aufgabe besteht darin, sicherzustellen, dass die Leute von dem Augenblick an, wo sie hereinkommen und sich hinsetzen, alles, was hier vor sich geht, ungestört wahrnehmen können. Sie sollen hören können, wie der Geist Gottes durch die Predigt und die Musik zu ihnen spricht. Und meine Aufgabe ist es, darauf zu achten, was sich in ihrem Leben abspielt, damit ich ihnen ein Wort der Wahrheit oder der Ermutigung sagen kann, wenn das nötig sein sollte."*

Dieser Mann hatte den Nagel auf den Kopf getroffen! Er verstand den Unterschied. Und man konnte beobachten, wie sich rund um den Tisch die Stimmung änderte. Es war eine unterhaltsame Übung gewesen, bis dieser Mann den Mund aufmachte. Die anderen Platzanweiser schauten sich ihre Notizzettel verstohlen an und ließen sie möglichst unauffällig unter dem Tisch verschwinden. Jetzt begriffen sie den Unterschied zwischen einem Gruppentreffen und einem Schlüsselerlebnis, zwischen einer Tätigkeit und einem Dienst – und es war ihnen bewusst geworden, dass sie einiges verbessern konnten.

Es ist so leicht, einen solchen Augenblick zu verpassen, wenn wir uns voll und ganz auf unsere Aufgabe konzentrieren. Eine andere Falle besteht darin, dass wir Dienst als Mittel der Selbstbeweihräucherung sehen. Sie können jemandem weiterhelfen, dem das Benzin ausgegangen ist, indem sie ihn zur Tankstelle fahren. Eine kleine Stimme in Ihnen sagt: „Gut gemacht! Du warst toll. Andere sind an dem armen Kerl vorbeigefahren. Aber du hast angehalten und ihn aufgelesen. Super. Leute wie du gibt's einfach nicht mehr." Wenn Sie diese leise Stimme hören, erinnert Sie dies daran, dass Sie auch nur ein Mensch sind. Aber wenn Sie anderen dienen und sich danach sehnen, dass Gott dadurch an Ihnen etwas verändert, dann wird er Sie von dieser Stimme befreien.

Ein Rennen bis zur Ziellinie

Wir müssen uns entscheiden, ob wir Menschen sein wollen, die gemeinsame Treffen abhalten oder solche, die Schlüsselerlebnisse ermöglichen und nutzen wollen. Sie und ich befinden uns in dem Rennen, bei dem es darum geht, Menschen in eine lebensrettende und Leben verändernde Gemeinschaft zu führen. Alles steht und fällt mit Ihrer Haltung. Wir müssen dafür sorgen, dass die Menschen Gottes Geist und Wort erfahren. Statt Fragen zu stellen, um Antworten zu erhalten, müssen wir anfangen, Fragen in Gespräche zu verwandeln – in Gespräche, die die Gemeinschaft mit Wahrheit und Leben konfrontiert. Wir müssen einander dabei unterstützen, Schlüsselerlebnisse zu schaffen und zu nutzen, die den auferstandenen Christus einladen, mit seiner Gegenwart, Kraft und Aktivität in unser Leben zu treten.

Wir sollten unbeirrt gegen alles anrennen, was die Gemeinschaft zerstören will – Spaltung, Angst, Stolz und Egoismen. Wir haben die Möglichkeit, eine Gemeinschaft zu schaffen, die die Schnittstelle von Wahrheit und Leben ist und die Veränderung hervorbringt. Aber es handelt sich um einen Wettlauf mit der Zeit. Wie lange können wir noch zulassen, dass Kleingruppen ausschließlich Treffen sind, ohne je diese besonderen Schlüsselmomente zu erleben? Wie lange müssen wir noch warten, bis wir einander zu geistlichem Wachstum herausfordern? Haben wir den Mut, zu dem Rennen zu starten – und es dann auch wirklich durchzuhalten, bis zur Ziellinie?

Während der Olympischen Spiele in Mexiko 1968 gab es Unmengen der üblichen unglaublichen Leistungen. Der Schwimmer Mark Spitz nahm sechs Goldmedaillen mit nach Hause, und die Weltrekorde purzelten wie Welpen, die noch nicht richtig laufen können. Aber wie so oft beleuchtete ein einzelnes menschliches Drama die wahre Bedeutung des Sports, die in der Gier nach Werbeverträgen und Filmengagements verloren zu gehen droht.

Er kam aus dem kalten Dunkel. John Stephen Akwari aus Tansania kam in das Stadion, vor Schmerzen bei jedem Schritt humpelnd, mit blutigen und verbundenen Beinen. Der Gewinner des olympischen Marathons stand schon seit über einer Stunde fest. Es waren nur noch ganz wenige Zuschauer da, aber der einsame Läufer lief weiter. Als er die Ziellinie überquerte, kam von dem klein gewordenen Zuschauervölkchen überwältigender Applaus. Später fragte ein Reporter den Läufer, warum er nicht aufgegeben habe, da er ja nicht die leiseste Chance gehabt habe, das Rennen zu gewinnen. Die Frage schien ihn zu verwirren. Schließlich antwortete er: „Meine Landsleute haben mich nicht nach Mexiko geschickt, damit ich beim Startschuss dabei bin. Sie haben mich hierher geschickt, damit ich über die Ziellinie laufe."

Ist es Ihr Ziel, den Trainingsanzug anzuziehen und die Aufwärmübungen zu machen? Oder wollen Sie das Rennen bis zur Ziellinie durchhalten? Wenn Sie eine Gemeinde aus Kleingruppen aufbauen möchten, dann gleicht das einem Marathonlauf. Es bereitet Mühe und Arbeit, immerzu in dieselbe Richtung zu ziehen, immer unterwegs – und das ziemlich lang.

Es beginnt mit Gottes Idee von Gemeinschaft und führt über das Verständnis dessen, was eine Gruppe zu einer Gemeinschaft macht. Der Kernpunkt ist eine eindeutige Verpflichtung, authentische Beziehungen aufzubauen und dann die Gruppen zu Schnittstellen von Wahrheit und Leben zu machen. Wenn die Leute anfangen, zueinander tiefere Beziehungen aufzubauen, müssen noch zwei Bereiche geklärt werden: wie man Konflikte gesund austrägt und wie man die Menschen auf ihrem Weg zur vollen Hingabe an Christus als Hirte begleitet. Gemeinschaft erfordert beides. Die Braut Christi ist diesen Einsatz wert. Und wir sollten uns nicht mit weniger zufrieden geben.

6

Kleingruppen überstehen heilsame Konflikte

„Wenn das, was ich verfolge – meine Hoffnungen, meine Träume, Wünsche, Bedürfnisse und Antriebe –, dem zuwiderläuft, was du verfolgst, dann ist das ein Konflikt. Wenn ich meine Ziele aufgäbe, dann würde ich dem untreu, was Gott in mir zu bewirken versucht. Dir deine Ziele zu verwehren bedeutet, die Gegenwart und das Wirken Gottes in dir zu missachten. Wenn wir gemeinsam versuchen, meine Bedürfnisse und Wünsche ebenso wie deine zu beachten, sie einander gegenüberzustellen und zu versuchen, sie miteinander in Einklang zu bringen, weil wir eine christliche Gemeinschaft schaffen wollen, dann ist das ‚effektives‘ Leben."
David Augsburger: „Sag mir die Wahrheit, wenn du mich liebst"

Drei Jahre lang hatte ich (Russ) zu einem Kleingruppen-Mitglied eine sehr herausfordernde Beziehung. Und das ist noch eine sehr geschönte Beschreibung. In Wirklichkeit konnten wir einander nicht ausstehen. Unsere Konflikte waren besonders irritierend, weil wir beide Gemeindeleiter waren und weil wir uns in unserer Kleingruppe versprochen hatten, uns auch „die letzten 10 Prozent" zu sagen. Mit dieser Formulierung hatte Bill Hybels erklärt, was es bedeutet, einander die Wahrheit in Liebe zu sagen – wobei auch die Teile eingeschlossen sein müssen, vor denen wir selbst Angst haben.

Ich werde nie unser entscheidendes Gespräch vergessen, als wir einander unter großer Umsicht und Aufrichtigkeit auch die letzten 10 Prozent mitteilten. Wir begannen, zwischen den Gruppentreffen gemeinsam zu joggen, um unsere Beziehung zu verbessern. Sobald der eine auch nur mit der Zehenspitze die Grenze zum empfindsamen Bereich unserer Beziehung überschritt, reagierte der andere ganz offen. Das führte dazu, dass jeder von uns über die Stelle sprach, in der der andere „geistliches Wachstum" brauchen könnte (auf gut Deutsch: Wir sprachen über die Charakterschwächen des anderen).

115

Als Nächstes bekannten wir, wie viele unserer Zusammenstöße in guter alter Sünde wurzelten: Wir stellten einander vor Augen, was wir am anderen an Stolz und Neid bemerkten. Wir sprachen die letzten 10 Prozent aus – und zwar auf verschiedensten Ebenen und zu diversen Themen.

Bei jedem Joggen, das eine Dreiviertelstunde dauerte, führten wir intensive Gespräche und spiegelten die Wahrheit deutlich wider. Aber das führte zu neuer, unbelasteter Gemeinschaft. Wir können beide kaum glauben, wie sehr sich unsere Beziehung seither verändert und vertieft hat. In der Zwischenzeit hat dieses gegenseitige „Spiegeln" bei uns beiden zu enormem geistlichen Wachstum geführt. Heute können wir uns gar nicht mehr vorstellen, wie das wäre, wenn wir keine Gemeinschaft miteinander und wenn wir nicht die Reife gewonnen hätten, zu dem uns der gegenseitige Dienst geführt hat. Was manchmal in zerstörerische Konflikte ausgeartet war, ist gelöst worden. Was die Gemeinschaft und den Dienst hätte zerstören können, hat eine gesunde Beziehung zustande gebracht. Aber wir mussten unsere Konflikte aktiv angehen. Das folgte für uns schon allein aus der Tatsache, dass wir beide Mitglieder derselben Kleingruppe waren.

Wenn Kleingruppen versuchen, Konflikte zu vermeiden, dann kehren sie in Wahrheit echter Gemeinschaft den Rücken. Keiner kann ohne den anderen existieren. David Augsburger erklärt:

> *„Ich kann Konflikte schließlich auch* als natürlich, neutral und normal betrachten. *Dann bin ich vielleicht in der Lage, die Schwierigkeiten, die wir erleben, als Spannungen in der Beziehung und als echte Unterschiede der Sichtweisen zu sehen, die wir überwinden können, indem wir dem anderen liebevoll begegnen und jeder den anderen ebenso liebevoll mit der Wahrheit konfrontiert."* [1]

Die Wahrheit in Liebe ausdrücken. Können Sie hier das Echo von Epheser 4 durchklingen hören? Paulus gab uns diesen Rat, weil er wollte, dass alle Gemeinden es richtig machen. Ihm war bewusst, dass gesundes Konfliktmanagement ein Grundstein echter christlicher Gemeinschaft ist.

- „Vielmehr stehen wir fest zu der Wahrheit, die Gott uns bekannt gemacht hat, und halten in Liebe zusammen. So wachsen wir in allem zu Christus empor, der unser Haupt ist" (Epheser 4,15).

- „Legt das Lügen ab und sagt zueinander die Wahrheit; denn wir alle sind Glieder am Leibe Christi" (Epheser 4,25).
- „Lasst auch kein giftiges Wort über eure Lippen kommen! Seht lieber zu, dass ihr für die anderen, wo es nötig ist, ein gutes Wort habt, das weiterhilft und denen wohl tut, die es hören" (Epheser 4,29).

Die Macht von Sprache!

Wo die Wahrheit auf das Leben trifft und authentische Beziehungen vorherrschen, ist Konflikt unausweichlich. Echte Gemeinschaft erfordert, dass die Mitglieder Spannungen und Meinungsverschiedenheiten mit direkter, liebevoller Kommunikation bekämpfen – und nicht zuschauen, wie Vorwürfe, verborgene Gefühle und ungelöster Ärger sich aufstauen und die Gemeinschaft untergraben. Die Wahrheit in Liebe gesprochen ist genau das, was die anderen am meisten brauchen. Heilsame Konflikte zu lösen kann ein Werkzeug sein, das der Heilige Geist einsetzt, um uns zu formen, damit wir dem Bild Christi immer ähnlicher werden.

Das Sprichwort aus den Sprüchen Salomos: „Eisen schärft Eisen" erinnert uns daran, dass Wachstum ein schwieriger Vorgang ist. Aber Gruppen erlauben es manchmal ihren Mitgliedern, Ausweichmanöver zu machen. Statt sich durch gesunde Konflikte hindurchzuarbeiten, treiben sie unbemerkt in eine Katastrophe der Gefühle, der Moral oder sogar des körperlichen Wohlbefindens ab. In meiner (Bills) Männergruppe haben wir festgestellt, was für ein Segen es ist, wenn wir einander anspornen, die nötigen Veränderungen im Bereich unseres Charakters oder unseres Denkens vorzunehmen. Einem Mitglied unserer Gruppe war einmal bewusst geworden, dass es Gottes Wille war, dass er nach Kalifornien zog. Seine Frau war damit einverstanden. Und doch hatte er Angst, der Führung Gottes zu gehorchen, weil es bedeutete, dass er eine sichere Stelle, ein Netz von Beziehungen, die ihm viel bedeuteten, und seinen Dienst bei *Willow Creek* aufgab, wo er, seine Frau und seine Söhne sehr engagiert waren.

Wir hätten wie eine „nette" kleine Gruppe funktionieren können: „Wir beten dafür, dass du die richtige Entscheidung fällst, Martin. Natürlich werden wir einfach abwarten und sehen, was Gott tut. Wir wissen, dass es hart für dich ist. Immerhin könnte es ja auch *nicht* Gottes Wille für dein Leben sein. Halte durch und lass uns wissen, ob wir irgendetwas für dich tun können." Stattdessen sprachen wir die Probleme direkt an und forderten ihn auf, die Angst durch Zuversicht, Vertrauen und Glauben zu ersetzen, und dem Ruf Gottes zu folgen. Die Veränderungen, die sich in seinem Leben abgespielt haben, seit er Gottes Ruf gefolgt ist, beweisen, dass Gott dort in ihm und durch ihn wirkt.

Ob Konflikte zu den Ergebnissen führen, die Gott gefallen, hängt sehr davon ab, wie der Leiter sie handhabt.

> Der Kleingruppenleiter, dem bewusst ist, dass er manchmal auf gesundes Konfliktmanagement hinwirken muss, erweist seiner Gruppe einen äußerst wichtigen Dienst: Nur so können nämlich die einzelnen Mitglieder, aber auch die gesamte Gruppe, geistlich wachsen, und nur so kann Gott ihr Leben verändern. Wenn eine Gruppe gelegentlich auftretende Konflikte als Gelegenheit nutzt, die Gemeinschaft zu vertiefen, dann ist sie auf dem besten Weg zu der innigen Nähe, die denen nicht offen steht, die Konflikte vermeiden.

Wenn man Konflikte auf eine gesunde Art und Weise durcharbeitet, ist das, als würden wir zur Schule gehen. Jede Lernerfahrung baut auf der vorangegangenen auf. Zunächst lernt man die grundlegenden Prinzipien, wie man selbst mit einem Konflikt umgeht. Dann schreitet man fort zu dem Problem, wie man Konflikte in einer Gruppe löst. Schließlich kann man das Abitur ablegen, indem man sich als fähig erweist, Menschen zu wahrer Versöhnung „hinzulieben", nachdem der Konflikt gelöst worden ist.

Konfliktmanagement für Einsteiger: die biblische Grundlage

Die Bibel nennt zwei Gründe, warum Gruppenmitglieder sich um die Lösung von Konflikten bemühen sollten. Sie erklärt auch, warum Leiter ihre Gruppen durch diesen Prozess hindurchsteuern müssen. Die beiden Gründe, warum man Konflikte auf gesunde Art lösen sollte, sind: 1. Jemand muss dazu gebracht werden, Sünde, die er nicht bereut oder nicht gebeichtet hat, offen zu legen und einzugestehen, und 2. eine zerbrochene Beziehung soll wiederhergestellt werden.

In Matthäus 18,15–20 finden wir den Leittext für *den Umgang mit sündigem Verhalten bei anderen*:

„Wenn dein Bruder – und das gilt entsprechend für Schwestern – ein Unrecht begangen hat, dann geh hin und stell ihn unter vier Augen zur Rede. Wenn er mit sich reden lässt, hast du ihn zurückgewonnen. Wenn er aber nicht auf dich hört, dann geh wieder hin, diesmal mit ein oder zwei anderen; denn jede Sache soll ja auf Grund der Aussagen von zwei oder drei Zeugen entschieden werden. Wenn er immer noch nicht hören will, dann bring die Angelegenheit vor die Gemeinde. Wenn er nicht einmal auf die Gemeinde hört, dann behandle ihn wie einen Ungläubigen oder Betrüger" (Matthäus 18,15–17).

Bei uns in *Willow Creek* ist „nach Matthäus 18 vorgehen" Bestandteil unseres Gemeindewortschatzes und der Gemeindekultur geworden. Ob jemand nun offenkundig gesündigt hat und nicht bereut oder sich eines schädlichen Verhaltensmusters nicht einmal bewusst ist – in beiden Fällen müssen wir diesen Menschen liebevoll, aber direkt darauf aufmerksam machen. Matthäus 18 folgend, suchen wir ein Gespräch unter vier Augen mit diesem Menschen, also ganz persönlich. Wenn der Betreffende nicht reagiert, ziehen wir vertrauenswürdige Christen hinzu und bringen ihn, wenn nötig, vor die Gemeindeleitung. Wir folgen dieser biblischen Vorgehensweise, um die Einheit und das Zeugnis des Leibes Christi zu wahren.

Wir fangen auch mit Konfliktmanagement an, *wenn Beziehungen zerbrechen*. Jesus ermahnte seine Zuhörer, ihre Beziehungen zu anderen Gläubigen in Ordnung zu bringen und auf Versöhnung hinzuarbeiten, bevor sie Gott anbeten (Matthäus 5,23–24). Im Endeffekt ist unsere Anbetung nämlich nichtig und leer, wenn wir mit unseren christlichen Geschwistern nicht im Reinen sind. Lassen Sie Ihre Opfergaben stehen und liegen! Bringen Sie nichts vor Gott, bevor Sie nicht die zerrüttete Beziehung in Ordnung gebracht haben. Als Bill Hybels einmal über diesen Abschnitt predigte, ermutigte er die Gemeindemitglieder bei jener Gelegenheit, tatsächlich aufzustehen, hinauszugehen, nach Hause zu fahren (oder wo auch immer der andere Konfliktpartner sich aufhielt), um eine Beziehung in Ordnung zu bringen. Er ermutigte uns, im ganzen Raum umherzugehen und mit jedem zu sprechen, mit dem es nötig war. Manche riefen andere an, wieder andere trafen sich mit Menschen in der Vorhalle und setzten sich dort mit diesen zusammen. Weitere Gottesdienstbesucher setzten sich zu anderen, gaben ihren Gefühlen Ausdruck und baten sie um Vergebung.

Konfliktmanagement kann man nicht einfach nur predigen – die

Leiter müssen es auch selbst praktizieren und vorleben. Die Ältesten bei *Willow Creek* haben darauf bestanden, dass Konfliktlösung genau so ablaufen muss, wie im 18. Kapitel des Matthäus-Evangeliums vorgesehen. Sie haben schon fast jeden Konflikt erlebt, durch den Beziehungen zerbrechen können, und doch dienen viele außerdem noch außerhalb von *Willow Creek* als Mediatoren (eine Mischung aus Vermittler, Schlichter und Schiedsrichter). Ihre weise Lesart der biblischen Grundlagen haben die Gemeinde Christi schon oft vor Schlimmem bewahrt und die Menschen zur biblischen Versöhnung geführt.

Konfliktmanagement für Fortgeschrittene: Versöhnung in Gruppen

Uns ist es sehr wichtig, dass Konflikte gelöst werden. Beim Aufbau einer Kleingruppen-Gemeinde kommt nämlich „Beziehungskrach" viel häufiger vor, als dass jemand zum Beispiel mit sündhaftem Verhalten lebt, ohne es zu bereuen. Stolze Menschen verletzen das Ego anderer und beleidigen einander mit harten Worten und unbedachten Handlungen. Auch wenn wir uns bewusst sind, dass Konflikte eine Beziehung voranbringen können, wissen wir doch, wie schwer es ist, auf eine Art und Weise, die Gott gefällt, durch das Minenfeld der Beziehungen zu gehen.

Als ich (Bill) in der achten Klasse war, hatte ich ein Erlebnis, das gut die Rolle eines Kleingruppenleiters illustriert, die er in einem Konflikt manchmal übernehmen muss. Als wir 15 Jahre alt waren, hatte ich mich mit ein paar Halbstarken angefreundet, denen es Spaß machte, die Schulleitung zu provozieren. Wir versiegelten Versuchsröhrchen im Chemielabor, brachten mit Heftklammern tote Frösche ohne Gliedmaßen an der Wand des Englisch-Raumes an (wir hatten sie im Anatomie-Unterricht seziert), wir setzten uns im Klassenzimmer um, um die neuen Lehrer durcheinander zu bringen, und vieles mehr. Die Dinge wurden immer schlimmer. Eines Tages stifteten wir Georg dazu an, in der Cafeteria einen Knallfrosch explodieren zu lassen. Das Teil lag auf einem der Esstische in einem Trinkmilchkarton versteckt und war, mit Ausnahme der Lunte, so gut wie unsichtbar. Wir stichelten Georg an, bis er wirklich seinen Mut zusammennahm und unter dem Tisch die Lunte anzündete, die den Knallfrosch zur Explosion bringen sollte. Als dieser in die Luft ging, wurden die Umstehenden mit fettigen Flocken pasteurisierter Milch berieselt. Wir konnten uns kaum halten vor Lachen. Es war richtig toll, einfach das Highlight des Schuljahres.

Der aufsichtshabende Lehrer, der gleichzeitig mein Chemielehrer war, brachte uns neun ins Büro des Direktors. Der Schulleiter befragte meinen Freund Michael, den Anführer. Michael machte einen Fehler – er sagte die Wahrheit. Er gestand, dass er Georg angestiftet habe. Der Direktor wandte sich an seine Assistentin und sagte: „Rufen Sie Michaels Mutter an." Er stellte den Zimmerlautsprecher an. Michael wurde bleich, als er hörte, wie am anderen Ende des scheußlichen schwarzen Apparates die Stimme seiner Mutter erst ganz frisch klang und dann im Laufe des Gespräches brach. Dann befragte der Direktor uns andere der Reihe nach, um herauszubekommen, wer bei dieser Verschwörung welche Rolle gespielt hatte. Einer nach dem anderen würgten wir die Worte heraus, die wir vorbereitet hatten, seit wir Michaels Mutter am Telefon gehört hatten: „Georg hat es ganz allein getan. Ich habe kein Sterbenswörtchen gesagt. Es hat gekracht, noch bevor ich überhaupt wusste, was vor sich geht."

Es macht keinen Spaß, Direktor zu sein und Leute zur Rede zu stellen, ihnen harte Worte und unangenehme Wahrheiten zu sagen. Alle Kleingruppenleiter bei *Willow Creek* waren sich jüngst auf einer Freizeit einig, dass sie in der Regel lieber die Rolle des Visions-Vermittlers, des Hirten oder des Ermutigers spielen. Wenn wir die Rolle des Schulleiters übernehmen sollen, stellen wir uns lieber tot. Es ist einfach zu unangenehm, andere zur Rede zu stellen, selbst wenn wir wissen, dass Konfrontation nötig und hilfreich wäre.

Gleichgültig, ob es spontan zu einem Konflikt kommt oder dieser bereits lange Zeit unter der Oberfläche brodelt – wir müssen ihn angehen und uns um Versöhnung bemühen. Sonst werden die zerstörerischen Worte und die verletzten Gefühle unser gesamtes Gruppenleben gefährden. Doch bevor wir diesen Konflikt angehen, sollten wir dennoch beten und uns emotional auf das Kommende vorbereiten. Als Gruppenleiter müssen Sie festsetzen, wann und wie Sie Konflikte in der Gruppe ansprechen wollen. Dann sollten Sie einigen Grundsätzen folgen, wenn Sie das gefährliche Fahrwasser durchschiffen.

Gebet und emotionale Vorbereitung

Zunächst sollten Sie um die Gabe der Unterscheidung bitten. Jeder Betroffene muss sich fragen: „Handelt es sich um einen echten Konflikt oder ist das Ganze nur das Resultat von verletztem Stolz oder einem angeschlagenen Selbstwertgefühl?" Wenn der Geist

Gottes bestätigt, dass der andere nichts Schlechtes getan hat, dann können Sie unnötige Konflikte vermeiden. Ihre Aufgabe ist es dann, mit Ihren eigenen Gefühlen und Reaktionen fertig zu werden.

Ich (Bill) konnte meine Frau dabei beobachten, wie sie eine solche Situation handhabe. Gail ist Mentorin in der gemeindlichen Arbeit mit Frauen. Ihre Aufgabe ist es, Kleingruppenleitern Fürsorge und Unterstützung zu geben. Zudem überwacht sie ihr geistliches Wachstum. Im Verlauf einer „Huddle" (wie wir diese Leitertreffen nennen) fühlte sich eine der Leiterinnen von Gail beleidigt. Gail sagte mir: „Ich muss dieser Leiterin sagen, dass es mir Leid tut."

Ich fragte sie: „Was hast du denn angestellt?" Sie berichtete, dass diese Frau ein paar der direkten, aber liebevollen Anmerkungen missverstanden hatte, die Gail während des Treffens gemacht hatte. Ich fragte sie noch einmal: „Gibt es da noch etwas, das du aktiv getan hast, sei es nun in Gedanken oder anders, das falsch oder unbiblisch gewesen wäre oder der Beziehung zu dieser Frau geschadet hätte?"

Gail überlegte einen Augenblick und verneinte dann.

„Wofür willst du dich dann entschuldigen?", fragte ich weiter.

Meine Frage überraschte sie. Es gab nichts, wofür sie sich hätte entschuldigen müssen. Die andere Frau hatte sich entschlossen, während des Gespräches einer von Gails Aussagen eine ungewollte Bedeutung zu unterstellen. Ich wollte diese Akte nicht für geschlossen erklären und schlug daher vor: „Bete darüber, bevor du mit ihr sprichst. Ausgehend von dem, was du mir erzählt hast, denke ich, dass du im Grunde nur eines tun solltest: Du solltest ihr zuhören und ihre Gefühle ernst nehmen." Sie brachte die Sache vor Gott und bat die betreffende Leiterin, dasselbe zu tun. Als sie wieder miteinander sprachen, konnten sie offen und liebevoll die Gefühle dieser Leiterin besprechen und sich in der Beziehung weiterentwickeln. Im Gebet luden sie den Heiligen Geist ein, in ihre Kommunikation hineinzukommen, Klarheit zu schaffen und ihnen zu zeigen, worin das Problem bestand. Beide Frauen lernten in seinem Licht ihr Herz, ihre Motive und ihr Verhalten besser verstehen.

Bevor Sie in einer Gruppe Konflikte lösen, sollten die Mitglieder der Gruppe zunächst bitten, dass Gott ihnen die richtigen Worte schenkt. Bitten Sie ihn darum, dass er Ihnen die Worte und die richtige Haltung schenkt, mit denen Sie den anderen Menschen erreichen können.

Notieren Sie die Schlüsselpunkte, damit Sie nicht vom eigentlichen Thema abgeraten. Es mag sogar eine Hilfe sein, wenn Sie noch in der Vorbereitungsphase Ihre Gedanken laut sagen, damit Sie schon vorher hören können, wie sich das Gesagte für jemand anderen anhören wird.

Schließlich sollten Sie Gott bitten, Ihre Sinne für den anderen zu schärfen: Ihre Ohren, damit Sie seine Antwort richtig aufnehmen, und Ihre Augen für seinen Gesichtsausdruck und seine Körpersprache. Wenn wir nämlich Worte der Wahrheit oder der Konfrontation sprechen, müssen wir darauf achten, wie sie „ankommen". Sind die Empfänger sauer, widerspenstig, verwirrt, schockiert? Haben sie wirklich gehört, was Sie gesagt haben – oder nur, was sie zu hören bereit waren? Es kommt bei einem solchen Treffen entscheidend darauf an, ob Sie konzentriert zuhören und Dinge aufklären.

Wenige Menschen verstehen es schon von klein auf, für die Gefühle, Bedürfnisse und Reaktionen anderer empfänglich zu sein. Daher sollten Sie Ihr Gegenüber emotional auf das vorbereiten, was Sie sagen werden. Sie müssen den Konflikt mit der Bereitschaft angehen, die Wahrheit auszusprechen, aber auch zu hören.

Russ versteht es sehr gut, jemanden auf ein schwieriges Gespräch vorzubereiten und einzustimmen. Bevor ich für die *Willow Creek Association* arbeitete, war er mein Vorgesetzter in der Gemeinde und musste mich damals ermahnen, weil ich meine Aufgaben nicht richtig erledigte. Aber statt eine Salve auf mich abzufeuern, bereitete er mich emotional auf das Kommende vor und sagte zum Beispiel: „Schau, Bill, wir müssen gleich mal über etwas reden, das in deiner Abteilung läuft. Manches davon bezieht sich auf Strategie und Personalentscheidungen. Aber ich möchte auch noch ein Thema ansprechen, bei dem einige harte Worte fallen werden. Ich habe einige Beobachtungen in unserer Arbeitsbeziehung gemacht, und ich möchte mit dir nach Lösungen für Bereiche suchen, an denen du meiner Ansicht nach arbeiten solltest. Aber ich bin sicher, dass wir das zusammen in den Griff bekommen."

Haben Sie gemerkt, was er da gemacht hat? Zunächst erlaubte er mir, mich emotional für ein schwieriges Gespräch zu wappnen. Statt mich vollkommen aus dem Hinterhalt zu überfallen, ermöglichte er mir, mich zu sammeln, wenigstens äußerlich, auch wenn ich mir innerlich sagte: „Au weia. Was für Probleme gibt's denn? Nun werde erst mal ruhig. Da kommt ein harter Brocken auf dich zu. Denke also klar und reagiere angemessen. Okay. Jetzt bin ich so weit."

Zweitens beschrieb er schon im Vorfeld ein Gespräch, in dem er bestimmte Themen ansprechen würde, und gab mir eine Chance, darauf zu reagieren. So wusste ich von vornherein, dass er nicht darauf aus war, gegen mich persönlich in die Schlacht zu ziehen, mich niederzumachen und mich mit blutiger Nase liegen zu lassen.

Drittens machte er mir klar, dass ihm unsere Beziehung wichtig und er überzeugt war, dass wir gemeinsam das Problem meistern würden.

Ich möchte eines klarstellen. Das Gespräch war trotzdem noch immer schwierig und zeitweise alles andere als angenehm. Aber weil wir uns beide darauf hatten vorbereiten können, verlief es glatt. Was noch wichtiger ist: Wir beide lernten sehr viel übereinander und voneinander, und das Gespräch wurde zum Dreh- und Angelpunkt unserer Beziehung, die zu einer langjährigen Freundschaft wurde.

Wenn Kleingruppen aufblühen, weil authentische Beziehungen gelebt und gepflegt werden, wenn die Menschen dort biblische Wahrheit und ihre Anwendung finden, dann ist es ebenso wichtig, dass wir uns um gesundes Konfliktmanagement bemühen. Nachdem Sie die Grundlage gelegt haben, indem Sie gebetet und sich und die anderen emotional vorbereitet haben, möchten wir im Folgenden einige Grundregeln darlegen, die es Ihnen ermöglichen, andere gnädig und ehrenhaft zur Rede zu stellen und sich zu versöhnen.

Grenzen setzen, um einen Konflikt in der Gruppe in den Griff zu bekommen

Sie wissen, dass Sie beten und sich gefühlsmäßig für die Auseinandersetzung wappnen sollten, aber vielleicht fragen Sie sich: „Wie steht es mit Konflikten, die während eines Gruppentreffens auftauchen? Was tut ein Leiter dann? Wie geht die Gruppe damit um?" Es gibt einige ~~Grundregeln, die Ihnen helfen sollen, einen Gruppenkonflikt anzugehen, der während eines Treffens aufkommt~~.

Regel 1: Wenn es in der Gruppe geschieht, lösen Sie es auch in der Gruppe

Alex und Mareike sind verschiedener Ansicht darüber, wie Eltern mit einem Teenager umgehen sollten, der Schwierigkeiten macht und vollkommen aus der Bahn läuft. Ihre unterschiedlichen Auffassungen werden erst dann brenzlig, als Alex sagt: „Wenn dir Peter wirklich am Herzen läge, würdest du ihm sein Mofa wegnehmen." Dieser persönliche Angriff wird voraussichtlich eine abwehrende und ähnlich giftige Antwort hervorrufen. Gruppenmitglieder debattieren oft Themen und biblische Lehren. Aber sobald jemand unterstellt, der andere habe einen ~~minderwertigen Charakter~~ oder die ~~falschen Motive, wird es übel.~~ Wann immer das in der Gruppe geschieht, muss die Gruppe sich auf irgendeiner Ebene einschalten und das Problem angehen.

Regel 2: *Der Leiter ist ~~verantwortlich für den Ablauf, nicht für das Ergebnis~~*

Als Leiter haben wir bestimmte Pläne für die Gruppe. Wir wollen die Bibel studieren, Entscheidungen besprechen, Fürsorge anbieten, Ereignisse planen und Treffen ermöglichen. Wir wollen nicht, dass unsere Pläne für die Gruppe untergraben oder gestört werden. Ungelöste Konflikte haben ganz sicher diese Wirkung. Leiter sind dann vielleicht geneigt, die betroffenen Parteien schnell zu „versöhnen", und dann mit dem Programm fortzufahren. Aber der ~~Konflikt kann unter Umständen das wahre Programm des Treffens sein, da er sehr lehrreich für die Gruppe sein kann und sie in ihrem geistlichen Wachstum voranbringt.~~

Statt sich auf das Ergebnis zu konzentrieren („Ich hoffe, dass Philipp und Stefan sich nach diesem Ereignis besser vertragen."), ~~sollten Sie Ihr Augenmerk auf den Ablauf des Konflikts richten~~, indem Sie die Diskussionsleitlinien festlegen und die Teilnehmer bitten, sich daran zu halten. Sie entscheiden, wie viel Zeit Sie der Diskussion einräumen, und Sie erinnern die Gruppenmitglieder an die Grundwerte, die alle wahren und leben sollten (~~Diese Grundwerte sollten Sie, zusammen mit Ihrer Vision und dem Ziel der Gruppe, schriftlich festlegen und als Gruppenvertrag formulier~~en.).[2] Legen Sie den Mitgliedern unbedingt nahe, einander zu respektieren, liebevoll die Wahrheit zu sagen, füreinander offen zu bleiben und einander wirklich zuzuhören. Sie haben als Leiter die geistliche Autorität, die es Ihnen erlaubt, Erwartungen festzulegen, an denen sich jeder auszurichten hat und gemessen wird. Diskutieren Sie, was Sie von den Betroffenen erwarten, die sich gegenseitig die Köpfe eingerannt haben, worauf die Gruppe hofft, was zwischen diesem und dem nächsten Treffen geschehen wird und wann die betroffenen Parteien über den Stand ihrer Beziehung Rückmeldung geben müssen.

Regel 3: *Heißen Sie den Konflikt gut*

Es mag befremdlich klingen, aber Sie sollten ~~die Gruppe für die simple Tatsache loben, dass sie sich der Auseinandersetzung gestellt hat.~~ Sie können beispielsweise sagen: „Ich finde es sehr gut, dass diese Gruppe für euch ein Ort ist, der sicher genug ist, dass man richtig tiefe Gefühle zum Ausdruck bringen kann. Das ist toll. ~~Wenige~~ Menschen riskieren es, Gott, sich selbst und anderen gegenüber so aufrichtig zu sein. Wie ihr euch geäußert und was ihr gedacht habt – sogar das im Stillen Gedachte –, zeigt, dass ihr bereit seid, an euch selbst zu arbeiten. ~~Zweitens~~ beweist eure Bereitschaft, diese Sache gemeinsam anzugehen, eure Demut. Niemand in dieser Gruppe sagt von sich, er oder sie wisse alles und alle anderen lägen falsch. Ihr seid dem auf der Spur, was Gott sich wünscht – geistliches Wachstum für jeden Einzelnen. Dafür kann ich euch nur loben."

Regel 4: Der Konflikt muss nicht während des Treffens gelöst werden, bei dem er auftaucht

Um Gefühle in den Griff zu bekommen, brauchen die meisten Menschen Zeit. Sie müssen sich neu bei Gott einklinken, den Grund herausfinden, warum sie so empfunden und reagiert haben, und lernen, ihre Worte genauer zu wählen. Erlauben Sie der Gruppe, eine Weile in der Spannung eines ungelösten Konfliktes zu leben. Das wird sie dazu zwingen, Gott zu suchen und einzugestehen, dass das Leben manchmal wirklich nicht glatt verläuft. *Lesen!*

Regel 5: Ein Konflikt muss mit Vertrauen und Verschwiegenheit gehandhabt werden

Wenn die Menschen starken Gefühlen Ausdruck verliehen haben, fühlen sie sich oft nicht besonders wohl. Dann würden sie gerne ihre Worte zurücknehmen oder umformulieren. Ihre Seele ist dann anfällig und ihr Geist schwach. Erinnern Sie die Mitglieder der Gruppe daran, den im Gruppenvertrag festgehaltenen Grundwert der Verschwiegenheit hochzuhalten. Wenn nötig, ermahnen Sie sie. Nur dann nämlich werden die Mitglieder in der Lage sein, den Konflikt auch wirklich zu lösen.

Durch den Zusammenbruch lotsen

Wir empfehlen Ihnen, sich der folgenden Leitlinien zu bedienen, wenn Sie der Gruppe helfen wollen, einen Konflikt zu durchlaufen, der entweder zwischen zwei Mitgliedern schwelt oder die gesamte Gruppe erfasst hat. Es mag sein, dass Sie in die Rolle des Schulleiters schlüpfen und ein paar harte Worte sagen müssen. Vielleicht ist es aber auch Zeit für ein Gespräch unter vier Augen mit einem Bruder oder einer Schwester, der/die immer quer schießt.

Leitlinie 1: Fangen Sie so bald wie möglich an
Vermutlich brauchen Sie ein bisschen Zeit, damit die Gemüter sich beruhigen können, aber schieben Sie die Konfliktlösung nicht zwei Wochen lang auf oder auf eine noch längere Bank. Versöhnen Sie sich so bald wie möglich. Ich (Bill) erinnere mich noch gut an eine sehr gefühlsgeladene Konversation mit dem Mitarbeiter einer anderen Gemeinde. Das Gespräch blieb biblisch, begann jedoch, hitziger zu werden. Mein frustrierter Kollege sagte: „Vor genau neun Monaten haben Sie mich beleidigt, indem Sie sagten ..." Vor neun Monaten! Ich fragte mich, was für sonstige Beleidigungen und Verletzungen er wohl noch in den Aktenschrank seiner Erinnerung gestellt haben mochte. Mir war es in all den Monaten blendend gegangen. Aber er hatte dieser Beleidigung erlaubt, sich ~~neun Monate~~ lang in seine Seele zu fressen, statt sie gleich mit mir zu besprechen, als die Sache noch frisch war.

Leitlinie 2: Treffen Sie sich unter vier Augen
Lassen Sie sich niemals darauf ein, den Konflikt in E-Mails zu besprechen! Ein *Willow Creek*-Leiter erhielt einmal eine giftige E-Mail von einem Mann aus seiner Kleingruppe. Statt ihn anzurufen und um ein Treffen zu bitten, feuerte der Leiter ein entsprechendes Geschoss zurück. Nach einigem elektronischen Hin und Her stellte er fest: „Menschenskind, ich hätte mich niemals auf diese ~~E-Mail-Ebe~~ne einlassen sollen." Das war die Untertreibung des Jahres. Er ist ein guter Leiter, aber manchmal gehen seine Gefühle mit ihm durch. Diese Online-Korrespondenz schuf einen dauerhaften Beleg für den Austausch von Worten, nahm den Beteiligten aber die Chance, Gefühle aufzufangen, im Gesicht des anderen zu lesen und Stimmlage und Tonfall zu beachten. Dieselben Nachteile ergeben sich bei der ~~alt~~~~modischen Post,~~ von Hand geschrieben und per Umschlag versandt.

Leitlinie 3: Bestätigen Sie die Beziehung
Erinnern Sie die Beteiligten daran, dass Sie genau deshalb den Konflikt zu lösen versuchen, weil sie Ihnen am Herzen liegen und weil Ihnen ihre Beziehung zu Ihnen nicht gleichgültig ist. Die Art und Weise, wie Russ mich zur Rede stellte, als meine Arbeit nicht zufrieden stellend war, zeigte mir, dass er auf dem, was uns schon verband, aufbauen wollte. Jetzt, Jahre nach der Konfrontation, schreiben wir gemeinsam ein Buch! Weil es ihm wichtig war, sich der Auseinandersetzung auf biblische Art zu stellen, haben wir heute eine immer tiefer gehende Freundschaft und eine enge Arbeitsbeziehung.

Leitlinie 4: Machen Sie Feststellungen, keine Anklagen

Man kann es so formulieren: „Also, Bob, nun habe ich Sie schon dreimal um diesen Bericht gebeten, und jedes Mal haben Sie mir gesagt, Sie würden ihn mir ‚morgen' geben. So wie ich die Sache sehe, haben Sie Ihr Versprechen gebrochen. In meinen Augen bringen Sie ungenügenden Einsatz für die Arbeit, die wir doch gemeinsam bringen wollen. Das kann ich nicht akzeptieren. Ich habe das Gefühl, dass Sie meine Autorität nicht respektieren. Wir sollten dieses Problem unbedingt sofort angehen und lösen." Man kann allerdings auch losplatzen: „Bob, Sie sind ein Lügner! Dreimal haben Sie mir gesagt, dass Sie es erledigen würden, und dreimal haben Sie es nicht getan. Sie Lügner!" Der erste Ansatz ist entschieden, direkt und enthält Beobachtungen darüber, was man sehen, hören, fühlen und verstehen konnte. Der zweite Ansatz ist eine Anklage. Wenn Sie Bob einen „Lügner" nennen, dann ist das Rufmord. Es zieht seinen Charakter in Zweifel und befördert Bob todsicher in die Defensive.

Leitlinie 5: Stellen Sie die richtigen Fakten sicher

Sie sollten nicht nur Ihre eigenen Beobachtungen anbringen, sondern auch dem anderen Raum geben, seine Seite der Dinge zu schildern. Sie könnten also sagen: „Dies und das habe ich gesehen, gehört, geschlossen und empfunden. Wie sieht das von Ihrer Seite aus? Wie haben Sie diese Situation gesehen und bewertet? Ist mir da etwas entgangen?"

Leitlinie 6: Arbeiten Sie auf eine Lösung zu!

Im Konfliktmanagement geht es nicht um Kämpfen, Gewinnen und Beweisen, wer hier besser ist. Im Kern geht es darum, die Beziehungen wiederherzustellen, an denen uns doch etwas liegt. Wir möchten Übereinstimmung erzielen und weitermachen können. Manchmal mag das darin bestehen, dass man sich darauf einigt, in einem gewissen Aspekt uneins zu bleiben. Oder darin, sich zu entscheiden, eine Beleidigung zu übersehen, um die Beziehung zu erhalten. Wie auch immer, wir einigen uns, die Beleidigung oder Verletzung nie wiederzubeleben. Wir beschließen gemeinsam, welche nächsten Schritte wir unternehmen müssen, um den Konflikt zu lösen – und dann gehen wir diese Schritte auch wirklich. Vertrauen wurde enttäuscht. Indem wir uns nun beide an unser Abkommen halten, kann es teilweise wiederhergestellt werden.

Konfliktmanagement für Fachleute: ~~echte Versöhnung~~

Wenn Sie im Prozess der Konfliktlösung erst einmal die Aufgaben für Anfänger und Fortgeschrittene gelöst haben, werden Sie noch immer dazu beitragen wollen, dass Ihre Gruppe lernt, das Rennen gut zu beenden und liebevolle Beziehungen herzustellen. Vielen von uns, vor allem uns Männern, bereitet es Schwierigkeiten, „Entschuldigung!" zu sagen oder: „Es tut mir Leid. Ich habe mich geirrt. Vergib mir." Und doch ist es entscheidend, wenn Konfliktlösung geistliches Wachstum in der Gemeinschaft bewirken soll, dass die Gruppenmitglieder sich den ~~biblischen Dreiklang~~ von ~~Bekennen~~, (Bitte um und Erteilen von) ~~Vergebung~~ und ~~Versöhnung~~ zu Eigen machen und ihn auch praktisch leben. Wenn erst einmal die Wahrheit ausgesprochen und ein Konflikt angegangen wurde, müssen die Betroffenen sich dem aussetzen und unterstellen. Sonst verkommen Auseinandersetzungen zum bloßen Schuldzuweisen oder führen dazu, dass der eine „gewinnt" und der andere „verliert". Beides ist unbarmherzig und hat nichts mit der Wahrheit zu tun.

~~Bekennen~~

In seinem Buch „~~Das Leben, nach dem du dich sehnst~~" erklärt ~~John Ortberg~~ den Begriff des „~~Schuldbekenntnis~~ses" – denn dabei handelt es sich heute um eine sehr missverstandene geistliche Übung:

> „Wir sollen unsere Sünden nicht bekennen, weil Gott das braucht. Gott klammert sich nicht so fest an seine Barmherzigkeit, dass wir sie ihm aus den Fingern winden müssten wie einem Kind den letzten Keks. Wir müssen unsere Sünden vielmehr bekennen, damit wir Heilung finden und verändert werden können. […]
> Wenn wir Sündenbekenntnis auf gute Art und Weise praktizieren, werden zwei Dinge geschehen. Zum einen werden wir frei von Schuld. Und zum zweiten werden wir in Zukunft ein kleines bisschen weniger wahrscheinlich genau dieselbe Sünde wieder begehen, als wenn wir sie nicht bekannt hätten. Diese Sünde wird etwas weniger attraktiv aussehen."[3]

Wir praktizieren das ~~Sündenbekenntnis~~ in unseren Kleingruppen, ~~damit wir uns versöhnen können.~~ Wir ~~stehen zu unserer~~ Sünde – Stolz, Neid, vorschnelle Beurteilung, vorenthaltene Liebe – und räumen unsere ~~Verantwortung gegenüber denen ein, die wir dadurch verletzt haben.~~ Eine echte Beichte, eine, die widerspiegelt, was tief drinnen vor sich geht, baut die Verteidigungsmechanismen ab und trägt zur Heilung bei.

Gordon MacDonald, der jetzt am Trinity-Forum ist und früher Pastor der *Grace Chapel* in Massachusetts war, gibt in seinem Buch „Sich verändern heißt leben" das Zeugnis eines jungen Sängers wieder:

> *„Ich versank tief, tief in der Sünde (damit plagiierte er streng genommen einen alten baptistischen Choral). Immer weiter entfernte ich mich von Gott. Es gab keine Versuchung, der ich mich nicht ausgesetzt sah, keine schlechte Tat, zu der ich mich nicht hingezogen fühlte (!). Ich war rebellisch, aufsässig und destruktiv. Und dann, preist den Herrn, fand ich mit vier Jahren zu Jesus, und er veränderte mein Leben. "* [4]

Ein solches Sündenbekenntnis lässt mich verwundert fragen, ob diese Menschen aufrichtig sind. Kann ein Vierjähriger eine grundlegende Herzensveränderung erleben? Diese Art des Bekenntnisses soll hier als Gegenbeispiel für das dienen, was wir meinen.

Es ist wichtig, dass die Kommunikation in der Kleingruppe ehrlich und offen ist und doch gewisse Grenzen respektiert. Ein Eingeständnis soll die Gruppenmitglieder weder schockieren noch sie beeindrucken. Unangemessenes Sündenbekenntnis kann sogar Vertrauen beeinträchtigen und zarte Beziehungen zerstören. Wie ausführlich und tief gehend das Bekenntnis ist, hängt direkt damit zusammen, wie tief das Vertrauen und die Zuneigung in einer Beziehung sind. Darüber hinaus steht es umgekehrt proportional zur Größe einer Gruppe. Ein tief greifendes Eingeständnis findet sich viel öfter, wo zwei oder drei Menschen beieinander sind als in einer Gruppe von zehn oder zwölf. Daher ist es wichtig, klein und unbedeutend anzufangen, bis in einer Gruppe genügend Sicherheit und Verantwortungsbewusstsein gewachsen sind, dass auch tiefer gehende Eingeständnisse gemacht werden können.

Auf der gegenüberliegenden Seite finden Sie einige Leitlinien für eine angemessene Form von Sündenbekenntnis, die zu persönlicher Veränderung und zum Gruppenzusammenhalt beitragen wird.[5]

Wenn Sie die gesamte Gruppe beleidigt haben, dann sollten Sie dies auch vor der gesamten Gruppe eingestehen. Beispielsweise mag der Heilige Geist ein Gruppenmitglied darauf aufmerksam machen, dass es häufig negative Kommentare macht und andere persönlich angreift. Da dieses Mitglied nun weiß, dass dieses Verhalten falsch

Leitlinien für das Sündenbekenntnis	Bibelstelle
1. Sprechen Sie jeden Betroffenen an.	Psalm 32,5; Lukas 19,8; Jakobus 5,16
2. Vermeiden Sie „falls", „wenn", „vielleicht". Wozu brauchen Sie Entschuldigungen? Welche Schuldzuweisung wollen Sie abwehren?	
3. Gestehen Sie ein, was Sie gesagt, getan oder unterlassen haben.	Esra 9,5–15
4. Sagen Sie, dass es Ihnen Leid tut: Welche Gefühle hat Ihr Fehlverhalten beim anderen ausgelöst?	
5. Akzeptieren Sie die Folgen.	Lukas 15,19; 19,8
6. Ändern Sie Ihr Verhalten. Wo wollen Sie Ihre Art zu denken, zu reden und sich zu verhalten mit Gottes Hilfe verändern?	Matthäus 3,8; Apostelgeschichte 26,20
7. Bitten Sie um Vergebung und lassen Sie dem anderen Zeit. Was hindert den Menschen, den Sie verletzt haben, daran, Ihnen sofort zu vergeben?	

ist, sollte es sein Fehlverhalten einräumen, seine giftige Art der „Kommunikation" eingestehen und für beides um Vergebung bitten. Solche Schlüsselmomente kann der Leiter aufgreifen und nutzen oder verstreichen lassen, indem er sie schönredet und möglichst schnell im Programm weitermacht. Wenn er diese Gelegenheiten nutzt, hält die Gruppe den Schlüssel zu Leben und Tod, zu Segen und Fluch in der Hand. Indem sie das Schuldbekenntnis entgegennimmt, dem Betreffenden Vergebung zuspricht und ihn mit Liebe und Respekt annimmt, tut sie einen Quantensprung auf eine völlig andere Ebene von Gemeinschaft.

Jakobus wollte eine Gruppe von Judenchristen ermutigen und ermahnen, die verstreut in der Diaspora lebte. In seinem Brief an sie sprach er über die heilende Wirkung des Schuldbekenntnisses: „Ihr vertrauensvolles Gebet wird den Kranken retten. Der Herr wird die betreffende Person wieder aufrichten und wird ihr vergeben, wenn sie Schuld auf sich geladen hat. *Überhaupt sollt ihr einander eure Verfehlungen bekennen* und füreinander beten, damit ihr geheilt werdet. Das inständige Gebet eines Menschen, der so lebt, wie Gott es verlangt, kann viel bewirken" (Jakobus 5,15–16; Hervorhebung durch die Autoren).

Beachten Sie, dass Jakobus Heilung und Bekenntnis aneinander koppelt. Er weiß, dass Sünde geistliche und körperliche Folgen hat und dass körperliche Heilung manchmal durch Bekenntnis und Vergebung in Gang gesetzt wird. Wenn wir den vertrauten Mitgliedern unserer Gruppen Fehlverhalten bekennen, vertieft das die Gemeinschaft, begründet oder stärkt Vertrauen und erinnert uns daran, dass wir alle schwach sind und einander dringend brauchen. Wenn dies geschieht, können unsere Gruppen wirklich zu Orten werden, an denen wir uns öffnen und auf Barmherzigkeit hoffen können, wo zerbrochene Herzen mit Liebe behandelt werden und wo Missklänge in Beziehungen offen und ehrlich angegangen werden.

Vergebung

Bekenntnis schließt die Tür zur Gemeinschaft auf. Vergebung lädt uns ein. Henri Nouwen hat die Aussage geprägt, Vergebung bedeute, dem anderen Menschen zu gestatten, nicht Gott sein zu müssen. Jemandem Vergebung vorzuenthalten bedeutet, vom anderen Perfektion zu verlangen. Wenn jemand sich aus tiefstem Herzen weigert, Vergebung zu erteilen, dann wird er selbst niemals heil werden, sondern sein Herz wird sich verhärten, Bitterkeit, Vorwürfe und Wut werden sich darin stauen.

Aber wenn wahre Liebe nicht Buch führt über Verfehlungen (1. Korinther 13,5), warum müssen wir dann überhaupt vergeben? Warum genügt es nicht, die ganze Sache einfach zu vergessen? Immerhin heißt es doch in Sprichwörter 19, Vers 11: „Ein Mensch, der Einsicht hat, regt sich nicht auf; es gereicht ihm zur Ehre, bei Kränkungen Nachsicht zu üben." Wenn man mir Unrecht tut, warum kann ich es nicht einfach ignorieren? Die Weisheit der Sprüche bezieht sich nur auf unabsichtliche Verfehlungen. Diese kann man übergehen. Später warnt nämlich der Schreiber davor, einem heißblütigen Temperament freien Lauf zu lassen. Daraus folgt, dass es in unserem ersten Fall nur um winzige Beeinträchtigungen geht, also nicht um schweres Unrecht. Dann wäre nämlich der Aufwand, der nötig ist, um dieses Unrecht direkt anzugehen, es aufzudecken, die Verfehlung zurechtzubringen, gemessen an der Beeinträchtigung überproportional hoch.

Wie auch immer: Wenn schädliche Verhaltensmuster die Einheit verletzen oder zu beeinträchtigen drohen oder wenn Gruppen unversöhnlich sind, dann müssen in der Gemeinschaft Bekenntnis und Vergebung stattfinden. Wenn Sie jemandem vergeben, dann räumen Sie ein, dass Sie verletzt wurden. Das muss der andere wissen und erfahren. Wenn Sie Ihre Wunden leugnen, dann setzt das nicht die Waffe außer Gefecht. Vielmehr ermöglichen Sie so dem Menschen, der Sie verletzt hat, seine zerstörerischen Verhaltensmuster zu wiederholen, zu vertiefen und regelrecht zu „lernen".[6]

Versöhnung

Unsere Sünde hat uns zu Gegnern Gottes gemacht. Durch den Tod Christi am Kreuz jedoch hat Gott uns mit sich versöhnt. Wenn wir Christus in unser Leben aufnehmen, dann verwandelt sich unsere Feindschaft gegen Gott in Freude in Christus (nachzulesen im Römer-Brief, Kapitel 5). Das Versöhnungswerk Christi heilt Beziehungen zwischen Männern und Frauen. In seinem Brief an die Epheser beschreibt Paulus, wie Christus alle Grenzen eingerissen hat, die uns bisher trennten. Alle Christen sind jetzt gemeinsam Glieder eines Leibes, wo es weder Juden noch Nichtjuden gibt, weder Sklaven noch Freie, weder Männer noch Frauen (vgl. Epheser 2,11–22). „Durch eure Verbindung mit Jesus Christus seid ihr alle ein [einziger] neuer Mensch geworden" (Galater 3,28).

Das Versöhnungswerk theologisch von allen Seiten zu beleuchten, ist einfach, es dann auch aktiv umzusetzen viel schwieriger. Aber Jesus befiehlt es. Doch selbst wenn man sich verpflichtet, einander

Fehlverhalten zu bekennen und zu vergeben, führt dies doch nicht automatisch zur Versöhnung. Damit meinen wir Harmonie in einer Beziehung und gesteigertes Gemeinschaftsleben in unseren Gruppen. Beispielsweise können geschiedene Paare durchaus einander Sünde bekennen und vergeben, und doch lässt sich ihre Beziehung fast nie vollkommen wiederherstellen. (Umstände wie Missbrauch, Vergewaltigung, Inzest und Ehebruch machen eine völlige Normalisierung der Beziehung unwahrscheinlich oder doch zumindest äußerst schwierig. Aber aufrichtiges Bekenntnis und wahre Vergebung können durchaus stattfinden.)

Kleingruppen müssen an der Versöhnung zwischen Mitgliedern arbeiten, weil der Gemeinschaftsquotient der gesamten Gruppe auf dem Spiel steht. Wie in Familien, so beeinflussen auch die Spannungen oder gar Risse zwischen zwei Mitgliedern unweigerlich die gesamte Gruppe. Versöhnung führt also zu Harmonie in den Beziehungen der Gruppenmitglieder untereinander. Dazu ist jedoch nötig, dass sich die Gruppe entschließt, ein Gemeinschaftsleben zu führen, das nicht bei individuellen Verletzungen stehen bleibt, sondern über sie hinausführt.

Die „Kehrseite" des Konfliktes ist Liebe

Ich (Bill) sprach vor einer Gruppe britischer Leiter über Konflikte. Ein Pastor bat darum, eine Geschichte über eine Gruppe in *Willow Creek* erzählen zu dürfen, die er bei einem Besuch erlebt hatte. Hier seine Geschichte in groben Zügen:

„Ich besuchte eine Gruppe für Ehepaare, in der der Leiter jeden Einzelnen einlud, doch aktives Mitglied von ‚Willow Creek' zu werden. Er beschrieb es als ernsthafte Pflicht und bat jeden, die Mitgliedsunterlagen mit nach Hause zu nehmen – eine Tonband-Kassette und ein kleines Buch. Der Vorgang des Beitritts war neu durchdacht worden und man hatte einen anderen Ansatz gewählt. Jeder war daran interessiert, die neuen Materialien anzuschauen, und verpflichtete sich, sie durchzuarbeiten. Man schlug vor, dies im Rahmen der Gruppe zu tun. Mit Ausnahme eines Mannes waren alle dafür. Obwohl seine Frau entschlossen war, weiterzumachen, war er zutiefst frustriert und wollte nicht Mitglied werden. Und ganz entschieden war er dagegen, dass die Gruppe das aktuelle Studienprogramm fallen ließe, um die Mitgliedsunterlagen durchzunehmen.

Es entstand ein kleinerer Konflikt. Die eine Hälfte der Gruppe verteidigte ihn; die andere Hälfte fragte sich, warum er wohl ein solcher Querulant sei und so wenig kooperativ. Die Gefühle schlugen Wellen. Was als Nächstes passierte, war erstaunlich. Das Leitungspaar bat die Leute um eine Pause, in der sie einen Moment nachdenken, beten und auf Gottes Weisung hören sollten. Sie legten die Grundregeln für die Diskussion fest und betonten, dass der Betreffende trotz seiner ablehnenden Haltung in der Gruppe auf- und angenommen sei. Sie erklärten ihm, dass sein Beitrag zur Diskussion in der Gruppe wichtiger sei, als er sich je denken könne.

Nacheinander wurden die Mitglieder milde. Die Leute stellten Dinge fest, die sie an seinem Leben und seinen Gefühlen beobachtet hatten. ‚Die Entscheidung scheint Ihnen sehr schwer zu fallen‘, ‚Es klingt, als bräuchten Sie noch etwas Zeit, um über all dies ein bisschen nachzudenken.‘ Sie stellten ihm Fragen, um seine Ansichten zu verstehen, sie betonten, dass er auf ihre Unterstützung rechnen könne und dass sie ihn respektieren würden, wie auch immer seine Entscheidung ausfallen sollte. Die Gruppe begriff, dass der Mann Gott wichtiger war als ihre Studienprogramme oder Vorhaben, und sie beschlossen, diese Entscheidung noch länger zu überdenken.“

Dieser Kleingruppe war bewusst geworden, dass die Kehrseite des Konfliktes Liebe ist. Der Wunsch, Recht zu haben, kann so leicht den Befehl übertönen, einander zu lieben. Wenn das Ego nicht im Zaume gehalten wird und wenn eigensüchtige Motive die Oberhand gewinnen, können sie große Stücke aus der Gemeinschaft herausreißen – wie wilde Tiere aus erjagter Beute.

Liebe ist die reinste aller Tugenden. Sie hält diese gierigen Jäger in Schach und schenkt jemandem, der sich unter uns schwach und verletzlich fühlt, Barmherzigkeit und Freiraum.

Wenn wir Beziehungen pflegen, die Gott gefallen, und gleichzeitig im Rahmen zeitloser Wahrheit bleiben wollen, dann wird das unweigerlich gesunde Auseinandersetzungen hervorbringen. Liebe verlangt, dass wir Fehlverhalten aufdecken und zur Sprache bringen, um die belasteten oder auseinander brechenden Beziehungen zu heilen, zu stärken und wiederherzustellen. Gemeinschaften, die sich unter das Wort Gottes stellen und Liebe üben, werden solche

Konflikte gekonnt und barmherzig lösen. Es wird schwierig sein; es wird Opfer und Entschlossenheit verlangen; es wird Zeit brauchen und manchmal Tränen kosten. Aber wir können garantieren, dass es die fruchtbarste Arbeit ist, die Sie gemeinsam angehen können.

Diese Aufgabe wird Ihrer Gruppe helfen, die vierte Komponente einer Kleingruppen-Gemeinschaft zu entwickeln – ein ausgewogenes Hirtenamt. Im folgenden Kapitel werden wir erklären, wie man sowohl Fürsorge untereinander als auch das geistliche Wachstum der Einzelnen fördern kann.

Kleingruppen sorgen für ein ausgewogenes Hirtenamt

„Wo sind die geistlichen Leiter, die Hirten der Herde, die Ältesten des Volkes Gottes? Warum werden zwei beamtete christliche Leiter als Pastoren eingesetzt, und dann erwartet man von ihnen, dass sie Lasten tragen, die auf verschiedenste Schultern verteilt gehören? Wo sind die Menschen, die gut zuhören können und uns durch unsere Probleme zum Vaterherzen Gottes lotsen und die es für ihre Berufung halten, das zu tun? Was um Himmels willen wurde aus dem Gedanken des Priestertums aller Gläubigen?"

Larry Crabb: „Connecting"

Wir können uns noch gut an die Zeiten erinnern, als wir Kleingruppenleitern ihre neue Rolle verkaufen wollten und eine neue Stellenbeschreibung für sie aufstellten – das Hirtenamt. Es war das Jahr 1992 und die meisten von uns Ideengebern waren ganz neu im Mitarbeiterstab. Währenddessen hatten einige Leiter schon jahrelang Kleingruppen geleitet, die die Menschen dabei unterstützen sollten, Jünger Jesu zu werden. Einer dieser Leiter war frustriert, merkte aber respektvoll an: „Bisher war es üblich, dass man davon redete, die Menschen zu Jüngern zu machen; jetzt scheint es so, als sollten wir sie nur noch weiden." Einige Köpfe nickten nachdrücklich bei dieser Anmerkung.

Wir konnten hören, wie die Gruppe dachte: *Was soll nun daraus werden? Jüngerschaft oder Hirtenamt?* Jetzt kam es vollkommen auf unsere nächsten Worte an, ob wir diese Menschen gewinnen könnten oder sie von unserem Leiterkreis entfremden würden, schlimmstenfalls sogar von der Gemeinde.

Statt ihm zu antworten, baten wir vielmehr den Kleingruppenleiter, der seine Vorbehalte geäußert hatte, uns doch sein Verständnis vom Hirtenamt darzulegen. „Im Hirtenamt betest du für die Leute, hilfst ihnen, wenn sie krank sind, und sorgst für sie. So oder so ähnlich."

Unsere Antwort überraschte ihn völlig, denn wir bestätigten: „Wenn wir die Leute nur hüten wie Hirten, dann steuern wir geradewegs auf dicke Probleme zu …" Wieder nickten viele Köpfe. „… es sei denn", fügte einer von uns hinzu, „wir hüten die Leute so, wie Jesus es getan hat." Die Stille war so intensiv, dass man sie regelrecht hören konnte. Niemand rührte sich. Alle Augen waren gebannt auf uns gerichtet, aber dieses Mal in der Bereitschaft: „Lehre uns!" – und das taten wir dann auch.

Wir untersuchten die Bibel daraufhin, was sie zum Hirtenamt sagt. Die Kleingruppenleiter fingen an zu begreifen, dass sie in einen falschen Widerspruch hineingerutscht waren. Ein verflachtes Bild des Hirtenamtes hatte sie zu der Annahme verführt, dass man Menschen, die man hütet, nicht voranbringt, sondern ewig zur selben Weide und zum selben Wasser führt. Sie hatten ihre Kleingruppen, deren Teilnehmer in der Nachfolge geschult werden sollten, als eine „geistliche GSG 9" angesehen – also als militärische Elite-Einheit, deren Soldaten Nägel frühstückten, keine Gefangenen machten und für ihre Mission ihr Leben aufs Spiel setzten. Das neue Modell „Hirtenamt und Gemeinde" erschien ihnen wie ein Sammelbecken für Menschen, die für diese Form der Jüngerschaft noch nicht tauglich waren – wie Hilfssoldaten der Armee, die noch so etwas wie ein Frühstück brauchen, ein warmes Bett und eine saubere Uniform.

Nach und nach erkannten sie, dass die Bibel unter den Aufgaben des Hirten, die dazu beitragen, den Leib Christi voranzubringen, sowohl Fürsorge als auch Jüngerschaftsschulung nennt. Sie begriffen das viel schneller und hakten viel intensiver dort ein als ich (Bill). Mein Wendepunkt kam, als ich am Predigerseminar war und nebenbei teilzeitlich in einer Gemeinde arbeitete. Ich machte einen Spontanbesuch bei zwei Jungen aus meiner Jugendgruppe. Ihr Vater, der als Freiwilliger die Abteilung „christliche Erziehung" dieser Gemeinde leitete, bewirtschaftete hauptberuflich eine Farm. Die Kinder machten gerade Besorgungen, als ich eintraf, und daher bat er mich, ob ich ein bisschen mit Hand anlegen könnte.

„Klar doch", sagte ich. Wenn man bedenkt, dass ich in einem kleinen Reihenhäuschen in der Stadt aufgewachsen war, dessen Vorgarten so riesig war wie bei anderen Leuten die Fußmatte, war ich geradezu prädestiniert für Arbeiten auf einer Farm.

„Sie können mir beim Stapeln der Heuballen helfen" meinte Tom.

„Also beim Heuen kann ich Ihnen nicht helfen", antwortete ich. „Ich habe Heuschnupfen und außerdem seit einer Fußball-Verletzung in der Schulzeit Rückenprobleme."

Tom war 1,62 m groß. Er warf einen Heuballen auf seine Schulter und schaute mir geradewegs in die Augen. Meine 1,86 m beeindruckten ihn überhaupt nicht.

„Nun gut", meinte er. „Dann können Sie zu Ende melken. Damit bin ich heute früh nicht ganz fertig geworden."

Zum Kühe melken, das hatte ich schnell raus, muss man die Tiere anfassen. Ich hatte im Film gesehen, wie Leute diese Dinger, die von den Kühen herunterhängen, anfassen und daran ziehen. Ich war mir nicht sicher, ob Gott gewollt hat, dass Leute so was tun. Ich sagte daher: „Ich bin ja am Predigerseminar. Daher glaube ich nicht, dass ich das anfassen kann." Tom war über meine Ansicht über das Melken bestürzt.

Schließlich fragte er mich, ob ich dabei helfen könne, die Schafe hereinzurufen. Ich stimmte freudig zu. „Schafe rufen", das klang ganz ähnlich wie „predigen". Wir standen am Weidezaun und beobachteten, wie die 25 Schafe grasten.

„Nun los", trieb er mich an. „Rufen Sie sie herein."

„Was sagen Sie bei diesen Gelegenheiten denn so?", fragte ich.

„Ich sage einfach: ‚Hey, Schafe, kommt rein.'"

Das wird keinen Schweiß kosten, dachte ich. Und sogar ein Stadtkind mit Heuschnupfen und schlechtem Rücken kann das. Ich begann mit meiner normalen Sprechstimme, aber Tom fuhr dazwischen: „Sie sind 250 Meter weit weg, stehen im Abwind, und die Tiere haben Ihnen den Rücken zugekehrt. Schreien Sie! Setzen Sie Ihr Zwerchfell ein, als ob Sie zu Ihrer Klasse sprächen."

Ich holte also tief Luft und machte Gebrauch von jedem Quadratzentimeter Muskel, den ich besaß. So ließ ich einen Schrei los, um den mich die Erweckungsprediger der ganzen Welt beneidet hätten: „Hey, Schafe, kommt rein!!!" Die lieben Tierchen rührten sich nicht. Keines wandte auch nur den Kopf.

Tom lächelte sarkastisch: „Lehren die so die Bibel im Seminar? Haben Sie den Text noch nie gelesen: ‚Meine Schafe hören meine Stimme, und ich kenne sie, und sie folgen mir'?" Er hob seine Stimme nur ein wenig und sagte: „Hey, Schafe, kommt rein." Alle 25 wandten sich um und kamen ruhig auf uns zu. Tom nutzte diesen besonderen Augenblick, um mich etwas zu lehren: „Vergessen Sie das nie", sagte er, „Sie sind der Hirte meiner Kinder."

Plötzlich sahen diese Kühe wirklich gut aus. Dümmlich sagte ich: „Ich werde es nicht vergessen." In nur fünf Minuten hatte Tom mir alles beigebracht, was ich noch später lernen sollte: Ihre Herde sollte die Stimme ihres Hirten kennen. Das wäre gar nicht schlecht. Und es wäre auch sehr gut, wenn Sie sie ebenfalls kennen – ihre Ängste, ihre Hoffnungen, ihre Träume, Sorgen und Probleme.

Toms lebendiges Beispiel bewirkte, dass diese Worte Jesu sich ganz tief einprägten und in mir Wurzeln schlugen. Dieses Erlebnis veranlasste mich, die Bibel nach effektiven Hirten zu durchforsten, die so sind, wie Gott sie sich wünscht. Ich entdeckte, dass das Hüten von Schafen bedeutet, die Bedürfnisse des Volkes zu befriedigen (Fürsorge), aber auch, ihm zu helfen, voranzukommen (Jüngerschaftsschulung). Wir werden uns im folgenden Kapitel dieses biblische Bild eines Hirten genauer ansehen und danach praktische Vorschläge machen, wie man in Kleingruppen sowohl Fürsorge als auch Schulung anbieten kann.

Wen Gott als Hirten brauchen kann

David beschreibt in Psalm 23 die Gefühle – Trost, Segnung, Sicherheit, Zuversicht und Hoffnung –, die sich einstellen, wenn man einen guten Hirten hat. Wir sollten diesen Psalm aber auch als Anfrage an unsere eigene Leiterschaft lesen. Wie würden unsere „Schafe" uns beschreiben? Frank, einer unserer führenden Leiter, ist der Inbegriff von Psalm 23. Er sorgt für eine Reihe von Kleingruppen in der Arbeit mit Ehepaaren. Zu seiner Abteilung gehören ungefähr 45 Gruppen und 80 Leiter. Frank hilft seinen Leitern; er „führt" sie zu Ruheplätzen und „leitet" sie „auf gerechten Wegen" – das heißt, er hilft ihnen dabei, im Glauben zu wachsen und neue Stufen der geistlichen Reife zu erklimmen. Und sie tun ihrerseits dasselbe für ihre Gruppen.

Psalm 23 hat Frank auch gelehrt, dass er sich fürsorglich um seine Leiter kümmern muss. Viele von ihnen sind schon etwas älter und daher sind Krankheit und Tod in ihren Familien keine Seltenheit. Als guter Hirte „erfrischt" er auch ihre Seelen. Ob sie nun verletzt sind, schwach, matt – solche Menschen müssen wiederhergestellt werden. Frank weiß, dass es zu seinen Aufgaben gehört, seine Leiter, die an der vordersten Front stehen, wieder aufzurichten, damit sie dasselbe für Hunderte von Mitgliedern ihrer Herde tun können. Und das gelingt ihm, er macht es sogar sehr gut.

Ezechiel gibt uns Anweisungen zum Schafe hüten – Anweisungen darüber, was zu tun und was zu lassen ist. Gott hat seine allerschärfsten Ermahnungen an Hirten gerichtet, die ihr Amt missbrauchten, solche, „die nur an sich selbst denken", die „alle Tiere misshandelten und unterdrückten" (Ezechiel 34,1–10). Gott war über Israels schlechte Hirten sehr zornig und enttäuscht und erklärt sich selbst zum eigentlichen Hirten an ihrer Statt. „ICH selbst will jetzt nach meinen Schafen sehen und mich um sie kümmern" (Ezechiel 34,11). Die Verse 12 bis 31 beschreiben, dass gute Hirten die Herde mit Wahrheit füttern, sie zur Ruhe leiten, die Verlorenen suchen, die Verletzten verbinden, die Verirrten nach Hause bringen und sich um die Kranken kümmern.

Ezechiel gibt eine umfassende Stellenbeschreibung für einen guten Hirten; sie umfasst sowohl Fürsorge als auch Jüngerschaftsschulung. Einem Kleingruppenleiter mag diese Beschreibung überwältigend erscheinen und unerreichbar. Die gute Nachricht ist jedoch, dass die Hirten in *Willow Creek* ihr Hirtenamt nicht allein ausüben. An anderer Stelle in diesem Kapitel werden wir noch beschreiben, wie gemeinsam erbrachter Dienst den Leitern hilft, gute Hirten ihrer Gruppen zu sein.

Jesus beschreibt ebenfalls, wie gute Hirten ihrer Liebe zu den Schafen, die sie so gut kennen, Ausdruck verleihen: „Ich bin der gute Hirte. Der gute Hirte lässt sein Leben für die Schafe […]. Ich bin der gute Hirte und kenne die Meinen, und die Meinen kennen mich, wie mich mein Vater kennt, und ich kenne den Vater. Und ich lasse mein Leben für die Schafe" (Johannes 10,11–15; Luther).

Jesus kannte seine Schafe und wollte, dass sie ihn kennen. Er muss sehr enttäuscht gewesen sein, als Philippus am Vorabend der Kreuzigung noch zu ihm sagte: „Herr, zeige uns den Vater! Mehr brauchen wir nicht" (Johannes 14,8). Jesus antwortete ihm mit einer apologetischen Erläuterung seiner Gottheit. Man kann beinahe hören, wie es ihm das Herz zerreißt: „Nun bin ich so lange mit euch zusammen gewesen, Philippus, und du kennst mich immer noch nicht?" (Johannes 14,9).

Hirten sind Diener, die Opfer für jene bringen, die in ihrer Obhut sind. Kleingruppenleiter und Mentoren bei *Willow Creek* mähen anderen Leuten den Rasen, schauen nach ihren Kindern, sorgen für Transportmöglichkeiten und werfen ihre persönlichen Pläne über den Haufen, um die Bedürfnisse ihrer Herde zu befriedigen. Erst kürzlich rief eine Leiterin eines ihrer Gruppenmitglieder an. Es war einer ihrer regelmäßigen „Kontroll-Anrufe". Als sie fragte: „Wie geht es euch?", antwortete die Frau: „Gut, danke."

„Wirklich?", hakte die Leiterin nach.

„Nun, mein Mann und ich hatten uns darauf gefreut, heute Abend einmal gemeinsam auszugehen – das erste Mal, seit wir vor vier Wochen unser Baby bekommen haben. Leider hat gerade der Babysitter abgesagt, und es ist so gut wie unmöglich, um 6 Uhr Freitagabends jemand anderen zu finden. Wir werden also einfach versuchen, zu Hause ein bisschen Ruhe zu bekommen."

Es wäre in Ordnung gewesen, wenn die Leiterin ihr Mitgefühl ausgedrückt, die Frau ein bisschen getröstet, Gebet angeboten und ihnen dann einen Guten Abend gewünscht hätte. Stattdessen sagte sie: „Ich bin in 30 Minuten da. Macht euch solange zum Ausgehen fein. Ich nehme mir ein paar Stunden Zeit, damit ihr einen schönen Abend miteinander verbringen könnt." Glauben Sie, dass diese Leiterin irgendwelche Probleme damit hat, die Leute zur Teilnahme an ihrer Gruppe zu bewegen? Vermutlich nicht. Wenn das die Art wiedergibt, wie sie sich um ihre Herde kümmert, dann werden die Schafe sich darum drängen, sie zum Hirten zu haben.

Wie Leiter ihre Kleingruppen führen, zeigt, wie sehr sie den Guten Hirten verstehen und lieben. Petrus verleugnete Jesus drei Mal und kehrte zu seinem früheren Beruf als Fischer zurück. Und doch war Jesus barmherzig und setzte ihn wieder in sein Hirtenamt ein. Er erklärte Petrus, dass er seine Liebe zu Jesus am besten dadurch ausdrücken könne, dass er die Herde Jesu hüte und sich um sie kümmere (Johannes 21,15–19). Henri Nouwen hat diesen Sachverhalt folgendermaßen formuliert:

> *„Jesus möchte, dass wir so dienen, wie er gedient hat und dient. Er möchte, dass Petrus seine Schafe hütet und sich um sie kümmert – nicht als der ‚Experte‘, der die Probleme der Mandanten kennt und sich an ihre Lösung macht, sondern als verletzliche Geschwister, wo jeder den anderen kennt und auch selbst gekannt wird, wo jeder sich kümmert und Fürsorge erhält, wo jeder vergibt und Vergebung empfängt, wo jeder liebt und geliebt wird."*[1]

Beachten Sie, dass Jesus die Fürsorge für seine Schafe ganz oben auf der Liste der Dienste ansiedelt, die man für sein Reich erbringen kann. Es macht uns traurig, wenn die Leute sagen: „Ich leite nur eine Kleingruppe." Eine Kleingruppe zu leiten bedeutet, einen ungeheuren Dienst innezuhaben. Wir können noch immer die eindrücklichen Worte unseres Hauptpastors Bill Hybels nachklingen hören, der uns in den vergangenen Jahre wiederholt herausgefordert hat:

> *„Von allen Dingen, die Jesus über den Dienst des Petrus hätte sagen können, entschied er sich für die Aufforderung: ‚Weide meine*

Schafe!' Damit gab er Petrus den Auftrag, Leute zu sammeln, sie in der Schule des Lebens heranzuziehen, sich um sie zu kümmern und sie anzuleiten. Jesus nahm sich in seinem Erdenleben als Mensch Zeit, um eine kleine Herde zu hüten und zu weiden. Und wenn er als Mensch heute unter uns wäre, würde er sich vor allem anderen Zeit nehmen, um eine kleine Herde zu hüten. Ob Sie nun also Kleingruppenleiter sind oder Leiter einer Gruppe von Kleingruppenleitern, immer nehmen Sie sich Zeit, sich um eine kleine Herde zu kümmern – mit anderen Worten: Sie verrichten den Dienst Jesu. Wann immer Sie sich fragen sollten, ob Sie im Reich Gottes Einfluss haben, dann erinnern Sie sich bitte daran, dass das Hüten einer Schafherde genau die Herzenshaltung Gottes widerspiegelt und seinen Plan, die ganze Welt zu retten, deutlich macht."

Petrus lernte von Jesus, was Dienen bedeutet. Jahre später, nachdem er begriffen hatte, dass Jesus Christus ihn vorrangig zum Schafe hüten berufen hatte, ermahnt und ermutigt Petrus die Ältesten:

„Leitet die Gemeinde, die Herde, die euch anvertraut ist, als rechte Hirten! Kümmert euch um sie, nicht, weil es eure Pflicht ist, sondern aus innerem Antrieb, so wie es Gott gefällt. Tut es nicht, um euch zu bereichern, sondern aus Hingabe. In eurem Verantwortungsbereich führt euch nicht als Herren auf, sondern gebt euren Gemeinden ein Vorbild" (1. Petrus 5,2–3).

Bei uns in *Willow Creek* bilden sogar die Ältesten eine Kleingruppe – eine Dienstgruppe –, die sich trifft, um eine besondere Aufgabe zu erfüllen, die aber auch Gemeinschaft miteinander anstrebt. Der oben zitierte Bibelabschnitt formt die Art und den Inhalt ihres Umganges miteinander – ihren Ansatz bei Auseinandersetzungen, ihren Entscheidungsfindungsprozess und ihren Umgang mit Mitarbeitern und anderen. Ebenso wie die Leiter unserer Kleingruppen, sind auch sie Vorbildhirten.

Petrus wusste, dass jeder, der nicht bereit ist zu dienen, auch nicht fähig ist zu leiten. Leiter einer Kleingruppe zu sein erfordert Mut und die Bereitschaft, sich selbstkritisch unter die Lupe zu nehmen; es braucht Sorgfalt und Dienstbereitschaft, Charakterstärke und Fleiß.

Petrus kannte auch den Lohn der Leiterschaft: „Ihr werdet, wenn der oberste Hirte kommt, den Siegeskranz erhalten, der nie verwelkt" (1. Petrus 5,4).

Überall in der Bibel finden wir Beschreibungen guter Leiter – Propheten, Priester, Könige, Apostel, Älteste –, die in irgendeiner Form die Verantwortung eines Hirten hatten. Jakob bezieht sich auf „Gott, der mich wie ein Hirte ein Leben lang geführt und beschützt hat" (Genesis 48,15) und auf „ihn, den Hirten und Fels Israels" (Genesis 49,24; Luther). Aber wie können wir menschliche Hirten auffordern, dem Beispiel des Guten Hirten zu folgen – ohne dass sie vollkommen überfordert wären? Der nächste Abschnitt zeigt, wie man in seinem Hirtenamt Fürsorge und Jüngerschaftsschulung ausgewogen lebt, aber auch eine Antwort auf die Frage findet, wer was wann zu übernehmen hat.

Die Herausforderung des Hirtenamtes: zwischen Fürsorge und Jüngerschaftsschulung

Die Bibel macht deutlich, dass die Fürsorgepflicht eine der Aufgaben des Hirten ist: Verletzte Menschen müssen unterstützt werden, Gebet erhalten und ermutigt werden. Gruppen müssen in der Gemeinschaft füreinander Verantwortung übernehmen. Familien brauchen Unterstützung, die Kranken brauchen Besucher, die für sie da sind, Bedürftige brauchen das Allernotwendigste und mehr. Gleichermaßen trifft zu, dass ein Hirte Jüngerschaft in Gang bringen und unterstützen muss, damit die Menschen zu hingegebenen Jüngern Jesu werden.

Gruppenleiter neigen dazu, ihre Stärken einzusetzen und dabei entweder die Jüngerschaftsschulung oder die Fürsorge stärker zu betonen, ganz nach Gabe und Persönlichkeit. Darin liegt eine Gefahr: Wer das eine betont und das andere weglässt, verzerrt das Hirtenamt, das Gott verlangt. Am besten kann man das anhand einer Skizze zeigen:

Jüngerschaft		
	Lehre	Hirtenamt
	Kontakt	Umsorgen

Fürsorge

Gruppen, die sich hauptsächlich um Jüngerschaft drehen, werden zu „Lehrgruppen" (links oben). Die Mitglieder haben Aufgaben und Ziele; sie prägen sich Bibelstellen ein, studieren die Schlüsselaussagen und verpflichten sich zu Wachstum. Aber sie wissen nicht, wie man sich um jemanden kümmert, der materielle Not leidet, ernsthaft krank ist oder seine Stelle verloren hat.

In Gruppen, die sowohl Jüngerschaft als auch das Umsorgen vernachlässigen, haben die Leute viel Kontakt untereinander, fühlen sich gut aufgehoben, unternehmen viel miteinander und heißen Neue willkommen. Die Beziehungen in solchen Gruppen sind nicht tief genug, als dass man eine Form der Gemeinschaft darauf aufbauen könnte – und solche Gruppen haben wenig oder gar keine Ausrichtung (unten links).

Wenn Gruppen hauptsächlich das Umsorgen betonen, dann fühlen die Menschen sich angenommen und wissen, dass man sich um sie kümmert. Aber sie werden kaum je zu geistlichem Wachstum herausgefordert (unten rechts).

Ausgewogenes Hirtenamt findet dort statt, wo Fürsorge und Jüngerschaft sich die Waage halten und im Gruppenleben gleichermaßen stark entwickelt sind. Dort findet das „Sowohl-als-auch" statt, anstelle eines „Entweder-Oder" (rechts oben).

Wir wollen im Folgenden zunächst die Seite der Fürsorge untersuchen und danach die der Jüngerschaft.

Kleingruppen funktionieren ähnlich wie Krankenhäuser: Sie bieten oder vermitteln alles – von der Ersten Hilfe über Rehabilitations-Maßnahmen bis zu Langzeit-Pflege und Gesundheitslehre.

Erste Hilfe: auf eine Krise reagieren

Ihre Gruppe kann nicht vorhersagen, welche Krise welches Mitglied wann ereilen wird. Unfälle ereignen sich unvorhergesehen, Krankheit schlägt zu, Arbeitsplätze werden von heute auf morgen abgebaut, Freunde und Familienangehörige sterben, und emotionale Traumata können zu jeder Zeit jedes Mitglied der Gruppe betreffen. Aber Ihre Gruppe kann sich verpflichten, die Erste Hilfe zu leisten und für die Notbehandlung zu sorgen.

Als ich (Bill) in Australien eine Konferenz zum Thema Kleingruppen leitete, erzählte man mir eine bemerkenswerte Geschichte. Eine Teilnehmerin erklärte, dass ein Mann aus ihrer Gruppe einen

Herzinfarkt erlitten hatte. „Seine Frau führte zwei Telefonate – mit dem ersten alarmierte sie den Krankenwagen, mit dem zweiten die Kleingruppenleiterin." Sie hielt einen Augenblick inne und fügte dann strahlend hinzu: „… und die Kleingruppe traf zuerst ein!"

Wieder und wieder haben sich solche und ähnliche Ereignisse in unserer Gemeinde abgespielt: Gruppenmitglieder sind oft die Ersten, die man bei einer Krise ruft und auch sehr oft die Ersten, die vor Ort eintreffen und Hand anlegen. Sie machen Krankenhausbesuche, kochen Mahlzeiten, säubern Häuser, die überschwemmt sind, beten mit entlassenen Arbeitnehmern, laden leere Autobatterien auf, geben Geld, wo es dringend benötigt wird, kümmern sich um Kinder und vieles mehr. Kein einzelner Mensch könnte all diese Dienste erbringen. Diese Fähigkeit ist das Vorrecht der Kleingruppen-Gemeinschaft.

Paulus sagte: „Helft einander, eure Lasten zu tragen. So erfüllt ihr das Gesetz, das Christus uns gibt" (Galater 6,2). In der Gemeinschaft tragen wir die schweren Lasten des anderen mit und erleichtern so seine Bürde. Es mag uns daher verwirren, dass Paulus nur ein paar Sätze später sagt: „Jeder wird genug an dem zu tragen haben, was er selbst vor Gott verantworten muss" oder nach Luther: „Denn ein jeder wird seine eigene Last tragen" (Galater 6,5). Das Wort, das Paulus in Vers 2 für „Last" gebraucht, bezeichnet etwas überaus Schweres – einen Felsbrocken beispielsweise. Der Begriff, den er in Vers 5 für die „Bürde" gebraucht, bezeichnet etwas viel Leichteres – wie einen Rucksack. Er sagt, dass wir die Felsbrocken, die manchen zeitweise aufgelegt sind, mittragen sollen, aber seinen Rucksack soll jeder selbst tragen.

Wenn Leiter ihre Gruppe dazu bringen, ein Krankenhaus der Heilung zu werden, dann werden die Mitglieder sich beim Mittragen abwechseln. Leiter sollten nicht die Schmerzen aller Mitglieder auf ihre Schultern nehmen. Notfälle sind natürliche Gelegenheiten, die Fähigkeit zum gegenseitigen Geben und Nehmen zu schulen. Es mag wohl sein, dass auch Menschen außerhalb Ihrer Gruppe Ihnen beispringen, wenn Ihr Haus abbrennt oder jemand in der Familie stirbt. Aber was jemand aus Ihrer kleinen Gemeinschaft für Sie tut, wird Ihnen am Wichtigsten sein. Das Mitglied Ihrer Gruppe wird auch mit hoher Wahrscheinlichkeit länger bei Ihnen aushalten als ein flüchtiger Bekannter.

Rehabilitation: Beim Genesen helfen

Kleingruppen sind in besonderer Weise dafür geeignet, nach dem Ende einer Krise am Ball zu bleiben und weiter Fürsorge zu bieten.

Stefan, ein Mitglied einer Ehepaar-Gruppe, erlebte vier endlose Monate lang mit, wie sein Vater an einer schweren Krankheit starb. Seine Frau und seine Kinder begleiteten ihn, wenn er sich beinahe wöchentlich auf die 650 Kilometer lange Reise zu seinem Elternhaus machte, wo sein kranker Vater lag. In den letzten Wochen versuchte er, seinen Vater davon zu überzeugen, seine Beziehung zu Gott in Ordnung zu bringen. Aber es gab nicht das leiseste Zeichen dafür, dass das Evangelium ihn erreicht hätte.

Viele kamen zu der Beerdigung und viele besuchten Stefan zu Hause. Das hielt eine oder höchstens zwei Wochen an. Aber sie standen Stefan nicht nahe und hielten den Kontakt auch nicht aufrecht. Sie kümmerten sich nicht um ihn, als er das erste Weihnachts- und das erste Osterfest ohne seinen Vater verbrachte. Sie wussten nicht, wann sein Vater Geburtstag hatte. Sie waren nicht da, als Stefans Kinder fragten: „Wo ist Opa?" Bekannte und entfernte Familienangehörige wussten nichts davon, wenn Stefan wieder von schmerzhaften Erinnerungen an den Tod seines Vaters geplagt wurde. Das war nicht ihre Schuld, sondern schlicht die Normalität. Die meisten Menschen konnten nur Soforthilfe leisten – aber Stefans Kleingruppe konnte sehr viel mehr für ihn tun.

Unterstützung muss oft auch von Seelsorgern, Therapeuten oder Ärzten kommen. Aber Kleingruppen können den Menschen beständige Zuneigung und Fürsorge bieten, die eine Tragödie hinter sich haben und sich davon erholen müssen. Monate nachdem Stefans Vater gestorben war, beteten die Mitglieder seiner Kleingruppe noch immer für ihn, trafen sich mit ihm bei ihm zu Hause oder im Büro und ermutigten ihn bei jedem Treffen. Jedes Mal, wenn sich diese Gruppe traf, nahmen sie sich Zeit für seine Bedürfnisse.

Langzeitpflege: Lebenslange Unterstützung

Es gibt eine Gruppe bei *Willow Creek*, die nur aus Menschen mit chronischen psychischen oder physischen Leiden besteht. Ein Mitglied hat Leberkrebs, eine Frau hat ihren Mann verloren, der an einem Hirntumor gestorben ist, ein Dritter leidet an Depressionen, während wieder ein anderer seine Tochter durch einen brutalen Mord verloren hat. Schmerz schafft eine ganz besondere Nähe unter denen, die darunter leiden. Sollten Sie an dieser Aussage irgendwelche Zweifel haben, dann sollten sie einmal eine AA-Gruppe oder eine Trauergruppe besuchen. Manche Mitglieder solcher Gruppen bleiben ein Leben lang Freunde, auch nachdem sie die besondere Situation gemeistert haben, die sie in diese Gruppe geführt hat. Dieses gemeinsame Band führt zu tiefen Freundschaften und sinngebender Gemeinschaft. Vielleicht ist es einfacher, Gemeinschaft in Schmerz oder Versagen zu finden als in Vergnügen oder Erfolg. Parker Palmer hat dies einmal erklärt:

> *„Die Teile unseres Selbst, die keine Monster sind, jene Teile, die wir engelhaft finden, trennen uns von anderen; sie heben uns heraus und führen keinesfalls zu Einheit mit anderen. Diese Teile verleiten uns zu Stolz, weil sie uns ‚anders' sein lassen, weil sie uns nicht mit dem gemeinen Los der Menschheit verbinden. Unsere Erfolge und Ruhmestaten sind nicht das Material, aus dem man Gemeinschaft baut. Aber unsere Sünden und unser Versagen eignen sich dazu. In jenen schwierigen Situationen unseres Lebens müssen wir gegen die menschlichen Gegebenheiten angehen, und wir fangen an, Mitgefühl für all jene zu entwickeln, die mit uns die Grenzen des Lebens teilen."*[2]

Die Grenzen des Lebens teilen. Keiner von uns ist perfekt, wir alle stoßen hin und wieder an unsere Grenzen und auf unsere Unzulänglichkeiten. Sie mögen verschieden groß sein, aber sie sind da. Wir alle brauchen zu bestimmten Zeiten Fürsorge, und daher hat beinahe jede Kleingruppe ein oder zwei Mitglieder, die voller Probleme stecken und deren Hürdenlauf wohl erst mit dem Tod endet. Aus irgendeinem Grund werden sie sich niemals ganz von ihren seelischen oder physischen Verletzungen erholen. Der Gemeindeberater Carl George kennzeichnet in seinem Buch *The Coming Church Revolution* solche Menschen als „Personen mit einem besonderen Bedarf an Zuwendung".

Kein einziger Mensch trägt genügend Ressourcen in sich, um als Einzelkämpfer auf Dauer für einen anderen Menschen zu sorgen. Aber mit der Unterstützung anderer Hilfssysteme können Gruppen solchen Menschen, die besonders viel Zuwendung und Fürsorge brauchen, lebenslang Ermutigung, Gebet und Zuneigung anbieten. Jede kleine Gemeinschaft wird einen Teil der Last übernehmen und das Leiden ein bisschen lindern und sich dabei mit dem, der dieses Bedürfnis hat, liebevoll eins machen.

In der frühen Gemeinde in Jerusalem kam eine Gruppe griechisch sprechender jüdischer Witwen bei der Verteilung der täglichen Essensrationen zu kurz. Diese Frauen waren ganz sicher Menschen, die besonderer Zuwendung und Fürsorge bedurften. Die zwölf Apostel suchten sieben griechische Männer, die „voll Heiligen

Geistes und Weisheit" sein mussten, und machten sie zu einer besonderen Dienstgruppe (Apostelgeschichte 6,3; Luther), um die unmittelbar anliegenden und die Langzeit-Probleme dieser Witwen zu beheben. Die Unterstützung, die diese sieben Griechen den Witwen gaben, befreite die zwölf Apostel von diesem Dienst, und sie konnten sich wieder ganz auf Predigt und Gebet konzentrieren.

Gesundheitspflege

„Wenn Jesus über das Hirtenamt spricht, dann möchte er nicht, dass wir an den mutigen, einsamen Schäfer denken, der sich um eine riesige Herde kümmert, die ihm gehorsam folgt. Auf vielerlei Weise wird an ihm klar, dass man Dienst sowohl in Gemeinschaft als auch in Gegenseitigkeit erfahren kann. […] Tatsächlich merken die Leute, wenn wir gemeinsam dienen, schneller, dass wir nicht im eigenen Namen kommen, sondern im Namen Jesu Christi, der uns gesandt hat."[3]

Viele von uns haben gelernt, dass man als Einzelkämpfer zu dienen hat, auch Henri Nouwen. Die Gemeindeglieder erwarteten von uns Pastoren, dass wir eine Sonderausgabe von Superman zu sein hätten. (Und auch der hat niemals allein gearbeitet. Ohne seine Mitstreiter Jimmy Olson oder Lois Lane würde er in einem Feld aus Kryptonit die Radieschen von unten angucken.) Unglücklicherweise neigte die Kirche dazu, den Pastorendienst mehr an Superman als an Jesus auszurichten. Vom Pastor wurde erwartet, dass dieser eine Mensch – mutig, durchtrainiert, allwissend – allein diene, die „eierlegende Wollmilchsau" sei, die allein alles kann und liefert, die perfekte Kreuzung zwischen einem Einzelkämpfer und einem Alleskönner.

„Schneller als eine Hebamme, die gerade alle Geschwindigkeitsrekorde bricht, mächtiger als der Finanzchef, fähig, das Taufbecken für die Erwachsenen mit einem einzigen Eimer zu füllen – das ist er, der Superpastor. Lehren, predigen, Besuche machen, Seelsorge erteilen, beten, Besuche machen, Komitees vorsitzen, beim Gemeindepicknick eine witzige Rede halten, Besuche machen, im Chor mitsingen, die Organisation ständig neu überdenken, die Finanzen im Blick behalten – dafür wird er bezahlt. Wir wollen in Ehrfurcht danebenstehen und zusehen, wie er sein Leben als ein Trankopfer auf dem Altar der Gemeinde vergießt. Lauf, Pastor, wir stehen hinter dir! Wenn du es nicht schaffst, dann kann es keiner."

Kleingruppen können demselben Fehler verfallen. Sie erwarten manchmal von ihrem Leiter, dass er auf jedes Bedürfnis eingeht, Bibelstunden hält, jedes Mitglied einzeln in der Jüngerschaft begleitet, alle Telefonanrufe erledigt, für alle Kranken betet, Mitglieder, die verzweifelt sind, seelsorgerlich zurückführt, und jedes Treffen zu einem Abenteuer werden lässt. „Hier sehen Sie die Superleiterin. Beobachten Sie, was sie alles erledigt: Sie hält 24 Stunden am Tag Fürbitte, bereitet die Treffen acht Wochen im Voraus vor, besucht täglich jedes Mitglied persönlich und plant den Gruppenkalender für die nächsten vier Jahre." Die Gruppe liebt sie. Jammerschade, dass sie nur vier Monate durchhält ...

Ja, Gruppen brauchen Jüngerschaft und Fürsorge. Aber eine Person alleine kann nicht beides in angemessener Form bieten. Aus diesem Grund vernachlässigen Leiter oft den einen oder anderen Schwerpunkt. Gemeinsamer Dienst und Dienst aneinander sind der einzige Weg, wie eine Gruppe sowohl Fürsorge als auch Jüngerschaft erfahren kann. Gott hat von Anfang an gemeinsamen Dienst im Auge gehabt. Gott hatte niemals vor, dass ein paar Auserwählte allen anderen dienen sollten. Gott hat einen Gemeinschaftsansatz im Blick gehabt, den gemeinsamen Dienst aller, damit alle daran teilhaben könnten und niemand vergessen würde. Gilbert Bilezikian zitiert die Schöpfungsgeschichte als Beispiel dieses Modells Gottes:

„Aus der Geschichte darüber, wie alles anfing, können wir wenigstens drei Lehren ziehen, wie Dienst zu sein hat: Erstens: Gemäß der göttlichen Ordnung aller Dinge erfordert das Herstellen von Gemeinschaft Arbeit und Einsatz. Gemeinschaft ereignet sich nicht einfach. Zweitens: Die Mitglieder der Gemeinschaft sind gemeinsam Diener unter der Autorität Gottes. Sie sind alle Pastoren.[4] Drittens: Die Arbeit an der Gemeinschaft erfordert, dass sich die Mitglieder vollkommen einbringen. Niemand ist ausgeschlossen oder davon befreit, seinen Beitrag zu erbringen. Jeder muss von den Fähigkeiten, die er/sie bekommen hat, etwas beitragen, damit die gemeinsame Aufgabe bewältigt werden kann."[5]

Jüngerschaft: gezielt Vorbild sein

In den Nachrichten war ein Kurzbericht darüber zu sehen, wie die Polizei einen Verwaltungsbeamten verfolgte, der einen geklauten Armeepanzer fuhr. Mit 80 bis 90 Sachen brauste er durch die Straßen der Innenstadt, machte jede Menge Autos platt, verängstigte die Fußgänger, fuhr durch Gebäude und schleifte Straßenschilder mit. Als er eine größere Schnellstraße überqueren wollte, blieb er an der Mauer des Trennstreifens hängen. Polizisten umstellten den Panzer und bereiteten sich auf eine Schießerei vor. Sie hatten alles darangesetzt, ihn zu fangen, weil das Risiko groß und die Lage sehr ernst war.

Was wäre, wenn wir Jesus Christus mit derselben Dringlichkeit, Aufmerksamkeit und Umsicht suchten? Was wäre, wenn wir ebenso Ernst machten mit der Art zu leben, wie es Gottes Wille für uns ist? Die Menschen brauchen verzweifelt Leiter, die ihnen vorleben, wie Jesus gelebt hat, die sich ganz gezielt daranmachen, andere auf das Ziel zuzusteuern, Jesus Christus ähnlich zu werden.

Paulus hat uns folgenden Rat hinterlassen: „Folgt meinem Beispiel, so wie ich dem Beispiel folge, das Christus uns gegeben hat." Er sagte den Einwohnern von Thessaloniki, dass er, Silas und Timotheus sich selbst versorgten, indem sie Zelte machten. „Ich wollte euch ein Beispiel geben, dem ihr nachleben sollt" (2. Thessalonicher 3,9). Das ist doch sehr interessant, oder? Leiter sollen anderen den Weg zeigen, aber man darf nicht von ihnen erwarten, dass sie auch die Schritte für die anderen gehen. Dafür ist jeder Einzelne selbst verantwortlich. Aber oft braucht man noch einen Leiter, der den anderen vorlebt, wie Jesus gelebt hat.

Weil ich (Russ) verschiedenen Leuten beigeordnet bin, die schon lange Christen sind, muss ich besonders viel Zeit und Energie darauf verwenden, ihnen Christus vorzuleben. Hirte für diese Menschen zu sein ist die größte Herausforderung und die stärkste Bereicherung meines geistlichen Lebens. Mein Dienst an ihnen ist unzureichend, wenn es mir nicht gelingt, ihnen jene Dinge vorzuleben, die sie veranlassen, die nächste Stufe ihrer geistlichen Entwicklung anzugehen. Wenn sie nicht an meinem Charakter ablesen können, wie Gott immer weiter am Werk ist, dann tue ich nicht alles, was ich kann, um sie in der Jüngerschaft voranzubringen – weiter in Richtung auf geistliche Neugeburt.

Joe Sotwell, der Präsident des *Moody Bible*-Institutes, hat einmal gesagt: „Es kostet ein verändertes Leben, ein Leben zu ändern." Bevor Sie nicht begriffen haben, wie sehr Wandel in Ihrem Leben das Leben einer anderen Person verwandeln kann, werden Sie kein vollkommener Hirte sein. Am besten werden Sie ein besserer Hirte, indem Sie mehr Zeit mit Jesus verbringen. Seien Sie verfügbar und offen für Gott, damit er Sie durch den Heiligen Geist verändern kann.

Jüngerschaft: gezielt Hirte sein

Wir pflegten viel Zeit mit unseren Leitern zu verbringen und ihnen einzubläuen: „Leben verändern, Leben verändern, Leben verändern." Wir versuchten als Nächstes, unsere Leiterschaft dadurch zu klären, dass wir stattdessen von „geistlicher Prägung" oder „geistlicher Transformation" sprachen. Paulus sprach davon, sich voll für die Gemeinde einzusetzen, „[…] bis Christus in eurer Mitte Gestalt angenommen hat" (Galater 4,19). Unsere „Missionsaussage" in *Willow Creek* besagt, dass wir dazu beitragen wollen, dass aus „kirchendistanzierten Menschen vollkommen hingegebene Nachfolger Christi" werden. Schließlich entwickelten wir einige Grundideen, die den Menschen helfen sollten zu verstehen, was es bedeutet, Christus ähnlich zu werden, also in seiner Nachfolge „vollkommen hingegeben" zu sein. Wir nennen unsere Grundideen „die fünf Gs". Diese fünf Begriffe sollen den Menschen helfen, ihren geistlichen Entwicklungsstand richtig einzustufen.

Gnade

Wir möchten, dass die Menschen die erlösende Gnade erleben, sich ihres Ausmaßes ganz bewusst werden und sie an andere weitergeben. Gnade bedeutet zu verstehen, dass uns unsere Sünde von unserem heiligen Gott trennt, und das stellvertretende Werk Christi anzunehmen, das er zu unseren Gunsten getan hat. Wenn Gruppen erst einmal voll und ganz begreifen, wie überragend und überraschend Gottes Gnade ist, dann muss das ihre Herzen mit Liebe für jene Menschen erfüllen, die der Gnade Gottes noch nicht begegnet sind.

Geistliches Wachstum

Um geistliche Reife zu erlangen, müssen Menschen und ganze Gruppen sich zu Übungen, Beziehungen und Erfahrungen verpflichten, die sie in die Gegenwart Christi führen. Nur so werden Gruppen Christus ähnlicher. Wenn die Gläubigen die geistlichen Übungen nicht nur persönlich aus- und einüben, sondern auch als Gruppe, dann wird das die gesamte Gruppe entzünden, und sie werden viel schneller geistlich wachsen und zu geistlicher Vollmacht gelangen.

Gruppen

Damit beziehen wir uns auf den Grundwert der Gemeinschaft, der sowohl für die Kleingruppen als auch für größere Gruppen gilt, wie wir sie in der gemeinsamen Anbetung Gottes erfahren. Die Menschen müssen auf beiden Gruppen-Ebenen daran teilnehmen, um tatsächlich Christus und einander nahe zu sein. Es ist wunderbar zu beobachten, wie Gruppenmitglieder gemeinsam im Gottesdienst sitzen, wie sie gemeinsam unterrichtet werden und dienen. Sie sind der größeren Gruppe, ihrer Gesamtgemeinde, ebenso verpflichtet wie ihrer Kleingruppe.

Gaben

Als Nachfolger Christi reagieren wir auf das Wirken des Heiligen Geistes in unserem Leben. Wir wachsen geistlich und geben dem Leib etwas zurück; diese Art des Dienens behandelt Paulus in 1. Korinther 12. Gott freut sich, wenn seine Nachfolger mit ihren geistlichen Gaben in seinem Reich, aber auch Menschen außerhalb der Gemeinde dienen.

Gute Haushalterschaft

Am Ende sollten wir so weit gereift sein, dass wir nicht nur das, was wir haben, miteinander teilen, sondern auch unser Sein – unsere Zeit, unsere Talente, Schätze und sogar unser Leben. Paulus schreibt in seinem 1. Brief an die Thessalonicher: „Ich hatte eine solche Zuneigung zu euch, dass ich bereit war, nicht nur Gottes Gute Nachricht mit euch zu teilen, sondern auch mein eigenes Leben. So lieb hatte ich euch gewonnen" (1. Thessalonicher 2,8). Gruppen, die gute Haushalterschaft praktizieren, erinnern sich an die Segnungen Jesu in ihrem eigenen Leben, und sind mehr als bereit, diese mit anderen zu teilen. Sie geben von ihrem Leben und nicht nur innerhalb der eigenen Gemeinde, sondern wo immer sie auf ein Bedürfnis stoßen – vor Ort, national und international.

Wir haben den Wachstumsprozess, der sich im Leben aktiver Mitglieder vollziehen soll, mit den „fünf Gs" gekennzeichnet. Wenn jemand aktives Mitglied werden möchte, dann lassen wir ihn/sie einen Kurs durchlaufen, in dem jedes der „fünf Gs" anhand der Bibel untersucht wird und er/sie sich dem verschreibt. Die Leiter ermutigen die Gruppenmitglieder, sich allen „fünf Gs" zu verpflichten und am Gemeindeleben aktiv teilzunehmen. Weil steigende Zahlen von Gruppenmitgliedern zu aktiven Gemeindegliedern heranwachsen, wird die Jüngerschaftsschulung zu einem zweiseitigen Prozess: Der Leiter bereitet den Prozess vor, aber während dieser abläuft, verpflichtet sich jedes Mitglied zu Wachstum; und jeder ermutigt jeden anderen. Die Transformation, die auf Gemeinschaft gründet, wird zu einem Anliegen der ganzen Gruppe.

Unser „Hirtenplan" ist eines der Werkzeuge, das Gruppen helfen kann, auch dann noch geistlich weiter zu wachsen, wenn sie schon lange der Gemeinde angehören.[6] Der „Hirtenplan" hilft Leitern dabei, bei jedem Mitglied geistliche Inventur zu machen und zu untersuchen, wie weit dieses im Hinblick auf die „fünf Gs" ist. Die Leiter helfen dann den Mitgliedern dabei, Beziehungen aufzubauen, geistliche Bedürfnisse zu identifizieren und einen Plan für ihr künftiges Wachstum aufzustellen. Der Bereich „fünf Gs" fördert in jeder Gruppe die Diskussion und Bewertung ihrer geistlichen Entwicklung, was vierteljährlich stattfinden sollte.

Ich (Russ) habe diesen Plan bei verschiedenen Personen in *Willow Creek* und anderen Gemeinden, in denen Bill und ich lehren und beratend tätig sind, eingesetzt. In einer Gemeinde bat ich die Beteiligten, sich in Zweiergruppen einzuteilen und diesen Plan als Gesprächsleitfaden zu nutzen, um über ihr geistliches Leben zu sprechen. Wenig später merkte ich, dass zwei Männer in ein tiefes Gespräch versunken waren. Daher bat ich sie um ihre Ansicht zu diesem Vorgehen. Ein Mann antwortete: „Wissen Sie, wir beide sind schon seit drei Jahren gemeinsam in der Leitung eines Dienstes und ich habe hier in sechs oder sieben Minuten mehr über meinen Freund gelernt als in all diesen Jahren zusammen." Es ist erstaunlich, was eine gut gestellte Frage bewirken kann.

Sie müssen den „Hirtenplan" nicht so strukturiert einsetzen. Manche Leiter haben ihn im Kopf und wenden ihn mehr spontan und intuitiv an. Wie auch immer – die „fünf Gs" und der „Hirtenplan" zusammen sind ein guter Rahmen, innerhalb dessen man Gruppenmitglieder anspornen kann, sich stärker um geistliches Wachstum zu bemühen. Ob Sie nun unsere Hilfsmittel benutzen, die von anderen auf ihre Bedürfnisse anpassen oder Ihre eigenen entwickeln – auf jeden Fall werden Sie bemerken, dass es unbezahlbar ist, sich für eine Reihe geistlicher Ziele zu entscheiden, die miteinander verwoben sind, und sie ganz gezielt anzusteuern.

Eines möchten wir noch klarstellen. Ein Hirte kann ohne klar festgelegte geistliche Ziele, auf die man sich geeinigt hat, niemanden in der Nachfolge schulen und in die Jüngerschaft begleiten. Lassen Sie das nie aus den Augen und vernachlässigen Sie es nicht. Wenn Sie geistliches Wachstum nur ungenügend umschreiben, bringt das niemals das geistliche Wachstum hervor, das Sie sich für Ihre Gemeindeglieder wünschen. Nicht einmal das Aneinanderreihen vieler Bibelverse wird das bewirken können.

Aber wenn Sie sich die Mühe machen, einen Rahmen zu entwickeln und Ihre Leiter in seiner Anwendung zu schulen, werden Sie am Ende gemeinsam dienen, angeführt von Leitern, die Menschen dabei unterstützen, Jünger Jesu zu werden. Sie werden froh sein, dass Sie sich diese Mühe gemacht haben – und die anderen auch.

Die Waage im Gleichgewicht halten

Ob Sie nun der „Hirte" einer hoch spezialisierten Kleingruppe sind oder einer herkömmlichen Gruppe, in jedem Fall müssen Sie jedem Mitglied Fürsorge und Jüngerschaft anbieten. Dieses ausgewogene Hirtenamt erreichen Sie nur, wenn die Mitglieder Ihrer Gruppe unter Ihrer kompetenten Leiterschaft den Dienst aneinander an- und wahrnehmen.

Wenn die Leute erst einmal anfangen, als Christen zu wachsen, sich geistlich zu entwickeln und ihre Verantwortung im Leib Jesu an- und wahrnehmen, wird ein Mitglied dem anderen Fürsorge entgegenbringen. Wenn Gruppen sich einmal in die Bedürfnisse eines einzelnen Mitgliedes verstrickt haben, dann müssen die Leiter dieses Problem liebevoll, aber direkt angehen und die Gruppe auffordern, sich auf die Bahn geistlichen Wachstums zurückzubegeben. Wenn sich die Gruppe so sehr auf Lehre und Jüngerschaft ausgerichtet hat, dass sie die Bedürfnisse der Mitglieder vernachlässigen, muss der Leiter den Vorgang der gegenseitigen Fürsorge wieder in Gang setzen.

Wenn man in Kleingruppen Gemeinschaft lebt, beginnt das mit authentischen Beziehungen. Wenn die Mitglieder der Gruppe einander kennen, lieben, dienen, ausrüsten, ermahnen, zusammen feiern, dann fangen sie an, sich zu ändern. Die zeitlose biblische Wahrheit trifft dort auf authentisches Leben, wo Leiter Fragen stellen und die Treffen so ausrichten, dass sich dort Schlüsselerlebnisse ergeben, die die Gegenwart und Kraft Gottes erlebbar machen. Wenn die Gemeinschaft sich festigt und Gottes Wahrheit auf das Leben von Sündern trifft, führt das unweigerlich zu Konflikt. Weise Leiter werden ihren Gruppen beistehen, sodass sie Konflikte zu geistlichem Wachstum und zur gemeinsamen Veränderung nutzen – damit sie Christus immer ähnlicher werden. Schließlich wird der Geist des gemeinsamen Dienens sich unter den Mitgliedern entwickeln, während sie einander in Jüngerschaft und Fürsorge weiterhelfen.

Gemeinschaft muss man in einer Haltung der Liebe aufbauen. Schließlich und letztlich bedeutet Gemeinschaft, dass wir unser Leben an den Dienst an anderen ausliefern – nicht mehr und nicht weniger.

„Die wahre Frage lautet nicht: ‚Was können wir einander anbieten?‘, sondern vielmehr: ‚Wer können wir füreinander sein?‘ Zweifellos ist es wunderbar, wenn wir unserem Nachbarn etwas reparieren können, einem Freund einen guten, wichtigen Rat erteilen, einem Kollegen Seelsorge anbieten, einem Patienten Heilung verschaffen oder einem Menschen aus der Gemeinde eine gute Neuigkeit mitteilen können. Aber es gibt ein größeres Geschenk als all das. Es ist das Geschenk unseres Lebens, das all unser Tun durchleuchtet. Je älter ich werde, desto deutlicher wird mir, dass das größte Geschenk, das ich geben kann, in meiner eigenen Lebensfreude besteht, in meinem eigenen inneren Frieden, meinem eigenen Gefühl des Wohlergehens. Wenn ich mich frage: ‚Wer hilft mir am meisten?‘, muss ich mir eingestehen: ‚Der, der bereit ist, sein Leben mit mir zu teilen.‘"[7]

Eine Gemeinde, die aus Kleingruppen aufgebaut ist, wird zu einer Gemeinschaft, die immer größere Gemeinschaften erreicht. Das ist Gottes Wille für sein Volk. Dies ist unser Vorrecht als Leiter. Das macht es die Sache wert, unser Leben hinzugeben, um immer mehr Menschen zu erreichen – Leben um Leben, eines nach dem anderen.

Teil III

Kleingruppenleiter finden, schulen und unterstützen

In einer Pause während einer Kleingruppen-Konferenz, auf der ich (Bill) der Hauptredner war, hörte ich binnen zehn Minuten zwei tragische Geschichten. Zwei Pastoren hatten zwei sehr ähnliche Erfahrungen gemacht. Zwei Jahre zuvor hatten sie in ihren Gemeinden Kleingruppen eingeführt. Als sie die Vision eines Lebens in Kleingruppen entwarfen, fingen die Leute Feuer. Jede der beiden Gemeinden startete schon im ersten Jahr etwa ein Dutzend Kleingruppen. Die Pastoren ermutigten alle Gemeindeglieder, sich Kleingruppen anzuschließen, und diese Arbeit nahm einen kometenhaften Aufstieg. Und doch waren ein Jahr später in beiden Gemeinden nur je drei Kleingruppen übrig. Die beiden Pastoren fragten sich: „Was ist da schief gelaufen? Werden wir uns je erholen? Funktionieren Kleingruppen denn wirklich?"

Mein Herz sank mir in die Hose, als ich diese Berichte hörte. Nur wenige Fragen verrieten mir, was ihr Fehler gewesen war. Ich fragte diese beiden Gemeindeleiter:

- Wie viel Zeit haben Sie dafür aufgewandt, Leiter für diese Gruppen zu finden, zu schulen und zu unterstützen?
- Waren diese Leiter richtig geschult und unterstützt und hatten sie Mentoren?
- Welche Aktivitäten haben Sie angeboten, um sie in diesem Prozess zu inspirieren, zu korrigieren und zu ermutigen?
- Haben die Gemeindeältesten den neuen Leitern vorgelebt, wie eine „richtige" Kleingruppe aussieht?
- Welche Schulungsmittel und -quellen waren für die neuen Leiter verfügbar?

Diese und andere Fragen zeigten, dass die Pastoren übereifrig gewesen waren: Sie waren so erpicht darauf, Kleingruppen ins Leben zu rufen, dass sie einen ungemein wichtigen Schritt ausgelassen hatten. Sie gründeten Kleingruppen, ohne vorher Leiter herangezogen zu haben, die diese Gruppen wirklich hätten leiten können. Vor allem in der Kleingruppen-Arbeit ist Geschwindigkeit oft tödlich. Es ist weit besser, nur wenige gute Gruppen zu haben, mit potenziellen, geschulten Leitern, die sich ein Leben lang einbringen und vervielfachen werden, als 20 Kleingruppen gleichzeitig ins Leben zu rufen, die schon nach einem halben Jahr gescheitert und verschwunden sind.

Gerade wenn Sie in der Startphase der Kleingruppen-Arbeit stehen, werden Sie keinen Erfolg haben, wenn Sie nicht zuallererst mit allem Nachdruck darangehen, gut geschulte Leiter freizusetzen. In diesem Abschnitt werden wir uns darauf konzentrieren, wie man Kleingruppenleiter erkennt und für die Mitarbeit gewinnt (Kapitel 8), wie man sie so schult, dass sie wirksam dienen können (Kapitel 9), und wie man sie mit Mentoren trainiert und unterstützt, damit sie ihren Dienst auch auf Dauer aufrechterhalten können (Kapitel 10). Wenn eine Gemeinde diese Ziele erst einmal erreicht hat, dann ist sie auf dem besten Weg zum Durchstarten.

Kleingruppenleiter
finden und vorbereiten

*„Die Gemeinde ist die Hoffnung der Welt und ihre Zukunft liegt in
den Händen ihrer geistlichen Leiter."*

Bill Hybels

Die Arbeit mit Kleingruppen steht und fällt mit der Qualität ihrer
Leiter. Leiter mit Vision, die die nötigen Fähigkeiten und das nötige
Wissen mitbringen, leidenschaftlich und einfühlsam sind, werden
eine Gruppe zu geistlichem Wachstum führen können, zu gegenseitiger Fürsorge und vom Heiligen Geist bevollmächtigten Dienst.
Leiter nach dem Herzen Gottes werden das Entstehen und die
Entwicklung authentischer Beziehungen fördern und dafür sorgen,
dass Kleingruppen zu Orten werden, an denen die Menschen Wahrheit
und Leben finden. Aber wie findet man solche Leiter und gewinnt
sie für die Mitarbeit?

Bob und Marie haben im Laufe ihrer *Willow Creek*-Laufbahn viele Arten von Gruppen geleitet. Sie müssen nur fünf Minuten mit
ihnen verbringen, und schon werden Sie erkennen, warum die Leute
ihnen nachlaufen und sich ihrer Leiterschaft unterstellen: Sie sprechen jene Menschen an, die geistlich auf Abwege geraten sind,
ermahnen solche, die an einem schädlichen Lebensstil festhalten,
lehren die Niedergeschlagenen mit ermutigenden Worten aus der
Bibel, lieben jene, die Unterstützung brauchen, und fordern künftige
Leiter heraus, ihre Leiterschaftsgaben und -fähigkeiten zu trainieren
und einzusetzen.

Jahrelang sind sie nun schon Mentoren gewesen – in *Willow Creek*
verwenden wir für die Hirten von Kleingruppenleitern den Begriff
„Trainer". Am aufregendsten finden wir, dass Bob und Marie schon
über 70 und noch immer ein Vorbild für „die Herde" sind. Wir waren
dabei, als sie lebensbedrohliche Krankheiten, medizinische Probleme,
herbe Enttäuschungen durch Familienangehörige und persönliche

geistliche Kämpfe überwanden. Selbst wenn sie Anfechtungen durchleben, bemühen sie sich darum, sich ganz nah an Jesus zu halten, und spiegeln auch dann noch sein Wesen wider. Aus diesem Grund folgen die Leute Bob und Marie.

Die Zukunft unserer Arbeit mit Kleingruppen liegt auf den Schultern ihrer Leiter. Jede Gemeinde, auch unsere, hätte gerne Hunderte von Leitern wie Bob und Marie. Mit anderen Worten: Gute Leiter heranzuziehen muss Ihre oberste Priorität werden. Der erste Schritt besteht darin, Kleingruppenleiter zu finden und sie für die Mitarbeit zu gewinnen.

Kleingruppenleiter finden

Wenn Ihre Kleingruppen-Arbeit noch in den Kinderschuhen steckt, dann ist es kinderleicht, Leiter zu finden, weil man aus Bäumen mit vielen reifen Früchten eine reiche Ernte herabschütteln kann. In Ihrer Gemeinde gibt es sicher eine ganze Menge Personen, die sich in anderen Arbeitszweigen bewährt haben. Jetzt müssen Sie nur noch Ihre Vision von der Kleingruppen-Arbeit vor diesen Menschen ausbreiten und sie einladen, indem Sie sich erkundigen, ob sie sich nicht auch eine andere Rolle vorstellen können – nämlich die des Kleingruppenleiters.

Die Herausforderung kommt dann auf Sie zu, wenn Ihre Gemeinde sich in die nächste Phase begibt und sich die Kleingruppen-Arbeit zu entwickeln beginnt. Dann müssen Sie mehr tun, als nur bewährte Leiter zu motivieren. Sie müssen neue „herstellen". Zunächst einmal müssen Sie sich bewusst machen, wonach Sie eigentlich Ausschau halten: Personen, die zur Leitung von Kleingruppen geeignet sind, haben ein paar Kerneigenschaften gemeinsam. Wenn Sie diese identifiziert haben, müssen Sie sich darauf konzentrieren, Leute mit diesen Kerneigenschaften zu suchen. Diese Suche wird jedoch nicht besonders fruchtbar sein, wenn Sie Ihre Suche auf Leute begrenzen, die extrovertiert und von sich überzeugt sind – also auf die Menschen, die man oft als „natürliche Leiter" bezeichnet.

Schauen Sie sich die Kandidaten genau an – wer sind sie?
Im Grunde genügen drei Eigenschaften, um die wesentlichen Voraussetzungen für Kleingruppenleiter festzuhalten – Leidenschaft, Ruf, Erwartungen. Mit „Leidenschaft" bezeichnen wir hier, was der Kandidat am meisten mag, wofür er „Feuer und Flamme" ist. „Ruf"

ist, was andere Leute über diesen Menschen sagen. Das ist wichtig. Drittens werden die Menschen, die geeignet sind, eine Kleingruppe zu leiten, die Erwartungen teilen, die Sie und Ihre Gemeinde an diesen Job stellen.

Leidenschaft
Margaret Guenther definiert diese Form der Leidenschaft in ihrem Buch *The Practice of Prayer*:

> *„Augustinus hat gesagt, dass jeder von uns eine ganz eigene Spiritualität hat, die er* ordo amorie *nannte, eine Reihenfolge dessen, was wir lieben. Was schätzen wir am höchsten? Was wünschen wir am meisten? Was ist der Schatz, den wir im Kern unseres Wesens hüten? Unsere Spiritualität ist nicht, was wir zu glauben bekennen, sondern wie wir unsere Leidenschaften ordnen."*[1]

Menschen, die geeignet sind, eine Leitungsfunktion zu übernehmen, lieben sowohl Gott leidenschaftlich als auch Menschen, die Wahrheit und die Gemeinde. Das größte Geschenk, das ein Leiter einer Kleingruppe machen kann, ist eine Beziehung zu Jesus und die Sehnsucht, ihm immer ähnlicher werden zu wollen. Kleingruppenleiter verfolgen dieses Ziel, Christus ähnlich zu werden, um der „Herde" ein Vorbild zu sein. Aber es ist noch wichtiger, dass ihre *Leidenschaft für Gott* sie an die einzig wahre Quelle geistlichen Lebens anschließt.

Ob ein Leiter introvertiert ist oder extrovertiert, in jedem Fall muss er bzw. sie die *Menschen lieben* und ihnen zugeneigt sein. Sie können keine authentische Beziehung zu Menschen aufbauen, wenn Sie sie nicht von Grund auf lieben, seien sie nun bereits Christen oder noch Suchende. Halten Sie Ausschau nach Kleingruppenleitern, denen klar ist, dass Gott Menschen wichtig sind, und die in ihrem Herzen einen ganz besonderen Platz für jene haben, die Gott suchen.

Leiter *lieben die lebensverändernde Wahrheit von Gottes Wort leidenschaftlich*. Sie tauchen ganz in die Bibel ein, denken darüber nach, meditieren die dort beschriebenen Tugenden und streben danach, die Gebote zu halten. Ohne diese leidenschaftliche Liebe zur Wahrheit werden Leiter niemals in der Lage sein, ihre Gruppenmitglieder darin zu unterstützen, Jesus ähnlich zu werden.

Bill Hybels hat einmal gesagt: „Nichts ist so wunderbar wie die Ortgemeinde, wenn sie nur richtig funktioniert." Gute Kleingruppenleiter sehen die *Gemeinde* als Braut Christi, als den einzigen Weg, auf dem wir den Auftrag Gottes an uns erfüllen können. Sie wissen, dass dem Kleingruppenleiter dabei die Kernaufgabe zukommt, weil gesunde Gemeinden aus kleinen Glaubensgemeinschaften bestehen. Potenzielle Leiter machen die Ortsgemeinde zu einer ihrer Prioritäten und nehmen äußerst aktiv an ihren Diensten und Gottesdiensten teil.

Diese Leidenschaften – zu Gott, Menschen, der Wahrheit und der Gemeinde – kennzeichnen einen Menschen, dessen Herz auf das Herz Gottes ausgerichtet ist. Diese vier Leidenschaften sind wie Ton, der zu einem leidenschaftlichen Leiter geformt werden kann. Sie werden Ihnen helfen, einen Kandidaten auszumachen.

Ruf

Der Ruf eines Kandidaten gibt Hinweise darauf, ob dieser Mensch darauf vorbereitet ist, ein Leiter zu sein. Treffen Sie sich gezielt mit Personen, die einem möglichen Leiter nahe stehen und ihn gut kennen. Befragen Sie sie zu seinem Charakter, seiner Verlässlichkeit und seinem Umgang mit anderen. Erkundigen Sie sich, ob sie dem Betreffenden die Leitung einer Gruppe zutrauen. Finden Sie heraus, ob diese Leute glauben, dass Ihr Kandidat sich zum Leiter entwickeln kann – gibt es Gründe für ihre Bestätigung oder Ablehnung? Hat dieser mögliche Leiter anderen oder der Gemeinde schon effektiv gedient?

Jeder kompetente Arbeitgeber wird sich vom Arbeit Suchenden Zeugnisse vorlegen lassen. Die Gemeinde kann es sich nicht leisten, dies nicht zu tun. Es ist einfach, Zeugnisse zu prüfen, wenn der mögliche Leiter bekannt ist oder bereits seit einer ganzen Weile Teil der Gemeinde ist. Manchmal werden Sie allerdings den Kandidaten auch um Zeugnisse bitten müssen oder um Referenzen durch enge Freunde oder Leute, die ihn aus der Gemeinde kennen.

Seien Sie hartnäckig und gehen Sie diesen Zeugnissen und Beurteilungen nach. Einer unserer Mitarbeiter führte ein Bewerbungsgespräch mit jemandem, der drei Personen nannte, bei denen wir Erkundigungen über ihn einziehen könnten. Der Mitarbeiter rief nur den Erstgenannten an. Die anderen beiden waren Mitarbeiter von *Willow Creek*, von denen er annahm, sie würden den Kandidaten unterstützen. Nachdem wir den Betreffenden in den Kreis der Leiter aufgenommen hatten, erhielt der Mitarbeiter, der das Bewerbungsgespräch geführt hatte, einen Anruf von einem jener *Willow Creek*-Mitarbeiter, die der Kandidat genannt hatte. Der andere Mitarbeiter sagte: „Ich habe gehört, dass ihr diese Person zum Leiter gemacht habt. Ich wünschte, ihr hättet mich vorher angerufen. Er hat ein paar Charakterschwächen, an denen er dringend arbeiten sollte, bevor er ein echter Leiter werden kann."

Es ist erheblich schwerer, jemanden aus der Leiterschaft abzuziehen, als ihn gründlich vorzubereiten und zu schulen. Machen Sie also im Vorfeld Ihre Hausaufgaben.

Erwartungen

Stellen Sie sicher, dass Kandidaten die Erwartungen, die man an Menschen in dieser Position stellt, verstehen und teilen. Wenn Sie darüber diskutieren, was langjährige Mitarbeiter, Älteste oder andere leitende Mitarbeiter in Schlüsselpositionen von einem Kleingruppenleiter erwarten, sollten Sie besonders auf Kandidaten achten, die sich zu aktiver Mitgliedschaft verpflichten, sich geistlicher Autorität unterstellen und danach streben, lebenslang dazuzulernen.

Wir erwarten, dass mögliche Leiter aktive Glieder der Gemeinde werden. Das hilft ihnen bei der Jüngerschaft und uns bei ihrer Prüfung. Wenn Personen sich der *Willow Creek*-Mitgliederschulung unterziehen sowie dem Lehrplan und dem Bestätigungsprozess aussetzen, dann erhalten wir einen guten Einblick in ihre geistliche Entwicklung und ihre Bereitschaft zu wachsen. Da wir erwarten, dass in unseren Kandidaten die Liebe zu Gott und der Gemeinde immer weiter zunimmt, darf man auch erwarten, dass sie hingegeben und engagiert genug sind, Gemeindeglieder zu werden.

Wenn jemand bereit ist, einmal zu prüfen, ob er für die Leitung einer Kleingruppe geeignet wäre, dann unterstellt er sich der geistlichen Autorität von Ältesten und erfahrenen Laienleitern.

> Leiter beweisen, dass ihre Herzenshaltung in Ordnung ist, indem sie sich Menschen unterstellen, die sich um sie kümmern werden, die sie aber auch in die Pflicht nehmen werden – in Bezug auf gemeinsame Ziele und geistliches Wachstum. Verleihen Sie keinem Menschen je geistliche Autorität, der nicht bereit ist, sich selbst geistlicher Autorität zu unterstellen.

„Alles Lernen", hat einmal jemand gesagt, „ist das Ergebnis enttäuschter Erwartungen." Eine Kleingruppe zu leiten ist ein andauerndes, herausforderndes Abenteuer voller enttäuschter Erwartungen. Unter anderem muss ein Leiter in der Lage sein, mit Menschen in

Beziehung zu treten, Konflikte zu regeln, das Wort Gottes immer besser zu verstehen, Visionen lebendig werden zu lassen, auf die Bedürfnisse von Menschen zu reagieren und künftige Leiter zu schulen. Daher ist lebenslanges Lernen zwingend notwendig. Als Leiter müssen Sie darauf bedacht sein, sich in den Bereichen besonders zu schulen, in denen Sie Schwächen oder noch Bedürfnisse haben.

An den richtigen Stellen nach Leitern Ausschau halten
Wo findet man potenzielle neue Leiter? Das ist eine Fangfrage – man sollte nämlich weniger nach Leitern Ausschau halten. Wir fordern Gemeinden dazu auf, nach Menschen zu suchen. Es gibt immer viel mehr verfügbare Menschen als klar hervortretende Leiter. Manche Leiter werden erst durch ein überraschendes Zusammenkommen von Umständen offenbar.

Ich (Bill) leitete mit meiner Frau Gail eine Ehepaargruppe. Ein Paar stieß hinzu. Die Frau war warmherzig, sprach viel, und man bekam bald ein gutes Verhältnis zu ihr. Der Mann, nennen wir ihn mal Ben, war still. In den ersten Monaten meldete er sich höchst selten zu Wort, und selbst dann waren seine Beiträge nur kurz. Er war äußerst aufrichtig, aber scheu. Einmal erzählte er uns, dass es schwierig für ihn sei, sich schnell in Gruppenbeziehungen hineinzubegeben, weil er sich Sorgen darüber machte, dass er alle Aufmerksamkeit auf sich zöge: „Ich habe mit einem Arbeitskollegen am Kaffeeautomaten gesprochen, als ich plötzlich merkte, dass sehr viele Menschen um mich herumstanden und mich anschauten. Ich bekam Angst, denn ich hasse es, wenn mich beim Reden eine ganze Gruppe anstarrt."

Ich hörte Ben zu und dachte: *Diesen Knaben streichen wir von der Liste möglicher künftiger Leiter.* Wenige Monate später fand in der Nähe eine *Promise Keepers*-Konferenz[2] statt, und danach entschlossen sich ein paar Männer, eine Gruppe zu starten, in der Männer einander an ihre Verantwortung in Gesellschaft, Gemeinde und Familie erinnern könnten – vor allem Väter und Ehemänner. Da wir nicht wollten, dass diese Gruppentreffen den Zeiten in die Quere kämen, die diese Männer für ihre Familie reserviert hatten, trafen wir uns Dienstagmorgens vor der Arbeit, um eine Stunde lang zu beten, die Bibel zu studieren und einander aufzubauen. Ben und ich waren Teil dieser Gruppe, aber wir hatten keinen Leiter. Da Gail und ich bereits die Gruppe für Ehepaare leiteten, hatte ich keinerlei Interesse, auch diese Gruppe noch zu leiten, und erkundigte mich: „Wer würde gerne diese Gruppe leiten?" Die klugen, starken, mutigen Männer, die doch gerade von der Konferenz zurückgekommen waren, sagten alle mit Begeisterung: „Ich nicht!" Ich schlug vor, die Leitung wöchentlich zu wechseln, bis sich einer von uns sicher genug fühle, die Gruppe auf Dauer zu leiten.

Als Ben an der Reihe war, versetzte er uns einen Schock. Er hatte sich drei Stunden vorbereitet und leitete eine halbstündige Diskussion, die auch als Seminar zum Thema „Wie leite ich eine Kleingruppe?" geeignet gewesen wäre. Seine Fragen waren klar und blieben nicht an der Oberfläche stecken, sein Feedback war ermutigend, sein Einblick in das Leben der Leute tief. Er lotste uns durch eine lebhafte Diskussion, die Tiefgang hatte, aber auch einen klaren Appell zum Aktivwerden enthielt. Er machte Anmerkungen wie: „Daniel, ich höre, was du sagst, aber ich frage mich, ob da nicht noch etwas Tieferes sitzt, was du eigentlich ausdrücken möchtest. Ich habe den Eindruck, dass du etwas zurückhältst." Einmal bat er uns alle, innezuhalten und einem Mann, der Probleme im Job hatte, die Hände aufzulegen und für ihn zu beten.

Ich rief ihn nach dem Treffen an und fragte ihn, wie er sich fühle. „Nicht schlecht", antwortete er. Nicht schlecht? Das war das beste Kleingruppen-Treffen, das wir seit Monaten gehabt hatten. Am darauf folgenden Dienstag wurde er einstimmig zum Leiter gewählt. Ursprünglich wäre meine Wahl niemals auf Ben gefallen. Aber Gott sah etwas in ihm, das ich nicht erkennen konnte. Als er die Gelegenheit erhielt, die Leitung zu übernehmen, wuchs Ben an der Gelegenheit und erwies sich als ihr gewachsen.

Wo finden wir also Leiter? Manchmal direkt vor unserer Nase. Man findet sie in und unter Mitgliedern von Kleingruppen, Lehrern für die Kinderstunde, Mitgliedern von Komitees, in allen möglichen Diensten und bei Gemeinde-Veranstaltungen und -projekten. Aber es kann vorkommen, dass man sie nicht gleich entdeckt. Bitten Sie Gott, Ihnen dabei zu helfen, potenzielle Leiter zu finden.

Hören Sie auf, nach Leitern Ausschau zu halten, und fangen Sie an, den Menschen zu helfen, sich zu Leitern zu entwickeln.

Kleingruppenleiter für die Mitarbeit gewinnen

Viele Pastoren verstehen es, Dinge anzukündigen, sind aber weit weniger gut darin, Menschen auch wirklich zur Mitarbeit zu gewinnen. Dies setzt voraus, dass Sie gezielt vorgehen, sich persönlich mit möglichen künftigen Leitern treffen und sie zu einem neuen Lebensstil herausfordern.

Man hört manchmal, vieles am Christentum habe mit „Verlassen"
und „Loslassen" zu tun: Abraham verließ seine Heimat, als Gott ihn
in ein neues Land rief. Männer und Frauen verlassen die Familien,
aus denen sie stammen, und verbinden sich aufs Engste mit ihrem
Ehepartner. Jesus Christus beruft uns dazu, die Dinge dieser Welt
hinter uns zu lassen und unser Kreuz auf uns zu nehmen. Ganz ähnlich ist es auch, wenn wir versuchen, Menschen für die Mitarbeit
bei einem Projekt zu gewinnen: Wir müssen sie bitten, manches von
dem, was sie gerade tun, hinter sich zu lassen und Raum und Zeit für
ihre Entwicklung zum Leiter/zur Leiterin zu schaffen.

Wie man die Frage stellt

Da die meisten Menschen der Ansicht sind, sie hätten keine Zeit, werden nur wenige darauf reagieren, wenn Sie in einer Ansprache von
der Kanzel aus fragen, ob jemand sich freiwillig meldet, um einen
Leitungsposten zu übernehmen. Deshalb müssen Sie die Menschen
mit einer Vision vertraut machen und sie dafür begeistern. Sie müssen sie aufrufen, eine eigene Vision ihres Lebens und ihrer Gemeinde
zu entwickeln. Sie wollen doch eine Gemeinde aus Kleingruppen
aufbauen. Diese Gruppen sollen von Leitern geführt werden, die ihre
Berufung kennen und den Wert dieser Arbeit richtig einschätzen, die
sie übernehmen werden. Daher werden Sie die Frage ganz spezifisch
stellen müssen. Zum Prozess der Mitarbeitergewinnung gehören:
1. Bedarf ankündigen, 2. Vision vermitteln, 3. zur Leiterschulung
einladen und 4. die Leute persönlich herausfordern. Auf jeder dieser
Ebenen werden Menschen auf Ihre Einladung eingehen. Je konzentrierter und persönlicher Sie vorgehen, desto mehr Leiter werden Sie
„rekrutieren" können.

Öffentliche Bekanntmachung ist der erste Schritt, mit dem man
Menschen in die Leitung von Kleingruppen ruft. Ihre leitenden
Mitarbeiter beschreiben öffentlich das Konzept der Kleingruppenleiter
und wie sie für ihr Amt vorbereitet werden. Manchmal geschieht das
durch eine Broschüre oder einen Rundbrief. Ein paar wenige werden
schon auf dieser Ebene reagieren und ihre Berufung erkennen. Die
meisten werden jedoch diese Ankündigung als Information auffassen
und nicht als persönlichen Ruf, sich einzubringen.

Der nächste Schritt besteht darin, der Gemeinde die Vision der
Leiterschaft vor Augen zu malen. Dazu erklärt ein Leiter leidenschaftlich die Vision für eine neue Leiterschaft und beschreibt, wie sie die
Gemeinde und letztlich die Welt beeinflussen kann. Der Leiter ent-
wirft eine mutige Vision dafür, wie die Gemeinde aussehen könnte,

wenn jeder angemessen von einem Hirten begleitet würde, auch die Leiter. Dieser Schritt, der alle mit der Vision bekannt macht und hoffentlich ansteckt, wird manche Menschen dazu veranlassen, tieferes Interesse zu bekunden, indem sie eine Antwortkarte ausfüllen oder sich in die Liste derer eintragen, die bereit sind, sich zu engagieren.

Eine Einladung hebt die Dinge auf die nächste Ebene. Sie haben den Dienst öffentlich bekannt gemacht und die Vision beschrieben. Jetzt ist es an der Zeit, dass Sie die Leute persönlich dazu einladen, sich Ihnen anzuschließen. Eine persönliche Einladung ist viel wirksamer als eine schriftliche. Die Menschen können Ihnen ins Herz schauen und mit Ihnen reden, wenn Sie ihnen unter vier oder mehr Augen erklären, warum Sie gerade sie bitten, Sie künftig bei der Leitung dieser Gruppen zu unterstützen. Die Möglichkeit, sich bei einer solchen Einladung persönlich mit Ihnen auseinander zu setzen, hilft vielen Menschen über ihre Bedenken hinweg und eröffnet ihnen den Weg, sich die Möglichkeit der Leiterschaft einmal genauer anzuschauen.

Starke Leiter brauchen hingegen oft noch eine Herausforderung, die unter vier Augen ausgesprochen wird. Sie reagieren in der Regel nicht auf die öffentlichen Bekanntmachungen, nicht auf die Vision, nicht einmal auf die persönliche Einladung. Sie brauchen jemanden, der ihnen gerade in die Augen sieht und sie herausfordert. Oft sind diese Menschen bereits sehr stark eingebunden – in ihrer Arbeit und in der Gemeinde. Sie werden schon lange als Leiter akzeptiert. Man muss einen starken Impuls setzen, um ihre Aufmerksamkeit zu erhalten und sie wissen zu lassen, dass dies etwas ist, das den Einsatz ihres Lebens wirklich wert ist.

Jeder dieser Ansätze, die Frage zu stellen, ist an sich in Ordnung. Sie können sie kombinieren und so besonders wirksam Menschen in den Dienst rufen. Aber hören Sie nicht bei der Bekanntmachung oder dem Vermitteln der Vision auf, denn diese Schritte allein werden nicht genügend Leiter inspirieren und motivieren.

Widerstrebende Leiter sind später oft die besten Leiter

Auch wenn Sie alle vier Schritte durchlaufen haben, werden manche Menschen noch zurückhaltend sein. Sie haben Angst, vielleicht weil sie bereits einmal eine schlechte Erfahrung mit Leiterschaft gemacht haben. Vielleicht hat sie früher schon einmal jemand eingeladen, die Leitung eines Dienstes zu übernehmen, und sie dann eher ausgenutzt, statt sie auszurüsten, zu stärken und zu unterstützen. Es gibt noch viele andere Faktoren, die zu einem Syndrom führen können, das wir den „widerstrebenden Leiter" nennen.

Wie Mose fühlen sich diese Leute inkompetent oder haben eine falsche Auffassung von Leiterschaft.

> „Warum gerade ich? Sie machen wohl Witze! Wer in aller Welt sollte sich mir anvertrauen?!? Was passiert, wenn sich herausstellt, dass ich tatsächlich die Niete bin, für die ich mich halte? Ich habe weder die Fähigkeiten noch die Erfahrung. Sind Sie sicher, dass Sie für den Job sonst niemanden finden können?"

Mose war einer der ersten widerwilligen Leiter in der Bibel. Er führte all diese Einwände an – lesen Sie es nach in Exodus 3 und 4. Und Gott? Er antwortete auf jeden Widerspruch mit der Zusage seiner Gegenwart, Kraft und Versorgung. Es war keine kleine Aufgabe – und sie jagte Mose Angst ein. Wir haben herausgefunden, dass die meisten künftigen Kleingruppenleiter, wenn man sie bittet, eine Gruppe zu leiten, ziemlich ähnlich wie Mose auf die Einladung Gottes reagieren, das Volk Israel zu leiten: „Das soll ja wohl ein Witz sein!"

Mose dachte, seine Sprachstörung schließe ihn von einer Leitungsaufgabe aus. Sie werden bemerken, dass manche Kandidaten sich ähnlich unzulänglich fühlen, sei es in Bezug auf Bibellehre oder Fürsorge für Menschen mit Schmerzen oder Nöten oder Gebet oder durch ein geistliches Leben, das weit vom Ideal entfernt ist. Weil sie sich am Hauptpastor messen oder an einem beliebten Laienleiter, stehen sie ihrem eigenen Potenzial überaus skeptisch gegenüber.

Wie überzeugt man jemanden davon, dass er (oder auch sie) mit Gottes Hilfe eine Gruppe leiten kann? Sicher war Gottes direkte Berufung von Mose einzigartig. Diese Bibelstelle hat nicht den Zweck, ihnen zu demonstrieren, wie man Leiter gewinnt. Aber sie bietet Ihnen wesentliche Einblicke in den Umgang mit widerstrebenden Leitern. Wir möchten im Folgenden ein paar Parallelen ziehen. Wenn Sie sich anschauen, wie Gott die Frage stellte, werden Sie bemerken, dass er 1. eine Beziehung zu Mose aufbaute, 2. einen Bedarf feststellte und dann 3. Unterstützung, Ressourcen und einen Partner für Mose anbot, um den Widerstand des „Hirten" aufzuweichen und gleichzeitig den Bedarf der „Herde" zu befriedigen.

Es ist weit einfacher, widerstrebende Leiter für die Mitarbeit zu gewinnen, wenn Sie eine Beziehung zu ihnen aufgebaut haben und ihnen anbieten, diese immer weiter zu vertiefen. Dann kennen sie Ihr Wesen und Ihre Absichten; dann können sie beobachten, wie Sie in

Ihrem Dienst Entscheidungen fällen und mit anderen Leuten zusammenarbeiten. Gott ging eine Beziehung mit Mose ein, damit er ihm seinen großartigen Plan für das Volk Israel offenbaren konnte. Wenn die Gemeinde nach Leitern Ausschau hält, dann könnte man das missverstehen – als wolle die Gemeinde Menschen in ein weiteres Programm einbinden oder zu noch einem zusätzlichen Treffen auffordern. Aber wenn ein Freund oder naher Verwandter einen Bedarf im Leben des Leibes Christi beschreibt, dann fühlt sich das viel eher an wie eine Einladung, an einem Dienst teilzuhaben.

„Ich habe genau gesehen, wie mein Volk in Ägypten unterdrückt wird", sagt Gott zu Mose (Exodus 3,7). Gott weiß ja sehr genau, dass Mose aus Mitgefühl für Israel außer sich geraten war vor Zorn, als er die Unterdrückung seines Volkes miterlebte, was ihn dann zum Totschlag an einem Sklaventreiber verleitete. Jetzt setzt Gott also bei der gemeinsamen Leidenschaft für das Wohlergehen des Volkes an. Er erläutert, dass die Lage sehr ernst ist. Auch wir müssen leidenschaftlich und präzise erklären, warum unsere Gemeinden Hirten brauchen, die die Leute hüten und sie zur geistlichen Transformation führen. Sagen Sie den Menschen genau, wie und warum die gegenwärtige Struktur ungenügend ist – dass sie nicht sicherstellt, dass jeder Fürsorge erhält, zum Wachstum angeleitet und darin begleitet wird. Erklären Sie es so: „Wir meinen, dass wir ohne Sie die Ziele nicht erreichen können, die Gott dieser Gemeinde gesteckt hat."

„Ich werde dir beistehen", sagt Gott (Exodus 3,12). Es gibt nichts Ermutigenderes in einem Dienst als die Gegenwart Gottes und seiner Kraft. Leitung kann etwas sehr Einsames sein. Sie können beinahe hören, wie Mose vorher gesagt hat: „Du möchtest, dass ich das alles alleine schaffe? Wie kannst du nur erwarten, dass ich auch nur anfange, über deinen Vorschlag nachzudenken?!" Schon früh in dem Gespräch bestätigt Gott, dass er mit Mose sein wird.

> Auch wir müssen unseren künftigen Leitern versichern, dass Gott mit ihnen sein wird – und wir ebenfalls. Es darf keinesfalls so sein, dass wir sie nur mit einer Machete bewaffnet in einen Dschungel schicken und hinterher rufen: „... und haltet uns auf dem Laufenden, damit wir wissen, wie es euch geht!"

Gott gab Mose einen Mitarbeiter und die Kraft, Wunder zu vollbringen. Und ebenso müssen auch widerstrebende Leiter wissen, dass sie die Ressourcen erhalten werden, die sie brauchen – Lehrplan, Schulung, Hilfen zur Weiterentwicklung in der Leiterschaft –, um ihren Dienst erfolgreich auszuführen.

Gott weichte Moses Widerstand gegen seine Einsetzung als Leiter auf, indem er ihm Aaron zur Seite stellte. Paulus reiste oft mit Partnern wie Priscilla und Aquila; Jesus hatte Jünger bei sich, David hatte Jonatan. Jeder Kleingruppenleiter braucht wenigstens einen Partner in seinem Dienst – wir nennen ihn den „Lehrling" oder Azubi-Leiter. Wir möchten, dass kein Leiter jemals allein ist; aus diesem Grund sollten Sie die Leute nicht dazu aufrufen, beim Bau von Gemeinschaft zu helfen, ohne ihnen auch eine Gemeinschaft von Leitern anzubieten.

Widerstrebende Leiter sind später oft die besten Leiter. Der Mensch, der sich Ihnen gegenüber gesträubt hat, mag Ihr nächster Mose sein oder Ihre nächste Ester. Solche Menschen haben Schwierigkeiten, in sich die Person zu erkennen, die Sie in ihnen sehen. Deshalb müssen Sie für sie eine Vision entwickeln, sie daran erinnern, dass Sie sie unterstützen werden, und ihnen versichern, dass sie dringend gebraucht werden und die Gabe der Leiterschaft haben. Es liegt an Ihnen, diese Menschen immer wieder daran zu erinnern, dass Gottes Kraft und Gegenwart jede nur denkbare Unzulänglichkeit aufwiegen wird. Lassen Sie die Leute nicht zu schnell vom Angelhaken. Manipulieren oder zwingen Sie niemanden – aber fordern Sie sie heraus.

Wenn wir wirklich davon überzeugt sind, dass jemand die Herde weiden und begleiten kann, dann müssen wir diesen Menschen fragen und dazu herausfordern, den Schritt zu gehen. Letztlich muss jedoch jeder den Ruf Gottes selbst hören. Wir möchten niemanden bedrängen oder bearbeiten, bis er oder sie klein beigibt. Aber wir werden diese Menschen öfter als nur einmal fragen und über längere Zeit dafür beten, dass Gott an ihnen wirkt. Wenn sie das letztlich erkennen und spüren, dann werden sie die Einladung annehmen und sich uns bei dem großen Abenteuer anschließen.

Die besonders auf Leitung erpichten richtig einschätzen

Viele künftige Leiter sind widerstrebend. Andere Personen haben hingegen nur darauf gewartet, dass Sie auf sie zukommen, und antworten auf unsere Einladung: „Ich hatte schon befürchtet, Sie würden mich niemals fragen." Wenn Sie Menschen beurteilen, die wild darauf sind, die Leitung zu übernehmen, dann vergessen Sie nicht, dass die Motive des Leiters einer Gruppe wichtiger sind als seine Fähigkeiten. Es ist auch viel einfacher, einen möglichen Leiter im

Vorfeld gründlich zu prüfen und zu befragen, als ihm erst die Leitung zu übergeben und dann später wieder zu entziehen. Im Folgenden finden Sie einige Punkte, an denen Vorsicht geboten ist und die Sie beachten sollten, wenn Sie mit Menschen sprechen, die unbedingt die Leitung einer Gruppe übernehmen möchten.

Es ist nicht ungewöhnlich, dass Leute mit viel Energie eine Gruppe starten und dann zu Ihnen kommen und Sie fragen: „Was soll ich als Nächstes tun?" Solche „Starthelfer" kommen in der Regel letzten Endes zurecht. Viele sind übersehen worden oder hatten nicht die Gelegenheit, ihre Leitungsgaben in anderen Arbeitsbereichen einzubringen. Schließlich hören sie, wie Sie Kleingruppenleiterschaft beschreiben, und sind hellauf begeistert, an so etwas teilhaben zu können. Wenn der Eifer angemessen ist und der mögliche Leiter sich als geistlich reif und fähig für die Leitung erweist, dann brauchen Sie ihn nur zu bestätigen.

Probleme entstehen hingegen mit Menschen, die auf die Leitung erpicht sind, weil sie so eigene Schwierigkeiten zu überwinden oder zu übertünchen hoffen. Es kommt ihnen dabei nicht so sehr darauf an, andere zu weiden, zu hüten und zu begleiten. Vielleicht wollen sie eine Gruppe leiten, weil sie in Wahrheit eine Gruppe brauchen, die sich um sie kümmert. Die Gruppe wird dann zum Vorwand, während sie in Wahrheit ihre eigenen Ziele verfolgen und die Aufmerksamkeit auf sich ziehen möchten. Seien Sie besonders auf der Hut vor drei Arten von Menschen, die ganz wild darauf sind, die Leitung einer Gruppe zu übernehmen: 1. die, die sich als Lehrer sehen, 2. die, die sich für gute Seelsorger halten und 3. die, die Strukturen mögen. Diese Menschen können sich durchaus zu guten Leitern entwickeln, aber Sie müssen besonders vorsichtig sein, wenn Sie einen solchen Menschen befragen und zum Leiter machen.

„Lehrer" neigen dazu zu lehren, denn das ist ihre besondere Gabe und das mögen sie besonders gerne. Ein Gruppenleiter, der aber ausschließlich lehrt, predigt die Kleingruppe schließlich nur noch an. Wenn dieser mögliche Leiter jedoch auch mit den Gaben der Einfühlung und des Zuhörens ausgestattet ist, wird er in der Lage sein, Lehre und Fürsorge ausgewogen zu praktizieren und die Gruppe zu einem Ort zu machen, an dem Wahrheit und Leben aufeinander treffen. Sprechen Sie also im Vorfeld mit anderen, die schon einmal erlebt haben, wie dieser Mensch leitet. Leitet er die Diskussion? Ist er ein guter Zuhörer? Neigt diese Person dazu, die Gespräche zu dominieren, ohne Interesse daran zu haben, was die anderen denken, fühlen, meinen?

Seelsorger hingegen wünschen sich nichts mehr, als mitzuerleben, wie sich das Leben anderer ändert. Diese Haltung ist lobenswert. Und dennoch kann es sein, dass der „Seelsorger"-Typ jedes Mitglied der Gruppe als Problem einstuft. Schulen Sie Ihre Leiter darin, nicht mit allen Mitgliedern der Gruppe in eine therapeutische Seelsorge-Beziehung zu treten. Vielmehr besteht doch das Ziel darin, eine kleine Welt zu schaffen, in der jeder sich um den anderen kümmert. Ganz gelegentlich mag es vorkommen, dass der Leiter intensivere therapeutische Verbindungen zu einem einzelnen Gruppenmitglied aufnimmt. Wo aber Bedarf nach Langzeit-Therapie besteht, sollte dieser von einem professionellen Berater gedeckt werden.

Wir bilden unsere Kleingruppenleiter nicht dazu aus, die Rolle des Seelsorgers zu übernehmen. Ihr Hauptaugenmerk sollte auf dem Hirtenamt und dem gemeinsamen Wachstum innerhalb der Gemeinschaft liegen. Wenn Gruppenleiter die Rolle des Seelsorgers übernehmen und sich dabei auf ein oder zwei Gruppenmitglieder konzentrieren, leidet in der Regel die Gruppendynamik.

Manche Menschen, die unbedingt nach der Leitung streben, lieben es wiederum, andere zu beherrschen. Wenn solche Menschen sich in die Leitung einer Kleingruppe einschleichen, neigen sie dazu, Struktur überzubetonen und von ihren Gruppenmitgliedern zu viel zu verlangen. Dieser Leitertyp ist bestrebt, die Leute zu einer Übereinstimmung zu zwingen, statt eine Zusammenarbeit anzustreben und die Gedanken und Gefühle der Gruppe zu berücksichtigen. Dominante Leiter können Abweichler nicht ausstehen. Sie versuchen, Mitgliedern, die anderer Ansicht sind, Schuldgefühle einzujagen: „Ich nehme an, dass all die Mühe, die ich in die Vorbereitung dieses Treffens investiert habe, verlorene Liebesmüh war?" Oder sie lachen abwertend und erklären die Ansicht des anderen für wertlos: „Ich kann mir nicht vorstellen, dass irgendjemand, der auch nur einigermaßen klar im Kopf ist, so etwas denkt."

Verbringen Sie genügend Zeit mit Menschen, die unbedingt nach der Leitung einer Kleingruppe streben. Stellen Sie fest, ob ihre Gaben im Bereich Enthusiasmus, Lehre, Seelsorge, Leidenschaft für Struktur … durch die anderen benötigten Leitungsgaben aufgewogen werden. Wenn diese Tendenzen nicht ausgeglichen werden, kann die Unausgewogenheit die Gemeinschaft in einer Kleingruppe zerstören.

Wenn Sie nun Ihre Gruppenleiter ausfindig gemacht und für die Mitarbeit gewonnen haben, ist es an der Zeit, sie vorzubereiten und zu unterstützen. Dazu werden Sie sie trainieren, ihnen Mentoren zur Seite stellen und Veranstaltungen kreieren, die Ihre Leiter inspirieren.

Kleingruppenleiter schulen

„Die beiden Männer gingen in der Regel zum Park und arbeiteten stundenlang in der Hitze, während die Sonne höher und höher stieg […]. Die Teamkollegen aus der Kreisliga – von denen die meisten talentierter waren als er – schliefen zu der Zeit noch oder faulenzten am Becken des Hotelschwimmbads. Aber er wollte nicht in sein Hotelzimmer zurück. Stattdessen bat er [Michael Jordan] seinen Schlag-Trainer Mike Barnett, ob sie nicht noch ein bisschen arbeiten könnten – ob sie nicht auch noch in der Mittagshitze trainieren könnten."

Bob Greene, *Chicago Tribune*[1]

Sie haben gerade den oben stehenden Artikel über diesen Sportler gelesen. Stellen Sie sich nun vor, Sie träten aus Ihrer Tür, um einen Marathonlauf zu absolvieren, den ersten Ihres Lebens. Vermutlich könnten ein paar wenige von Ihnen das wirklich schaffen, aber die meisten würden doch die 42 Kilometer nicht durchhalten können, wie sehr sie es auch versuchten. Wenn Sie sich jedoch entschließen würden, im nächsten Jahr um dieselbe Zeit einen Marathonlauf zu absolvieren, dann würden Sie heute mit dem Training beginnen – und hätten gute Aussichten, auch die gesamte Strecke zu überstehen.

John Ortberg erinnert uns in *Willow Creek* immer wieder: „Übung verhilft uns dazu, im Laufe der Zeit das zu erreichen, was wir nicht durch einen bloßen Kraftakt und schieren Einsatz aus dem Stand schaffen können." Wie sehr sich ein Mensch mit den besten Absichten abmühen mag – ohne Training wird niemand auch nur das kleinste Projekt dauerhaft durchziehen können.

Die Menschen, die im Bereich des geistlichen Wachstums einige Einsicht gewonnen haben, betonen immer wieder, dass Übung der

Schlüssel ist, nicht Versuche. Training bedeutet, jemandem dazu zu verhelfen, systematisch eine Fertigkeit zu gewinnen. Es ist etwas ganz anderes als Entwicklung, wozu zum Beispiel Charakterentwicklung gehört, zunehmende Verantwortung im Dienst und Fürsorge. Entwicklung ist ein langer Prozess, bei dem jemand behutsam durch die „fünf Gs" eingeführt wird (Gnade, Geistliches Wachstum, Gruppe, Gaben, Gute Haushalterschaft, vgl. Kapitel 7). Training ist demgegenüber viel konzentrierter. Das Training für Kleingruppenleiter muss drei Schlüsselelemente beinhalten: Trainingsziele und wie man sie erreicht, Trainingsrichtlinien und die zu Trainierenden.

Klare Ziele für den Dienst und wie man sie kreativ erreicht

Die Leiter von Kleingruppen können nicht erfolgreich sein, wenn sie nicht wissen, wie ihre Rolle im Einzelnen aussieht. Die folgende Skizze zeigt eine kleine „Arbeitsplatzbeschreibung" eines Kleingruppenleiters.

	Während des Treffens	Zwischen den Treffen
Sammeln Mitglieder und Menschen, die Mitglied werden könnten, zur Gemeinschaft einladen.	Vertrautheit aufbauen, Transparenz, authentische Beziehungen in der Gruppe.	Freundschaften mit Gruppenmitgliedern aufbauen und versuchen, neue Mitglieder einzuladen.
Entwickeln Jeden Menschen einzeln veranlassen, den nächsten Schritt im Bereich geistliches Wachstum oder Leiterschaft zu tun.	Einen Ort schaffen, an dem Wahrheit und Leben aufeinander treffen.	Mitglieder als Hirte begleiten und Azubi-Leiter heranziehen.
Dienen Aufgaben gemeinsam erledigen.	Gelegenheiten zum Dienen planen und vorbereiten.	Alleine außerhalb der Gruppe oder gemeinsam mit ihr dienen.

Wenn Sie Leiter in jeder dieser Fertigkeiten schulen wollen, müssen Sie die verschiedensten Trainingsmethoden anwenden. Seien Sie kreativ und setzen Sie Schulung in einer „Klasse" genauso ein wie Schulung als Azubi durch zunehmend aktivere Beteiligung und durch Training „on the Job", also fortdauernde Schulung durch Leiterschaft.

Zentralisierte Schulung in einer Gruppe – „Klassenzimmer"

Die meisten Gemeinden setzen ausschließlich Gruppen-Schulungen ein, weil es leicht ist, viele Leute in ein Zimmer zu packen, ein Podium zu zaubern und einen Vortrag über Leiterschaft zu halten. Aber das ist Lehre, nicht Training oder Schulung. Wenn ein Treffen in einer „Klasse" die Qualität eines richtigen Trainings haben soll, dann müssen potenzielle Leiter die Gelegenheit erhalten, sich auf Kleingruppen zu verteilen und die Fertigkeiten zu üben, über die gerade gesprochen wurde. Wir hatten einigen Erfolg mit der Formel: „Lehre – zeige – übe – bewerte". *Lehre* über die Fähigkeiten, die sie benötigen, *zeige* ihnen, was diese Fertigkeiten bewirken (entweder im Rollenspiel oder anhand eines kurzen Videofilms), gewähre Raum und Zeit, um diese Fertigkeiten in „Trockenübungen" *einzuüben*, und bitte dann jemanden aus der (Klein-)Gruppe, *Feedback* zu geben. So haben die möglichen Gruppenleiter eine gute Umgebung, in der sie ihre Fertigkeiten ausprobieren können und direkte Rückmeldungen auf ihre Leistung erhalten.

Was man am besten in einer solchen „Klasse" trainieren kann, sind aktives Zuhören, Gesprächsführung, das Ausdenken hilfreicher und interessanter Fragen und Umgang mit Konflikten. Natürlich kann im wirklichen Leben in einer Kleingruppe das alles noch ganz anders verlaufen, aber zumindest vermittelt eine solche Gruppenschulung den neuen Leitern eine Vorstellung davon, was sie in ihren künftigen Gruppen erwarten kann. Es geht also keinesfalls um Schulung im Sinne von Theorie-Vermittlung, sondern vielmehr schon um praktisches Einüben von Leitungsfähigkeiten.

Azubi-Training

Schulung in der Gruppe konzentriert sich ganz auf den Inhalt. Im Gegensatz dazu kreist Azubi-Training ganz um die Beziehungen. Diese Form der Schulung erlaubt es zukünftigen Leitern, einen Kleingruppenleiter bei der Arbeit zu beobachten und in der Praxis immer mehr von ihm zu lernen. Diese Methode verwenden wir in *Willow Creek* am häufigsten und man kann mehr darüber in unserem Buch „Authentische Kleingruppen leiten"[2] nachlesen. Im Grunde geht es bei diesem Prinzip darum, dass ein Gruppenleiter einen Azubi auswählt und anfängt, ihm die Leitung einer Kleingruppe vorzuleben. Die Beziehung zwischen Azubi und Leiter lässt Interaktion zu Fragen der Leiterschaft und zu Methoden bei Kleingruppen zu. Da ein Azubi nach und nach immer mehr Verantwortung in der Leitung der Kleingruppe erhält, kann der Leiter immer genaueres Feedback geben. Den Lehrling dabei zu beobachten, wie er ein Treffen leitet, hilft dem Mentor, den Charakter und das geistliche Wachstum des „Lehrlings" einzuschätzen.

Schulung „on the Job"

Mit dieser Bezeichnung halten wir die Tatsache fest, dass jeder Leiter sich immer weiter in einem Lernprozess befindet, auch wenn er bereits die Leitung einer Gruppe innehat. Menschen, die bereits jahrelang Gruppen geleitet haben, lernen größtenteils durch das eigentliche Leiten selbst. Sie probieren neue Methoden aus und setzen in ihrer Gruppe probeweise neue Fertigkeiten ein. Manchmal kommt ein Mentor (also der Hirte mehrerer Kleingruppenleiter) zu Besuch in die Gruppe, um dem Leiter weitere Rückmeldung zu geben und ihn zu ermutigen. Training „on the Job" kann für solche Leiter eine wunderbare Schulungsmethode sein, die sich Zeit nehmen, um über ihre Leiterschaft nachzudenken, und die andere um konstruktive Kritik zu Dingen bitten, bei denen sie etwas verbessern könnten.

Schulungsrichtlinien

Nachdem ich (Bill) das College absolviert hatte, nahm ich eine Stelle als Vertreter bei „Procter & Gamble" in New York an. Mein Gebiet umfasste ungeeignete und vernachlässigte Kaufhäuser, die die anderen Vertreter mir gnädigerweise überlassen hatten, um mir zu helfen, „einen Fuß in die Tür" zu bekommen. Die meisten dieser Läden lagen in den schlimmsten Gebieten von Brooklyn und Queens. Diese Gebiete waren von Armut gezeichnet, von Graffiti überzogen und brauchten dringend eine Sanierung. In manchen Fällen sahen die Straßen aus wie nach einem Bombenangriff – die Gebäude zerfallen, die Fahrzeuge am Straßenrand stehen gelassen, die Bürgersteige mit Abfall und anderem Unrat übersät. Das alles war weit entfernt von der mit Ebenholz überzogenen Architektur und den protzigen Gebäuden, die die Universität umgaben, von der ich doch gerade gekommen war. (Ich erzähle den Leuten immer wieder gern, dass ich meinen Abschluss in Princeton gemacht, aber meine Ausbildung in New York genossen habe.) Jetzt begriff ich, warum die anderen Vertreter mir diese Läden so gerne überlassen hatten.

Während des einzigen Orientierungstages an der Gebietszentrale in *White Plain* sagte man mir, dass mein Manager mich in der ersten Woche bei meinen Besuchen begleiten würde, alle meine 50 Läden mit mir gemeinsam besuchen und mir dabei die richtige Verkaufstechnik zeigen würde. Er werde „mir den Weg bahnen", mich mit dem Gebiet vertraut machen und mir zeigen, wie man einen Vertrag zum Abschluss bringt. Dann wäre ich dran und er werde mich aus dem Hintergrund begleiten und meine Fortschritte bewerten.

Nach zwei Besuchen bei ziemlich schwierigen Adressen kamen wir am dritten Laden an. Mein Manager sagte zu mir: „Jetzt sind Sie dran. Los, schließen Sie ab."

„Ich? Was soll ich denn sagen?"

Er lächelte. Es war die Art von Lächeln, die sie einem bei der Berg-und-Tal-Bahn zuwerfen, wenn sie sagen: „Keine Angst. Es ist gar nicht so schrecklich hoch." Er übergab mir das Buch mit den Mustern, sagte ein paar ermutigende Worte und hielt mir die Tür auf. „Wir reden darüber, wenn Sie herauskommen", war sein Angebot. Er kam nicht mit hinein und ließ mich allein gehen. Ungelenk betrat ich den Laden und ergab mich in mein Schicksal. Ich sagte mir immer wieder, dass dies genau das war, wofür ich vier Jahre auf dem College zugebracht hatte.

Nach der Tortur verließ ich den Laden, vollkommen verstört. „Haben Sie den Vertrag abgeschlossen?" fragte er.

„Nein", murmelte ich.

„Haben Sie irgendetwas gelernt?" Jetzt klingelte es bei mir. Es ging ihm gar nicht darum, mir beizubringen, wie man Dinge verkauft, sondern es ging ihm um meine Motivation, etwas zu lernen! Ich hatte offenbar seinen beiden Präsentationen zu wenig Aufmerksamkeit gewidmet, denn ich hatte gedacht, es werde wenigstens eine Woche dauern, bevor ich meine eigene Präsentation zu erbringen hatte (wie ich meinte). Aber jetzt hatte er meine volle Aufmerksamkeit. Er meinte daraufhin: „Ich werde die beiden nächsten Besuche bestreiten, dann sind wieder Sie dran." Und danach beobachtete ich ihn mit Argusaugen – jede Bewegung, jede Anmerkung – und merkte mir, was ich konnte. Zwischen den Besuchen bombardierte ich ihn mit Fragen. So bewahrheitete sich ein chinesisches Sprichwort: „Wenn der Schüler bereit ist, erscheint der Lehrer."

Nach dieser Erfahrung fing ich an zu lernen, was effektives

Training ausmacht. Nach sechs Monaten im Verkauf sandte „Procter" uns zu einem Verkaufstraining nach Cincinnati, weil wir erst dann genügend Erfahrungen gesammelt und genügend praktische Vorbildung gewonnen hatten, um das, was wir dort lernen würden, richtig einzuordnen und zu schätzen. Wir hatten genügend Erfahrungen, um zu wissen, dass wir Hilfe brauchten und wo unsere Schwachstellen waren. Und wir waren hundertprozentig motiviert, diese Hilfe anzunehmen.

Kleingruppenleiter zu trainieren ähnelt der gerade beschriebenen Ausbildung, jedenfalls soweit es um den eigentlichen Vorgang der Schulung geht – Vorbild, Übung, Interaktion zwischen Lehrer und Lernendem sind in beiden Fällen wesentliche Komponenten. Als Jesus die Zwölf aussandte (Lukas 9) oder die Siebzig (Lukas 10), hatte er ihnen den Dienst, der vor ihnen lag, vorgelebt. Jetzt erhielten sie die erste Erfahrung in der eigenen Praxis. Im Anschluss daran gab es eine Einsatzbesprechung. Er brachte darin Lehre, sein Vorbild, ihre Erfahrung und das Gespräch zusammen. In seiner Gruppenschulung wurden Erfahrungen ausgetauscht, die man in Diensten erworben hatte, und es wurden Fertigkeiten vorgemacht und eingeübt. Dort wurde biblische Wahrheit vermittelt. Und als „Labor" für das Leiterschaftstraining dienten die veränderten Umstände bei jedem neuen Einsatz. Unser Ansatz ist ähnlich. Im Folgenden finden Sie sieben Leitlinien, die man bei der Schulung der Leiter berücksichtigen sollte, vor allem im „Klassenzimmer"-Kontext.

1. Sprechen Sie echte und unmittelbare Nöte an

Schulung ist dann aufregend und spannend, wenn die Leiter von Kleingruppen Fertigkeiten erlangen oder entdecken, die sie schon bald in ihren eigenen Kleingruppen anwenden können. Geben Sie sich gar nicht erst die Mühe, Leiter mit Fähigkeiten auszustatten, die sie „vielleicht eines Tages einmal" gebrauchen könnten. Erklären Sie ihnen, warum ihnen gerade die Fertigkeiten, die Sie ihnen jetzt nahe bringen, unmittelbar nützen werden. Bleiben Sie in Kontakt, behalten Sie auch die Schwierigkeiten im Auge, die die Leiter gegenwärtig beschäftigen, damit Ihre Schulung unmittelbar auf die Bedürfnisse und Nöte der Leiter eingehen kann.

2. Unterstützen Sie sie mit Bibelversen

Trainingsunternehmungen sehen leicht zu sehr nach Trockenübung aus, wenn wir die Leiter nicht gleichzeitig mit Wahrheiten aus Gottes Wort inspirieren und füttern. Die meisten Fertigkeiten, die man für die Kleingruppe braucht, betreffen Beziehungen, und die Bibel bietet großartigen, wertvollen Rat dazu an, wie man Beziehungen aufbaut und pflegt, wie man mit Konflikten umgeht, Menschen als Hirte begleitet, geistliche Übungen in Menschen verankert und mit Charakter leitet.

3. Schulen Sie durch experimentelle Erfahrungen

Training durch aktive Erfahrung prägt sich am besten ein und wird auch am meisten genossen. Wenn Menschen miteinander Fertigkeiten erproben und einüben, wenn sie von- und miteinander lernen, wächst ihr Vertrauen, und ihre Freundschaft vertieft sich. Beim Lernen durch Erfahrungen geschieht mehr, als dass Einzelne Informationen erhalten; es entwickelt sich eine Lerngemeinschaft. Wenn Sie beispielsweise Menschen beibringen, wie man das Gebet in einer Kleingruppe leitet, dann sollten Sie sicherstellen, dass die Leiter auch wirklich eine Gebetszeit leiten. Miteinander zu beten verschafft ihnen nicht nur Erfahrungen aus erster Hand; es baut auch ein immer stärker werdendes Gemeinschaftsgefühl unter den Leitern auf.

4. Sorgen Sie für Inspiration und Motivation

Schulung sollte niemals langweilig sein. Entwerfen Sie eine Vision und erzählen Sie den Leitern echte Geschichten. Erinnern Sie die Leute daran, warum sie tun, was sie tun, und wie wichtig es für das Reich Gottes ist. Schaffen Sie Freiraum, damit die Leiter sich über ihre eigenen Erfolge oder Probleme austauschen können. Loben Sie ihren Einsatz und ihr Engagement. Verwenden Sie kreative Materialien, ungewöhnliche Dekorationen und Aktivitäten, damit die Lernumgebung fröhlich, locker, spannend und aufregend ist. Die Schulung soll das Herz des lernenden Leiters verändern, damit er immer mehr zum „Vertreter Gottes" wird. Um das zu erreichen, müssen Sie bei der Schulung an seine Seele appellieren – durch Inspiration und Motivation.

5. Halten Sie Hilfsmittel und Ressourcen parat

Die Leiter lieben es, neue Fertigkeiten zu entdecken und einzuüben. Aber noch mehr lieben sie es, wenn man ihnen Hilfsmittel oder Ressourcen zur Verfügung stellt, die ihnen helfen, diese neue Fertigkeit in einem ihrer nächsten Kleingruppentreffen unmittelbar anzuwenden. Spicken Sie Ihre Schulung mit Ideen, wie man mit „Eisbrechern" die Spannung in der Gruppe lösen oder wie man biblische Weisheit vermitteln kann; schildern Sie kreative Übungen, vermitteln Sie Ideen zu Freizeiten, Gedanken zu Gebetsrunden und weitere Hilfsmittel, die die Leiter in ihren Kleingruppen anwenden können. Wenn Sie die Hilfsmittel einfach und benutzerfreundlich gestalten, werden die Leiter den nächsten Schulungstag und die Aktivitäten dabei kaum abwarten können.

6. Bleiben Sie zielgerichtet

Versuchen Sie nie, mehr als eine Fertigkeit pro Treffen zu lehren. Trainieren Sie dann lieber das eine kurz, konzentriert, praktisch und spannend, statt die Leiter mit zwölf verschiedenen Fertigkeiten zu überschütten. Die eigentliche Schulung sollte nicht länger als 20 bis 40 Minuten dauern. Gelegentlich mag es vorkommen, dass es nötig ist, einen gesamten Trainingsvormittag oder einen Schulungstag in der Gemeinde anzuberaumen. Aber zur fortgesetzten Schulung sind kurze Treffen viel besser, die nicht zu viel Zeit beanspruchen. Bedenken Sie, dass diese Leiter ja schon tatsächlich Gruppen leiten und Menschen als Hirten begleiten, also nicht beliebig viel Zeit haben. Beginnen und schließen Sie pünktlich.

7. Übertreiben Sie die Schulung nicht

Wir versuchen einem Prinzip zu folgen, das Carl George uns beigebracht hat: Je mehr man später einem Leiter beisteht, desto weniger Training wird er zu Anfang brauchen. Wenn Sie planen, den Betroffenen die Leitung einer Gruppe ohne jegliche Supervision zu überlassen, dann müssen Sie sie vorher gründlich schulen, bevor Sie ihnen überhaupt eine Kleingruppe überlassen. Wir haben uns für eine mittlere Schulungsintensität am Anfang entschieden. Danach bieten wir den Leitern in ihrem Dienst Supervision an, solange sie diesen innehaben. Auf die Rolle des Mentors werden wir im nächsten Kapitel näher eingehen.

Die Lernenden

Wenn Sie Leiter schulen, können Sie nicht davon ausgehen, dass jeder bei null anfängt. Manche waren bereits in anderen Gemeinden oder Diensten aktiv, wenn Sie zu Ihnen kommen; andere sind tatsächlich noch Anfänger. Priszilla und Aquila waren „Novizen", als Paulus die Zeltmacher traf, aber Timotheus hatte bereits durch seine Mutter und Großmutter sehr viel gelernt und war von ihnen auch seiner Gemeinde sehr empfohlen worden. Er wusste also schon einiges.

So ähnlich sieht es auch bei uns aus. Sie werden merken, dass Leiter sich in drei Kategorien einteilen lassen – Neulinge, Fortgeschrittenere und sehr Erfahrene. Jeder hat eine andere Art der Schulung hinter sich. Im Folgenden einige Vorschläge, wie man diese drei Gruppen trainieren kann.

Unerfahrene Leiter

Wir lieben Neulinge. Die meisten von ihnen können kaum glauben, dass sie diese Fähigkeit besitzen, während Sie schon wissen, dass sie dafür geeignet sind. Diese widerstrebenden Leiter, die wir bereits an anderer Stelle beschrieben haben, benötigen sehr viel Ermutigung und den Freiraum, auch einmal versagen zu können. Sie müssen sie die notwendigen Fertigkeiten lehren, damit sie sich in das Abenteuer der Leitung einer Kleingruppe wagen können. Wenn Sie mit Personen arbeiten, die noch keine Erfahrung in der Leitung haben, sollten Sie Ihr Augenmerk auf die folgenden Bereiche richten:

- die Rolle des Leiters und Hirten,
- wie man Menschen zur Gruppe einlädt,
- Gesprächsführung,
- Leitung einer Gebetszeit,
- Schaffung und Bewahrung von Sicherheit,
- Aufbau eines Teams,
- Vermittlung einer Vision,
- Gruppenvertrag („Verpflichtungserklärung").

Diese für das Zusammenleben in der Gruppe grundlegenden Dinge werden neuen Leitern helfen, Selbstvertrauen aufzubauen. Wir empfehlen, viele dieser genannten Fertigkeiten erst im Gruppen-Rollenspiel vorzumachen und dann einzuüben, entweder an einer „echten" Gruppe oder in einer Trainingseinheit an einer Gruppe aus lernenden Leitern. Neue Leiter möchten gerne ganz praktisch sehen, wie das Gelernte in der Praxis funktioniert, daher sollten die Vorträge kurz und prägnant sein. Auf den Seiten 183–184 finden Sie einen Ablaufplan, der Ihnen zeigt, wie man Leiter darin schulen kann, Fragen zu stellen, die das Gespräch in Gang setzen und halten.

Solche kurzen Übungen vermitteln den neuen Leitern bereits während des Lernens Selbstvertrauen und sie können in einer sicheren Umgebung lernen. „Neue" Leiter müssen nicht zwangsläufig „neue" Gläubige sein, sondern können ebenfalls langjährige Christen sein, vielleicht sogar Menschen, die an ihrem Arbeitsplatz bereits

Vorbereitung

Bilden Sie einen Kreis, der Platz für fünf bis sechs Leute bietet. Bestimmen Sie einen Leiter.

Lehren

„Die Kunst des Fragenstellens" – gute Fragen sind:

- Fragen mit offenem Ende, nicht „geschlossene". Geschlossene Fragen rufen keine Diskussion hervor, weil sie sich in der Regel um Fakten drehen und Tatsachen-Antworten erfordern.
- Fragen, die zur Äußerung von Ansichten und Erfahrungsberichten einladen.

Beispiel

Wählen Sie ein Gruppenmitglied aus und befragen Sie es fünf Minuten lang, indem Sie offene Fragen stellen. Am Ende stellen Sie eine „geschlossene" Frage, damit die anderen sehen können, wie kurz die Antwort darauf ausfällt.

Offene Fragen:

- „Wie sind Sie gerade auf diese Gemeinde gekommen?"
- „Welche Arbeiten verrichten Sie gerne? Erzählen Sie uns mehr darüber."
- „Was ist für Sie das Befriedigendste an Ihrer Rolle als Vater?"
- „Erzählen Sie uns von Ihrer Schulzeit. Was fällt Ihnen spontan dazu ein und warum?"

Geschlossene Fragen:

- „Wie lange brauchen Sie von Ihrem Haus zur Kirche?"
- „Was haben Sie zu Mittag gegessen?"

Praktische Übung

Teilen Sie jedem Leiter einer Gruppe eine offene Frage zu, die er/sie jemandem stellen soll. Die anderen Mitglieder der Gruppe sollen ihren Beitrag zum Gespräch auf Fragen beschränken, die zum Verständnis oder zur Vertiefung des Gesagten beitragen. Geübt werden sollen Wendungen wie: „Sind Sie bereit, uns noch mehr darüber zu erzählen?", „Verstehe ich Sie recht, dass Sie …?", „Ich habe den Eindruck, dass Sie …" oder: „Mit anderen Worten, Sie sind der Ansicht …?", denn solche Reaktionen vertiefen die Diskussion und halten sie am Leben. Bedenken Sie, dass diese Übung anfangs für alle etwas ungewohnt ist, aber nur so kann man deutlich machen, wie wichtig es ist, nicht nur richtig zu fragen, sondern auch genau hinzuhören.

Erfahrungen damit gesammelt haben, wie man andere führt. Aber wenn es darum geht, Kleingruppen zu leiten, sind sie „Neulinge", weil dort die Betonung auf authentischen Beziehungen und authentischer Gemeinschaft liegt. Es ist sehr wahrscheinlich, dass sie ausgesprochen nervös und unsicher sein werden. Kurze, einfache Übungen mit ermutigender Rückmeldung werden ihnen den Start erleichtern.

Fortgeschrittenere Leiter

Wenn Leiter über diese Grundlagen hinausgekommen sind oder bereits in anderer Form Erfahrungen mit Leitung gemacht haben, bei der sie ihre Team- und Gruppenfähigkeiten unter Beweis stellen mussten, dann sind sie wahrscheinlich für fortgeschrittenes Training bereit, um ihre Fähigkeiten und Fertigkeiten zu verfeinern. Diese fortgeschrittenen Leiter haben eine klare Vorstellung von den Grundlagen, meistern aber noch nicht die Kunst, eine Kleingruppe zu leiten. Im Folgenden einige Bereiche, in denen Sie sie eventuell schulen sollten:

- persönliche Begleitung,
- Konfliktmanagement,
- Umgang mit schwierigen Gruppenmitgliedern,

- die Wahrheit sagen,
- Gründung einer neuen Gruppe,
- Ausbildung eines Azubi,
- Fertigkeiten in der Bibelauslegung und -erläuterung,
- Übungen zum geistlichen Wachstum.

Mit solchen Fortgeschrittenen werden Sie meist in Kleinstgruppen von vier bis sechs Personen arbeiten, wo diese sich über ihre Erfahrungen austauschen und Probleme angehen und lösen können. Sie werden auch einige Zeit für Gruppenstunden verwenden müssen, in denen Sie ihnen dabei helfen, ihre Fertigkeiten zu vertiefen, und jeden dieser Leiter auch als Mentor begleiten. Wir kennen einen Pastor, der die Kleinstgruppen mit viel Erfolg zur Schulung sowohl der Leitungsneulinge als auch der fortgeschrittenen Leiter einsetzt: Der Mentor („Coach") und die Kleingruppenleiter treffen sich zur Schulung in Kleinstgruppen. Die Mentoren erhalten so einerseits Einblick in die Probleme und Schwierigkeiten der zu begleitenden Leiter und können andererseits eine Leiter-Gemeinschaft aufbauen, während diese in einer Lern-Gemeinschaft sind. Diese Vorgehensweise festigt auch die Beziehungen zwischen den Gruppenleitern, was auf Dauer wesentlich ist für ihre Entwicklung und die gegenseitige Unterstützung. Wir werden im folgenden Kapitel noch näher auf diese Unterstützung zu sprechen kommen, besonders auch auf die Rolle der Mentoren („Coaches").

Sehr erfahrene Leiter

Wenn Sie es mit sehr erfahrenen Leitern zu tun haben, werden Sie sich bei der Schulung verstärkt auf jene Leiterschaftsgaben und -fähigkeiten konzentrieren, die für Fortgeschrittene wichtig sind, nicht mehr auf die grundlegenden Fragen der Gruppendynamik. Darüber hinaus sind die erfahrenen Leiter bereits in der Lage, anderen Leitern zu helfen, sei es als Schulungsassistent oder sei es – in manchen Fällen – als Mentor. Es geht bei dieser Gruppe weniger um Schulung als um Entwicklung. Hier einige Schulungsbereiche, die für diese Leiter in Frage kommen können – allerdings wird auf dieser Stufe der Entwicklung Ihr Schwerpunkt vor allem dort liegen, wo die anwesenden Leiter Bedarf anmelden und Fortschritte machen möchten:

- andere in Veränderung hineinführen und darin begleiten,
- als Mentor andere Leiter zum Wachstum führen,
- Dienstprojekte und -teams führen,

- Kommunikations- und Lehrfertigkeiten,
- seelsorgerliche Begleitung in Krisen,
- Gruppenevangelisation, Missionseinsätze,
- Austeilung des Abendmahls.

Je weiter die Leiter im Bereich ihrer Fertigkeiten und ihrer eigenen Charakterentwicklung bereits sind, desto wichtiger wird es, sie mit noch erfahreneren Leitern zusammenzubringen, um ihnen ganz gezielt Erfahrungen zu vermitteln: Freizeiten, Leiter-Kleinstgruppen und Kontakt mit „Veteranen" der Gemeindeleitung geben ihnen die Gelegenheit, Fragen zu stellen und noch stärker herausgefordert zu werden als bisher. Wir beide haben schon Gruppen erfahrenster Leiter geleitet, die allein das Ziel hatten, ihren Horizont noch mehr zu erweitern, ihren Verantwortungsbereich zu vergrößern und ihren Charakter weiter zu stärken.

Eine der größten Tragödien im Leben einer Gemeinde und Kirche ist, wenn einem Leiter erlaubt wird, stehen- oder stecken zu bleiben, sich also nicht weiterzuentwickeln. Wenn erfahrene Leiter nicht zu immer neuen Höhen geführt werden und wenn Sie es versäumen, sie noch substanziellere Leitungserfahrungen machen zu lassen und noch wichtigere Beziehungen zu anderen, erfahrenen Leitern zu knüpfen, dann werden Sie sie letztendlich verlieren – an den Arbeitsmarkt, die örtliche Politgemeinde, die Welt des Sportes. Das soll nicht heißen, dass wir Christen auf diesen Gebieten nicht leiten sollten. Wir meinen jedoch, dass die Gemeinde einen Raum zur Verfügung stellen muss, an dem die besten und begabtesten Leiter in sicherer, entspannter Atmosphäre ganz ungewöhnliche Dinge ausprobieren und neue Erfahrungen machen können, so etwas wie ein „Spielzimmer" oder eine „Sportarena". Wenn wir ihnen das nicht bieten, dann tut es jemand anderes – und das Reich Gottes wird eine schmerzliche Einbuße erleiden.

Wenn Sie nun Schulung und Entwicklungsstrategien für Ihre Leiter entwickeln, dann sollten Sie die Unterschiede zwischen den Methoden und Fertigkeiten, die Sie bei den Neulingen, den Fortgeschrittenen und den Erfahrenen anwenden bzw. ihnen vermitteln möchten, im Hinterkopf behalten. Sollten Sie nicht sicher sein, was Sie als Nächstes anbieten sollen, dann fragen Sie sie doch einfach. Die meisten neuen Leiter haben ein ganz gutes Gespür dafür, was ihnen weiterhelfen und sie auf die nächste Ebene bringen wird. Danach sollten Sie die besten Leute aus Ihrer Gemeinde suchen, die sich in diese

Leute investieren können, denn der Dienst der Kleingruppen ist nur so wirksam wie die Qualität und die Reife der Leiter. Sie gründlich zu schulen ist von entscheidender Bedeutung. Aber gleichzeitig müssen sie auch auf Dauer unterstützt und begleitet werden, solange sie im Dienst stehen – und oft darüber hinaus.

Große Sportler brauchen Unterstützung durch Menschen (Trainer, Familie und Freunde) und Erfahrungen (besondere Trainingslager, Übungen, Filme, aber auch Zeit, die sie gemeinsam mit anderen erfahrenen Athleten verbringen, um von ihnen zu lernen), um in Spitzenform zu kommen und zu bleiben. Sollte die Kirche bzw. sollte die Gemeinde nicht genauso viel für die Menschen tun, die mit der geistlichen Entwicklung des Volkes Gottes beauftragt sind – nämlich für die Hirten der Kleingruppen? Wenn wir also jetzt den nächsten Schritt gehen, dann wollen wir bedenken, was Leiter brauchen, um das Rennen gut durchzuhalten und mit Integrität und in Spitzenform gekonnt durchs Ziel zu laufen.

10

Kleingruppenleiter mit Mentoren begleiten und unterstützen

„Der Mensch, der mich mein Leben lang als Mentor begleitet, wird dort einen Fortschritt erkennen, wo andere nur ein langweilig leeres Kerbholz erkennen können. Derselbe Mensch wird in mich investieren, als sei ich der neueste Hit an der Börse. Er wird Tiefenbohrungen vornehmen, auf der Suche nach noch unentdeckten Potenzialen, und Goldschätze finden und heben. Ich wäre ein Spitzensportler, wenn ich einen Trainer hätte. Sie nicht auch? Wer von uns wäre nicht tausendmal besser in allem, vom Zähneputzen bis zum Erstellen eines Lebensplanes, wenn er einen Menschen hätte, der ihm zeigt, wie man Dinge angeht, wo man etwas verbessern könnte und wie groß der Gewinn ist, wenn man es nur richtig anstellt."

Mary Schmich, *Chicago Tribune*

Das beste Hilfsmittel, das Sie einem Kleingruppenleiter an die Hand geben können, ist ein Mensch. Kaum hatte ich (Bill) in einer anderen Gemeinde die Leitung der Kleingruppen-Arbeit übernommen, da begann ich, Bewerbungsgespräche mit potenziellen Leitern zu führen. Fast jeder sagte mir: „Ich fühle mich wie eine Insel. Wenn ich nicht jemanden aus der Gemeindeleitung anrufe, dann nimmt niemand Kontakt zu mir auf." Diese Gemeinde war sich nicht im mindesten des Prinzips bewusst, das Carl George als die „Fürsorgespanne" bezeichnet hat (wir haben uns bereits in Kapitel 3 damit auseinander gesetzt): Für jeden muss gesorgt sein, aber niemand sollte für mehr als zehn Menschen sorgen müssen. Dieses Prinzip trifft auf Leiter von Kleingruppen ebenso zu wie auf Mentoren („Coaches"), die diese Kleingruppenleiter als Hirten begleiten.

In jener Gemeinde fühlten sich die Leiter isoliert. Ich war damals für mehr als 45 Leiter von Kleingruppen verantwortlich und musste bald feststellen, dass ich innerhalb dieser Gruppe vor allem zwei Arten von Menschen besondere Aufmerksamkeit schenkte: denen, die ich richtig mochte, und denen, die sich besonders oft beklagten. Alle anderen wurden ignoriert. Das lag daran, dass die „Fürsorgespanne" viel zu groß war. Auch wenn wir in *Willow Creek* der Ansicht sind, dass Leiter für mehr als zehn Gruppenmitglieder zuständig sein *können*, begrenzen wir doch die Fürsorgespanne der Mentoren auf fünf Kleingruppenleiter.

Die „Fürsorgespanne" eines Mentors

Wenn man versteht, was genau die Rolle des Mentors ist, wie sein Dienst aussieht, welche Stellung er in der Struktur der Gemeinde innehat und wie seine Beziehung zu den einzelnen Leitern ist, dann ist die so viel kleinere „Fürsorgespanne" des Mentoren durchaus sinnvoll. Wenn Sie in Ihrer Gemeinde ein System aufbauen wollen, das die Leiter unterstützt und begleitet, solange sie diesen Dienst innehaben – und auch oft weit darüber hinaus –, werden Sie in der Gemeinde viel beten, besondere Veranstaltungen schaffen und ein ganz eigenes System in Gang setzen müssen.

Die Rolle des Mentors

	in der Kleinstgruppe	beim/nach dem Treffen	unter vier Augen
Entwicklung der Leitungsfähigkeit - Vision entwickeln - Fertigkeiten - Azubis	leiten	bestätigen	Fürsorge
Seelsorge - geistlich - Beziehungs- ebene - persönlich	und	und	und
Unterstützung im Dienst/ Ausweitung des Dienstes - Gebet - Bestätigung - Hilfsmittel	vorleben	beobachten	zur Weiter- entwicklung beitragen

Die Kleingruppenleiter brauchen die Mentoren als Hirten, als Unterstützer, als Beter und Fürbitter, als Leute, die ihnen neue Gedanken und Ideen vermitteln, und manchmal auch als Stimme auf der anderen Seite der Telefonleitung. Das oben stehende Schaubild stellt die ungefähre „Arbeitsplatzbeschreibung" eines Mentors dar.

Die linke Spalte beschreibt die Rolle des Mentors. Wir erwarten von Mentoren, dass sie die Leiter in ihrer Entwicklung unterstützen, indem sie erstens dafür sorgen, dass sie mit dem Nötigen ausgerüstet sind, indem sie sie zweitens in ihrem Wachstum begleiten und indem sie drittens innerhalb der Gruppe nach weiteren möglichen Leitern Ausschau halten. Die Mentoren behalten im Auge, dass jeder Leiter auch nur ein Mensch ist; sie zeigen den Leitern ihre Wertschätzung – nicht primär für ihre Leistungen als Leiter, sondern einfach für den Menschen, der sich hinter dem Dienst verbirgt. Mentoren unterstützen den Dienst jedes Leiters, indem sie ihn mit den nötigen Hilfsmitteln und Ressourcen versorgen – wie einem Lehrplan, weitergehender Schulung, Gebetsunterstützung … Weitere Informationen über die Rolle des Mentors, seine Verantwortung und unterschiedliche Dienst-Methoden können Sie den Büchern „Authentische Kleingruppen leiten" von Bill Donahue und dem „Willow Creek Handbuch" entnehmen.

Der Kontext, in dem der Mentor seinen Dienst leistet

Die oberste Zeile der Tabelle beschreibt die drei wesentlichen Rahmenbedingungen, unter denen ein Mentor „seine" Leiter schult – in der Kleinstgruppe, bei/nach dem Besuch in einer Kleingruppe, im persönlichen Gespräch.

Treffen in der Kleinstgruppe

Die Mentoren versammeln alle „ihre" Kleingruppenleiter in Kleinstgruppen. Die Treffen dauern in der Regel 1 bis 1 ½ Stunden. Der Mentor leitet die Gruppe und lebt dabei den Mitgliedern Leiterschaft vor. Er führt die Leiter so, dass ihr Dienst noch wirksamer wird: Er hilft ihnen, Gemeinschaft zu erleben und aufzubauen und Gedanken mitzuteilen; er sammelt Informationen über die Kleinstgruppe und vermittelt den Leitern Visionen.

Besuche in den Kleingruppen

Mentoren besuchen die Kleingruppen „ihrer" Leiter, um Kommentare abzugeben, Bestätigung zu geben und Verbesserungsvorschläge zu dem zu machen, was ihnen aufgefallen ist. Bestätigung kann zum

Beispiel folgendermaßen aussehen: „Es macht Spaß, bei Ihnen zu sein und Sie alle zu beobachten, wie Sie einander zu mehr geistlichem Wachstum anspornen." Auf diese Weise machen sie die Mitglieder der Gruppe indirekt darauf aufmerksam, wie froh sie sein können, einen so guten Leiter und Hirten zu haben.

Wir empfehlen Mentoren die Beobachtungen, die sie während ihrer Besuche machen, in vier Kategorien einzuteilen – Bemerkungen zu Leitung, Umgebung/Atmosphäre, Azubi, Gruppendynamik.

Zunächst kommt es darauf an, dass der Mentor den Leiter bestätigt. Er prüft, ob die Leiter die Treffen ausreichend vorbereiten und gekonnt leiten, ob sie Hilfsmittel und Ressourcen brauchen und ob sie ihren Gruppenmitgliedern ausgewogene Wertschätzung zeigen. Mit anderen Worten: Bei diesen Besuchen versucht der Mentor herauszufinden, ob die Gemeinde den Leiter irgendwie unterstützen und fördern kann.

Zweitens bewertet der Mentor, ob Umgebung und Atmosphäre positiv auf die erwünschte Lebensveränderung hinwirken. Hat die Gruppe bei ihren Treffen genügend Platz zur Verfügung? Gibt es in dieser Gruppe den Sitzplatz für Neue („leerer Stuhl") oder wird zumindest über die Einrichtung eines solchen diskutiert? Merkt man, dass sich die Mitglieder der Gruppe dort sicher genug fühlen, ihre Gefühle und Ansichten offen auszudrücken, ohne befürchten zu müssen, dass man sie beurteilt oder sogar verurteilt oder ignoriert?

Drittens stellt der Mentor sicher, dass jeder Leiter einen Azubi hat und dass dieser Azubi sich auch beteiligt. Mentoren helfen Leitern, Azubis ausfindig zu machen, sie in ihrer Entwicklung zu unterstützen und einzuschätzen, wie weit sie in der Lage sind, die Gruppe einmal selbst zu leiten.

Schließlich beobachtet der Mentor die Gruppendynamik: Wie gehen die Mitglieder miteinander und wie gehen sie mit Konflikten um? Der Mentor bemerkt, ob Mitglieder einfach Fragen beantworten oder ob sie sich tatsächlich in Gespräche vertiefen, in denen es nicht nur um biblische Wahrheit, sondern auch um deren Alltagsrelevanz geht.

Treffen unter vier Augen

Mentoren verbringen einen Großteil der Zeit, die sie auf ihre Kleingruppenleiter verwenden, im persönlichen Gespräch mit ihnen. Sie verwenden diese Treffen darauf, die Schwierigkeiten und Bedürfnisse jedes Kleingruppenleiters in Erfahrung zu bringen und nach Kräften zu lindern bzw. zu befriedigen. Außerdem versuchen sie in solchen

Treffen, den Leiter dabei zu unterstützen, den nächsten Schritt in seiner geistlichen Entwicklung zu tun. Darüber hinaus ist es sehr wichtig, dass wir uns für die Leiter nicht nur in ihrer Funktion als leitende Mitarbeiter interessieren, sondern auch als Menschen. Mentoren sprechen daher mit Leitern ebenfalls über deren Familienleben, Beziehungen am Arbeitsplatz, persönliche Ziele, aber auch über ihre Schwierigkeiten in der Nachfolge Jesu. Wenn ein Mentor den „Hirtenplan" einsetzt, der ja die „fünf Gs" berücksichtigt[1], wird ihm dies erleichtern, die nächsten Schritte zu erkennen, die beide in ihrem geistlichen Wachstum und zur Vertiefung ihrer Beziehung unternehmen müssen.

Eine Struktur für den Einsatz von Mentoren aufbauen

Es ist einfacher, die Rolle und Funktion eines Mentors in der Theorie zu verstehen, als diese Schlüsselfiguren auch tatsächlich in die Gemeindestruktur einzubauen. Don Neff, einer der Leiter des *Worship Centre* in Lancaster, Pennsylvania, hat einmal gesagt: „Eine Mentoren-Struktur einzurichten ist eine der größten Herausforderungen für die Kleingruppen-Arbeit."

Das *Worship Centre* zieht wöchentlich 2 650 Gottesdienstbesucher an, die auf 152 Kleingruppen verteilt sind, über die wiederum 60 Abteilungsleiter (Mentoren) wachen. Über 75 Prozent der Gemeindeglieder sind in Kleingruppen eingebunden. Diese Struktur baut auf einem Hauszellenmodell auf, das von dem Koreaner Dr. David Cho entworfen wurde. 1984 waren die Leiter dieser Gemeinde und einige Laienälteste nach Korea gefahren, um dort an einem Seminar teilzunehmen. Auf diesem Seminar ging es um das Thema Gemeindewachstum, das durch eine Umstellung auf Kleingruppen herbeigeführt werden sollte, wie Dr. Cho es in seiner Gemeinde auch getan hatte.

„Wir haben niemals einen radikalen Einschnitt herbeigeführt", sagte Neff. „Wir haben die Kleingruppen einfach zusätzlich gestartet und Gott schenkte uns Erfolg." Wie in der koreanischen Modellgemeinde sind die Kleingruppen in der Gemeinde, zu der Neff gehört, geografisch geordnet. Die Gemeinde versucht, Chos Grundprinzipien umzusetzen, ein Bedürfnis zu orten und zu befriedigen, und gleichzeitig Leiter zu schulen, damit die Gruppen sich vervielfältigen können.

„Wir nahmen uns die bestehenden Kleingruppen vor und vermittelten ihnen die Vision, die wir nach Hause mitgebracht hatten", erzählt Neff. „Schon zu Beginn dieses Prozesses klinkten die Leute sich ein und erkannten die Notwendigkeit der Umstellung. Die Arbeit wuchs langsam, aber sicher – ein natürlicher Vorgang, wobei die meisten Gruppen aus den existierenden hervorgingen. Da die allermeisten Gruppen in unserem Wohnzimmer entstanden, haben wir auch dort die meisten Mentoren gefunden."

Einige der 60 Mentoren (die in der Gemeinde „Abteilungsleiter" heißen) dienen mit ihrem Ehepartner zusammen, sodass es dort in Wirklichkeit 39 Mentoren-„Einheiten" gibt. Jeder Mentor oder jedes Mentorenpaar kümmert sich um drei bis sechs Gruppenleiter – und ist zuständig für die Ausübung des Hirtenamtes und für die Unterstützung der Gruppen und fungiert als Kontaktperson, wenn es um Seelsorge durch die Gemeinde geht.

Wenn man Menschen motivieren möchte, ein Mentorenamt zu übernehmen, dann muss man ihnen eine entsprechende Vision vermitteln. „Die Mentoren spielen eine entscheidende Rolle", sagt Neff. „Wir rufen sie zusammen und sagen ihnen: ‚Wir haben beobachtet, was ihr als Leiter so tut, und wir glauben, dass ihr diese Rolle erfolgreich ausfüllen könnt.' Wir zeigen ihnen dann, wie es weitergeht, und helfen ihnen, im Glauben zu wachsen und ihr geistliches Leben zu vertiefen."

Neff macht jeden seiner angehenden Mentoren in der Regel zum Mentor von zwei weiteren Gruppen, während er die eigene Gruppe noch eine Weile leitet. „Das vereinfacht ihnen den Übergang und sie wachsen besser in ihre neue Rolle hinein", meint er. „Gute Leiter müssen nicht unbedingt gute Mentoren sein. Wenn man es langsam angeht, dann zeigt sich, wer ein guter Mentor werden wird." Mentoren („Coaches", „Abteilungsleiter") absolvieren ein sechsstündiges Training und treffen sich danach jeden Monat mit ihren Kleingruppenleitern. Um die Mentoren („Coaches" in *Willow Creek,* „Abteilungsleiter" im *Worship Centre*) kümmern sich dann wiederum „Sektionsleiter" (*Willow Creek*) oder „Bereichsleiter" (*Worship Centre*).

Fünf Bereichsleiter seiner Gemeinde haben an einer Kleingruppen-Konferenz der *Willow Creek Association* teilgenommen. Neff sagt, sie seien „vollkommen verändert zurückgekommen. Es hat sie nachhaltig beeinflusst. Wir hatten keine Vorbilder mehr, denen wir hätten nacheifern können. Wir schätzten wirklich sehr, was uns Dr. Cho beigebracht hat, aber manche Dinge lassen sich nicht auf unsere Kultur übertragen. Diese Konferenz hat uns jedoch geholfen, die nächste Stufe in unserer Entwicklung zu erklimmen."

Die Beziehung von Mentor und Leiter

Mentoren sind Menschen, die „ihren" leitenden Mitarbeitern ihre Wertschätzung und Liebe zeigen. Liebe ist die alles überragende Tugend der Christen und sie muss sich auch zwischen Leitern zeigen. Ein Leiter, der geliebt wird, ist jemand, der einen guten Dienst sehr lange aufrechterhalten kann. Ein Leiter, dem man Wertschätzung entgegenbringt, wird auf Korrektur und Schulung positiv reagieren. Ein Leiter, der geliebt wird, kann mehr Verantwortung erhalten, weil er damit angemessen umgehen kann. Insofern besteht das Verhältnis zwischen Mentor und Leiter großenteils aus Worten und Taten, die Wertschätzung und Liebe vermitteln.

Viele Leuten fragen uns: „Wie macht ihr das, dass so viele Leiter zu so vielen Veranstaltungen kommen? Ihr erwartet, dass sie ihre Kleingruppe leiten, zum Gottesdienst kommen – und dann noch an Schulungsveranstaltungen oder Freizeiten teilnehmen. Wie schafft ihr das, dass sie wirklich auftauchen?" Wir „lieben" sie dorthin. Das ist das einzig authentische „Verfahren", wie man das schafft. Wenn Leitern bewusst ist, dass sie für Sie weit mehr sind als die Funktion, die sie erfüllen, dann wird viel geschehen, das die Sache Christi weiterbringt.

Manchmal bedeutet „lieben" aber auch, jemanden zu bitten, die Leitung einer Gruppe niederzulegen. Das sind keinesfalls glückliche Augenblicke, aber sie tragen in der Regel gute Früchte. Ob es wegen moralischer Verfehlung geschehen muss oder aus Gründen der „Leistung" – einen Leiter seines Amtes zu entheben ist immer schmerzhaft. Es muss jedoch sein, damit der Leib gesund bleibt oder heilen kann. Rufen Sie sich bitte ins Gedächtnis, dass Leiter geistliche Autorität erhalten haben, damit sie die Herde als Hirte zum Wachstum führen und geleiten. Wenn wir zulassen, dass problematische Leiter weiter vorangehen, dann erlauben wir gleichzeitig, dass sie dem Leib Christi Schaden zufügen. Wir handhaben diesen Konflikt so, wie wir jeden Konflikt in einer Kleingruppe handhaben (wie, das haben wir in Kapitel 6 beschrieben).

Darüber hinaus sollte niemals nur ein einzelner Mentor allein jemandem die Leitung entziehen. Mitarbeiter und Älteste müssen in diesen Vorgang einbezogen werden. Wenn alle zusammenarbeiten, in Barmherzigkeit, Liebe und mit dem Versprechen der Wieder-

einsetzung und der Unterstützung, kann ein Leiter sein Amt nieder-
legen und für einen künftigen Dienst geschult, begleitet und darauf
hingeführt werden. Seien Sie dabei direkt, klar und barmherzig, denn
Sie wollen es ja allen Beteiligten ermöglichen, die Sache gefühlsmäßig abzuschließen. Wenn ein Leiter im Laufe der Zeit Korrektur
akzeptiert und aus seinen Fehlern lernt, dann haben Sie einen Bruder
bzw. eine Schwester gewonnen.

Leiter ein „Dienstleben" lang unterstützen und begleiten

Leiter sind der Schlüssel, wenn Sie eine Kleingruppen-Gemeinde
aufbauen wollen. Sie werden die Gruppen dabei unterstützen, authentische Beziehungen aufzubauen, werden den Menschen helfen,
einander lebensverändernde Wahrheiten zu sagen, werden sie lehren
und ihnen vorleben, wie man Konflikte konstruktiv löst, und die
Menschen zu gegenseitiger Fürsorge und zum Wachstum geleiten.
Ohne Leiter wird die gesamte Arbeit auseinander fallen und kein
Ziel haben. Leiter tragen die Werte und die Vision der Gemeinde
weiter; sie übermitteln der Gemeinde eine konsequent durchgehalte-
ne Botschaft.

Die Unterstützung für Ihre leitenden Mitarbeiter sollte so vielfäl-
tig wie möglich sein, damit sie so lange wie irgend möglich ihren
Dienst wirksam versehen können. Wir haben bereits an anderer Stelle
erklärt, dass die beste Unterstützung darin besteht, jedem von ihnen
einen Mentoren an die Seite zu stellen. Aber wir können Leiter
in ihrem Dienst auch durch Gebet, zielgerichtete Veranstaltungen
und Arbeitsmaterialien unterstützen, und darauf möchten wir im
Folgenden näher eingehen.

Unterstützung durch Gebet

Johannes berichtet im 17. Kapitel seines Evangeliums davon, dass
Jesus seinen Vater für die künftigen Leiter um Schutz „vor dem
Bösen" bittet (Vers 15). Jesus war sich bewusst, dass der Aufbau einer
Gemeinschaft ein geistlicher Kampf ist. Wenn Sie Ihre Kleingruppen-
Gemeinde aufbauen, dann breiten Sie dadurch das Reich Gottes aus
und bringen seine Bürger in ihrer Entwicklung voran. Aber Sie müs-
sen ebenfalls damit rechnen, dass Sie den Feind herausfordern, der
Ihnen in vorderster Front entgegentreten wird. Daher betete Jesus
für seine Leiter und dasselbe sollten auch wir tun. In *Willow Creek*

beten die Mentoren und die fest angestellte Mitarbeiterschaft für die Leiter, und darin investieren wir viel Zeit und Energie – vor allem für das Gebet für unsere Gemeindeleiter. Wir sind fest davon überzeugt, dass diese Fürbitte für Leiter aller Bereiche diese gestärkt und bewahrt hat. Ungezählte geistliche Kämpfe sind vermutlich schon gewonnen worden, ohne dass auch nur ein einziges *Willow Creek*-Mitglied sich dessen bewusst gewesen wäre. Gebet unterstützt, bewahrt und bahnt künftigen Diensten den Weg. Es legt Gott die Leiter ans Herz, und sie lernen, seine Ziele zu kennen und zu erkennen, und folgen ihm in Demut und Zuversicht.

Als ich (Bill) in *Willow Creek* unsere Kleingruppen-Arbeit für Ehepaare leitete, erlebte einer unserer Mentoren einen gehörigen Wachstumsschub in seiner Abteilung. Die Mentoren-Kleinstgruppe war von zwei Gruppen auf acht angewachsen, was weit über der normalen Größe liegt. Jede Gruppe hatte einen Azubi-Leiter, und der Mentor lehrte und half einem eigenen Azubi, sich zum Mentor zu entwickeln. Ich nahm ihn eines Tages in der Gemeinde beiseite und fragte ihn: „Mit welcher Strategie bringst du all diese Leiter hervor? Dieser Vorgang dauert bei anderen Mentoren so viel länger, als du zu brauchen scheinst."

Seine Antwort war einfach und kam geradeaus: „Gebet", sagte er. „Ich bete, dass Gott mir die geistlichen Augen gibt, zukünftige Leiter oder Menschen zu erkennen, die das Potenzial dazu haben. Dann gehe ich auf sie zu und fange an, mit ihnen zu arbeiten."

„Schön", antwortete ich, „aber was ist deine Strategie?" Er muss gedacht haben, ich sei ein geistlicher Zwerg, weil er zum zweiten Mal sagte: „Gebet ist meine Strategie." Wie Sie sehen, war das keine Sternstunde meiner Leiterschaft, aber eine der seinen.

> Er hatte eines verstanden: Leiter zu fördern ist ein geistlicher Kampf; und er hatte erfahren, wie man diesen Kampf führt. Er betete um neue Leiter, und er betete für die Leiter, die er schon hatte. Er wusste, dass numerisches Wachstum möglich ist, ohne dass die Betreffenden auch geistlich wachsen – und dass nur anhaltendes Gebet beides gemeinsam bewirken kann.

Unterstützung durch zielgerichtete Veranstaltungen

Sie sollten Ihre leitenden Mitarbeiter während des ganzen Jahres immer wieder zu Treffen einladen, in denen sie sich gegenseitig ermutigen und unterstützen können und Lehre, geistliche und geistige „Nahrung" und Visionsvermittlung erhalten. In *Willow Creek* gibt es unterschiedliche Arten und Anzahlen solcher Veranstaltungen, weil jede Jahreszeit und jede Phase der Arbeit einen anderen Schwerpunkt nötig machen. Wir haben bereits die folgenden Arten von unterstützenden Veranstaltungen angeboten:

Jährliche Freizeit für Kleingruppenleiter
Eine der Veranstaltungen in *Willow Creek*, die keiner missen möchte, ist unsere Jahres-Retraite. Da wir ja nun eine Gemeinde aus Kleingruppen sind, nehmen alle leitenden Mitarbeiter daran teil – von fest angestellten Mitarbeitern, Mentoren, Ältesten aus der Kleingruppen-Arbeit, bis hin zu Mitgliedern des Gemeindevorstandes. Diese Freizeiten sollen vor allem erreichen, dass jeder inspiriert wird und eine klarere Vision für die nächste „Arbeitsperiode" erhält. Aus diesem Grund sind diese Freizeiten eine Mischung aus Massenveranstaltung, die Spaß macht, Gottesdienstfeier, Lehre und Teambildung.

Wir verbringen etwa 80 Prozent der Zeit mit Feiern, Ermutigung der Leiter und biblischer Lehre; wir bieten Freiraum für Interaktion zwischen den Leitern, gegenseitige Erbauung und Mitteilen von „Erfolgs"-Ideen und Einfällen, die noch ausprobiert werden könnten. Dies ist der „Nahrungs"-Bereich der Retraite. Zunächst werden die Leiter ordentlich „ernährt", danach führen wir sie zu gemeinsamen Dienstzielen. Oft halten Bill Hybels oder Russ Robinson einen Vortrag, der die Leiter herausfordert – dies ermöglicht es uns, die Schwerpunkte aller unserer Dienste in Einklang zu bringen. Immerhin bauen wir ja eine Gemeinde auf – und keine lose Koalition ansonsten unabhängiger Kleingruppen, in der jede ihre eigenen Ideen und Ziele verfolgt.

Oft veranstalten wir diese Retraiten außerhalb unseres Gemeindegeländes. Das ermöglicht es den leitenden Mitarbeitern, einmal alles zu vergessen, was mit der Gemeinde zu tun hat, aber auch die Anforderungen von Familie und Arbeit. So haben sie sehr viel mehr Spaß und Freude daran. Die Kehrseite dessen ist jedoch, dass es viel teurer ist, einen Ort für die Freizeit zu mieten und Babysitter für mehrere Tage zu bezahlen, weil ja die Leiter nicht zu Hause sind.

Kürzlich haben wir die Jahresretraite auf dem Gelände von *Willow Creek* veranstaltet. Dies war günstiger, nutzte Gegebenheiten und Örtlichkeiten, die jedem vertraut sind, Ausstattung, mit der jeder umgehen kann, und war allen Leitern zugänglicher. Der Nachteil einer Retraite auf dem Gemeindegelände ist, dass die leitenden Mitarbeiter mit höherer Wahrscheinlichkeit den Bindungen durch Arbeit und Familie nicht wirklich entkommen. Sie werden öfter abberufen und verpassen dadurch mehrere Sitzungen und Unternehmungen, sodass der Prozess der Teambildung gestört wird. Aus diesem Grund sehen wir es als unsere Aufgabe an, eine Retraite mit so wichtigem Inhalt und so großartigem experimentellen Lernen zu schaffen, dass kein Leiter auch nur eine einzige Sitzung oder Aktivität verpassen möchte.

Leiter-Gemeinschaft

Viele Gemeinden wissen um den Vorteil regelmäßiger Leitertreffen und beraumen diese monatlich oder vierteljährlich an. Manchmal bieten solche Leitertreffen den Mentoren auch Zeit, um mit ihren Kleingruppenleitern ein Kleinstgruppentreffen abzuhalten. Wir bieten ganzjährig Schulungsmöglichkeiten an, aber beim Leitertreffen konzentrieren wir uns auf Vision, Ausrichtung des Dienstes, gemeinsame Erbauung und Austausch von Ideen.

Im Zentrum Chicagos liegt die *Park Community Church*. Dort stellt man sicher, dass die Treffen der leitenden Mitarbeiter die Lage der Gemeinde in der Stadt berücksichtigen. Die Gemeinde setzt sich hauptsächlich aus jungen Städtern zusammen, die im Berufsleben stehen, sich aber – mit Ausnahme der Gemeinde – ziemlich isoliert vorkommen. „Die Stadt ist ein völlig verdrehter Ort", sagt Kevin Phillips, der Leiter ihrer Kleingruppen-Arbeit. „Die Leute fühlen sich allein, ob sie nun Singles sind oder verheiratet. Aber wir sind nun mal zuallererst eine Stadtgemeinde. Die Leute in der Stadt schreien nach Gemeinschaft. Manche sind Singles, andere haben ihre allererste Stellung und sind deshalb von ihrer Familie getrennt. Sie hungern nach Beziehungen. Und auch die städtische Familie hat nicht immer die Gelegenheit, tiefere Beziehungen zu anderen zu knüpfen."

Die *Park Community Church* hat 65 Kleingruppen, die etwa 500 Menschen in Gruppen einbinden. Als wir Phillips befragten, studierten gerade alle Gruppen denselben Lehrstoff, eine Bibelstudie des Galaterbriefes, den die Gemeinde erarbeitet und veröffentlicht hat. „Wir tragen eine ganze Menge Material zusammen – Fragen und Gruppenübungen – und wir gehen das als Gemeinde durch", erklärt uns Phillips. „Wir haben gemerkt, dass die Leute manchmal nicht wussten, was sie nun eigentlich studieren sollten. So erhielten sie eine Möglichkeit – und sie alle mochten das Material. Die Gruppen haben jetzt das Material, dem sie vertrauen."

Phillips sagt, dass die monatliche Leiterschulung und die Kleinstgruppen „die Qualität der Arbeit steigern". Diese Treffen umfassen Gebetszeit, Gottesdienst, Schulung zu Themen wie „Die Wahrheit sagen" und Ermutigung.

Mentoren-Treffen

Von Zeit zu Zeit finden wir es hilfreich, unsere Mentoren zu einem speziellen Treffen einzuladen. Manchmal zu einer Jahresretraite, um die Bedeutung ihrer Arbeit als Hirten der Leiter zu betonen. *Willow Creek* ist so groß, dass viele Mentorentreffen auf einer tieferen Ebene zum Beispiel innerhalb der Kleingruppen-Arbeit stattfinden, wo sich die Mentoren all der Kleingruppenleiter für die Arbeit mit Männern, Frauen, Kindern usw. treffen. Sie kommen zu einem leichten Essen zusammen oder treffen sich mit anderen Mitarbeitern, vor allem Festangestellten, und den Leitern der betreffenden Arbeitsbereiche. Bei diesen Mentoren-Treffen werden ihre Fähigkeiten geschult, es wird gemeinsam gebetet, sie haben die Möglichkeit, sich über Hilfsmittel und Ressourcen auszutauschen und gemeinsam nach Lösungen für aktuelle Probleme zu suchen.

Feiern

Auf unserem Weg zu einer Kleingruppen-Gemeinde hat es sich als hilfreich erwiesen, wenn wir am Ende jedes Jahres innehalten und das feiern, was Gott in den Kleingruppen getan hat. Bei diesen Feiern werden auch Geschichten erzählt, wir loben gemeinsam Gott und drücken unseren Dank auf immer neue Art und Weise aus. Wir hatten ursprünglich die gesamte Gemeinde zu diesen Veranstaltungen eingeladen – was sicher das Beste ist –, aber wir sind so stark gewachsen, dass die meisten Feiern jetzt in den einzelnen Arbeitszweigen stattfinden. Dennoch ist es wesentlich, dass wir das feiern, was Gott bewirkt, und dass wir den Einfluss der Kleingruppen-Arbeit auf die Gemeinde richtig einschätzen, nämlich hoch achten – und dem auch Ausdruck verleihen.

Besondere Konferenzen

Manchmal müssen Ihre Leiter die Vision von jemandem hören, der außerhalb Ihrer Gemeinde steht. Das mag dadurch geschehen, dass Sie einen Gastreferenten zu einer Freizeit einladen oder dass Sie Ihre Leiter zu einem anderen Ort mitnehmen, wo man Ihre Vision und Werte teilt. Diese zweite Version hat in der *Faith Lutheran Church* in Troy, Michigan, gut funktioniert.

Im Laufe der ersten 35 Jahre des Bestehens dieser Gemeinde haben verschiedene Leiter versucht, eine Kleingruppen-Arbeit aufzuziehen. Jedes Mal starteten bis zu zehn Kleingruppen, aber innerhalb eines Jahres lösten sie sich wieder auf. Als Tim Kade 1999 zu den Pastoren der Gemeinde hinzustieß, gab es genau zwei Kleingruppen. „Ein paar wenige sagten, dass man eigentlich Kleingruppen haben sollte, und sie riefen Leute zusammen und sagten ihnen: ‚Startet eine Gruppe.' Aber wir wussten nicht, wie man Leute zurüstet oder schult", sagt Kade heute.

„Manche Leute fingen Gemeinschaftsgruppen an, während andere ins andere Extrem verfielen und ernsthafte, Seminar-ähnliche Bibelstudien anboten. Die Leiter erhielten keine Hilfe, niemand nahm Kontakt mit ihnen auf – bis dann ein halbes oder ganzes Jahr später ein Angestellter aus dem Gemeindebüro vielleicht einen Besuch machte oder anrief, um zu sehen, wie es der Gruppe ergehe – um dann erstaunt festzustellen, dass sie sich aufgelöst hatte", fügt er hinzu.

Daher startete Kade ein Schulungsprogramm, durch das die Leute lernten, wie man eine Gruppe leitet. „Was ich anders gemacht habe? Ich habe an die Menschen geglaubt", sagt er. „Ich sehe in ihnen das Potenzial, das Gott durch sie der Gemeinde zur Verfügung gestellt hat, noch lange, bevor sie es selbst bemerken."

Im Oktober 1999 startete die *Faith Lutheran Church* 17 neue Kleingruppen. Kade sagt, dass für ihn die Teilnahme an einer *Willow Creek*-Kleingruppenkonferenz der Wendepunkt gewesen sei. Er habe gehofft, ein paar Leiter mitbringen zu können, war sich aber nicht sicher, ob Laienleiter wirklich drei Tage frei nehmen würden, um sich über Kleingruppen unterrichten zu lassen. „Ich wäre froh gewesen, wenn fünf Leiter aus der Gemeinde zur Teilnahme bereit gewesen wären. Stattdessen hatte Gott die Herzen von 23 (!) Menschen angerührt, und sie kamen alle mit, sodass wir die Konferenz gemeinsam erleben konnten. Diese Leute kamen aus verschiedenen Arbeitszweigen; und bei der Konferenz bemerkte diese Kerntruppe, dass ‚Gott den Wunsch in uns wachrief, den Traum einer Gemeinschaft nach Gottes Plan in unserer Gemeinde Wirklichkeit werden zu sehen'."

Am Ende des darauf folgenden Jahres hatte dieselbe Gemeinde 40 Kleingruppen für Erwachsene und acht für Jugendliche. Die Arbeit mit Kindern nennt sich *Kid's Connection* („Kids Treff") und besteht aus 25 Kindergruppen. Allwöchentlich nehmen 2 400 Personen an irgendeiner Kleingruppe teil, und noch immer, sagt Kade, gebe es

„tonnenweise Leute, die nicht integriert sind. Aber die meisten der bestehenden Gruppen sind voll und wir haben 35 Menschen auf der Warteliste."

Die Konferenz verhalf der *Faith Lutheran Church*, sich unsere Vision zu Eigen zu machen. Ebenso gut war Kades Strategie, den Menschen zu erlauben, ein Jahr lang die Leitung „zu probieren".

„Ich sage denen: ‚Wie wäre es, wenn wir eine Gemeinde so wie die hier hätten? Wäre das nicht toll, ein Teil davon zu sein?' Ich benutze dann die Analogie mit dem Gummiband und frage sie: ‚Wollen Sie nicht Gott erlauben, Sie ein bisschen zu strecken?' Ein Gummiband erfüllt ja nur dann seinen Zweck, wenn es gedehnt wird und unter Spannung steht", merkt er an.

Um mehr Menschen für die Kleingruppen und Leitung zu interessieren, hat seine Gemeinde schon einen Kleingruppen-Markt abgehalten und im Herbst ein Fest gefeiert, bei dem sich Interessenten für Kleingruppen in Listen eintragen konnten. Kade ist gerade dabei, ebenfalls eine Mentoren-Struktur aufzubauen.

Die Vermittlung von Vision und Schulung hat sicher dieses ganze Wachstum beeinflusst. Kade meint: „Katalysator für all diese aufregenden Dinge war die Kleingruppenkonferenz. Es war nicht nur die Vision inspirierend, die wir dort erhielten, sondern wir sind auch mit Fähigkeiten ausgerüstet worden, die wir tatsächlich anwenden konnten, als wir das gerade Gelernte in die Praxis umsetzten." Unterschätzen Sie die Kraft von solchen Veranstaltungen nicht! Sie können durchaus den Teilnehmern eine Vision frisch und in Farbe vor Augen malen und den Leitern neue Hoffnung schenken.

Unterstützung durch Systeme

Wenn Ihre Kleingruppen-Arbeit wächst und sich vervielfältigt, werden Sie Systeme besitzen müssen, mit denen Sie das Wachstum überwachen und die nötigen Mitarbeiter und andere Ressourcen bereithalten können. Dieser Vorgang ist im Grunde ausgesprochen einfach, wenn man nur fünf bis zehn Kleingruppen hat. Wenn Sie aber erst einmal 30 oder mehr Gruppen haben, wird Ihnen schmerzlich bewusst werden, wie dringend Sie eine Datenbasis brauchen, um Leiter, Gruppen, Mentoren und die Fluktuation der Menschen in den Gruppen zu überwachen. Wir von *Willow Creek* haben in jeder Phase, während der diese Arbeit sich weiterentwickelte, auch neue Werkzeuge erstellt, die jeder Phase angepasst waren.

Anfangs brauchten wir nach jedem Treffen einen Kleingruppen-Bericht. Das genügte uns eine Zeit lang, weil die Arbeit neu war und wir über das auf dem Laufenden sein wollten, was sich in jeder Gruppe abspielte. Bald wurde das zu einem monatlichen Bericht und später zu einem Dienstprofil, das pro Quartal erstellt wird. (In unserem Buch „Authentische Kleingruppen leiten" finden Sie in Einheit 5 ein paar Formulare, die Ihnen zu einem objektiven Feedback über das Ergehen der Gruppe und die Leistung des Leiters verhelfen.[2])

Sie werden auch ein Kommunikationssystem benötigen, durch das Leiter und Mentoren über Einsatzmöglichkeiten und Aktuelles informiert werden können. Wir hatten zunächst einen Gemeindebrief, dann eine Anlage zu unserem wöchentlichen Blatt und ein Tonband, das vierteljährlich erscheint. Jetzt experimentieren wir mit anderen Kommunikationssystemen, die auf modernen Technologien beruhen. Das Entscheidende daran ist, dass Sie Ihre Leute informieren müssen, ohne sie mit Informationen zu überrennen oder zu überfluten. Halten Sie Ihre Kommunikation kurz, beschränken Sie sich auf das Wichtigste und seien Sie kreativ.

Wenn Sie effektiv Gruppenleiter heranziehen wollen, um eine Gemeinde aus Kleingruppen aufzubauen, dann ist das eine ernst zu nehmende Angelegenheit, die viel Gebet und Einsatz benötigt. Wir können Ihnen aber aus eigener Erfahrung versichern, dass – wenn Sie das Priestertum aller Gläubigen ernst nehmen, indem Sie sie für den Dienst zurüsten – der Erfolg diese Mühe mehr als wert sein wird. Wenn Sie wissen, wie man künftige Leiter ausfindig macht, sie für die Mitarbeit gewinnt, schult, mit Mentoren begleitet und unterstützt, dann werden Sie und Ihre Gemeinde einen Riesenfortschritt machen gegenüber allen anderen Ansätzen, die Sie bislang versucht haben.

Sie werden eine Armee einsatzbereiter Leiter freisetzen; Sie werden hingegebene Hirten haben, die wissen, was zu tun ist, und sich intensiv darum bemühen, das auch wirklich umzusetzen – Menschen, die überzeugt sind, dass Gott sie zu diesem Dienst berufen hat, die wissen, dass Sie sie gut ausgestattet haben und dauerhaft unterstützen werden.

Teil IV

Eine Kleingruppen-Gemeinde leiten

Greg Hawkins ist einer unserer leitenden Pastoren in *Willow Creek*. Er hat seine Ausbildung in Stanford abgeschlossen und machte eine steile Karriere bei der international tätigen Beraterfirma McKenzie und Co. Das alles ließ er hinter sich, um sich ganz in *Willow Creek* einzubringen, als wir uns gerade in der Startphase der Umwandlung in eine Kleingruppen-Gemeinde befanden. Da Greg ein Genie im Umgang mit Systemen ist, hat er seine Fingerabdrücke überall auf unserer Kleingruppen-Arbeit hinterlassen; und sie sind noch heute sichtbar.

Gregs Fingerabdrücke sind überall und gut zu sehen, weil er ein großer Texaner ist, der nicht reden kann, ohne seine Hände dabei zu gebrauchen. Wann immer er eine seiner Leidenschaften beschreibt, sei es nun die fürs Kochen, fürs Malen, für Theologie, Wissenschaft, seine Familie, die Gemeinde oder ihre Leiter – in jedem Fall haben wir den Eindruck, wir beobachten die improvisierte Vorstellung eines Künstlers: Wenn Sie zu nahe dran sind, laufen Sie Gefahr, dass Sie bei seinen eindrücklichen Erklärungen eine Verletzung davontragen.

Stellen Sie sich nun vor, wie Greg die beiden Hände übereinander hält, weit voneinander entfernt, durch ein Gummiband verbunden, das die langen Finger bis an den Punkt dehnen, wo es zu reißen droht. Dieses Beispiel hat er uns das erste Mal gegeben, um den Unterschied zwischen einer Vision (der oberen Hand) und der Wirklichkeit (der unteren Hand) zu beschreiben. Das Gummiband, das zwischen seinen großen Händen gespannt war, verdeutlicht die Spannungen, die solch eine Kluft bewirkt. Je größer die Kluft, desto größer die Spannung.

Eine Gemeinde aus Kleingruppen aufzubauen ist ein spannungsreiches Unternehmen. Einerseits verlangt es nach einer Vision, die unvorstellbar ist. Gott möchte und erwartet, dass es in unseren Gemeinden Gemeinschaft gibt, wie er sie lebt und in Jesus vorgelebt hat. In seinen Augen sind wir zu solchem Einssein imstande, sogar dafür geschaffen. Und er weiß, welche Vorzüge es mit sich bringt, wenn wir in eine solche Gemeinschaft investieren. Gott freut sich darauf, dass seine Kirche diese Qualität des Einsseins in ihr Leben webt und wirkt. Er wünscht sich, dass die Leiter sich um die Bedürfnisse der Menschen kümmern, dass sie eine angemessene Fürsorgespanne ausarbeiten und beachten, dass sie Menschen, die von Sünde befleckt sind, in von Fürsorge getränkte, lebensverändernde Beziehungen einbinden, und zwar durch kleine Zellen der Gemeinschaft.

Auf der anderen Seite steht die Wirklichkeit. All unsere Visionen sind zwecklos, wenn sie nicht in das Leben normaler Menschen übersetzt und integriert werden, wenn sie nicht in der gesamten Gemeinde verbreitet werden und diese dazu motivieren, das Leben in kleinen Gemeinschaften aufzunehmen und zu erfahren. Wenn es nicht ein Netzwerk von Kleingruppen gibt – wo die Beziehungen authentisch sind, wo Wahrheit und Leben miteinander vereint sind, wo Konflikte gelöst werden und das Hirtenamt ernst genommen wird – solange das nicht der Fall ist, wird die Kluft zwischen Vision und Wirklichkeit ernste Spannung erzeugen. Der Druck wird immer weiter steigen – es sei denn, Sie unterstützen dieses neue Netzwerk mit einer effektiven Leiterschaft.

Die meisten unter uns mögen Spannung nicht und versuchen, sie zu vermeiden. Und doch ist die Kluft zwischen der Vision Gottes und unserer Wirklichkeit eine große Herausforderung. Es gab bislang noch keinen einzigen Gemeindeleiter, dem es gelungen ist, diese Spannungen zu vermeiden, die aus der Organisationsform entsprangen. Die Könige des Alten Testamentes, die damals die Hirten Gottes waren, wurden für das Wohlergehen ihrer Schafe zur Verantwortung gezogen, und die ersten Apostel der Kirche mussten umorganisieren, um den Bedürfnissen gerecht zu werden. Die Bibel berichtet ungezählte Male davon, wie Menschen, denen die Leitung anvertraut war, sich der Spannung zwischen Vision und Wirklichkeit stellten oder daran scheiterten.

Menschen, die die Gabe der Leiterschaft haben, erkennen, dass diese Spannungen auch Gelegenheiten schaffen, Menschen zu helfen. Wenn Sie echten Leitern eine Diskrepanz vor Augen führen, dann werden sie voller Energie mit Lösungsvorschlägen antworten. Ihnen genügt der Status quo nicht. Wenn sie erst einmal die Vision klar vor Augen haben, werden sie die Kluft zwischen Vision und Wirklichkeit angehen.

Dieser Abschnitt des Buches erklärt Ihnen, wie man die Kluft verringert. Er soll Ihnen helfen, die Änderungen zu erkennen, die Sie in Ihrer Gemeinde durchführen müssen, um in Kleingruppen echte Gemeinschaft zu erfahren. Wenn Sie sich nicht mit diesen Themen auseinander setzen, werden Sie im Übergang zur Kleingruppen-Gemeinde stecken bleiben und die Idee von den Kleingruppen verkommt zu einem ganz normalen zusätzlichen Programm der Gemeinde. Es ist schwierig, Visionen klar und lebendig zu erhalten, aber es ist entscheidend, dass Ihnen das gelingt, wenn es um die Vision von der Schaffung göttlicher Gemeinschaft geht, die zu der Einheit führt, die Christus sich für uns wünscht – jener Einheit, für die Jesus betete, als er dem Tod ins Auge sah! Wir fingen 1992 mit dem Umbau der Gemeinde an – und wir sind immer noch damit beschäftigt, Teile unserer Vision Wirklichkeit werden zu lassen. Aber wir können ein paar Anmerkungen zu den Veränderungen machen, die nötig sind, um Ihre Gemeinde zu einem erwachsenen Leib zu machen, der um das Skelett von Kleingruppen gebildet ist.

Als Erstes muss Ihre Gemeinde anerkennen, dass fünf Entscheidungen gefällt werden müssen, ohne die Sie in der Veränderung stecken bleiben werden (Kapitel 11). Manche Entscheidungen werden nur zu kleinen Änderungen führen, während andere es nötig machen, dass Sie komplette Bereiche umbauen. Wenn Sie auch nur eine dieser Entscheidungen zu umgehen oder zu übergehen versuchen, wird Ihr Gummiband reißen.

Zweitens müssen Sie sich für eine Strategie entscheiden, wie Sie zu einer Kleingruppen-Gemeinde werden wollen (Kapitel 12). Sie kennen sicher schon einige Modelle wachsender Gruppen, wie die Strategien für Zellgruppen oder Metagemeinden. Wir werden uns auf die sechs Kernprinzipien konzentrieren, die für jede Strategie nötig sind. Vor diesem Hintergrund spielt es keine Rolle, für welches Modell Sie sich entscheiden.

Schließlich werden wir uns ansehen, wie Ihre Gemeinde eine Kleingruppen-Infrastruktur einführen und wie sich diese Veränderung in handhabbare Phasen aufteilen lässt (Kapitel 13). Manche Gemeinden entdecken gerade, welche Bedeutung Kleingruppen zukommt, haben aber noch keine umfassendere Vision der Einheit entwickelt oder noch nicht erkannt, wie Kleingruppen wirklich „funktionieren". Andere sind zwar auf dem Weg dorthin, brauchen aber noch bessere Pläne, wie der Übergang möglichst reibungslos ablaufen kann. Wir werden erklären, welche Phasen die meisten Gemeinden erleben, bevor sie so weit sind, dass sie den Start ihrer Kleingruppen-Arbeit öffentlich bekannt geben können. Unsere Geschichten zeigen, dass Kleingruppen von Menschen und Gemeinden handeln, und daher manches im wirklichen Leben nicht so glatt verläuft, wie wir es gerne hätten. Aber die generellen Prinzipien, die wir Ihnen anbieten, werden Ihnen dabei helfen, Ihre Gemeinde in eine Kleingruppen-Gemeinde umzubauen.

11

Entscheidungen fällen

„Nur wenige Leiter erleben Zeiten großer moralischer Krisen auf gesellschaftlicher Ebene. Aber sie sind jeden Tag dazu herausgefordert, der harten Wirklichkeit ins Auge zu sehen, in widerstreitenden Strömungen zu einer Entscheidung zu kommen und in Widersprüchen klare Position zu beziehen. "

Noel Tichy: *The Leadership Engine*

Auf dem Weg zur Kleingruppen-Gemeinde haben auch wir in *Willow Creek* unsere Fehler gemacht. Um es ganz deutlich zu sagen: Wir (Russ und Bill) haben auf dieser Reise viele Fehler gemacht – von denen aber keiner verheerend war. Man kann jedoch aus solchen Fehlern und Irrtümern einiges lernen.

Zum Glück haben die Hauptleiter von *Willow Creek* von Anfang an weise Entscheidungen gefällt. Rückblickend lassen sich fünf wesentliche Entscheidungen herausschälen, denen man sich stellen muss, wenn man sich auf den Weg macht, zu einer Gemeinde aus Kleingruppen zu werden:

- Wollen wir überhaupt eine Gemeinde aus Kleingruppen werden?
- Wer wird der hauptverantwortliche Leiter dafür sein?
- Welche Struktur wollen wir auf Dauer aufbauen?
- Wie werden wir genügend Leiter heranziehen?
- Wo stehen wir heute?

Jede dieser Fragen stellt eine entscheidende Weggabelung dar, an der sich die Richtung Ihres künftigen Dienstes entscheidet. Unsere Leiter müssen oft den richtigen Weg wählen und auch Ihre Gemeinde wird dieselben fünf Weichen durchfahren müssen. Man übersieht sie leicht, und doch werden Entscheidungen, die Sie an diesen Stellen treffen, Auswirkungen auf die Zukunft haben.

Zu einer Gemeinde aus Kleingruppen werden

Als wir uns für unseren Kleingruppen-Ansatz entschieden, war das hart, weil unser Jüngerschafts-Programm, das auf Gruppen aufbaute, genauso blühte, wie wir es ursprünglich erhofft und gewünscht hatten. Die Festangestellten und die Freiwilligen hatten alles gegeben – Seele, Herz und Geist. Es war diese herkömmliche Kleingruppen-Arbeit, die mich (Russ) und meine Frau Lynn in unsere erste kleine gemeindliche Gemeinschaft eingebunden hatte. Die Gruppe, die wir leiteten, trug wunderbar Frucht. Neben unseren Jüngerschaftsgruppen bot die Gemeinde noch Kleingruppen für Frauen, für Singles, evangelistische Aktivitäten und anderes. Und doch hatten zu viele Menschen das Gefühl, dass sie nicht wirklich zur Gemeinde dazugehörten. Außerdem hatte diese Art der Gemeindearbeit keine klar erkennbare Identität. Man konnte keine dauerhaften Beziehungen aufbauen; und es war höchst unwahrscheinlich, dass irgendjemand bei uns die biblische Form der Gemeinschaft erlebte.

Wir waren an unserer ersten Weiche angekommen. *Willow Creek* konnte eine Gemeinde mit Kleingruppen bleiben. Das hätte bedeutet, dass wir eine wachsende Zuhörerschaft bei Spezialgottesdiensten gehabt und immer mehr Dienste für besondere Bedürfnisse und Nöte entwickelt hätten. Für fortgeschrittene Jüngerschaftsschulung konnten die Leute sich einer Kleingruppe anschließen, in der man ihnen das Zwei-Jahres-Programm „Unterwegs mit Gott" angeboten und sie dann in neue, eigene Gruppen integriert hätte. Die Kosten standen fest, und wir wussten, wie das Ergebnis aussehen würde.

Oder *Willow Creek* könnte sich zu einer Gemeinde aus Kleingruppen entwickeln – eine viel versprechende Zukunft, die uns einiges kosten würde, ohne dass wir genau wissen konnten, wie viel. Zumindest unseren Hauptleitern war bewusst, dass wir dann auf jeder einzelnen Ebene alles umstrukturieren müssten. Man muss zu ihrem Lob sagen, dass die Ältesten von *Willow Creek* die Tragweite der Entscheidung verstanden. Nachdem sie einmal erkannt hatten, zwischen welchen Alternativen sie sich zu entscheiden hatten, fällten sie die Entscheidung zugunsten einer Grundlage aus Kleingruppen.

In Pennsylvania entschied sich auch die *First Presbyterian Church* für den Wandel – und lernte, dass Veränderungen Zeit brauchen. *First Pres* wurde 1960 zu einer Gemeinde mit Klcingruppen, als die Mitgliederzahlen zu steigen begannen, ein Trend, der bis heute anhält. Menschen, die darüber nachdachten, Mitglied zu werden, konnten einen 8-Wochen-Kurs für „Fragende" besuchen, wo sie die fünf Grundwerte von *First Pres* kennen lernten und untersuchten: „von Gnade berührt, in Gruppen geübt, auf Gaben eingestellt, durch Grässliches[1] geprüft und geläutert, auf Gerechtigkeit eingestellt". Ungefähr 90 Prozent der Interessierten bleiben ein Jahr bei ihren Leitern in einer „Koinonia-Gruppe" („Gemeinschafts-Gruppe"). Ein Viertel der 3 300 Gemeindeglieder bleibt in Kleingruppen, die Hälfte geht zu Dienstgruppen über, und manche sind in beiden Mitglied.

Aber Pastor Gareth Icenogle, der am *Fuller Theological Seminary* lehrt und das Buch *Biblical Foundations of Small Group Ministry* geschrieben hat[2], sagt: „Alles, was wir tun, muss dazu dienen, Nachfolger Jesu Christi heranzubilden. Unsere Missionsaussage enthält unser Ziel: ‚Menschen, die nach Gott fragen, dabei zu unterstützen, Diener Jesu zu werden'." Er schätzt, dass seine Gemeinde auf halbem Weg ist, zu einer Gemeinde aus Kleingruppen zu werden.

1993 errichtete die *First Pres* ein Gebäude, das ihr einige Architektur-Preise einbrachte, und strukturierte die Arbeit mit Kindern so um, dass auch diese in Kleingruppen stattfand. Sie teilten den Bereich dieses Arbeitszweiges in sechs „Ortschaften" auf, die sie durch schalldichte Raumteiler ermöglichten. Die so hergestellten Teile können weiter in vier Räume aufgeteilt werden. So kann das Gebäude von großen und kleinen Gruppen genutzt werden. „Wir bezeichnen dies als architektonische Koinonia. Die Leute sagen, es fühle sich familiär an", meint Icenogle. „Unsere Dienstgruppen – so zum Beispiel auch die Platzanweiser – haben gerade begonnen, den Gedanken und die Sprache eines ‚Teams' zu begreifen. Wir möchten noch erreichen, dass diese Gruppen ihr Gruppenleben um Bibelstudium, Gebetszeiten und gegenseitige Unterstützung bereichern."

First Pres hat kürzlich Greg Ogdens „Triadenmethode" eingeführt, um Leiter heranzuziehen[3]: Ein Mentor leitet und begleitet zwei Jünger, die zudem noch einander ermutigen und schulen. „Wir wollten etwas weniger Starres als die übliche Hierarchie, wo auf einen Mentor so und so viele Menschen kommen, die er zu schulen hat", hebt Icenogle hervor.

Willow Creek und die *First Pres* haben beide den Entschluss gefasst, zu Kleingruppen-Gemeinden zu werden. Wir haben in viel zu vielen Gemeinden beobachten können, was geschieht, wenn man diese Entscheidung nicht trifft und sich darum drückt. Wenn wir vor einem Raum voller Leiter über diese „Unterlassungssünde" sprechen, können wir tatsächlich beobachten, dass manchen von ihnen mulmig wird – weil sie plötzlich merken, was für ein Chaos sie angerichtet haben, indem sie immer weiter vorwärts drängten, ohne die Gemeinde zu der Entscheidung zu motivieren, ob sie zu einer Gemeinschaft aus Kleingruppen werden möchte oder nicht.

Es geschieht einfach zu oft, dass ein Pastor oder ein entscheidender Laienleiter die Vision von den Kleingruppen aufgreift, die sich durch Gespräche, Meetings und Komitees fortpflanzt. Jeder denkt: *Mehr Gemeinschaft? Klingt prima!* – und Leiter leiten Veränderungen ein. Aber niemand legt vorher das Ergebnis fest oder klärt die Kosten.

Pastoren, die über diese Kreuzung fahren, ohne nach links oder rechts zu blicken, werden zu spät feststellen, dass sie ihre Zeitplanung radikal umstellen müssen, wenn sie das Leben in der Kleingruppe als Norm vorleben wollen. Es wird Sie überraschen, wie sehr das Netzwerk der Kleingruppen es Ihnen erschweren wird, vor einer einzigen großen Zuhörerschaft zu predigen. Wenn die kleinen Gemeinschaften die Verletzlichkeit aller steigern, wird es unausweichlich zu sehr viel mehr Beziehungskonflikten kommen. Dieses „Emotions-Geschoss" wird den Pastor treffen, der bislang der schwierigen Entscheidung „Gemeinde mit oder aus?" ausgewichen ist. Wenn er seine freiwilligen Mitarbeiter auffordert, ihre Arbeit in die Kleingruppen-Struktur zu überführen, dann schreien sie in der Regel: „Du willst uns ja bloß übers Ohr hauen." Unklare Bemühungen in Richtung auf eine „Gemeinde aus", können leicht Beziehungen verletzen, die Festangestellten tief enttäuschen und die Freiwilligen zum Rückzug bewegen.

Entscheiden Sie! Teilen Sie regelmäßig und gezielt mit, wo Sie stehen, und zwar ohne Entschuldigung. Wir bevorzugen die Entscheidung zugunsten der „Gemeinde aus Gruppen", aber es ist weit besser, sich eindeutig für die „Gemeinde mit Gruppen" zu entscheiden, als gar keine Entscheidung zu fällen – und alle im Unklaren zu lassen, wo Sie stehen.

Setzen Sie im Mittelfeld einen hauptverantwortlichen Leiter ein

Nicht erst bei der Fußball-Weltmeisterschaft 2002 wird Ihnen aufgefallen sein, dass das gesamte Spiel an dem einen Menschen hängt, der in der Mitte des Feldes gegnerische Angriffe abfängt, den Ball seinen Teamkameraden strategisch geschickt zuspielt und auch für die eigenen Verteidiger der richtige Anspielpartner ist. Das Können des Mannes im Mittelfeld entscheidet über Sieg und Niederlage des gesamten Teams. Ebenso suchen wir bei *Willow Creek* einen „Mittelfeld-Leiter" für jeden Arbeitszweig. Auf Ihrem Weg zur Kleingruppen-Gemeinde stellt diese Entscheidung die zweite entscheidende Kreuzung dar: die Entscheidung für den Einsatz eines solchen „Mittelfeldspielers", den jedes Mitglied des Teams anspielen kann.

Wir haben erlebt, wie schrecklich Stress und Zwietracht werden, wenn die Gemeinde sich um diese dringend nötige Entscheidung drückt. Manche Gemeinden drängen die Verantwortung für die Kleingruppen-Arbeit dem Menschen auf, der am wenigsten widerspricht – gewöhnlich dem Pastor selbst. Doch dieser ist in der Regel sowieso bereits überlastet.

Andere Gemeinden versuchen, nach dem Prinzip „Teile und herrsche" vorzugehen, und sagen: „Wir sind alle ein bisschen zuständig." Dieser Ansatz vermeidet gewiss die Probleme, die entstehen, wenn man über den Kopf der Mitarbeiter Entscheidungen fällt. Andererseits bewirkt aber vermiedene Konfrontation nichts anderes als ein lausiges Organigramm und Teilergebnisse, die nicht „unter einen Hut" zu bringen sind.

Für wieder andere Gemeinden fällt die Kleingruppen-Arbeit in den Bereich der Träume – „Wenn wir die Kleingruppen erst einmal ins Leben gerufen haben, dann kommen sie schon in Gang" –, und daher übertragen sie niemandem die Verantwortung, die Kluft zwischen Vision und Wirklichkeit zu schließen. Unterdessen müssen dann die Pioniere, die es auf sich genommen hatten, die ersten Kleingruppen ins Leben zu rufen, zusehen, wie alles in sich zusammenfällt – weil es niemanden in der Mitte des Feldes gab, den die Teammitglieder hätten anspielen können.

Wir in *Willow Creek* haben seit 1992 unsere „Mittelfeld-Leiter". Jim Dethmer war unser erster Mittelfeldspieler; er schuf unsere Grundlagen. Dann übernahm Jon Wallace von der *Azusa Pacific University* 18 Monate lang die Leitung. Danach stellte *Willow Creek* mich (Russ) an. Meine Karriere führte mich vom Anwalt, der eine Kleingruppe leitete, zum Pastor, der für einen gemeindlichen Arbeitszweig mit 8 000 Kleingruppen-Mitgliedern verantwortlich war.

Ich (Bill) erinnere mich sehr wohl an den unangenehmen Tag, an dem wir erfuhren, dass unser neuer Boss wenig Kleingruppen-Erfahrung vorweisen könne. Da er aber anerkanntermaßen die Gabe der Leitung hatte, halfen wir ihm, die Diensterfahrung nachträglich zu gewinnen. Wir haben erkannt, wie weise die Entscheidung ist, einen „Mittelfeld-Leiter" einzustellen: Man schart die richtigen Leute um einen Leiter, für den diese „Mission" absolute Priorität hat, und so konnte unser Traum von der Transformation in eine Kleingruppen-Gemeinde Wirklichkeit werden.

Jemand muss also die Position des „Mittelfeld-Leiters" übernehmen. Wenn Sie es sich nicht leisten können, jemanden anzustellen, dann müssen Sie sich nach einem Freiwilligen umschauen, der bereit ist, die Rolle eines unbezahlten Mitarbeiters zu spielen. Suchen Sie jemanden, der die folgenden Eigenschaften hat: die geistlichen Gaben der Leiterschaft und der Verwaltung, strategisches Denken, erprobte Erfahrung im Aufziehen oder Umbauen von Organisationen und ein vorbildhaftes geistliches Leben.

Sie müssen die Rolle des „Mittelfeld-Leiters" klar definieren. Wir in *Willow Creek* betrachten den Leiter der Kleingruppen-Arbeit als den „Ersten unter Gleichen", der der Gemeinde und ihren Leitern die Vision vermittelt, wie sie Gemeinschaft bauen können, der die nächsten Schritte strategisch festlegt, der die Veranstaltungen der Gemeinde plant und die Kommunikation über dieses Thema in der Hand hat, der den Fortschritt überwacht und dafür zuständig ist, dass jeder weiß, wem er Rechnung abzulegen hat, in welchen Abständen und worüber.

Während der Qualifikationsspiele auf dem Sportplatz, durch die wir als Gemeinde aus Kleingruppen ins Finale kommen wollen, braucht der „Mittelfeld-Leiter" die Unterstützung des gesamten Teams, vor allem aber die des Pastors.

„Die Leiterschaft ist tonangebend für die gesamte Organisation", sagt John Wiseman, der Kleingruppenpastor der *First Alliance* in Calgary, Alberta. Er ist sich der Bedeutung des „Mittelfeld-Leiters" bewusst und der Rolle, die der Pastor für ihn spielt.

First Alliance verwandelte sich in eine Gemeinde aus Kleingruppen, nachdem der Hauptpastor in den Ruhestand gegangen war, der sie länger als 20 Jahre geleitet hatte. „Die Leute erwarteten von dem neuen Pastor, Terry Young, dass er den nächsten Schritt täte", sagt Wiseman. Young entwarf eine Vision, die deutlich zwischen einer „Gruppe fürs Leben" und einer „Gruppe fürs Bibelstudium" unterschied. Er lehrte, dass alle Bibelverse, die die Gläubigen ermutigen, „einander" zu dienen, ein Auftrag zum Bau von Kleingruppen seien. Die Ältesten nahmen dann acht Monate lang Carl Georges Buch *The Coming Church Revolution*[4] durch. Seit dieser Zeit ist es eine

Grundvoraussetzung für alle neuen Mitglieder der *First Alliance*-Gemeinde, dass sie sich einer Kleingruppe anschließen.

„Die Entscheidung, eine Kleingruppen-Gemeinde zu werden, war ein Paradigmenwechsel, zumindest für eine 90 Jahre alte Gemeinde, die nur traditionelle Bibelstudien-Gruppen gewohnt war. Wir haben niemanden unter Druck gesetzt. Stattdessen haben wir die Leute zur Schulung eingeladen. Wir begleiten sie in persönlichen Beziehungen", sagt Wiseman und fügt hinzu, die klare Vision des Pastors Young spiele eine Schlüsselrolle. „Er ist leidenschaftlich dabei. Sonntag morgens sagt er: ‚Wir brauchen diese Woche acht neue Leiter.' Oder er berichtet den Leuten davon, wie sein Glaube durch seine eigene Kleingruppe gewachsen ist. Die Leute reagieren darauf." In nur zwei Jahren schnellte die Zahl der Kleingruppen von 40 auf 135. Die Gottesdienste werden zur Zeit von durchschnittlich 1 600 Erwachsenen und 400 Kindern besucht.

Entwerfen und bauen Sie eine Struktur, die dauerhaft Bestand haben kann

Die Bibel ermahnt uns, „die Kosten zu bedenken". Unsere Eltern gaben uns genügend gesunden Menschenverstand mit, erst einmal genau hinzuschauen, bevor wir uns Hals über Kopf in etwas hineinstürzen. Steven Covey rät in seinem Buch „Die sieben Wege zur Effektivität"[5]: „Fangen Sie vom Ende her an." Die dritte Weggabelung für Gemeinden, die ihre Gesamtgemeinde mit kleinen Gemeinschaften durchsetzen wollen, besteht darin, eine Struktur zu entwerfen, die einen solchen Wechsel unterstützt und fördert – und zwar auf Dauer.

Lynn und ich (Russ) haben kürzlich den Beweis dafür erhalten, dass es besser ist, mit einem guten Entwurf anzufangen, als später eine Struktur völlig umarbeiten zu müssen. Unser Haus war abgebrannt, und wir verbrachten mit dem Architekten Stunden damit zu, unser neues Zuhause zu entwerfen. Wir konnten auch unseren Architekten und den Bauunternehmer dazu bewegen, sich mit uns zu treffen. Dieses Treffen verlief so lange glatt, bis der Bauunternehmer die letzte Seite der Entwürfe sah.

„Wie hoch ist die Mauer an der Seite, wo Sie einen Ausgang für Ihren Keller wollen?", fragte er. Der Architekt antwortete, es seien acht Meter, was im Mittleren Westen der USA Standard ist.

Der Unternehmer blätterte alle Seiten durch und rechnete und rechnete. Schließlich sagte er: „Sie werden das jetzt zwar nicht gerne hören, aber wir sollten das Fundament um 30 cm erhöhen. Wenn erst einmal der Hauptstützzbalken eingezogen ist, der Ihr überdimensionales Spielzimmer im Keller halten soll, müssen wir die Zimmerdecke 56 cm herunterbringen. Dann werden Sie, Russ, in der Mitte des Spielzimmers nur etwa 12 cm Kopffreiheit haben."

Dort lag also das Problem. Wir mussten die Fundamente höher legen, und das warf den Entwurf für das gesamte Haus über den Haufen. Wir mussten nicht nur Treppenhäuser ändern, die dann in Räume vorsprangen, die wir daraufhin auch ändern mussten. Wir mussten auch für mehr Material bezahlen und ein paar Lieblingsideen umgestalten. Aber es musste sein, wenn wir wollten, dass man in dem Spielzimmer auch wirklich frei atmen konnte. Jetzt, wo wir in dem Haus leben, sind wir sehr froh, dass wir uns von Anfang an damit auseinander gesetzt haben. Trotz des Aufschubs und der Streitereien durch eine vermeintliche Kleinigkeit, hat uns der Bauunternehmer einen großen Dienst erwiesen, indem er auf das Ergebnis hinwies – und zwar gleich zu Anfang.

Willow Creek hatte sich zwar zielstrebig entschieden, zu einer Gemeinde aus Kleingruppen zu werden, und hatte auch einen „Mittelfeld-Leiter" eingesetzt, dann aber hat es die dritte Weggabelung verpasst. Wir begaben uns zwar, bewaffnet mit einer kompletten Vorlage, in den Veränderungsprozess hinein, hatten aber dennoch weiterhin alte Programme und Arbeitszweige – und mussten den Preis des nachträglichen Umbaus bezahlen. Natürlich hätten wir niemals jede Kurve vorausahnen können, die das Unternehmen tatsächlich nahm. Wir hätten den Wandel aber noch besser durchplanen sollen und so manche Reorganisation vermeiden können, auch manchen Personalwechsel und die daraus folgenden Turbulenzen.

Lernen Sie aus unserer Erfahrung: Bringen Sie eine Gruppe von Leuten zusammen, die Organigramme und Ablaufpläne lieben. Sie werden Ihnen dabei helfen, abzuschätzen, welchen Einfluss Kleingruppen auf Ihre Infrastruktur haben werden. Stellen Sie sich diese leitenden Mitarbeiter als Architekten vor und Ihren „Mittelfeld-Leiter" als Bauunternehmer. Entwerfen Sie die Struktur Ihrer Gemeinde, als würde alles genauso in die Wirklichkeit umgesetzt werden, was Sie sich wünschen, und versuchen Sie, alle Folgen vorausschauend zu durchdenken.

Die Gemeinde der *Ginghamsburg United Methodist* in Tipp City im US-Staat Ohio ist sich bewusst, das man nur dann eine Gemeinde aus Kleingruppen werden kann, wenn man mehr tut, als einfach nur ein „Metagemeinden"-Modell anzuwenden. Vor zehn Jahren hatte diese Gemeinde sich vorgenommen, die „Metagemeinden"-Struktur einer Zellgruppenarbeit aufzubauen. Dan Glover, der drei Jahre lang die dortige Jüngerschaftsarbeit leitete, berichtet, die Besucherzahlen der Gottesdienste seien in den 18 Monaten, nachdem die Gemeinde ein größeres Gebäude errichtet hatte, von 1 300 auf 3 000 geschnellt – und dort stehen geblieben.

„Das Wachstum ereignete sich, während wir noch lernten, was ‚meta' eigentlich bedeutet. Unsere Struktur verschob sich von gezielter Jüngerschaftsschulung zu einem organisatorischen System von gegenseitiger Rechenschaftspflicht", sagt Glover. Die Gruppen schufen Gemeinschaft und ein Gefühl der Zugehörigkeit zur Gemeinde, aber keine intensivere Jüngerschaftsschulung.

Die *Ginghamsburg United Methodist*-Gemeinde hat heute 1 200 Mitglieder und 310 Gruppen – darunter 87 Jüngerschaftsgruppen, wobei Jugendarbeit und Gruppen für Erwachsene miteingerechnet sind, 25 Unterstützungsgruppen und 198 Dienstgruppen – wie zum Beispiel die für die Platzanweiser und die Tontechniker. „Wir verstehen ‚meta' als eine Jüngerschaftsstruktur und füllen sie mit Beziehungen. Unser Ziel für die kommenden fünf bis sieben Jahre besteht darin, dass unsere Dienstgruppen zu voll funktionierenden Zellgruppen werden, in denen reife Nachfolger heranwachsen, während gleichzeitig die eigentliche Aufgabe erfüllt wird", sagt Glover.

Manche Gruppen wollen sich jedoch noch immer allein darauf konzentrieren, dass die eigentliche Arbeit erledigt wird. „Wenn sie sich verausgabt haben – todmüde und ausgepumpt sind, weil sie versuchen zu dienen, ohne Nachfolger Jesu zu werden und zu sein –, dann kommen sie auf mich zu", fügt er hinzu. Ihre Zellgruppen sollten Orte werden, an dem man geistlich wächst und nicht nur Beziehungspflege betreibt. „Wir sagen den Zellgruppenleitern, dass wir nicht an dem interessiert sind, was sie erreichen, sondern an der Veränderung, die sich in ihnen vollzieht."

Glover schreibt gerade an einem Handbuch für Teampastoren (Mentoren oder, wie man in *Willow Creek* sagt, „Coaches"). Er baut gleichzeitig die Mentorenstruktur so um, dass Mentoren nicht auch noch in Dienstgruppen dienen müssen. „Wenn die Mentoren erst einmal mit der Jüngerschaftsschulung in Kontakt gekommen sind, entlassen manche sich selbst. Oder sie lassen ihre anderen Funktionen in der Gemeinde sausen. Sie haben nicht genügend Zeit für beides. Wir erwarten ja auch heute mehr von ihnen, als schlicht und einfach zu verfolgen, was die Gruppen eigentlich tun. Jetzt möchten wir, dass sie außerdem Gottes Wahrheit in das Leben der Leiter hineintragen. Es ist eine riesige Veränderung von einer religiösen Tätigkeit zum Aufbau von Beziehungen, die Jüngerschaft erst ermöglichen und fördern – und das fällt vielen schwer."

Während Sie auf der Grundlage Ihrer Vision die Struktur der Kleingruppen-Gemeinde entwerfen, sollten Sie sich jeden Bereich der Gemeinde ansehen. Planen Sie, wie Sie bestehende Vorstände und Komitees in kleine Gemeinschaften überführen können. Wie werden Sie Kleingruppen in Ihre Arbeit mit Kindern hineintragen können, wie in die Männerarbeit, in die Arbeit mit den Trauernden, den Arbeitslosen, der Evangelisation und anderen Zielgruppen? Halten Sie bereits zu Beginn fest, welche Hauptamtlichen und Freiwilligen betroffen sein und welche Programme künftig überhaupt noch gebraucht werden. Besprechen Sie, ob Ihre derzeitige Hierarchie in die neue Struktur passen wird. Nehmen Sie verschiedene Wachstumskurven an – starkes, mittleres, schwaches. Jedes wird Ihren Aufbau auf seine eigene Art beeinflussen.

Dass *Willow Creek* zu einer Gemeinde aus Kleingruppen wurde, beeinflusste auch unsere Art der Evangelisation. Jahrelang hatten wir von diesem Arbeitszweig lediglich erwartet, dass er die Gläubigen darin schulte, wie man seinen Glauben weitergibt, dass sich dort die Personen zusammenfinden würden, die die Gabe der Evangelisation haben, und dass seine Mitglieder den Kirchendistanzierten als Ansprechpartner zur Verfügung stehen. Jetzt mussten wir unbequeme Fragen stellen – ob ein solcher Dienst in einem Kleingruppensystem überhaupt verankert werden könnte und wie. Die Antwort waren Kleingruppen für Kirchendistanzierte: Zwei Christen – ein Leiter und ein Azubi – bieten nichtchristlichen Freunden und Bekannten eine sichere, gemeinschaftsorientierte Umgebung. Dort können sie den christlichen Glauben untersuchen und hautnah miterleben. Gruppenmitglieder, die ihr Leben Jesus anvertraut haben, treffen ihren Leiter zwischen den Gruppentreffen, und er schult sie dann in ihrem neugefundenen Glauben. Sie bleiben aber in ihrer ursprünglichen Gruppe für Suchende, um die anderen in ihrer Suche zu unterstützen. Statt eines einzigen Arbeitsbereichs (Evangelisation), der für wenige, locker miteinander verbundene Christen zuständig war, haben wir jetzt über 1 000 Personen fest in eine Gemeinschaft eingebunden, davon sehr viele (noch) Nichtchristen.

Legen Sie eine Strategie fest,
wie Sie Ihre Leiterschaft entwickeln wollen

Die vierte Weggabelung ist der letzte Prüfstein für die Frage, ob Sie wirklich zu einer Kleingruppen-Gemeinde werden wollen. Wenn Sie in Ihrer gesamten Gemeinde Gemeinschaft installieren wollen, dann setzt das, wie Sie sich sicher vorstellen können, voraus, dass sich die leitenden Mitarbeiter intensiv dafür einsetzen. Wenn Sie sich nicht gründlich damit beschäftigen, wie Sie genügend Leiter finden, schulen und einsetzen, ist Ihre Gemeinde bereits außer Atem, bevor sie sich zu einer Gemeinde wandeln kann, die auf Kleingruppen aufbaut.

Als meine (Russ) Frau in der Grundschule unterrichtete, liebte sie es, Kinder in Naturwissenschaft, Geschichte, Gesellschaftskunde, Buchstabieren und Kunst zu unterweisen. Obwohl Lynn auch mit Rechnen keine Probleme hatte, bereiteten ihr wie den meisten Menschen Gleichungen mit einer Unbekannten große Schwierigkeiten. Daher machten sie und ich uns einen Spaß daraus, sie gemeinsam zu lösen. Unsere Erfahrung mit diesen Aufgaben dient mir jetzt, wo ich in der Kleingruppen-Arbeit stecke, sehr, weil das Lösen von Gleichungen mit einer Unbekannten viele Parallelen zum Aufbau einer Gemeinde aus Kleingruppen hat.

Wie in Exodus 18 beschrieben, muss sich Ihre Gemeinde die Frage stellen: Wie viele Leiter braucht man, um eine Gemeindestruktur aufzubauen, in der jeder Zuwendung erhält, sich aber niemand um zu viele Menschen gleichzeitig kümmern muss? Gehen Sie von der Zahl der Menschen aus, die Sie künftig in Kleingruppen einbinden möchten. Sie werden schließlich herausfinden, dass Sie, unabhängig von Ihrem Entwurf, etwa 25 bis 30 Prozent dieser Zahl an Leitern brauchen. Dieser hohe Prozentsatz umfasst die Azubis und die künftigen Azubis, also die Menschen, die gezielt darauf vorbereitet werden, zu Leitern herangebildet zu werden. Eine Gruppe von zehn Leuten wird daher in der Regel einen Leiter haben, einen Azubi und ein oder zwei andere, die der Leiter künftig zu Leitern heranzuziehen hofft.

Wenn Ihre Gemeinde heute aus 300 Mitgliedern besteht, dann müssen Sie 75 Leiter haben; wenn Sie 500 Mitglieder haben, dann brauchen Sie 125 Leiter; wenn Sie 1 000 Leute in Gruppen betreuen wollen, benötigen Sie über 300 vorbereitete, geschulte Leiter. Und wir in *Willow Creek* müssten ungefähr 5 000 Mentoren, Leiter, Azubis und andere Freiwillige ausfindig gemacht haben, auch wenn wir sie nicht alle gleich am Tag X unseres Unternehmens brauchten, als unsere Infrastruktur noch neu war.

Diese vierte Weggabelung wird Sie also zwingen, sich mit wenigstens vier Problemen auseinander zu setzen:

Erstens: Wenn Sie eine Gemeinde aufbauen wollen, die aus Kleingruppen besteht, müssen Sie so viele Freiwillige wie nie zuvor finden. Sie werden über das Priestertum aller Gläubigen predigen, es sich selbst ganz zu Eigen machen und es vorleben müssen. Sie werden darstellen müssen, wie die Bibel sowohl Leiterschaft als auch Jüngerschaft sieht. Ob es Ihnen gelingt, genügend Freiwillige zu finden, sie in die Kleingruppen-Arbeit zu integrieren und zu begleiten, wird über das gesunde Funktionieren Ihrer Gemeinde entscheiden.

Zweitens: Sie müssen in Ihre freiwilligen Leiter investieren. Sie müssen über folgende Fragen nachdenken und umsetzbare Pläne dafür entwickeln: Training, praktische Problemlösung, Umschichtung der Finanzen, Systeme, Begleitung.

Drittens: Sie werden immer größere Dienstbereiche an einen immer größer werdenden Kreis von Laienmitarbeitern abtreten. Wenn die Menschen ihr Leben neu um diese Arbeit herum definieren, werden sie zu Zeltmachern, die ihr Gemeinde- und ihr Berufsleben miteinander zu verbinden suchen. Ihr Stab an festen Mitarbeitern wird eine neue Funktion erhalten: Sie werden die Laien zurüsten und begleiten.

Viertens: Es gibt eine gute Nachricht für Sie. Die Gemeinde wird einen größeren Bereich der Gemeindearbeit als ihr Eigentum ansehen und sich dafür direkt verantwortlich fühlen. Es wird viel leichter werden, Gelder lockerzumachen, weil viele Laienmitarbeiter erkennen, was damit bewirkt werden kann. Sie werden sich die besten fest angestellten Mitarbeiter leisten können, weil die wachsende Vertrautheit der Gemeindeglieder mit dem Bedarf an Personal die Auswahl zu immer besseren Ergebnissen kommen lässt. Die Laienleiter werden die Gemeindearbeit für sich entdecken und sich voll dafür einsetzen. Wenn ganz normale Männer und Frauen sich in das Leben der Gemeinde einbringen, werden sie ganz natürlich dieses Leben mit Nachbarn, Freunden und Familie teilen und mit ihnen darüber reden. Die Gemeinde wird das biblische Bild des Leibes Christi mit vielen Gliedern und großer Verschiedenheit in der Einheit widerspiegeln.

An den Platzanweisern und dem Begrüßungsteam von *Willow Creek* kann man dieses „Sich-zu-Eigen-Machen" der Gemeindearbeit besonders gut ablesen. Wir hatten anfangs Schwierigkeiten, genügend Platzanweiser und Mitarbeiter für unser Begrüßungsteam zu finden. Eines Tages begann ein Team von Hauptamtlichen und Laienleitern, davon zu träumen, dem Rest der Gemeinde ein Beispiel zu geben. Im Laufe der Zeit setzte sich ein verändertes Denken durch: „verlässlich erbrachter Dienst" war gleich bedeutend mit „hoch geachteter Dienst" – egal, in welchem Bereich. Sie schulten Leiter, die sich diese gesamte Arbeit zu Eigen machten – und die Hauptamtlichen wurden zu Nebenfiguren. Einige Laien ließen sich früh pensionieren, um die Sache Christi voranzubringen, indem sie für die Gäste, die sein Haus betraten, zu seinen Händen und Füßen wurden. Seit sie ihre JHABO-Strategie verfolgen – *just hand a bulletin out*[6], binden sie sogar kirchendistanzierte Freunde in ihren Dienst ein. Viele Menschen haben zum Glauben an Christus gefunden, die noch als Ungläubige begonnen hatten, in diesem Dienstbereich zu arbeiten. Die dramatischen Veränderungen unter den Platzanweisern und den Mitgliedern vom Begrüßungsteam sind nur ein Beispiel für die Überraschungen, auf die Sie sich gefasst machen müssen, wenn sich Ihre Gemeinde dafür entscheidet, allen Laien den vollen, gleichberechtigten Zugang zur Leiterschaft zu eröffnen.

Bestimmen Sie Ihren derzeitigen Standort

Sie wissen, was Sie erreichen wollen, wer den Impuls vermitteln wird, wie die Arbeit künftig aussehen soll und wann Sie neue Leiter brauchen werden. Sie haben eine Zukunft vor Augen, die Sie der Wirklichkeit vorziehen. Aber um dorthin zu gelangen, müssen Sie feststellen, wo Sie sich eigentlich zur Zeit genau befinden. Die letzte Weggabelung besteht darin, nicht nur oberflächlich festzustellen, was Sie nicht mehr wollen, sondern genau zu erfassen, wo die Gemeinde sich heute befindet. Wir geben Ihnen im Folgenden einige diagnostische Hilfen.

Was war unser Ausgangspunkt, unsere Tradition?
Stellen Sie sich eine Gemeinde vor, die 128 Jahre alt ist, traditionsverhaftet, in ländlichem Gebiet, wo seit Generationen die Pastoren die einzigen Leiter waren und die einzigen Seelsorger ihrer Gemeindeglieder. Stellen Sie sich vor, diese Gemeinde hätte 2 000 Namen auf der Mitgliederliste, von denen weniger als die Hälfte tatsächlich zum Gottesdienst kommen und nur sehr wenige ihre Gaben überhaupt einsetzen oder in irgendeinem Bereich der Gemeinde mitarbeiten.

Stellen Sie sich nun vor, dass diese Gemeinde einen neuen Pastor bekommt, der eine neue Vision hat. Dean Hess wusste, dass seine Herde geistliches Wachstum und seelsorgerliche Zuwendung brauchte – wobei bekannt war, dass vier der sechs Vorgänger sich völlig verausgabt hatten und gar nicht mehr als Pastoren tätig waren. Er wusste, dass er das alles niemals allein schaffen könnte. Und doch wollten die zumeist älteren Mitglieder der *Zion Lutheran Church*, dass der Pastor – und niemand sonst – die Erwachsenen im Bibelstudium unterrichtete, waren aber auch nicht bereit, darüber zu diskutieren, wie das Gehörte im Alltagsleben umzusetzen sei. Die 100 Mitglieder, die an ihr Haus gebunden waren, erwarteten, dass man sie regelmäßig besuchte, wobei „man" vorzugsweise der Pastor sein sollte.

Hess nahm an einer Gemeindeleiter-Konferenz von *Willow Creek* teil. Vor zwölf Jahren hatte er Carl Georges Buch *Prepare Your Church for the Future*[7] gelesen und erkannt: „Ich möchte der Pastor einer solchen Gemeinde sein, einer Gemeinde aus Kleingruppen." Vor sechs Jahren hatte er ein Ehepaar angestellt, die beide frisch von einer theologischen Hochschule kamen. Jonathan Swenson leitete die Abteilung Jugend und Erziehung; Jana die Kleingruppen-Arbeit – doch die Gemeinde hatte noch gar keine Kleingruppen.

„Während Jana neue Gruppen für Erwachsene ins Leben rief, modellierte ich die Abteilung Jugend und Erziehung um – vom rein lehrenden Kinderkirchen-Modell ins Kleingruppen-Modell", berichtet Jonathan. Hess und sein Mitstreiter hatten bis dahin den Konfirmanden-Unterricht im Lehrstil gehalten. „Jetzt werden die Kinder von freiwilligen Mitarbeitern unterrichtet und sie lernen in Kleingruppen mit anderen Kindern zusammen. Wenn sie konfirmiert werden, nennen sie in der Regel ihren Kleingruppenleiter als die Person, die den größten geistlichen Einfluss auf sie hatte", erzählt Jonathan Swenson.

Die *Zion Lutheran*-Gemeinde entwickelt sich zu einer Gemeinde aus Kleingruppen, wobei die Betonung auf „entwickelt sich" liegt. Die Vision des Pastors trieb die Entwicklung voran, aber er hat auch einige Schläge dafür einstecken müssen – auch dafür, dass er nicht derjenige ist, der alle seelsorgerlich betreut. Die Gemeinde hat jetzt 65 Kleingruppen für Erwachsene und Kinder und plant weitere. Hätte Dean Hess nicht die Geschichte der *Zion Lutheran Church* erforscht und geklärt, hätte er noch weit mehr Fehler gemacht.

Die meisten Gemeinden sind ganz auf Veranstaltungen, Personal und erfahrene Leiter fixiert. Wenn man sich auf dem Weg zu einer

Gemeinde befindet, die auf Kleingruppen aufbaut, dann muss sich das ändern.

> Wenn Sie weiter Ihren „Erfolg" an der Zahl der Leute messen, die den Gottesdienst besuchen und nur bei großen Veranstaltungen zu voller Form auflaufen – im Bibelstudium am Sonntag, bei den Frauentreffen und der Jugendgruppe –, wird der Kalender der Gemeinde kaum Platz bieten für Kleingruppen. Solange Laien sich als Objekte sehen, die Zuwendung erhalten und denen gedient wird und nicht als Menschen, die selbst dienen, und solange sie der Ansicht sind, nur der Kontakt mit bezahlten Leitern zähle, solange wird es sie enttäuschen, wenn sie „nur" einen Kleingruppen-Hirten haben.

Wenn man den Laien nur wenige Aufgaben überlässt – wie Platzanweisung, Begrüßung, Kindergottesdienst –, aber im Übrigen die Leitungspositionen guten Männern (fast überall sind es tatsächlich Männer) vorbehält – solch eine Gemeinde wird die Chance verpassen, sich grundlegend zu ändern.

Wo stehen wir heute?

Erstellen Sie ein Schema Ihres Gemeindelebens, wie es heute funktioniert. Sie werden weniger Flurschaden anrichten, wenn Sie existierende Schemata in Ihren Entwurf der Zukunft einbauen. Jim Dethmer, der erste Kleingruppenleiter in *Willow Creek* überhaupt, ein echter „Mittelfeld-Leiter", hat oft gesagt: „Kleingruppen sind nur eine Art, das in eine Form zu gießen, was die Leute sowieso tun."

Die *University Baptist Church* in Coral Gables, Florida, ist eine der Gemeinden, die verstanden haben, was es bedeutet, vom augenblicklichen Standort aus loszugehen. Als Mark Lesher anfing, als Pastor im Bereich der Erwachsenenbildung zu arbeiten, hatte die Gemeinde wöchentlich knapp 2 000 Gottesdienstbesucher, davon kamen 550 bis 600 Erwachsene in den herkömmlichen Bibelunterricht.

„Uns genügte es nicht, dass der Bibelunterricht eine gewisse Form von Jüngerschaftsschule war und geistliches Wachstum hervorbrachte. Wir erkannten, dass die Gruppen kleiner werden mussten, wenn die Gemeinde wachsen sollte", merkt Lesher an. Sie bewegten sich also auf Gruppen für Erwachsene zu, in denen sie Bibelstudium und Gemeinschaft erleben könnten. Aber die 75 Jahre alte Gemeinde leistete einigen Widerstand. „Was wird aus meinem Bibelunterricht am Sonntag?" oder: „Warum werfen Sie unsere Geschichte weg?", war von einigen Seiten zu hören.

„Die Leute hatten sich jahrelang im sonntäglichen Bibelunterricht abgemüht. In der Übergangsphase erinnerten wir sie wiederholt an die Kontinuität zwischen dem alten und dem neuen Modell: Unsere Gemeinde ist biblisch fundiert, legt Wert auf Beziehungen und Familien." Im neuen System der Gemeinschaftsgruppen für Erwachsene wird jeder Raum von einem Mentor betreut, der für fünf Gruppen zuständig ist. Ein hauptverantwortlicher Lehrer führt alle gemeinsam durch den ersten Teil der Stunde, dann diskutieren die Kleingruppen unter sich das Gesagte. Als die Gemeinde nicht mehr genügend Räumlichkeiten hatte, in denen man sich hätte treffen können, rief Lesher auch Hauszellgruppen ins Leben.

Heute nehmen etwa 500 Erwachsene am Bibelunterricht der *University Baptist Church* teil, die Hälfte davon in den Gemeinschaftsgruppen. Weitere 250 Erwachsene besuchen Hauszellgruppen, was bedeutet, dass Zweidrittel aller Erwachsenen in Gruppen eingebunden sind. Auch die Arbeit mit Kindern bewegt sich auf das Kleingruppen-Modell zu.

Lesher rät Gemeinden, um Unterstützung zu bitten, zu beten und Geduld zu haben. „Uns halfen die Gemeinden ‚*Pantego Bible Church*', ‚Willow Creek' und ‚*Spanish River*'. Wir waren völlig begeistert davon, wie hilfsbereit die Leute in diesen Gemeinden waren. Sie sahen und erkannten Dinge, für die wir betriebsblind waren. Und unterschätzen Sie nie die Kraft des Gebetes. Unser eigener geistlicher Stand als Leiter ist ganz entscheidend."

Die *University Baptist Church* entwickelte sich nicht von heute auf morgen weiter. Sie befindet sich noch immer im Wandel. Lesher sagt: „Wenn man die Bedeutung enger Beziehungen stärker betont, dann schreckt das die Leute erst einmal. Oft habe ich gedacht: ‚Das wird nie etwas.' Aber Gott zeigte mir beständig: ‚Auf deinen Gehorsam kommt es an. Bleib dran.' Wir können uns nicht mit halbherzigen Veränderungen zufrieden geben. Wir wollen am Ende Kleingruppen haben, in denen die Menschen sich angenommen und geschätzt fühlen, wo sie in die biblische Geschichte hineingenommen werden und entdecken, dass es ihre eigene Geschichte ist. Wir wollen Gruppen gründen, deren Teilnehmer Anteil am Leben des anderen haben und die ihr Leben im Namen Jesu leben."

Lesher war klug genug, das zum Ausgangspunkt zu machen, was in seiner Gemeinde schon geschah, und hat dann einen umfassenderen Ansatz von Gemeinde eingeführt, indem er auf Kleingruppen überging. Wie wir in *Willow Creek* und auch an anderen Orten vielfach beobachten konnten, kann die Frage: „Wo stehen wir heute?" dazu führen, dass man einige Dinge künftig nicht mehr tut. Sie werden merken, dass manche Tätigkeiten auf der Ebene der Gesamtgemeinde oder auf tieferen Ebenen eigentlich dem im Wege stehen, was Sie anstreben, nämlich dem geistlichen Wachstum der Kleingruppen.

Was sind unsere Grundwerte?

Noch bevor das Leben in der Gruppe zur Norm werden kann, braucht Ihre Gemeinde sechs Grundwerte:

- *Beziehungen aufbauen:* Wie stark kümmern sich die Gemeindeglieder von Natur aus umeinander?
- *Die Kirchendistanzierten lieben:* Wie stark sind die Gemeindeglieder Außenseitern zugeneigt?
- *Die Wahrheit sagen:* Erkennt Ihre Gemeinde es an, wenn es Konflikte gibt, und versucht sie, diese zu lösen?
- *Einander dienen:* Wie hoch ist der Prozentsatz der Laien gegenwärtig in der Gemeindearbeit?
- *Einander Rechenschaft ablegen:* Erlauben die Mitglieder einander, verletzlich zu sein, und unterstellen sie sich einander genug, um wachsen zu können?
- *Verpflichtung/Einsatz:* Machen die Menschen sich den Auftrag der Gemeinde zu Eigen und handeln sie auch danach?

Wer beeinflusst den Entscheidungsfindungsprozess in unserer Gemeinde?

Ob Ihre Gemeinde überhaupt zu einer auf Kleingruppen aufgebauten Gemeinschaft werden kann, hängt entscheidend vom Pastor ab und davon, wie in Ihrer Gemeinde Veränderungen ablaufen.

Sie können keine Gemeinde aus Kleingruppen aufbauen, wenn der Pastor nicht voll dahintersteht, Sie und Ihre Vision nicht mit seinem ganzen Gewicht stützt und wenn er die Vision nicht selbst aus- und vorlebt. Leitende Mitarbeiter in Schlüsselpositionen können einen großen Einfluss haben, wenn es darum geht, eine neue Strategie umzusetzen; aber der Pastor hat die Vollmacht auf der Kanzel, kann der Gemeinde Hinweise auf das geben, worauf es am meisten ankommt, kann ihnen das veränderte Gemeindeleben schmackhaft machen, es ihnen durch sein Vorbild greifbar vor Augen führen und sie zu (verstärktem oder neuem) Einsatz aufrufen. Wenn Sie Pastor sind, dann behalten Sie das Folgende bitte im Auge: Ihr Einfluss ist größer, als Ihnen vielleicht bewusst ist.

Machen Sie sich klar, unter wessen Einfluss Sie Ihrerseits stehen, ob Sie von einem Gemeindemitglied „ferngesteuert" werden, sei es durch traditionellen Einfluss bestimmter Familien auf das Gemeindeleben, sei es durch Dankbarkeit wegen großzügiger Spenden oder wegen politischer Einflüsse oder anderes. Machen Sie sich nach Kräften frei davon, sprechen Sie mit Ihrem Mentor darüber. Ihre Entscheidung muss von Ihnen selbst stammen und sollte möglichst frei sein von anderen Überlegungen und Rücksichten auf Dritte, die für Ihre Mitarbeiter nicht vorhersagbar sind.

Sie können viel über dieses Thema lernen, wenn Sie sich ansehen, wie Menschen in Schlüsselpositionen Veränderungsprozesse beeinflussen.[8] Auch wenn man es mit verschiedenen Begriffen bezeichnet hat, sind sich doch die Menschen, die sich mit Veränderungsprozessen beschäftigt haben, darin einig, dass die „ersten Anwender" oder „Pioniere" eine entscheidende Rolle in dem gesamten Geflecht spielen. Die Menschen, die die ersten Veränderungen initiieren, beeinflussen das Geschehen mehr als alle ihre Nachfolger. Wenn die Menschen und Gruppen, die offiziell und inoffiziell Einfluss auf Ihre Gemeinde nehmen, zu Pionieren der Kleingruppen-Arbeit werden, werden Sie schneller Erfolg haben. Sollte dieselbe Gruppe aber die Idee der Kleingruppen dauerhaft ablehnen, dann kann das die Entscheidung zugunsten einer Kleingruppen-Gemeinde aufhalten oder auf eine sehr lange Bank schieben.

Wie können wir eine Vision schaffen
und unseren Schlüsselmitarbeitern vermitteln?
Die Antworten auf diese Frage zeigen Ihnen, wo Sie in Wirklichkeit stehen und ob Sie tatsächlich so weit sind, sich ganz auf die Kleingruppen-Idee einzulassen. Erstens: Beschreiben Sie Ihre Vorstellung von einem System aus Kleingruppen schriftlich. Zweitens: Ermitteln Sie in persönlichen Gesprächen mit den wichtigsten leitenden Mitarbeitern deren Fragen an Ihr System.

Sie können Ihren Vorschlag zu Papier bringen, wenn Sie 1. eine langfristige Planung erstellt haben, 2. festgestellt haben, wie viele Leiter Sie dafür finden und in die Arbeit integrieren müssen und 3. Ihre Grundwerte festgelegt haben. John Wimber, der Gründer von *Vinyard*, hat einmal gesagt: „Die Gedanken entwirren sich, wenn sie erst mal durch die Spitze eines Stiftes geflossen sind." Indem Sie andere um Rückkopplung bitten, verfeinern Sie Ihr System weiter. Wenn Sie für Diskussionen offen bleiben, während Sie sich in konzentrischen Kreisen in immer größere Kreise vorarbeiten, werden Sie viele Erkenntnisse gewinnen. Jedes Mal, wenn ein leitender Mitarbeiter eine Schwäche hervorhebt, haben Sie die Chance, einen Fehler auszumerzen, der erhebliche Kosten verursachen könnte.

Wenn Sie von den verschiedenen Kreisen, denen Sie Ihre Vision und Ihren Entwurf der Kleingruppen-Arbeit unterbreiten, Rückmeldung erbitten, erhalten und einarbeiten, wird das auch dazu führen, dass die anderen sich Ihre Ideen zu Eigen machen. Sie werden ebenfalls die Punkte erkennen, an denen immer mit Widerstand zu rechnen ist. Wenn Sie die Meinungsbildner mit diesen Problemen bekannt und mit Ihren Gedanken vertraut machen, sie für Ihre Sache gewinnen und dazu bewegen, sie sich zu Eigen zu machen, werden Sie erkennen, wie lange es dauern wird, die gesamte Gemeinde dafür zu begeistern. In diesem Stadium ist dieser Prozess wichtiger als das Ergebnis.

Kennen Sie Ihre möglichen Ressourcen, aber auch die Hindernisse?

Versuchen Sie einzuschätzen, ob Sie genügend Leiter und künftige Leiter haben, ausreichend Finanzen, Schulung, Ausstattung, Mitarbeiter, Berater, Gesprächsräume, Toiletten und andere (nicht zu unterschätzende) Annehmlichkeiten. *Willow Creek* und andere Gemeinden haben erkannt, wie wichtig es vor allem ist, die finanziellen Folgen richtig einzuschätzen. Eine breite Kleingruppen-Struktur zu finanzieren, kostet sehr viel Geld, wenn man sie gerade erst beginnt; aber die Kosten sinken, wenn die Infrastruktur erst einmal steht und heranreift. Zunächst werden Sie bezahlte Mitarbeiter brauchen, die Ihnen dabei helfen, Gruppenleiter und Mentoren ausfindig zu machen, in die Arbeit zu integrieren, zu schulen und sie in ihrer Entwicklung zu unterstützen. Stellen Sie sich die hohen Startkosten vor wie den Einbau einer Pumpe für ein Wassersystem. Wenn alles läuft, sind die Unterhaltungskosten demgegenüber gering. So ist es auch bei der Kleingruppen-Arbeit. Wenn diese Arbeit auf lange Sicht läuft, wie

Sie und Ihre Leiter es sich wünschen, sind die „Unterhaltungskosten" lange nicht mehr so hoch.

Jetzt, wo wir in *Willow Creek* eine nennenswerte Armee von Freiwilligen erschlossen und eingearbeitet haben, merken wir, dass Laien noch mehr tun wollen und auf einzigartige Weise begabt und bereit sind, ganz besondere, neue Dienste zu entwickeln. Manche unserer Mentoren begleiten jetzt schon seit Jahrzehnten Gruppenleiter. Wenn sie beruflich und finanziell eine gewisse Stabilität erreicht haben und nicht mehr so viel zu verdienen brauchen, entscheiden sich manche für eine Doppelkarriere und verteilen ihre Arbeitszeit auf bezahlten Beruf und Gemeindearbeit. Je mehr Dienste wir ihnen übertragen, desto überraschender und überragender reagieren sie. Unbezahlte Mitarbeiter schlüpfen jetzt in die Positionen, die früher von bezahlten ausgefüllt wurden, oder in solche, die sich neu auftun und für die wir sonst jemanden hätten anstellen müssen. Dieser Trend der finanziellen Entlastung setzt sich fort und wir rechnen mit relativ abnehmenden Kosten zum Unterhalt dieser Infrastruktur.

Ironischerweise ist eines der größten Hindernisse von heute (Finanzen) eventuell Ihre beste Ressource für morgen. Wenn Sie finanzielle Hindernisse vor sich sehen, behalten Sie die Langzeit-Perspektive im Blick.

Wie können wir mit den außergemeindlichen Aktivitäten konkurrieren?

Immer wenn wir die Diskussion darauf bringen, dass man Gemeinden zu Gemeinschaften aus Kleingruppen umbauen kann, fragen uns die Leute: „Und was machen wir mit den übervollen Kalendern der Leiter?" Eltern vereinbaren für ihre Kinder viel zu viele Aktivitäten und kutschieren sie während des Tages von einer zu anderen. Erwachsene reagieren auf beruflichen Druck damit, dass sie an ihrer Freizeit nicht rütteln lassen und oft auch besonders teuren Freizeitbeschäftigungen nachgehen. Die Zeit, die man mit Transport, Essen gehen, Einkaufen, Tanken, Geld holen, Besuche erledigen, Frisörbesuch etc. verbringt, beschneidet die Möglichkeit der Gemeinde, Zeit zu beanspruchen. Die Gemeinde scheint nur zu minimaler Jüngerschaftsschulung aufrufen zu dürfen. Len Schlessinger, der früher Professor an der *Harvard Business School* war, nahm an einer Konferenz in *Willow Creek* teil und merkte an: „Wer ist der Konkurrent der Kirche, der Gemeinde? Jede andere Form, die Zeit zu nutzen." Und das ist eine harte Konkurrenz.

Die Gemeinden, die mit dieser Wirklichkeit im Leben der Leute rechnen und den Kalender der Gemeinde entsprechend gestalten, werden durchhalten und überleben. Sie müssen Wege finden, wie Sie den leitenden Mitarbeitern und Mitgliedern gleichermaßen dienen können, und sich in ihre Tagesläufe hineindenken. Sie müssen Menschen in ihrer aktuellen Lage gedient haben, wenn Sie möchten, dass sie Ihnen vertrauen. Nur dann können Sie bei ihnen auch Ungutes kritisieren – wie schlechte Nutzung der Zeit – und sie darauf ansprechen. Im Laufe der Zeit können Sie jemanden als Mentor zu besseren Lebensentscheidungen hinführen, aber Sie müssen die Leute dort abholen, wo sie sind: bei ihren vollen Kalendern.

Gemeindemitarbeiter sind oft überlastet und haben alle Hände voll mit Aktivitäten zu tun, die viele Laien als weniger wichtig einstufen würden. Beachten Sie die Bedürfnisse dieser Mitarbeiter: Berufen Sie keine Sitzung ein, wenn Sie kein klares Ziel damit verfolgen und wenn Sie keinen wichtigen Inhalt bieten können. Sie können schlechte Teilnahmegewohnheiten aushebeln, indem Sie das tun, was Sie wohl auch bei den Menschen tun, die zum Gottesdienst kommen. Hier ein paar Vorschläge, wie wir versucht haben, unsere Botschaft an die Laienleiter zu übermitteln.

• Nutzen Sie die normalen Gottesdienste, um die Leiter anzusprechen und sie vor allen für ihren Einsatz zu loben und ihnen zu danken.
• Verschicken Sie vierteljährlich Kassetten, die Menschen unterwegs im Auto oder im Zug abspielen können, wenn sie Zeit haben. Bald werden wir CDs verschicken.
• Probieren Sie aus, ob Sie den Leitern nicht eine technologiebasierte Schulung anbieten sollten, von der sie Gebrauch machen können, wenn sie gerade Zeit haben.
• Beraumen Sie Sitzungen an für Zeiten, an denen die Leute sowieso gerade auf dem Gemeindegelände sind, auch wenn das bedeutet, dass Sie nicht alle Punkte werden durchsprechen können. Manche werden Sie ganz streichen müssen, andere über mehrere Sitzungen ausdehnen, wieder andere Punkte können Sie, nach einer anfänglichen persönlichen Einleitung, am Telefon oder über E-Mail klären.
• Sie müssen sich darauf verlassen können, dass die Leiter Ihrer einzelnen Dienstbereiche die Botschaften weitergeben, die Sie mit ihnen zentral ausgemacht und koordiniert haben. Dann liegt es bei ihnen, diese Information weiterzugeben, wenn die anderen Leiter sowieso gerade versammelt sind.

Solange wir, die wir bezahlt werden, nicht einen besonderen Einsatz erbringen, um den anderen zu dienen und uns in ihre Welt einzufühlen, werden wir nie wissen, was gerade ihre wirklichen Bedürfnisse sind. Wir sollten aufhören, die Konkurrenz zu bemängeln, und uns wirklich Mühe geben, einen neuen Anlauf zu nehmen und mit neuer Kraft an die Arbeit zu gehen.

Was bedeutet die Umstellung auf Kleingruppen für unsere Mitarbeiter?

1995 prophezeite ich (Russ) gegenüber Bill Hybels: „Wenn wir unser Ziel erreichen wollen, eine Kleingruppen-Gemeinde zu werden, dann werden wir ein Drittel unseres Mitarbeiterstabes feuern müssen." Ich hatte unsere Übergangsstrategie analysiert und festgestellt, dass nur 40 Prozent der Gemeindemitglieder in Kleingruppen eingebunden waren. Dies lag zum einen daran, dass die meisten unserer Mitarbeiter zu anderen Zwecken angestellt worden waren als für die Kleingruppen-Arbeit. Vor 1992 hatten wir Leute dafür eingestellt, dass sie die Dinge selbst erledigten – nicht durch andere. Viele von ihnen hatten also anfangs keinerlei Verständnis für die Perspektive des Dienens und Bedientwerdens, die zum Leben in der Kleingruppe dazugehört. Seit unserer Entscheidung für Kleingruppen hatten wir um die Leute vom Mitarbeiterstab „herumgearbeitet", die nicht die Gabe oder die Leidenschaft hatten, Gemeinschaft zu einem Ziel ihres Dienstes zu machen. Ich war damals der festen Überzeugung, wir beschäftigten zu viele „alte Hunde", denen man bekanntlich keine neuen Tricks mehr beibringen kann.

2000 jedoch waren 90 Prozent unserer Gemeindeglieder in Kleingruppen eingebunden – und beinahe jeder Mitarbeiter leitete irgendeinen Teilbereich des Gemeinschaftslebens! Ich bin so glücklich, dass meine Prophezeiung falsch war. Wir mussten nicht ein Drittel unseres Stabes feuern und brauchten sie auch nicht durch „die richtigen" Leute zu ersetzen. Manche Mitarbeiter entdeckten eine Begeisterung für bestimmte Kleingruppenpflichten – was ja auch Sinn ergab, denn sie waren ja ursprünglich eingestellt worden, weil sie ein Herz fürs Dienen hatten. Viele besaßen die Gaben der Leiterschaft oder des Hirten, die nur einfach in eine neue Richtung gelenkt werden musste. Als es uns erst einmal gelungen war, ihnen dabei zu helfen, die natürlichen Widerstände gegenüber jeder Art von Veränderung abzubauen, wuchs in der Regel der Einfluss, den diese Mitarbeiter gehabt hatten – und die Mitarbeiter waren froh darüber. Manche Mitarbeiter hatten Angst vor ihrer neuen Arbeitsplatzbeschreibung, aber als sie geschult worden waren und merkten, dass sie Unterstützung erhielten, machten sie große Fortschritte und genossen es.

Während die Kleingruppenbewegung sich ausbreitete, wurde es für alle – Mitarbeiter und Freiwillige gleichermaßen – immer selbstverständlicher, Teil einer Kleingruppe zu sein oder sie zu leiten. Eine Handvoll Mitarbeiter kündigten jedoch lieber, weil sie es weit schöner fanden, anderen zu dienen, als sie zum Dienst auszurüsten. Wir räumten ihnen für diesen Vorgang angemessen Zeit ein, aber wir scheuten auch nicht vor der harten Wahrheit zurück, dass wir sie gehen lassen mussten.

> Ob Sie nun einer alten Gemeinde eine neue Richtung geben oder eine neue Gemeinde mit einer Kleingruppen-Basis gründen, immer muss jeder Mitarbeiter voll dabei sein und mitziehen, oft sogar mit vorausgehen.

Für die *New Community Church* in Wexford, Pennsylvania, die vor zwei Jahren gegründet wurde, waren Kleingruppen immer ein fester Grundwert. „Der Grundwert, den wir allen von Anfang an eingetrichtert haben, ist Transformation", sagt Reichart, ihr Kleingruppenpastor. „Dieser Grundwert wird durch zwei andere Werte gestützt: kleine Gemeinschaften und biblische Wahrheit."

Diese junge Gemeinde hat Kleingruppen und Dienstgruppen; ihre sieben Mentoren sind gleichzeitig Vorstandsmitglieder. „Wir haben versucht, unsere Mentoren zu unseren besten Leitern heranzubilden", meint Reichart. Der Hauptpastor, Hollis Haff, ein zweiter Lehrpastor, Mark Bolton, und Reichart sind voll im Einsatz, um Kleingruppenleiter als Hirten zu begleiten. „Es ist ein wichtiger Wert; daher möchten wir, dass die höchsten Leiter daran beteiligt sind", ist Reicharts Ansicht. „Dort schlägt unser Herz."

Es ist allen Einsatz wert, wenn Sie auf dem Weg zu einer Kleingruppen-Gemeinde alle fünf Kreuzungen sicher durchfahren. Sie werden schwere Entscheidungen fällen müssen – ob Sie wirklich eine Gemeinde aus Kleingruppen werden wollen, wer die Leitung innehaben wird, wie diese Gemeinde im Detail aussehen wird, wie viele leitende Mitarbeiter Sie benötigen werden und wo Sie mit Ihrer Gemeinde heute stehen. Aber Sie werden sehen, dass diese Mühe sich unbedingt lohnt, weil Ihre Entscheidungen im Laufe der Zeit immer weiser werden. Bitten Sie Gemeinden und ihre Leiter, die auf diesem Weg schon weiter fortgeschritten sind, um Rat und Hilfe. Ihre Erfahrungen werden Ihnen helfen, eine Strategie zu entwickeln, die Ihre Gemeinde auf die Grundlage einer gut durchdachten Gemeinschaft stellen wird.

Eine Strategie entwickeln

„An dieser Stelle müssen wir anfangen, wie Jesus auch. Es wird langsam vorangehen, über Hindernisse, durch Schmerzen und von den Leuten anfangs kaum beachtet. Aber das Endergebnis wird herrlich sein, auch wenn wir dies nicht mehr erleben sollten. Wenn wir alles aus dieser Perspektive betrachten, dann wird es eine sehr wesentliche Entscheidung in der Gemeindearbeit."
Robert Coleman: „Des Meisters Plan der Evangelisation"

Ich (Russ) bin unheilbar süchtig nach Baseball. Ich wurde bereits als kleiner Junge abhängig, als ich zum ersten Mal einem Spiel mit Harmon Killebrew und den *Minnesota Twins* zuschaute. Die *Twins* gewannen 1965 beinahe die Meisterschaft, und sie waren eindeutig mein Team – bis ich nach North Dakota zog, wo ich ein Fan der *Atlanta Braves* wurde. Die *Braves* waren *das* Team unserer Stadt, weil nur ihre Spiele live über Kabelfernsehen ausgestrahlt wurden. Ich bin immer noch ein Fan der *Braves*, obwohl ich inzwischen in Chicago lebe. Hier hätte ich die Wahl zwischen den *White Sox* oder den *Cubs*. Die Rivalität zwischen beiden ist so heftig, dass Menschen, die sonst einander freundlich zugetan sind, Auseinandersetzungen über diese Teams führen, die so tief gehen, dass sie jegliche Gemeinschaft zu sprengen drohen. Daher behalte ich lieber für mich, welches örtliche Team ich bevorzuge.

Drei Jahre lang habe ich also drei verschiedene Teams beobachtet. Dabei konnte ich erkennen, dass jedes eine ganz eigene Art hat, das Spiel anzugehen. Manche Teams verlassen sich einfach darauf, dass der Angriff Erfolg haben wird. Andere bauen weit mehr auf Geschwindigkeit. Manche Aufstellung ist von Stürmern durchsetzt, während andere mehr die Verteidigung betonen oder die Qualität aller steigern, um dadurch zum Sieg zu gelangen. Welchen Ansatz der Trainer mit der Mannschaft wählt, wird abhängen von der Geschichte des Teams und seiner Tradition, von der Lage und Art des Stadiums, von den Vorlieben von Management und Trainer und vom Wesen und den Fähigkeiten der einzelnen Spieler.

Eine eigene Strategie zu entwickeln ist ein Muss – nicht nur für eine Baseballmannschaft, die gewinnen möchte, sondern auch für eine Gemeinde, die heutzutage überleben will. Um die Parallele noch ein wenig auszuweiten: Erst wenn Sie sich einmal entschieden haben, eine Gemeinde zu werden, die auf Gruppengemeinschaft aufbaut, sind Sie bereit, zum Spiel anzutreten. Sie haben ein Team von Spielern zusammengestellt, einen Manager ausgesucht, wissen, was Sie auf lange Sicht erreichen wollen, haben Pläne aufgestellt, wie Sie den einzelnen Spielern gezielt im Training helfen wollen, und haben festgestellt, wo Ihr Team heute steht. Aber wenn Sie auf Dauer die Mannschaft zum Erfolg führen wollen, dann müssen Sie noch eine tragende Strategie erarbeiten, wie die Gruppe über sich hinauswachsen kann – also für das Zusammenspiel im Team.

Es ist ja in Wahrheit kein Spiel, sondern bitterer Ernst: Ihre Strategie wird in normaler Sprache niedergeschrieben sein müssen. Die Formulierung wird sich vielleicht ungewohnt anhören, weil jedermann eingeschlossen sein muss. In der Strategie zeigt sich, ob Ihre Vision und die Organisation Ihrer Gemeinde in Einklang zu bringen sind, sodass der Auftrag erfüllt werden kann: die Nachricht von der Erlösung zu allen Menschen zu bringen. Hinter den Strategien und Strukturen müssen veränderte Leben von Frauen, Männern, Kindern stehen, sogar ganzer Familien. Bill Hybels sagt unserer Mannschaft oft: „Hört mir genau zu: Wenn mein kirchendistanzierter Bekannter gerade Christus in sein Leben aufgenommen hat und dringend einen Hirten in seiner Kleingruppe braucht, dann ist es mir doch ein Herzensanliegen, dass das – soweit irgend möglich – perfekt organisiert wird." Wenn es um Leben und Ewigkeit geht, dann kommt es auf die Strategie an.

Wir in *Willow Creek* verwenden für das Wachstum unserer Gruppen das Metagemeinden-Modell von Carl George. Andere Gemeinden legen ihrer Kleingruppen-Struktur das Hauszellen-Modell zugrunde, das teilweise von Ralph Neighbor entwickelt wurde, oder neuere Modelle dieser Art, wie G-12 oder Zellen, die von Angebot und Nachfrage geregelt werden. Für welche Methode Sie sich entscheiden, wird davon abhängen, wo Ihre Gemeinde liegt, von den Umständen, der Leitung, den betroffenen Mitgliedern, der Geschichte und anderen innergemeindlichen Fragen.

Unabhängig davon, welches Modell Sie sich aussuchen: Sie werden dann am erfolgreichsten sein, wenn Ihre Strategie sechs Kernprinzipien enthält: Organisieren Sie alles um eine feste Fürsorgespanne herum, treten Sie für offene Gruppen ein, fächern Sie die Gruppenarbeit auf und verleihen Sie den Typen Stromlinienform, schaffen Sie eine Kultur der Leiterschaft, pflegen Sie alles ganz gezielt und fügen Sie Ihren Ansatz in den Gesamtzusammenhang der Gemeinde ein.

1. Organisieren Sie um die Fürsorgespanne herum

Niemand – nicht einmal ein so begabter Führer wie Mose – kann das Prinzip der Fürsorgespanne auf Dauer außer Acht lassen, ohne sich vollkommen zu übernehmen. Jede Gemeinde, die dieses Prinzip ignoriert, wird eines Tages nicht mehr in der Lage sein, sich um die Leute zu kümmern – und diese werden abwandern. Ihr Wachstumsmodell muss sicherstellen, dass jeder Zuwendung erhält und dass niemand sich um zu viele Menschen kümmern muss. Zum Prinzip der Fürsorgespanne gehört auch, dass Sie eine gesunde Gruppengröße wählen, bereit sind, neue Gruppen zu „gebären", neue Mentoren auszusuchen und sich auszudenken, wie man Mentoren unterstützen kann.

Wie groß sollte eine Kleingruppe höchstens sein? Da wir dem Metagemeinden-Modell folgen, haben wir uns auf den Quotienten 1:10 aus Exodus 18 geeinigt, auch wenn wir hier und da Ausnahmen zugelassen haben. Ein Leiter mit ungeheuren Fähigkeiten kann auch einmal imstande sein, sich um 12 Personen zu kümmern, so wie Jesus, aber wenn die Gruppen größer werden als das, fällt es den Mitgliedern schwer, miteinander aufs Engste verbunden zu sein, einander zu kennen und wirklich gekannt zu werden. Unsere Erfahrung ist gegenwärtig, dass ein Verhältnis von 1:8 vielleicht sogar noch gesünder ist. Wenn Gruppen über 8 Mitglieder hinauswachsen, erhalten die einzelnen Teilnehmer nicht mehr genug Zeit, sich mitzuteilen. Dann sind sie nicht mehr so bereit, sich vor den anderen zu öffnen, und die Treffen können die Bedürfnisse der Einzelnen nicht mehr abdecken. Die Leiter, die trotzdem versuchen, sich um jeden zu kümmern, haben dann die Wahl zwischen Burnout und Selbsterhaltung. Wir bemerken, dass mit abnehmendem Funktionieren der sozialen Einheiten (wie Ehe und Familie) die Fürsorge immer schwieriger wird. Daher kann es durchaus nötig sein, die Gruppengröße kleiner zu halten.

Die „Geburt" einer Gruppe ist bei gesunden Kleingruppen ein

natürlicher Vorgang.[1] Im Laufe der Zeit ziehen aktive Gruppen neue Mitglieder an. Nicht selten wächst eine Gruppe auf 15 bis 20 Mitglieder an, einfach, weil Gott durch einen Leiter oder eine kleine Gemeinschaft am Werk ist. Aber wenn Leiter und Mitglieder nicht darauf eingestellt sind, eine neue Gruppe zu „gebären", werden Jitros Worte an Mose in uns nachhallen und uns verfolgen: „Es ist einfach zu viel für dich. Du kannst das nicht alles alleine tun. Sonst reibst du dich noch auf; und auch für die Leute ist es viel zu anstrengend" (Exodus 18,18).

In Gemeinden, die gerade erst auf Kleingruppen umstellen, ist der „Mittelfeld-Leiter" häufig gleichzeitig derjenige, der sich um die Leiter der Kleingruppen kümmert. Wenn deren Anzahl aber in die Höhe schnellt, muss der zentrale Leiter sehr bald Mentoren heranziehen, die sich an seiner Stelle um die Gruppenleiter kümmern. Gary Foran von der *Kensington Community Church* sagt: „Einer unserer größten Fehler war, dass wir die Funktion des Mentors nicht genügend beachtet und nicht rechtzeitig ausreichend viele herangezogen haben. Wir versuchten, die Gruppenleiter dazu zu bringen, ,ein bisschen als Mentor' zu fungieren, aber daran war niemand interessiert. Sie hatten den Verdacht, wir wollten durch sie andere Gruppenleiter testen, und sie müssten dann ihre eigenen Kleingruppen aufgeben. Wir mussten erst einmal eine umfassendere Vision entwickeln, damit potenzielle Mentoren es als ihre Aufgabe ansahen, Leitern dabei zu helfen, geistlich und charakterlich weiterzukommen."

Wie Gary Foran hat auch *Willow Creek* lernen müssen, dass gute Leiter nicht zwingend auch gute Mentoren sind. Die beiden Funktionen erfordern sehr unterschiedliche Fähigkeiten. Ein Kleingruppenleiter mag eine hervorragende Begabung für die seelsorgerliche Begleitung seiner Leute haben, aber wenn er nicht auch eine ausgesprochene Begabung für Leiterschaft besitzt, mag es gut sein, dass derselbe Mensch als Mentor nicht annähernd so erfolgreich ist.

Mike Skor ist erst kürzlich zur *River Church* in Sacramento, Kalifornien, gekommen – als der „entscheidende Spieler" in der Kleingruppen-Arbeit. Vorher leitete er die Kleingruppen-Arbeit der *Daybreak Community Church* in Hudsonville, Michigan. Als Skor vor fünf Jahren zu *Daybreak* stieß, war diese Gemeinde auf Suchende eingestellt und kulturell relevant – und besaß einige wenige Kleingruppen. Heute hat die *Daybreak*-Gemeinde vier Mentoren, 30 Gruppen und wöchentlich ungefähr 600 Erwachsene und 250 Kinder, die die Gottesdienste besuchen. Außerdem haben sie weitere 50 Gruppen in der Abteilung „Schüler- und Kinderarbeit". Er trifft sich monatlich mit den vier Mentoren und sagt: „Der größte Gewinn für uns war die Feststellung, wie wichtig Mentoren sind. Ich brauche zur Zeit vier weitere Mentoren, aber sie sind schwer zu finden. Ich glaube trotzdem, dass man die Latte für diese Aufgabe hoch legen muss. Die Einführung des Mentoren-Postens war sicher die beste Entscheidung, die wir je getroffen haben."

Wenn Ihre Gemeinde immer mehr Gruppenleiter und Mentoren heranbildet, wird der „Mittelfeld-Leiter" Hilfe brauchen, damit all die Mentoren genügend Fürsorge und Begleitung erhalten können. Sie können das entweder dadurch tun, dass Sie noch jemanden in Ihren Mitarbeiterstab aufnehmen und fest anstellen – Sie können aber auch Laien zu „Obermentoren" machen und zu dieser Aufgabe heranziehen. In *Willow Creek* haben wir neue Mitarbeiter eingestellt (die wir „Abteilungsleiter" nennen), von denen sich jeder um 10 Mentoren zu kümmern hat. Wir haben diese Investition in Mitarbeiter getätigt, weil wir unsere Kleingruppen-Infrastruktur voranbringen wollten, ohne die Fürsorgespanne zu überstrapazieren.

Künftig werden wir uns vermutlich dafür entscheiden, stattdessen Laien zu „Obermentoren" auszubilden und zu dieser Aufgabe heranzuziehen. So wie ein Mentor Kleingruppenleiter leitet, führt ein „Obermentor" drei bis fünf Laienmentoren. Auf diese Art kann die Fürsorgespanne des „Mittelfeld-Leiters" und anderer Mitarbeiter ausgedehnt werden. Da diese Laien erhebliche Leitungsverantwortung für die Gemeinde tragen – indem sie 150 bis 250 als Hirten begleiten – starten sie in Wirklichkeit eine zweite Karriere bei uns. Unsere ersten Versuche mit diesem Modell zeigen schon sehr gute Resultate.

Stellen Sie sicher, dass das Prinzip der Fürsorgespanne in Ihrer Strategie Anwendung findet. Sonst wird Ihre Gemeinde einen Burnout erleiden, es wird zu Cliquenbildung und Splitterparteien, zu zunehmenden Gruppenkonflikten und Gruppenstreitigkeiten kommen – Dinge, die durch unbefriedigte Bedürfnisse entstehen.

2. Treten Sie für offene Gruppen ein

Es gibt zwei Gesetze geistlicher Entropie: Das erste besteht, wie Mark Mittelberg erklärt, im Verlust an „evangelistischen Beziehungen": Menschen, die frisch zum Glauben gekommen sind, neigen statistisch nachweisbar dazu, im ersten Jahr ihrer Gemeindezugehörigkeit die Beziehung zu ihren noch suchenden ehemaligen Freunden einschlafen zu lassen. Das zweite besteht darin, Gemeinschaft zu „horten": Ein Christ, der eine befriedigende Kleingruppe gefunden hat, möchte instinktiv dieses seltene Juwel beschützen. Beide Gesetze kollidieren mit dem Aufbau einer Gemeinde aus Kleingruppen.

Auch wenn Gemeinden sich normalerweise dadurch auf Gemeinschaft umorientieren, dass sie neue Gruppen gründen, enthalten die meisten Modelle doch auch einen Mechanismus, wie man neue Leute bestehenden Gruppen zuordnet. Wir haben jedoch gelernt, dass es nicht eine Möglichkeit, sondern unumgänglich ist, offene Gruppen in Ihre Strategie einzubauen.

> Wenn Sie möchten, dass jedes Mitglied der Gemeinde das Leben in der Gruppe als normal und natürlich ansieht, dann muss der Mensch, der noch keine Beziehungen aufgebaut hat, die freie Wahl haben, ob er oder sie in eine bestehende, offene Gruppe möchte oder in eine neu zu gründende. Nur dann werden sich die Menschen optimal einbinden, wenn die gesamte Gemeinde als ein Wesen mit offenen Armen dargestellt werden kann.

Das setzt allerdings einen katalytischen Mechanismus voraus, der normalen Alltagsrhythmen folgt. Wenn Sie offene Gruppen befürworten, dann gehen Sie von ganz realistischen Erwartungen in Bezug auf die Lebensdauer einer Gruppe und die natürlichen Lebenszyklen aus.

Ein katalytischer Mechanismus ist eine Tätigkeit, kein Grundwert. Jim Collins, der gemeinsam mit Jerry Porras den Bestseller *Built to Last*[2] geschrieben hat, erklärt, warum eine umfassende Strategie der Veränderung manchmal das gewünschte Ergebnis bringt, nämlich eine kleine Steigerung, wohingegen eine katalytische Aktion viel mehr bewirkt. Beispielsweise ist es möglich, dass eine Firma Kundenservice über alles stellt. Aber wenn sie jedem Kunden, der mit einem Produkt unzufrieden ist, sein Geld zurückzahlt, dann ist es dieser katalytische Mechanismus, der den Kunden am Ende befriedigt. Es ist die Tätigkeit (Rückzahlung), die das erwünschte Ergebnis bewirkt, nicht der Grundwert (Kundenservice) dahinter.

In *Willow Creek* ist der katalytische Mechanismus, den wir anwenden, um Menschen miteinander in Verbindung zu bringen, der „leere Stuhl". Wir haben dieses Konzept dem Metagemeinden-Modell entnommen, wo es das Prinzip vom „leeren Stuhl" gibt, und bereits ganze

Freizeiten auf dem Konzept aufgebaut. Wir haben diese Formulierung ebenfalls in das Handbuch für unsere Kleingruppenleiter aufgenommen, in die Kleingruppenverpflichtung, und beim Geschichten-Erzählen verwenden wir sie auch. Jeder bei uns versteht, dass eine Gruppe erst dann wirklich eine Gruppe genannt werden kann, wenn sie einen „leeren Stuhl" hat. Auch wenn zu einer kleinen Gemeinschaft eine ganze Weile niemand hinzustößt, weiß jeder durch den „leeren Stuhl", dass das jederzeit möglich wäre.

Wenn ich (Russ) unsere Stunden für die Neumitglieder halte und über Kleingruppen rede, dann gehe ich auf den Wert des Gruppenlebens ein. Dabei erwähne ich auch immer, dass man den Wert „Gruppe G" nur leben kann, wenn man der Neigung widersteht, Gemeinschaft zu horten, sie für sich zu behalten und nicht zu teilen. Mir ist aufgefallen, dass nicht jeder versteht, wie der „leere Stuhl" funktioniert. Manche Mitglieder machen sich Gedanken darüber, die Gemeinde könnte ihnen jemanden aufs Auge drücken, den sie nicht kennen – vielleicht abgedrehte Typen, die früher einmal eine Talk-Show geleitet haben, oder potenzielle Axtmörder –, einzig und allein zu dem Zweck, ihre wunderbare Gemeinschaft zu stören.

Ich erkläre in diesen Fällen immer, dass der „leere Stuhl" sich an das Entstehen normaler Beziehungen anlehnt: Einmal hatte ein Mitglied einer Gruppe, die ich leitete, begonnen, einen Bekannten allen anderen Gruppenmitgliedern vorzustellen – außerhalb von Gruppentreffen. Im Laufe der Zeit trafen wir ihn öfter in den Gottesdiensten und bei Veranstaltungen, wurden wärmer mit ihm, und die Mitglieder der Gruppe begannen, ihrerseits auf ihn zuzugehen. Unser neuer Bekannter kam dann schließlich zu den Gruppentreffen. Wir hatten bemerkt, das seine Gegenwart in unserem Beziehungsgeflecht so normal geworden war, dass es Zeit war, ihn auf den „leeren Stuhl" der Gruppe einzuladen.

In *Willow Creek* rebellierten viele Leiter und Gruppen gegen die Prinzipien der Offenheit, bis wir ihnen dabei halfen, realistische Erwartungen an die Lebensdauer einer Gruppe zu richten. Die meisten Gruppenmodelle setzen die Lebenserwartung einer Gruppe zu niedrig an. Die Theorie über optimale Metagemeinden brachte uns dazu, zu lehren, dass Gruppen den „leeren Stuhl" füllen und wenigstens eine neue Gruppe gebären sollten – und zwar alle 1 ½ bis 2 Jahre. In manchen Zellgruppenmodellen geht man sogar von halbjährlichen Geburten neuer Gruppen aus! Wir haben jedoch bemerkt, dass unter unseren Gegebenheiten, wo die meisten Gruppen nicht dienstorientiert sind und sich ungefähr jede zweite Woche treffen, erst nach 30 bis 36 Monaten mit einer neuen Geburt gerechnet werden kann. Sogar wenn man das als grobe Regel akzeptiert, kommt es dennoch noch häufiger zu Abweichungen davon.

Im Gegensatz zu Gruppenmodellen gehen viele Laien davon aus, eine gute Gruppe müsse zusammenhalten, „bis wir uns im Himmel auf ewig treffen". Diese falsche Annahme veranlasst sie dazu, ihre „ewige Gemeinschaft" zu behüten, indem sie sie gegen neue Mitglieder abschotten. Wenn Gruppen erst einmal erkennen, wie lange ihre normale Lebensdauer sein sollte, werden sie viel offener bleiben. Auch wenn manche Gruppen sich wirklich ein Leben lang treffen, schränkt doch die gesellschaftliche Mobilität die Lebensspanne einer Gruppe ein: Vor 15 Jahren leiteten Lynn und ich eine Gruppe von Ehepaaren. Und wir alle wuchsen geistlich, ließen uns herausfordern, beteten, kommunizierten und liebten einander wie noch nie zuvor. Wir wären froh und dankbar gewesen, hätten wir zusammen alt und grau werden können. Aber drei Jahre, nachdem die Gruppe ins Leben gerufen worden war, zogen drei der fünf Ehepaare (wir eingeschlossen) weg.

Die meisten Gruppen folgen einem vorhersagbaren Lebenszyklus. Sie wachsen. Sie sterben. Das Wachstum geht mit Wachstumsschmerzen einher. Mit dem Sterben kommt die Trauer. Wenn eine Gruppe sich 50 Mal und öfter getroffen hat, wird sie – gleich einer Pflanze – Zyklen durchlaufen haben, mit Wachstumsschüben und Stagnation. Da ich zehn Jahre auf einer Farm in North Dakota gelebt habe, weiß ich, dass der „leere Stuhl" für Gruppen das bewirkt, was Dünger für die Ernte tut. Eine Gruppe wächst, wenn ein Leiter sich um sie kümmert und wenn die Mitglieder einander Zuwendung zukommen lassen. Aber so wie der richtige Dünger in der richtigen Dosis und Anwendung die Pflanzen zum Wachstum und zum Fruchtansatz bewegt, so „düngt" ein neues Mitglied eine Gruppe mit neuen Ansichten, Beziehungen, Ressourcen und Verbindungen in die weitere Umgebung. Wie auf dem Bauernhof kann die falsche Mischung schaden oder zerstören, aber das Risiko ist in der Regel den Einsatz wert – jedenfalls gilt das für Gruppen, die darauf vertrauen, dass Gott durch ihre weit geöffneten Arme wirkt.

Wenn Sie offene Gruppen in Ihre Strategie einbauen, dann werden Gruppen Grund zum Staunen haben, was Gott durch sie tun kann. Offene Gruppen bieten zunehmend mehr Gelegenheiten, durch die andere Menschen mit der Gemeinde in Verbindung gebracht werden können. Und sowohl Ihre Gruppen als auch Ihre Leiter werden immer schönere Früchte erzielen.

3. Fächern Sie die Gruppenarbeit auf und verleihen Sie den Typen Stromlinienform

Wie stellt man es an, dass man genügend Zugangspunkte für Neue schafft, während man gleichzeitig alle „Insider" in dieselbe Richtung voranbewegt? Man fächert die Gruppen in verschiedene Typen auf, damit sie möglichst viele Bedürfnisse abdecken, und man überredet Mitarbeiter und Leiter in Schlüsselpositionen dazu, dass all diese Typen dieselbe Kleingruppen-Infrastruktur haben sollten. Dieses Prinzip, das zwei Stoßrichtungen hat, ist möglicherweise strategisch eine der schwierigsten Aufgaben beim Aufbau einer Kleingruppen-Gemeinde.

Willow Creek hatte früher ausgezeichnete Jüngerschaftsgruppen. Deren Nachteil war jedoch, dass sie ausgesprochen eindimensional waren. Diese Jüngerschaftsgruppen befriedigten das Bedürfnis der Gemeinde, den Glauben frischgebackener Christen zu vertiefen und reifen zu lassen und die jungen Christen in die Mitarbeit in der Gemeinde zu ziehen. Bei diesem Ansatz, der für jeden galt, musste ein Paar verheiratet sein, sich verpflichten, zwei Jahre lang an den Gruppentreffen teilzunehmen, drei Treffen monatlich mitmachen und ernsthaft um geistliches Wachstum bemüht sein. Unser Jüngerschaftsprogramm war wirklich gut; aber es war einfach zu eng, als dass es andere Bedürfnisse hätte abdecken können.

Seit wir uns dafür entschieden haben, zu einer Gemeinde aus Kleingruppen zu werden, habe ich (Bill) erlebt, welche Vorteile es hat, wenn man sich auf die Bedürfnisse der Leute konzentriert und auf verschiedene Ebenen des geistlichen Fortschrittes Rücksicht nimmt. In den ersten Jahren boten wir fünf unterschiedliche Arten von Kleingruppen an (siehe Tabelle auf Seite 240).

Dann bewegten wir uns weiter – von fünf bis unendlich. Jetzt bieten wir jede Art von Kleingruppe an – je nach Bedürfnis – und können so die Bedürfnisse der Menschen genau auf der Ebene befriedigen, auf der sie sich gerade befinden. Wir nennen das ihre „Bereitschaft zur Gemeinschaft". Wir nutzen die Sehnsucht der Menschen nach Verbundenheit – sie suchen nach anderen mit denselben Nöten, Interessen, in derselben Lebensphase –, um sie mit anderen in Kontakt zu bringen. Wir haben auch Gruppen für Leute, die die Unterschiedlichkeit schätzen und einen Querschnitt suchen, wo sich beispielsweise ein Single, eine allein Erziehende, ein Obdachloser, eine Witwe, ein Student und ein älteres Ehepaar treffen, dessen Kinder flügge geworden sind. Für uns ist jedes Treffen eine Kleingruppe,

	Jüngerschaftsgruppe	Gemeinschaftsgruppe	Dienstgruppe	Gruppe für Kirchendistanzierte	Selbsthilfegruppe
Mitglieder	Christen, die strukturierte Jüngerschaftsschulung möchten	Christen und Nichtchristen	Christen und Nichtchristen	überwiegend Nichtchristen	Christen und Nichtchristen
Inhalte	festes Programm, Arbeitshefte	Leiter arbeiten die Inhalte mit ihrem Mentor aus	Leiter arbeiten die Inhalte mit ihrem Mentor aus	abhängig von den Fragen der Teilnehmer	vom Leiter dieses Arbeitsbereichs festgelegt
„leerer Stuhl"	wenn im Programm Pausen eingelegt werden	regelmäßig verwendet, um neue Mitglieder einzuladen	regelmäßig verwendet, um neue Mitglieder einzuladen	immer	in erster Linie eingesetzt, um neue Gruppen zu bilden
Schwerpunkt	geistliche Übungen durchführen, Bibelstudium, Verse auswendig lernen, zur Jüngerschaft anleiten	Gemeinschaft, neue Mitglieder einladen	Erledigen einer Aufgabe, neue Mitglieder einladen	Menschen zu Jesus führen, Neubekehrte zur Jüngerschaft führen	Unterstützung von Mitgliedern, die persönliche Probleme aktiv angehen wollen
Multiplikation	Azubi-Leiter leitet eine neue Gruppe	wächst und teilt sich nach 24–36 Monaten	Gruppe wächst und teilt sich abhängig von der Aufgabe	Azubi-Leiter leitet neue Gruppe	Azubi-Leiter werden zur Gründung neuer Gruppen geschult
Lebensdauer	18–24 Monate	wächst und teilt sich dauernd	wächst und teilt sich dauernd	etwa ein Jahr	abhängig von Bedürfnissen und Zielen der Gruppe

das einen geschulten Leiter hat, jemanden, der sicherstellt, dass die Menschen Verbindung zu diesem Leiter und untereinander haben, und der darüber wacht, dass die kleine Gemeinschaft Zuwendung erhält und in ihrem Wachstum begleitet wird.

Die Frauenarbeit von *Willow Creek* hat sich wenigstens verfünffacht, seit wir die Gruppentypen den Bedürfnissen angepasst haben. Diane Nobel, eine unserer Ältesten, hat diese zunehmende Spezialisierung hautnah miterlebt. Sie war in Gruppen, die sich auf Frauen spezialisiert hatten, dann in welchen für Frauen, die Mütter sind, dann für Frauen, die Kleinkinder haben, dann für Frauen, die – wie sie heute – Kleinkinder haben und daneben noch arbeiten gehen. Der Schwerpunkt auf diesen verschiedenen Nischen führt dazu, dass wir eine Gemeinde aus Kleingruppen sind, die die Leute genau dort abholen, wo sie stehen, je nachdem, wie bereit sie sind, sich in die Gemeinschaft der Gemeinde einzugliedern und einzubringen. Wo wir ein solches unbefriedigtes Bedürfnis finden, gründen wir eine Gruppe, die es befriedigt, und können so die Leute zusammenholen. Und irgendwann wird es dann für die Menschen normal, zu einer Kleingruppe zu gehören.

Ihre Gemeinde wird ähnliche Gelegenheiten haben, wenn Sie nur die richtige Strategie wählen. Manche Kleingruppen-Systeme sind eher eindimensional und erlauben, die Gruppe stärker zu führen, das Leben der Gruppe, ihr Studienschema, ihre Aktivitäten und ihr Ergebnis zu kontrollieren. Strategien, die verschiedene Arten der Zusammengehörigkeit vorsehen und auch Querschnitts-Gruppen zulassen, haben in der Regel keine so enge Kontrolle „von oben"; sie müssen jedoch umso besser begleitet werden, brauchen eine gründliche Leiterschaftsschulung und gute Leiter und Mentoren, die die Übersicht behalten. Je mehr Sie Ihre Gruppentypen variieren, desto mehr Menschen werden Sie anhand ihres Bedürfnisses nach Wachstum und Gemeinschaft in Gleichheit oder Verschiedenheit einbinden können.

Von der Splittergruppe zur festen Ausrichtung

Unsere Gemeinde arbeitet nun intern gemeinsam darauf hin, zu einer Gemeinde aus Kleingruppen zu werden, da bei diesem Vorgang unsere Mitglieder die eigentlichen Gewinner sind. Aber vielen Mitarbeitern und Leitern in Schlüsselpositionen widerstrebte es, ihre Arbeitszweige darauf auszurichten und auf die Infrastruktur einer Kleingruppe umzustellen. Wir in *Willow Creek* haben noch nie eine Arbeit angefangen, wenn wir nicht einen berufenen, mit Vollmacht ausgestatteten Leiter für das Unternehmen hatten, sei er nun bezahlt oder nicht. Wir haben äußerst selten einen Anlauf bleiben lassen müssen, weil es uns an Leitern gemangelt hätte oder weil wir keine neuen Leute für frei gewordene Leitungspositionen gefunden hätten. Diese Grundvoraussetzung, dass es sich um einen „berufenen und mit besonderer Vollmacht ausgestatteten" Leiter handeln muss, schenkte uns Leiter, die sich das Vorhaben fast vollkommen zu Eigen machen. Als wir noch eine Gemeinde mit Kleingruppen waren, konnten diese Leiter irgendwelche organisatorischen Wege gehen, die ihnen gerade passten.

Aber einige starke Leiter mit tiefer Leidenschaft und großer Erfahrung fingen an, ihren Arbeitszweig als Ziel an sich zu sehen, nicht als einen organischen Teil des biblischen Leibes. Wir haben eine Bezeichnung für eine solche dynamische, aber ungesunde Unabhängigkeit: „absplittern". In gewissem Sinn waren wir zu einer Vereinigung parakirchlicher Dienste geworden, die nur zufällig unter demselben Dach arbeiteten. Wir setzten alles daran, und es kostete unsere Leiter ihre größte Überzeugungskraft, diese abgesplitterten Arbeitszweige und ihre Leiter auf eine Arbeit zuzubewegen, die insgesamt auf Kleingruppen basierte.

Alle Arbeitsbereiche in eine gemeinsame Kleingruppen-Infrastruktur zu gießen ist der Härtetest für die Entschiedenheit Ihrer Gemeinde, ob sie mit der Umstellung auf eine Gemeinde aus Kleingruppen ernst machen möchte. Egal, wie gut Sie den Wechsel handhaben, irgendjemand wird ihn ganz sicher für „aufgezwungen" erklären, für „von oben verordnet". Bei der Wahl Ihrer Strategie müssen Sie auch für jeden Arbeitszweig Ihrer Gemeinde eine auswählen. Es ist Ihre Entscheidung, was in Ihrem verschlankten und auf Stromlinie getrimmten „Unternehmen Gemeinde" funktionieren wird.

Mary und Paul Schaller arbeiten gemeinsam in der *Menlo Park Presbyterian Church*, die im dicht bevölkerten Nordkalifornien liegt. Dort erfuhren sie, wie es sich anfühlt, wenn man einen Frontalzusammenstoß mit dem Prozess hat, alles in Stromlinie zu bringen. Als man sie einstellte, hatte die Gemeinde viele Gruppen, auch wenn niemand wusste, wie viele genau. Keine der Gruppen war an diese Gemeinde oder eine andere angebunden. Die Arbeitszweige der Gemeinde waren ähnlich – „wie Silos: alles verlief intern und vollautomatisch, wartungsfrei, unverbunden", sagt Mary.

Die Schallers wurden angestellt, um alle Arbeitszweige durch eine Kleingruppen-Strategie und -Struktur so miteinander zu verbinden, dass die Leiter Fürsorge und Begleitung erhalten konnten. Mary verbrachte das erste Jahr damit, erst einmal herauszufinden, dass die Gemeinde 400 Gruppen hatte. Außerdem erstellte sie eine Datenbank der Gruppenmitglieder und ihrer Kontaktpersonen.

Sie fand 100 Gruppen für Kinder und 35 für Singles. Jeder dieser Arbeitszweige hatte – unabhängig von der Gemeinde und einander – ein Metamodell für Kleingruppen hervorgebracht, sodass sie alle Leiter, Azubi-Leiter und Mentoren hatten und Schulung erhielten. Es gab Gruppen, die durch ein gemeinsames Programm zusammengehalten wurden, wie *Mothers United* („Vereinte Mütter"), die sich als Gesamtgruppe im Gemeindehaus trafen, wo sie gemeinsam einen Vortrag hörten. Danach gingen sie in ihre Kleingruppen, die im Übrigen eine feste Zusammensetzung hatten. *Menlo Park* hatte Unmengen von Gruppen für Männer, Frauen, Ehepaare, von denen viele durch Menschen geleitet wurden, die keinerlei Verbindung zur Gemeinde hatten.

Die Schallers luden alle Leiter ein, an offziellen „Wachstumsgruppen" teilzunehmen, wodurch sie dazu beitragen wollten, neue Mitglieder zu finden und neue Mentoren heranzuziehen. Ihr nächster Schritt bestand darin, die stärksten Leiter zu einem neunwöchigen „Mentorenkreis" einzuladen, wo sie gemeinsam das Handbuch durchgingen, das *Willow Creek* für Mentoren zusammengestellt hat.[3] Mary erzählt: „Man spürt, wie der Heilige Geist hier am Werk ist, weil die Leute bereit sind, Dinge zu tun, die der Intuition zu widersprechen scheinen, aber funktionieren." Leuten, die diesen Mentorenkreis durchlaufen hatten, wurden neue Gruppen zugeteilt. Neue Leiterkreise schulen Kleingruppenleiter.

Die Arbeit der *Menlo Park*-Gemeinde wirkt sich auf ein großes geografisches Gebiet aus. „Vor Jahren war das Gebiet in 56 Sprengel aufgeteilt. Jedem dieser Sprengel waren zwei Diakone zugeordnet, in der Regel ein Ehepaar. Aber die Kirche hat diesen 120 Diakonen fast nie Ressourcen zur Verfügung gestellt und daher waren sie nicht besonders effektiv", berichtet Mary. Heute hat die Gemeinde elf „Regionalbeigeordnete" angestellt, die für je 5 bis 6 Sprengel als örtliche Pastoren fungieren und so die Diakone unterstützen. In den Regionen werden die Diakone dazu freigesetzt, sich eher entsprechend ihrer geistlichen Gaben einzubringen als in einer spezifischen Gegend, aber in jeder Region ist jetzt wenigstens ein Diakon Ansprechpartner für Kleingruppenfragen.

„Der Vorgang wäre viel einfacher gewesen, wenn unsere Gemeinde gar keine Kleingruppen gehabt hätte und wir ganz unten hätten anfangen können, bei Null. Manche unserer Gruppen entwickeln sich

prächtig. In anderen gibt es noch immer keine anderen Themen als
‚Nachrichten, Sport, Kochrezepte, Wetter'. Sie erleben kein geistliches Wachstum, aber daran arbeiten wir noch", meint Mary.

Vier Lektionen zum Thema „Kleingruppen-Strategie"

Beide Gemeinden, *Menlo Park* und *Willow Creek*, haben erfahren,
dass manche Leiter sich der Veränderung hin zur Kleingruppenstruktur
widersetzen. Wir haben vier Methoden entwickelt, wie man widerstrebende Menschen zu Befürwortern machen kann.

Erstens: Kommunikation ist von entscheidender Bedeutung. Wir
haben anfangs den Fehler gemacht, uns nicht ausreichend mit den
Leitern der Gemeinde mit Kleingruppen zu unterhalten und auszutauschen. Wir haben offenbar entweder nicht oft oder nicht deutlich
genug erklärt, wo sie sich in der kommenden Infrastruktur wiederfinden würden. Statt auf unserer (und ihrer) soliden Grundlage aufzubauen, entfremdeten wir erst einmal eine Gruppe von Menschen
in Schlüsselpositionen – und mussten sie dann einzeln mühevoll
zurückgewinnen.

Zweitens: Bleiben Sie flexibel. Sie brauchen einheitliche Standards,
und allen muss klar sein, was das Gruppenleben kennzeichnet und
was nicht. Gleichzeitig müssen die Leiter wissen, dass Sie von der
Tatsache ausgehen, dass jede Gruppe ein eigenes Charakteristikum
entwickeln wird, das von ihren Zielen und Aufgaben abhängt. Es
muss in Ihrer Strategie Raum für immer unterschiedlichere Gruppen
sein, die die Bedürfnisse aller Leute befriedigen, unabhängig von
ihrer „Bereitschaft zur Gemeinschaft".

Drittens: Sie müssen gleichzeitig geduldig, aber auch unnachgiebig sein. Wir brauchten sieben Jahre, um jeden Bereich unserer
Gemeinde ganz auf eine Kleingruppen-Grundlage umzustellen.
Manchmal erzielten wir Teilfortschritte, dann ließen wir wieder
etwas lockerer, bis dieser Wandel überall akzeptiert war, und zogen
dann wieder an, um Dinge und Leute in die richtige Richtung zu
führen. Einer der leitenden Mitarbeiter der *Zion Lutheran*-Gemeinde
merkte einmal an: „Wir sind jetzt im zwölften Jahr einer 20-Jahres-Vision, und auch die werden wir noch ausdehnen müssen."
Ausrichtung braucht Zeit.

Viertens: Die Veränderung wird nicht ohne Konfrontation ablaufen. Wir sind eine Gemeinde, die die Wahrheit sagt und sich nicht
davor scheut, Veränderungen anzusprechen. Wir haben die Leiter der
verschiedenen Arbeitszweige auch direkt angesprochen, als es darum
ging, gemeinsam durch das Chaos zu gelangen, das entstand, als sie

ihre Strategie auf eine Kleingruppen-Basis auszurichten begannen. Wenn wir auf Widerstände stießen, haben wir diese angesprochen und uns liebevoll darum gekümmert.

Wir räumen ein, dass es viel Arbeit und Mühe macht, verschiedenste Gruppen anzubieten, um den unterschiedlichsten Bedürfnissen gerecht zu werden. Es ist noch viel schwieriger, Mitarbeiter und Leiter in Schlüsselpositionen davon zu überzeugen, jeden einzelnen Arbeitszweig auf die Kleingruppen-Struktur umzustellen. Wenn Sie beide Elemente in Ihrer Strategie berücksichtigen, entscheidet das darüber, ob Ihre „Geschichte" ein gutes Ende nimmt. Jedenfalls möchten wir Sie ermutigen: Hartnäckigkeit wird sich am Ende auszahlen.

4. Schaffen Sie eine Kultur der Leiterschaft

Jedes Kleingruppenmodell steht und fällt mit den Leitern. Und doch sind die meisten Gemeinden nicht leiterorientiert. Sie finden es viel wichtiger, dass ein Leiter Demut und Unsichtbarkeit „zeigt", als dass er viel Einfluss hat und diesen selbstbewusst einsetzt. Nach unserer Erfahrung wird die Strategie, für die Sie sich entscheiden, sehr viel wirksamer sein, wenn Sie gleichzeitig Ihr Augenmerk auf die Schulung der Leiter richten. Es liegt an Ihnen, eine Kultur dienender Leiterschaft zu schaffen, indem Sie Leitung als Dienst definieren, das allgemeine Priestertum der Gläubigen predigen und lehren, indem Sie es vorleben und den Leitern klar machen, dass Sie von ihnen „Erfolge" dieser Art sehen wollen.

Geistliche Leiterschaft
In der weltweiten Gemeinde gibt es nur einen einzigen echten Ansatz für Leiterschaft – nämlich Dienstbereitschaft. Bei Leiterschaft geht es um Bedürfnisse und Gaben, nicht um Hierarchie und Einfluss. Bedürfnisse sind der primäre Antrieb der Dienstbereitschaft, sogar, wenn die Gabe bei dem betreffenden Leiter nicht besonders ausgeprägt ist. In der Bibel wird immer wieder berichtet, dass Menschen zum Leiten aufgefordert wurden, weil die Allgemeinheit einen Leiter benötigte. Wir sehen das an Jitros Ratschlag an Mose, aber auch an der Reaktion der frühen Kirche auf die Bedürfnisse der vernachlässigten Witwen.

Wenn der „Vorrat" an künftigen Leitern größer ist, als Sie im Augenblick benötigen, dann können Sie die Aspiranten auf geistliche

Gaben, Berufung, Fähigkeit und Bereitschaft prüfen. Die Personen mit den Gaben der Leiterschaft werden dem biblischen Paradigma am ehesten gerecht. Diese Leiter verdienen Lob eigentlich nur, wenn sie diese Gaben treu zum Vorteil des Leibes Christi einsetzen. Wann immer solch ein Leiter den Mut sinken lässt, weil er nicht genügend Anerkennung oder Bestätigung erhält, handelt es sich um ein Charakterproblem oder er ist kein guter Haushalter seiner Gaben.

Das Priestertum aller Gläubigen

Ob es Ihnen gelingt, eine Leiterschafts-Kultur zu schaffen, wird auch davon abhängen, dass Sie jeden in Ihrer Gemeinde als möglichen Leiter ansehen. Sprechen Sie über diese Leiter und mit ihnen und betten Sie so das Prinzip des Priestertums aller Gläubigen praktisch ins Leben Ihrer Gemeinde ein. Greg Ogden erklärt in *The New Reformation*:

„Wir alle sind Priester, weil wir direkt vor Gottes Angesicht dienen. Der einzigartige Hohe Priester Jesus Christus hat den Weg zu Gott gebahnt und eröffnet, indem er sich selbst als Opfer für unsere Sünden hingab. Jetzt sitzt er zur Rechten Gottes, um für uns einzutreten. Wir brauchen keine besondere Priesterkaste mehr, die uns vor Gott verträte – und Gott uns gegenüber. Wir sind alle in das Priestertum einbezogen, weil wir uns durch das Blut des Versöhners, Jesus Christus, selbst vor Gott vertreten können. Die Arbeit, die noch zu tun bleibt, und die unerfüllte Verheißung, die in sich die Vollmacht und Kraft trägt, eine Revolution auf der untersten Ebene unserer Gemeinden auszulösen, ist die logische Begleiterscheinung dieses Priestertums aller Gläubigen. Denn wir sind nicht nur Priester vor Gott und voreinander, sondern auch vor der gesamten Welt."[4]

Jeder von uns ist ein Priester – und doch kommt es auch auf die Qualifikation an. Es gibt in der Kleingruppen-Arbeit eine Phrase, die einen Widerspruch in sich darstellt: die „leiterlose Gruppe". Eine leiterlose Gruppe befindet sich entweder in der Verleugnungsphase, denn jemand wird *de facto* doch Leiter sein müssen, oder wird während der kurzen Zeit, die sie bestehen bleiben wird, nicht richtig funktionieren. Die Qualität einer Gruppe hängt zu größten Teilen vom Leiter ab. Wenn man seine Gemeinde auf die Kleingruppen-Grundlage stellen will, dann ist das aufs Engste mit der Stärke der Leiterschaft verbunden.

Erwartungen an effektive Leiter

Wenn Sie eine Kultur der Leiterschaft schaffen, müssen Sie auch ganz deutlich Ihrer Erwartung Ausdruck verleihen, dass Sie effektive Leiter heranbilden möchten. Definieren Sie die Gaben, die notwendigen Kompetenzen, das Anforderungsprofil dieser Rolle, geistliche Qualifikationen und Charaktereigenschaften. Erzeugen Sie in der gesamten Gemeinde die Erwartungshaltung, dass Leiterschaft gleichbedeutend ist mit der regelmäßigen Einschätzung der eigenen Effizienz, damit die nächsten Wachstumsschritte festgelegt werden können. Belohnen Sie ausgezeichnete Leistungen zunächst durch Bestätigung, dann durch mehr Einfluss im bestehenden Dienstbereich und schließlich durch breit gefächertere Dienstmöglichkeiten. Bringen Sie Versagen und Fehler in der Leiterschaft direkt zur Sprache, immer in Liebe und dem Geist des Lernens. Verhelfen Sie den Menschen dazu, gemeindliche Leiterschaft als hoch geschätzten Lebensstil zu betrachten. Einer unserer Leiter hat dies einmal mit den Worten formuliert: Leiter sei man „nicht nur ein Jahr lang, sondern das ist eine ganze Karriere".

Die Menschen werden auf eine so großartige Berufung antworten. Die besten Leiter werden nicht vor den sehr hohen Kosten zurückschrecken, sondern die Gelegenheiten voll nutzen, die Sie ihnen bieten. Sie werden aufblühen und gedeihen, solange sie wachsen – und solange Sie in sie investieren.

5. Seien Sie zielgerichtet

Willow Creek war während der Umstellung auf die Kleingruppen beinahe besessen von der Idee, jeden in eine fürsorgliche Gemeinschaft einzugliedern oder ihn zumindest in Kontakt mit einer solchen Gemeinschaft zu bringen. Als „Druckmittel" benutzten wir eine aggressive Vorgehensweise beim Einsatz von Leitern, unterschiedliche Arten von Gruppen, „leere Stühle" und Fürsorgespanne, um Gruppen nachträglich in eine facettenreiche Gemeinde einzubauen. Das gelang uns zwar, kam uns aber ziemlich teuer zu stehen. Manchmal litt die Qualität der Gruppe. Manche Leiter waren nicht gut genug geschult. Manche Teams konzentrierten sich so stark auf die Aufgaben ihres Arbeitsbereiches, wie Platzanweisung oder Kleinkindbetreuung, dass ihre Aufgabe die Gemeinschaft ausstach.

Wenn man sicherstellen möchte, dass wirklich jeder in Kontakt mit einer Gruppe kommt und dort Fürsorge erhält und eingebunden sein kann, wenn er nur will, ist dies schon schwierig genug. Noch viel schwieriger ist, dafür zu sorgen, dass die Gruppen nun auch vorankommen, dass sie selbst gezielt darauf hinarbeiten, die Leute in ihrem Jüngerschaftsprozess zu unterstützen und ihre Entwicklung voranzutreiben. „Gezielt" heißt hier, dass die leitenden Mitarbeiter dazu beitragen, die Gemeinde auf Kleingruppen-Basis zu stellen, indem sie sich systematisch daran machen, die Menschen zu geistlicher Reife zu führen. Kleingruppen sind wie ein Gewächshaus, in dem methodisch lebensverändernde Früchte herangezogen werden. Leiter bemühen sich darum, authentische Beziehungen zu pflegen, damit sie den Menschen bei der Einschätzung helfen können, ob Gottes Wort sie auch tatsächlich verändert oder nicht. Leiter helfen den Gruppenmitgliedern, Auseinandersetzungen auf gesunde Art auszutragen und durchzustehen; sie halten ein Gleichgewicht zwischen Fürsorge und Begleitung. Sie können das alles gezielt pflegen, indem Sie 1. eine gemeinsame Sprache schaffen und einführen, 2. Systeme integrieren und 3. den Leitern angemessene Werkzeuge an die Hand geben.

Schaffen Sie eine gemeinsame Sprache

Es ist von wesentlicher Bedeutung, dass die Leute, die ja ganz verschiedene Prägungen erfahren und unterschiedlichste Gemeinden durchlaufen haben, eine gemeinsame Sprache erlernen und natürlich auch sprechen. Ich (Russ) habe dies auf dem mühsamen Weg gelernt, als ich aufgefordert wurde, fünf der Arbeitszweige unserer Gemeinde zu leiten. Ich versammelte meine „Mittelfeld-Leiter" und stellte eine – wie es mir jedenfalls schien – einfache Frage: „Wie verhält sich Ihres Erachtens nach jemand, der unser Ideal voll auslebt, ein hingegebener Nachfolger Christi zu sein?" Sieben Abende später sprachen wir immer noch darüber. Warum? Jeder Leiter verwendete eine eigene Sprache, um geistliches Wachstum zu umschreiben – vertreten waren bei uns die Ansichten und Formulierungen von „Campus für Christus", der „Navigatoren", von *Skyline*/John Maxwell und viele andere.

Die Leiter blieben höflich, aber jeder betrachtete seinen eigenen, ihm gewohnten Ansatz als den einzig richtigen, und den der anderen als ungenügend. Die meisten Gemeinden leben mit dieser Diskrepanz der Begriffe und mit der Dissonanz, die das hervorruft. Die Christenheit hat wunderbare Jüngerschaftssysteme hervorgebracht, aber die verschiedenen Ergebnisse erschweren die Einigung auf eine gemeinsame Sprache und einen gemeinsamen Ansatz.

Wir arbeiteten hart miteinander, und schließlich ließen sowohl die „Mittelfeld-Leiter" als auch ich unsere vertrauten, gewohnten Formulierungen los und einigten uns auf einheitliche Definitionen. Wir führten sie für die gesamte Gemeinde ein und verwenden sie seither. Die Einigung auf unsere eigene Sprache verbesserte unsere Kommunikation, verminderte Verwirrung, verhinderte Missverständnisse und einte die leitenden Mitarbeiter.

Die Begriffe, die wir in *Willow Creek* heute zum Beschreiben geistlicher Fortschritte verwenden, sind „Gnade", „geistliches Wachstum", „Gruppen", „Gaben", „gute Haushalterschaft" – die „fünf Gs", wie sie bereits in Kapitel 7 beschrieben wurden. Keine Sprache der Welt kann Jüngerschaft angemessen beschreiben und fassen und unsere Begriffe mögen nicht zu Ihren Gegebenheiten passen. Aber dann sollten Sie sich Ihr eigenes Vokabular erarbeiten und sich mit Ihren Leitern darauf einigen, sonst wird Ihre Gemeinde kaum eine Chance haben, die Leute gezielt in ihrem geistlichen Wachstum in Kleingruppen zu unterstützen.

Systeme zur Eingliederung neuer Mitglieder

Selbst wenn Sie eine Strategie ausgewählt haben, die eine Kleingruppen-Basis voraussetzt, werden die meisten Gemeinden außerdem noch weitere Arbeitszweige oder Systeme haben. Wir in *Willow Creek* hatten beispielsweise unsere Mitglieder-Strategie durch die „fünf Gs" vereinfacht. Seither können die Materialien, die wir für die Mitgliederschulung einsetzen, dazu beitragen, Lebensveränderung durch geistliches Wachstum voranzutreiben. Wir betrachten Mitgliedschaft als einen Vorgang, der im Kern mit geistlicher Entwicklung gleichzusetzen ist. Die Menschen gehen einen Lehrplan durch, schätzen sich selbst ein, identifizieren die Punkte, in denen sie Wachstum brauchen, versprechen, sich aktiv einzubringen, und bestätigen ihre Mitgliedschaft alle drei Jahre.

Da der Gruppenleiter eines Mitgliedskandidaten seinen geistlichen Zustand am besten einschätzen kann, betrauen wir unsere Kleingruppen-Leiter mit der Mitgliedschaftsfrage. Wenn jemand erst einmal als Mitglied bestätigt ist, wird er oder sie durch den Kleingruppen-Leiter und seinen Mentor befragt. Wenn der Betreffende dann erklärt, dass er weiterhin Mitglied unserer Gemeinde sein möchte, bestätigt der zuständige Kleingruppen-Leiter seinen Fortschritt im Bereich der „fünf Gs". Wenn der Leiter sich nicht sicher ist, wird der Mentor hinzugezogen. Dass wir die Mitgliedschaftsfrage bei den Gruppenleitern angesiedelt haben, gibt ihnen die Chance, die Menschen noch gezielter darin zu unterstützen, hingegebene Nachfolger Christi zu werden.

Den Leitern Werkzeuge an die Hand geben
Wir versorgen unsere Leiter mit Werkzeugen, die sie darin unterstützen sollen, das erwünschte geistliche Wachstum herbeizuführen, zum Beispiel die Kleingruppenserie „Reise zum Leben" von John Ortberg, Laurie Pederson und Judson Poling. Diese Kleingruppenmaterialien für Einsteiger helfen Leitern, eine ganze Gruppe mit den biblischen Prinzipien bekannt zu machen, die den „fünf Gs" zugrunde liegen. Ein anderes solches Hilfsmittel ist unser „Hirtenplan", den wir bereits in Kapitel 7 vorgestellt haben.[5] Wir haben dieses Werkzeug verschiedentlich variiert, damit Leiter die Gruppentreffen des kommenden Monats gezielt vorbereiten und individuelle Fortschritte besser messen können. Wir möchten noch einmal betonen, dass die gemeinsame Sprache, die Hilfssysteme oder Werkzeuge keine magische Wirkung haben. Es geht uns darum, Sie zu ermutigen, solche Werkzeuge bei der gezielten Wahl Ihrer Strategie zu berücksichtigen und mit auszuarbeiten.

6. Fügen Sie Ihren Ansatz in den Gesamtzusammenhang ein

Beim Begriff „Kontextualisierung" denken die Leute an Hudson Taylor, der chinesische Kleidung trug und die Sitten und Gebräuche der Chinesen und nicht zuletzt ihre Sprache übernahm, um das Evangelium in einer neuen Kultur predigen zu können. Es ist an der Zeit, dieses Prinzip auch beim Aufbau von Gemeinschaft zu berücksichtigen. Durch kleine Gemeinschaften – also Kleingruppen – kann man verändernde, authentische Beziehungen aufbauen. Aber wie stellen wir unseren Leuten solche Kleingruppen zur Verfügung und wie fügen wir sie in den größeren Rahmen der Gemeinde ein? Diese Frage fordert Leiter heraus, über die Einzigartigkeit der Gegebenheiten (wie der geografischen Lage, der Kultur und Gemeindegeschichte) nachzudenken. Die Gemeinden *Spanish River Presbyterian Church* in Boca Raton, Florida, und *Pantego Bible Church* in Arlington, Texas, haben das Prinzip der Kontextualisierung hervorragend bei sich umgesetzt.

Die Gemeinde *Spanish River* lernte, dass man einen Schuh, der nicht passt, nicht tragen sollte. „Was man hat, muss in den

Gesamtzusammenhang gebracht werden", erklärt Gary Treichler, der leitende Pastor und frühere Partner von Lyman Coleman[6] von den *Serendipity Ministries*. Treichler lernte Carl Georges Strategie von der Metagemeinde kennen, als er Kleingruppen-Pastor der *Grace Fellowship*-Gemeinde in Baltimore, Maryland, war. Gleichzeitig war damals dort Jim Dethmer Hauptpastor, derselbe, der 1991 die Vision von *Willow Creek* als einer Gemeinde aus Kleingruppen entwarf. Kleingruppen waren damals bereits fester Bestandteil der *Grace*-Gemeinde.

Über die Gemeinde *Spanish River* im Süden von Florida sagte Treichler nach dem Wechsel: „Hier scheinen alle Uhren anders zu gehen als in jeder anderen Gemeinde, in der ich bislang gewesen bin. Was in Baltimore funktioniert hat, klappt hier nicht. So viele Leute haben ‚Prepare Your Church for the Future' gelesen und gedacht: ‚Das ist es! Das müssen wir auch machen.' Aber ein Modell schlicht zu kopieren, ist der sicherste Weg ins Verderben."

Spanish River (SRC) dezentralisierte die Quelle, von der Visionen ausgehen und vermittelt werden konnten: Man stellte nur noch Leute mit einer Leidenschaft für Kleingruppen ein, wie zum Beispiel Suzanne Jeansonne, die als Verwaltungsassistentin des Hauptpastors angestellt wurde. Vor drei Jahren erkannte Treichler, dass Jeansonne die Gaben der Verwaltung und der visionären Leiterschaft hatte, außerdem eine Leidenschaft dafür, die 1 500 Gottesdienstbesucher von SRC mit Kleingruppen in Kontakt zu bringen. Sie hatte sich hinter den Kulissen in der Frauenarbeit engagiert und nahm Treichlers Angebot bereitwillig an, die Frauenarbeit auf Kleingruppen umzustellen. Heute gibt es in dieser Gemeindee ungefähr 250 Kleingruppen.

Ihr Arbeitszweig bringt jetzt über 350 Frauen zusammen: 35 Gruppen treffen sich Dienstagmorgens und 12 Mittwochabends. Sechs Lehrer wechseln einander ab und leiten die Gesamtgruppen; dann teilen sich die Frauen in Kleingruppen auf und gehen einen Lehrstoff durch, den Jeansonne und ihr Team verfasst haben. Ihre Schulungsstunden für Leiter beinhalten Lehre, Schauspiel, Visionsvermittlung. Ihre grundsolide Struktur sieht Gruppenleiter und Mentoren vor und einen Azubi-Leiter für jede Gruppe. „Ich bin begeistert", sagt Jeansonne. „Es hat lange gedauert, bis wir so weit waren, dass es glatt funktionierte – wie es ja auch sein sollte. Aber es war den Einsatz und die Mühe unbedingt wert."

Treichler räumt ein, dass das, was bei den Frauen funktioniert, bei den Männern nicht klappt. „Es ist viel schwerer, sie zu schulen. Wir fangen jetzt damit an, unser Augenmerk stärker auf unsere

‚Angelteiche' zu richten (sein Begriff für Veranstaltungen, in denen man den Männern die Gelegenheit gibt, „gefahrlos" Kontakt zur Gemeinde zu knüpfen). Wir haben aus solchen Treffen schon so manche Kleingruppe gebildet."

Die Jugendarbeit von SRC baut ebenfalls auf Kleingruppen auf. Die Gemeinde hat auch einen Arbeitszweig mit Selbsthilfegruppen. Der dortige „Mittelfeld-Leiter" holte sich die Erlaubnis, ein Kleingruppen-modell zurechtzuschneidern und seine eigenen Leute zu schulen. *Spanish River* ist auf dem besten Wege, eine Gemeinde aus Klein-gruppen zu werden, weil Treichler unverrückbar daran festhält, dass jedes Mitglied seines Stabes das Recht hat, die Vision vom Leben in der Kleingruppe anzugleichen und dem Gesamtzusammenhang anzupassen, eben zu kontextualisieren.

Randy Frazee ist der Pastor der *Pantego Bible Church*. Er erklärt in seinem Buch *The Connecting Church*[7], wie seine Gemeinde vor-ging, um echte Gemeinschaft aufzubauen. Obwohl die Gemeinde Kleingruppen einen hohen Stellenwert eingeräumt hatte und die Leute sich „Gleichheitsgruppen" gerne anschlossen (in denen sich beispielsweise nur Männer, nur Frauen, nur allein Erziehende oder nur Witwen trafen), erlebte niemand, dass sein Leben verändert wor-den wäre. Die 19 Bibelstudien-Gruppen trafen sich regelmäßig, aber auch dort erlebte niemand anhaltendes geistliches Wachstum.

Pantego Bible Church liegt in Arlington, Texas. Die Stadt hat 350 000 Einwohner und liegt ihrerseits im Großraum Dallas/Fort Worth. Die Gottesdienstbesucher (ungefähr 2 500 Erwachsene und 1 000 Kinder) kommen aus einem riesigen Gebiet. Daher treffen sich die Mitglieder so gut wie nie außerhalb des Gottesdienstes – es sei denn, sie kämen aus demselben Vorort. Die Gemeindeleitung erkann-te dies und organisierte die Gruppen um, nämlich nach Vororten. So wurde es für die Gruppenmitglieder einfacher, ihr Leben wirklich miteinander zu teilen, und der Gemeinde gelang es, jetzt ungefähr 1 000 Leute in 83 Gruppen zusammenzubringen.

Sie ersetzte den sonntäglichen Bibelunterricht durch 27 mittelgro-ße Gemeinschaftsgruppen, die aus Menschen bestehen, die alle zum Einzugsbereich derselben Highschool gehören. Jede Gemeinschaft umfasst 3 bis 5 „Hauszellen". Diese treffen sich im Laufe der Woche in den Häusern der Gemeindmitglieder und bestehen jeweils aus 7 bis 17 Leuten, die alle dieselbe Grundschule oder Highschool besucht haben.

„Wir haben uns für diese geografische Lösung entschieden, weil wir möchten, dass die Leute einander im Laufe der Woche öfter treffen", sagt Bill Barnett, der Leiter der Kleingruppen-Arbeit. Er stellt fest, dass es noch länger dauert, Gemeinschaft aufzubauen, wenn die Gruppe sich nur einmal alle 14 Tage trifft und die Leute nicht „um die Ecke" wohnen. Da viele Mitglieder der Hauszellen in derselben Straße wohnen, manche sogar im selben Wohnkomplex, sind sie viel näher an dem Gruppenleben mit täglichen Treffen dran, von dem uns in Apostelgeschichte 2, Vers 46 berichtet wird. Laut Barnett beträgt „die durchschnittliche Zeit, bis in einer Gruppe Vertrautheit und Nähe entstehen, etwa neun Monate. In den neu gegründeten Gruppen hat sich die Zeit auf 4 Monate gesenkt. Mit ‚Nähe' meine ich die Bereitschaft, über Dinge zu reden, die mich wirklich beschäftigen – ohne Fassade."

Der Leitungsstab der *Pantego*-Gemeinde umfasst vier Pastoren, die geografischen Zonen zugeteilt sind, wobei auf jeden fünf bis zehn Gemeinschaftsgruppen entfallen. Die Gemeinde setzt Theologen, die am nahe gelegenen Dallas-Seminar oder am *Southwestern Baptist Theological Seminary* studieren, als Azubis dieser Regionalpastoren ein. Ein weiterer Pastor steht der Single-Arbeit vor, die die geografischen Grenzen durchbricht. Die Gruppen für Singles hat man gleichmäßig aufgeteilt: Hauszellen und zentrale Singlegruppen. *Pantego* sammelt darüber hinaus Geld für 30 ausländische Missionare, denen sie auch je zwei bis drei Gruppen zuordnen, die für die Missionare beten, ihnen Briefe schreiben, E-Mails schicken und Päckchen senden.

Es wäre alles so viel einfacher, wenn ein Modell, das in einer Gemeinde funktioniert hat, auch in allen anderen Gemeinden funktionierte. Aber wie Sie sicher schon lange wissen, ist das leider nicht der Fall. Denken Sie noch einmal ganz gezielt darüber nach, wie Sie Ihren Ansatz optimal in den Gesamtkontext Ihrer Gemeinde einbetten können: ob Sie die Kleingruppen Ihrer Gemeinde hauptsächlich nach gleichen Interessen arrangieren oder entsprechend der geografischen Gegebenheiten oder ob Sie sie anderen einzigartigen kulturellen Umständen anpassen müssen.

Viele Gemeinden haben inzwischen entdeckt, dass es eine Riesenaufgabe, aber machbar ist, die Mitglieder in Gemeinschaften mit authentischen Beziehungen hineinzunehmen, während man sich aber gleichzeitig weiter auf Mission konzentriert.

Es hängt von Ihnen ab!

Ob Ihre Gemeinde die Ziellinie als Erste überquert, eine Gemeinschaft aus Kleingruppen zu werden, hängt von vielen Einzelheiten ab. Es gibt leider keine Abkürzungen auf diesem Weg des Umbaus. Genauso wenig, wie es eine leichte Aufgabe ist, eine Sportlermannschaft für einen internationalen Wettkampf zusammenzustellen. Man muss auf diesem Weg Entscheidungen fällen und dann eine Strategie konzipieren und festlegen, die dazu beitragen wird, das Ziel zu erreichen. Sie können nicht „zufällig" zu einer Gemeinde aus Kleingruppen werden, ebenso wenig wie eine Mannschaft „zufällig" gewinnt.

Strategie ist entscheidend. Sie müssen wissen, was Sie eigentlich erreichen möchten und wie Sie es erreichen möchten, damit Sie Ihren Gemeindemitgliedern, dies vermitteln können. Die Leute werden reagieren – und ihre Bereitschaft hängt von der Überzeugung und Begeisterung ab, mit der sie eingeladen werden, sich an dieser Aufgabe zu beteiligen. Fortschritte könnten nur gemessen werden, wenn bestimmte Grundwerte und Parameter feststehen und bekannt sind. Sie können Ihre Methode ändern, während Sie voranschreiten und lernen, aber es muss einen festen Standard geben, an dem man messen kann, was und wie viel man gelernt hat. Sobald Ihre Strategie einmal funktioniert, können, ja sollten, Sie das mit denen zusammen feiern, die Ihnen geholfen haben, alles so weit umzusetzen und Wirklichkeit werden zu lassen.

In der Arbeit mit Kleingruppen muss Ihre Strategie die Fürsorgespanne berücksichtigen. Offene Gruppen können Ihnen auf dem Weg eine Hilfe sein. Verschiedene Zugangspunkte werden jedem Wege eröffnen, wie man in einem Arbeitszweig Kontakte aufbauen kann, der ein klares Ziel verfolgt, aber dennoch versucht, die Menschen zu integrieren. Eine Gruppe von Leitern wird heranwachsen, die ihre eigenen Helfer, Kollegen und Nachfolger aufbauen und es am Ende übernehmen, sich effektiv um die gesamte Herde zu kümmern. Sie aber werden gezielt geistliches Wachstum hervorzubringen suchen und Ihr Wachstumsmodell in den Kontext Ihrer Gemeinde einpassen.

Die Kleingruppen-Arbeit einführen – unterschiedliche Phasen

„Wenn wir nach einem langen Arbeitstag nach Hause kommen, bringen wir nicht nur Gedanken an die Arbeit mit, sondern auch ‚Power-Frustrationen' und ‚elektronische Erwartungen': Es kann, mit anderen Worten, so weit kommen, dass wir von den nicht-perfekten menschlichen Wesen in unserem Umfeld genauso gutes Funktionieren erwarten wie von unserem PC. Wir verlieren dann schnell die Geduld mit Menschen, die wir sonst eigentlich lieben würden, weil sie nicht umgehend antworten oder nicht so schnell reagieren oder gehorchen wie die Apparate, die wir gewohnt sind."

Stephen Bertman: *Hyperculture*

Wenn Sie anfangen, Ihre Gemeinde auf eine Kleingruppen-Grundlage zu stellen, werden sich die unglaublichsten Dinge ereignen: Jedes einzelne Mitglied Ihrer Gemeinde wird die neue Vision der Gemeinschaft aufgreifen und sie sich aneignen. Jeder Mensch mit Leitungsgaben und -potenzial wird diese Gaben und Fähigkeiten ganz in den Dienst der Sache stellen. Kleingruppen werden schneller auftauchen, als Sie sie zählen können. Älteste, Vorstandsmitglieder, langjährige Gottesdienstbesucher und der Chorleiter werden Sie segnen. Sünden werden ans Tageslicht gebracht und unterlassen. Menschen mit einer Ganztagsstelle werden alles daran setzen, auf Teilzeit umzustellen, um sich 20 bis 30 Stunden wöchentlich in den Aufbau dieses neuen Dienstes zu investieren. Die Leute werden 200 Prozent mehr in die Opferstöcke tun, und die Arbeit im Ausland, die die Gemeinde unterstützt, wird sich vervierfachen. Verlorene Menschen werden in jeder Kleingruppe, die ins Leben gerufen wird, zum Glauben kommen. Ihr Leben wird nicht wiederzuerkennen sein!

Wenn Sie auch nur eines von den Dingen, die wir gerade gesagt haben, glauben, dann sollten Sie vielleicht doch von Ihrem Euphoriehoch herunterkommen. Das Einzige, was an dem vorangegangenen Absatz vollkommen wahr ist, ist der letzte Satz: Ihr Leben wird nicht wiederzuerkennen sein. Wir wünschten, wir könnten Ihnen vollen Erfolg versprechen, wenn Sie sich daran machen, Ihre Gemeinde zu einer Gemeinschaft aus Kleingruppen umzufunktionieren. Die Realität sieht anders aus. Leider können wir Ihnen nicht sagen, wie schnell die neue Vision Wurzeln schlagen wird. Wir können ebenso wenig vorhersagen, dass die meisten Mitglieder diese Vision mit Begeisterung aufnehmen werden. Wir können auch nicht versprechen, dass Sie mehr Leiter haben werden, als Sie sich je träumen ließen.

Wir können jedoch sicher sein, dass Ihre Arbeit bestimmte Stadien durchlaufen wird, während Sie danach streben, die Gemeinde auf eine Kleingruppen-Basis zu stellen. Die Dauer und Intensität dieser Phasen mag variieren, aber wir sind überzeugt, dass die Kleingruppen-Arbeit während des Überganges vorhersagbare Stadien durchläuft – wie im richtigen Leben. Die meisten Leute, die 84 Jahre alt sind, hatten mal eine Kindheit und eine vermutlich etwas stürmische Teenagerzeit. Als sie in ihren 20ern und 30ern steckten, lernten sie, was sie gut konnten und was nicht. Sie machten in ihren 40ern und 50ern vermutlich Kurskorrekturen, erlebten eine Midlife-Krise, nahmen sich in den 60ern und 70ern Zeit, um ein bisschen nachzudenken und Weisheit zu sammeln, und jetzt wissen sie, dass der Tod bald kommt. Aber Vorhersagbarkeit bedeutet ja keineswegs zwingend, dass der Verlauf langweilig sein wird. Finden Sie Ihr Leben langweilig? Unseres ist alles andere als das.

Die Kleingruppen-Arbeit mag ja vorhersagbare Phasen durchlaufen, aber wir sind der Ansicht, dass sie eines der größten Abenteuer ist, das Sie je erleben werden. Noch bevor Sie öffentlich irgendetwas über Kleingruppen gesagt haben werden, wird Ihre Gemeinde bereits die Phasen „Modell/Turbo", „Pilot", „Aufwärmen" durchlaufen. Auch wenn die einzelnen Elemente jeder Phase durch den Kontext Ihrer Gemeinde ein wenig variieren, lassen sich doch einige Prinzipien erkennen, die so gut wie immer Gültigkeit haben.

Die Modell-/Turbogruppen-Phase

Wenn Sie den Wert Gemeinschaft in Ihre Kleingruppen-Arbeit einbauen wollen, dann tun Sie dies am besten, indem Sie ihn vorleben. Wenn Ihre Gemeinde gerade erst beginnt, mit Kleingruppen zu arbeiten, dann gründen Sie ein paar Modellgruppen. Diese sollten im Idealfall vom Pastor und/oder leitenden Mitarbeitern in Schlüsselpositionen geleitet werden. Wenn Sie die wichtigen Werte aufstellen und vorleben, entgleiten Ihnen die Eigenheiten der Kleingruppen, die Sie ins Leben rufen, nicht so schnell. In der Modellphase können Sie mit Ihrem eigenen Wachstum in Gemeinschaft experimentieren und gemeinsam entdecken, wie eine Kleingruppe richtig funktionieren sollte.

„Turbogruppen" verdichten das Modellgruppenkonzept. „Turbogruppen" sind Kleingruppen aus Azubi-Leitern. Mit anderen Worten: Man erwartet von jedem Gruppenmitglied, dass es eines Tages seine eigene Gruppe leiten wird. Insofern ist eine „Turbogruppe" gleichzeitig Kleingruppe und Schulungsgruppe.

Beim Umbau zu einer Kleingruppen-Gemeinde probiert eine Gemeinde oft verschiedene Kleingruppen-Modelle aus, wie beispielsweise das Hauszellen-Modell, das Metagemeinden-Modell oder irgendein anderes, das eine Ihnen bekannte Gemeinde erfolgreich einsetzt. Aber schon Shakespeare hat geraten: „Sei dir selbst treu." Jede Gemeinde muss jedes einzelne Modell, das sie probiert, an ihre Gegebenheiten anpassen.

Zum Beispiel hat in den 1970er Jahren ein zukunftsorientierter Pastor Kleingruppen, Mentoren und deren Begleiter in der Gemeinde *Christian Assembly* (CA) in Los Angeles, Kalifornien, eingeführt. In den frühen 1990ern war die Besucherzahl der Gottesdienste auf unter 200 gesunken und keine einzige Gruppe übrig. In den vergangenen Jahren hat diese Gemeinde die verschiedensten Modelle ausprobiert. Mark Guzman, der Kleingruppen-Pastor, sagte uns: „Sie haben alle versagt, eines nach dem anderen."

Er und der Hauptpastor Mark Pickerel entschieden, dass sie mehr Informationen zu diesem Thema benötigten, damit die Kleingruppen-Arbeit endlich aus den Startlöchern käme. Aus diesem Grund nahmen sie 1997 an einer *Willow Creek*-Gemeindeleiter-Konferenz teil.

„Wir entschieden uns für den Kleingruppen-Workshop", erinnert sich Guzman. „Und wir waren überwältigt. Heute ziehen unsere Gottesdienste 2 500 Leute an und 1 000 wollten Teil einer Kleingruppe sein. Wir wussten einfach nicht, wie man das macht. Nach einem Besuch von Bill Donahue, der uns in der Kleingruppen-Arbeit beriet, sind wir noch überwältigter."

Sie entschieden sich, es noch einmal mit dem Meta-Modell zu versuchen, und riefen eine Turbogruppe von zehn Ehepaaren mit

Leiterschaftspotenzial ins Leben, die sich sieben Monate lang trafen. Nach der Sommerpause hatte Guzman weitere 150 Leiter in der Gemeinde ausfindig gemacht. „Wir schickten ihnen einen Brief, in dem eine Hochglanz-Vision auf Hochglanz-Papier mit einer Hochglanz-Herausforderung unseren Traum von Kleingruppen darlegte." Im selben Herbst hielten sie einen 10-wöchigen Kurs ab, während dem etwa 90 künftige Leiter Abendbrot erhielten, ihre Kinder betreut wurden und die Leiter in den Grundwerten der Kleingruppen-Arbeit geschult wurden. So hörten sie etwas über den „leeren Stuhl", die Azubi-Leiter, die Geburt neuer Gruppen und Mission.

Auch wenn CA mehrere Anläufe brauchte, um das passende Arbeitsmodell zu entwerfen, fanden wir es interessant, dass der Einsatz von Turbogruppen sehr geholfen hat, eine Grundlage für die Kleingruppen-Arbeit zu legen. Die Gemeinde erlebte ihre ersten Erfolge, als sie sich darauf konzentrierte, Mentoren zu schulen und bereitzuhalten und die Leiter gut vorzubereiten. Wenn Sie keine Modell-/Turbogruppen-Phase einplanen, in der Sie die künftigen Leiter ausfindig machen und deren Rolle genau überdenken können, dann wird Ihre Gemeinde auch „vollkommen überwältigt" sein.

Die Modell-/Turbogruppen-Phase legt den Schwerpunkt auf die Grundwerte und das Leben in der Kleingruppe und startet die Schulung für die ersten Gruppen von Leitern. Diese Gruppen sind bereit, eine neue Generation von Gruppen zu gründen, sobald die zukünftigen Leiter sich für ausreichend vorbereitet halten und bereit sind, ihre eigenen Gruppen zu leiten. Manche Leiter bilden Paare, um neue Gruppen ins Leben zu rufen. Das ist in Ordnung, aber wir ziehen es vor, wenn jedes Mitglied einer Turbogruppe sich einen Azubi sucht, der nicht Teil der ursprünglichen Gruppe war, und dann Mitglieder für die eigene neue Gruppe sammelt.

Hier noch ein paar Leitlinien, die Ihnen helfen sollen, erfolgreiche Turbogruppen zu führen:

- *Turbogruppen müssen authentische Gemeinschaften bilden.* Es handelt sich nicht nur um eine Schulungsgruppe. Diese Menschen müssen Gemeinschaft verstehen und praktizieren, sonst werden sie dies in den Gruppen, die sie später einmal selbst führen, nicht vorleben und umsetzen können.
- *Turbogruppen müssen alle Komponenten einer regulären Kleingruppe enthalten.* Sie müssen den Umgang mit dem „leeren Stuhl" lernen, das Aufspüren von Azubi-Leitern, wie man einen Ort

schafft, der zum Schnittpunkt von Wahrheit und Leben wird, wie man authentische Beziehungen aufbaut und pflegt und wie man angemessen mit Konflikten umgeht. Dieselben Dinge werden ja in der nächsten Generation von Kleingruppen vorkommen. Dann müssen diese Leiter damit umgehen können.

- *Turbogruppen müssen die Schlüsselerlebnisse nutzen, wenn alle besonders offen sind für Lehre.* In diesen Gruppen werden oft die wichtigsten Lektionen nicht gelehrt, sondern erlebt und intuitiv verstanden. Im Kontext einer Turbogruppe ist es durchaus angemessen, einmal innezuhalten und anzuregen: „Lasst uns das besprechen, was in den letzten zehn Minuten passiert ist – und warum es so abgelaufen ist." Oder der Leiter könnte fragen: „Warum, meint ihr, habe ich das jetzt getan? Was habt ihr an mir beobachtet, was gut ist oder was verbessert werden sollte?"
- *Turbogruppen brauchen Zeit.* Um in Turbogruppen neue Leiter angemessen heranzuziehen, brauchen Sie mindestens neun bis zwölf Monate. Es kann auch schneller durchgezogen werden, wenn die Gruppen sich wöchentlich treffen oder wenn die Leiter bereits Kleingruppen-Erfahrung mitbringen. Auf der anderen Seite können Neue, die noch keine Leitungserfahrung haben, auch 18 bis 24 Monate Vorbereitung benötigen.

Die Pilotphase

Sie haben also Ihre Grundwerte bei den Leitern tief verankert und das Kleingruppen-Modell grundlegend erklärt, nach dem Sie die Entwicklung vorantreiben möchten. Jetzt sind Sie bereit für die Pilotphase. So nennen wir die Lernphase für eine begrenzte Anzahl von Gruppen. Den Betreffenden sind Wesen und Bedeutung einer Kleingruppen-Gemeinschaft noch fremd, und daher werden einige sich sehr zurückhalten, wenn es um eine Langzeit-Verpflichtung geht. In dieser Phase starten Sie eine begrenzte Zahl von Kleingruppen, die eine Lebenserwartung von neun bis zwölf Monaten haben. Diese Frist ist ein Sicherheitsnetz, das jedem die Möglichkeit offen hält, eine Pause einzulegen, alles gründlich durchzudenken, noch einmal zu bewerten und notfalls zu überarbeiten – oder ohne Gesichtsverlust auszusteigen.

Willow Creek führte die Pilotphase zuerst in unseren Arbeitsbereichen für Singles und Ehepaare ein. Während dieser Phase kann man verschiedene Dinge ausprobieren, ungestraft auch Fehler machen und beobachten, wie die Kleingruppen in unserem örtlichen Kontext funktionieren. Auch Sie müssen diesen Schritt tun. Wenn Sie in diesem Stadium alle Gemeindemitglieder einladen würden, sich einer Kleingruppe anzuschließen, könnte das unter Umständen in einer Katastrophe enden. Sie brauchen die Pilotphase, um sicherzustellen, dass die Leiter bestens geschult sind und die Gruppen in Ihrem Kontext so funktionieren, wie Sie es sich erhofft haben.

In Gemeinden, in denen bereits mit Kleingruppen gearbeitet wird, kann die Pilotphase die Bedeutung eines zweiten Anlaufes oder eines unbeschriebenen Blattes annehmen. Als Brenda Rizor die Leitung der Kleingruppen-Arbeit der *First Wesleyan*-Gemeinde in Battle Creek, Michigan, übernahm, erinnerte Gott sie beständig: „Alles steht schon zu deiner Verfügung."

In den zwei Jahren, in denen Brenda Rizor bereits zum Mitarbeiterstab dieser Gemeinde gehört, hat sich die Zahl der Gruppen von 40 auf 164 erhöht. Sie schreibt diesen Umstand der Tatsache zu, dass sie ein Fundament vorfand, auf das sie aufbauen konnte. Der Hauptpastor Robert Nicholson war in der *First Wesleyan*-Gemeinde einer der großen Impulsgeber für den Umbau zu einer Gemeinde aus Kleingruppen.

„Er steht voll und ganz hinter den Kleingruppen – und ist selbst schon Teil einer Gruppe", sagt Brenda. „Seit sechs Jahren malt er uns nun schon die Vision von einer Kleingruppen-Gemeinde vor Augen." An den drei Gottesdiensten der Gemeinde nehmen heute 1 500 Erwachsene und Kinder teil.

Brenda baute auf den Stärken der ursprünglich 40 Gruppen auf. Die *First Wesleyan*-Gemeinde hatte verschiedene Selbsthilfegruppen, die mit einem 12-Schritte-Programm arbeiteten. Das diente ihr als Modell, wie man neue Leiter hervorbringen und schulen könnte. *Wednesday Night Live* war eine blühende Arbeit mit Kindern, die ganz auf dem Kleingruppen-System beruhte. Als Erwachsene mangelnde Kinderbetreuung als Grund für ihr Fernbleiben von der Erwachsenen-Kleingruppe anführten, um an *Wednesday Night Live* teilzunehmen, erkannte Brenda, dass sie die erfolgreiche Kinderarbeit nutzen konnte, um Erwachsenengruppen zu gründen.

Daher treffen sich jetzt Mittwochabends einerseits die Kinder, wie gehabt, in ihren Gruppen. Daneben kommen aber auch 150 Erwachsene in der Gemeinde in Gruppen zusammen. Während ihre Kinder Theaterstücke, Musik und Kleingruppen-Zeit genießen, schauen sich die Erwachsenen ein Bibelstudiums-Video an, das von der Lehrerin und Autorin Beth Moore geschrieben wurde. Danach verteilen sie sich auf ihre eigenen Gruppen, die sie *Break out*-Gruppen nennen. In der ersten Woche kamen 100 Erwachsene, was Brenda vollkommen überraschte. Sie sagte: „Gott blieb dabei, mir zu sagen: ‚Alles steht schon zu deiner Verfügung.' Dies ist seine Gemeinde, und er ist dabei, sie zu bauen. Wir müssen nur das in unserer Kraft Stehende dazu tun." Über 820 Menschen im Alter von 2 Jahren aufwärts treffen sich in jener Gemeinde bereits in Kleingruppen.

Brenda Rizor war so einfühlsam und baute auf den Stärken der *First Wesleyan*-Gemeinde auf. Sie hatte nämlich erlebt, was geschah, als andere versuchten, die Gemeinde in eine neue, ungewohnte Form zu pressen.

„Sie hatten versucht, unserer Gemeinde rigoros das ‚Willow Creek'-Modell aufzudrücken, mit Mentoren und freiwilligen Bereichsleitern. In derselben Woche, in der ich anfing, kündigten fünf unserer sieben Bereichsleiter, weil sie ausgebrannt waren. Die freiwilligen Mitarbeiter waren ungenügend vorbereitet, als man ihnen die Struktur überstülpte. Man hatte versucht, das Konzept von oben nach unten durchzusetzen. Ich hingegen glaube, dass eine Kleingruppen-Arbeit von unten nach oben aufgebaut werden muss", betont sie.

Heute vermeidet Brenda feste Bezeichnungen, die eine Bewertung enthalten könnten, sogar Begriffe wie „Kleingruppe" – auch wenn das exakt auf die Struktur zutrifft, die sie gerade einführt: Sie verändert nicht nur die Klassen für Erwachsene, die sich sonntags treffen, sondern stellt überhaupt die gesamte Gemeinde auf eine Grundlage aus Kleingruppen. Sie hat eine monatliche Leiterschaftsgemeinschaft ins Leben gerufen, in der sich die leitenden Mitarbeiter treffen, um gemeinsam Gott anzubeten und danach in Kleinstgruppen zu gehen; außerdem leitet sie eine Jüngerschaftsgruppe potenzieller Leiter.

„Ich verpasse den Leuten keine Titel wie ‚Mentor' oder ‚Bereichsleiter'", meint sie. „Vielmehr frage ich: ‚Wer hilft mir hierbei?' Ich bin überzeugt, dass die Leute hinter den Dingen stehen werden, an deren Schaffung sie mitgewirkt haben."

Sie und der Pastor sind also auf dem besten Weg, um die *First Wesleyan*-Gemeinde zu einer Kleingruppen-Gemeinde zu machen. Sie betrachten ihre Entwicklungen aus einer Langzeit-Perspektive, sowohl was die Zukunft betrifft, aber auch in der Achtung der Vergangenheit.

„Was wir tun, mag neu erscheinen, und wir versuchen, langsam, aber sicher vorzugehen. Viele Leute meinen, dies sei für die ‚First Wesleyan Church' etwas ganz Neues. Aber im 18. Jahrhundert hatte

Charles Wesley bereits Kleingruppen. Wenn die Leute sich die Mühe machen und einmal die Geschichte ihrer Kirche zurückverfolgen, werden sie merken, dass die Bewegung durch Kleingruppen ins Rollen kam. Das mag ihnen wohl neu erscheinen, ist es aber keineswegs, sondern es ist vielmehr Teil unseres Erbes."

Die Aufwärm-Phase

Ihre Leiter haben die Grundwerte in der Modell-/Turbogruppen-Phase eingeübt und vorgelebt. Sie haben in der Pilotphase neue Gruppen ins Leben gerufen, um festzustellen, wo Schwachpunkte sind, und Verbesserungen erarbeitet. Jetzt können Sie langsam für die Einrichtung von Kleingruppen in der gesamten Gemeinde grünes Licht geben. Die Aufwärm-Phase ist die letzte Phase, bevor Sie alles öffentlich bekannt machen. Sie geben von jetzt an Interessierten die Erlaubnis, neue Gruppen zu gründen und erste Schritte in der Leitung zu gehen.

Für dieses Stadium werden Sie eine Schulungsstrategie brauchen, damit neue Gruppen und Leiter Fähigkeiten dazulernen können. Sie werden regelmäßige Schulungsversammlungen und jährlich eine Retraite abhalten. Aber noch ist es nicht an der Zeit, alles publik zu machen. Wenn Sie die Leute schon jetzt von der Kanzel regelmäßig dazu aufrufen, sich einer Kleingruppe anzuschließen, könnte es sein, dass viel mehr Menschen hoffnungsvoll nach vorne kommen und sich in Listen eintragen wollen, als Ihre Struktur im Augenblick aufnehmen kann.

Wir wollen uns noch einmal ansehen, wie die Geschichte der *Christian Assembly* (CA) in Los Angeles weiterging. Die Gemeinde hatte sich auf ein Meta-Modell geeinigt und Leiter zur Schulung versammelt. Der nächste Schritt bestand darin, die Einladung an die Leute viel breiter zu streuen und sie aufzufordern, es noch einmal mit Kleingruppen zu versuchen. Der Hauptpastor hielt eine Predigtreihe über Gemeinschaft und bat die Gemeindemitglieder, Antwortkarten auszufüllen, falls sie Interesse hatten, einer Kleingruppe beizutreten. Wie zuvor war die Reaktion überwältigend.

„Uns wurde klar, dass wir uns in ein dickes Problem hineingeritten hatten. Wie sollten wir die Leiter mit den Leuten in Kontakt bringen? Niemand – und ich habe jedes Buch gekauft (und gelesen!), das ich zum Thema Kleingruppen kriegen konnte – hat etwas zu diesem Thema gesagt", meint Mark Guzman, der Kleingruppen-Pastor.

Schließlich beschloss er, die Gruppen geografisch zu ordnen. „Wir teilten sie Gruppen zu – und dachten, das wär's", so Guzman. „Aber nach 18 Monaten lief unser Schiff auf Grund und saß fest. Wir hatten die Rolle der Mentoren nicht genügend betont. Wir verloren Mentoren und Leiter, und ein Schlüsselproblem war sicher, dass einigen die Fähigkeiten fehlten, die man als Mentor benötigt."

Guzman sagt, das Hauptproblem habe darin gelegen, dass man versucht hatte, CA in ein Modell zu pressen, das nicht für die Gemeinde geeignet war. „Wir nahmen ein Modell, passten es aber nicht unseren Gegebenheiten an. Wir glaubten, Kleingruppen wären der Katalysator für Wachstum in unserer Gemeinde." Trotz der Kämpfe, die diese Gemeinde zu durchstehen hatte – die auch ziemlich normal sind –, hat CA heute 160 Gruppen, die 1 200 Erwachsene und ungefähr 400 Kinder einbinden. „Allerdings haben manche dieser Gruppenleiter keine Mentoren; und nur 30 Prozent haben Azubi-Leiter", räumt Guzman ein.

CA ist – wie die meisten Gemeinden – noch nicht am Ziel angekommen. „Wir müssen noch dafür sorgen, dass unsere Gruppen richtig funktionieren. Wir haben einige Gemeindeglieder, die noch immer nicht von Sinn und Zweck der Gruppen überzeugt sind. Auf der anderen Seite haben wir aber auch Gruppenmitglieder, deren Leben sich grundlegend gewandelt hat. Außerdem definieren wir gerade die Rolle des Mentors vollkommen neu", berichtet Guzman. Als Nächstes möchte er jetzt mit 20 Leitern in die Turbogruppen-Phase eintreten. „Wir haben einen ‚Gesundheitscheck' für Gruppen entwickelt, der auf unseren Grundwerten aufbaut." Ein Modell den gemeindeeigenen Grundwerten anzupassen ist in sich ein riesiger Schritt auf dem Weg, zu einer Kleingruppen-Gemeinde zu werden.

Wenn Sie erst einmal ein Jahr lang die Kleingruppen-Arbeit sich haben entwickeln lassen, dann werden Sie innehalten und feiern wollen, was in dieser Phase alles gelaufen ist. Jetzt ist es an der Zeit, Berichte abzugeben und genau zuzuhören, wenn Ihre Leiter und Gruppenmitglieder ihre Erfahrungen weitergeben. Vielleicht möchten Sie ja auch eine Übersicht erstellen oder die Gruppen in einem Treffen darauf einstimmen, ihre Erfahrungen mitzuteilen, die guten wie die schlechten? Dies stellt noch einmal eine gute Gelegenheit dar, dazuzulernen und Ihren Schwerpunkt in diesem Arbeitszweig noch genauer festzulegen.

Öffentliche Bekanntmachung

In dieser Schlussphase ist Ihr System stabil und Sie haben genügend Leiter und Gruppen, um jede Menge Gemeindemitglieder aufzunehmen. Wir können Ihnen natürlich nicht genau sagen, wie viele Gruppen und Leiter Sie benötigen, bevor Sie den Start der Kleingruppen-Arbeit öffentlich bekannt geben, aber Sie müssen sich sicher sein, dass Sie soweit sind und alle Vorarbeiten erledigt haben. Übergehen Sie dieses Detail nicht. Viele Gemeinden machen den Fehler, öffentlich anzukündigen, jeder möge und könne sich einer Kleingruppe anschließen, bevor das System den Ansturm aushalten kann, die Mitarbeiter ausreichend Schulung erhalten haben und genügend Leiter bereitstehen. Die meisten Gemeindemitglieder werden zwar ein paar Monate geduldig warten, bis Sie einen Platz für sie gefunden haben. Es kommt aber irgendwann der Zeitpunkt, an dem sie nicht länger warten wollen. Wenn die Interessenten auf Ihre öffentliche Aufforderung reagieren, Sie aber nicht in der Lage sind, sie binnen drei Monaten in eine Gruppe zu vermitteln, dann werden sie frustriert sein. „Kleingruppen funktionieren hier nicht", werden sie sich sagen – und aufgeben.

Wenn überraschend viele Leute reagieren, dann kann es nötig sein, dass Sie eine „Warteschleife" schaffen, die den Interessenten einen Vorgeschmack auf das Leben in der Kleingruppe gibt und einige Wochen dauert. Das verschafft den Menschen einen Ort, an dem sie schon einmal Kontakte knüpfen können, während sie darauf warten, von einer Gruppe aufgenommen zu werden. Sie brauchen eine solche Warteschleife, damit das Interesse der Leute wach bleibt und die Menschen schon ihre ersten Erfahrungen mit echter Gemeinschaft machen können.

Kevin Philipps, der Leiter der Kleingruppen-Abteilung in Chicagos *Park Community Church*, weiß ein Lied von diesem Bedürfnis nach Kontakten zu singen. Von den 800 bis 1 000 Leuten, die die Gottesdienste besuchen, sind 100 junge Menschen, unverheiratet und in ihren frühen Zwanzigern.

„Manche dieser Leute fühlten sich isoliert, ohne Bindung an die Gemeinde, und wir merkten es nicht einmal", merkt Philipps an. „Aber jetzt haben wir eine Gruppe für sie, die so genannten ‚Twenty-Somethings'." Chad Peshak und Melissa Winslow, zwei Menschen, die stärker mit Gemeindegliedern ihrer eigenen Altersgruppe in Berührung kommen wollten, waren die eigentlichen Gründer dieser Gruppe.

Die Gruppe trifft sich einmal die Woche. Sie verbringen eine gewisse Zeit miteinander in der großen Gruppe und verteilen sich dann auf die Kleingruppen. Sie alle besuchen außerdem den Gottesdienst mit allen anderen Altersgruppen am Wochenende. „Kleingruppen haben definiert, wer sie sind", sagt Philpps.

Anders als in den anderen Gruppen in der *Park Community Church* gibt es bei den „Twenty-Somethings" Männer und Frauen. „In unserer gesamten Gemeinde bestand immer die Neigung, Männer und Frauen in verschiedenen Gruppen unterzubringen", meint Philipps. „Aber diese jungen Gruppen sind gemischt. Ich glaube, der Wunsch, mit Menschen ihres eigenen Alters zusammenzukommen, ist weit größer als die Frage, mit welchem Geschlecht sie sich treffen."

Die Gemeinde bietet auch „Entdeckungsgruppen" an, in denen Menschen theologische Grundlagen lernen können und doch gleichzeitig Kontakte knüpfen. „Wir haben Gruppen die ‚Neues Testament im Überblick' heißen oder ‚Prinzipien der Haushalterschaft'. Beides ist eine großartige Möglichkeit, neue Leute kennen zu lernen."

Wie man Kleingruppen in traditionellen Gemeinden einführt

Die Phasen, die wir hier beschrieben haben, werden in jeder Gemeinde anders aussehen. Für Jeff Arnold, den Pastor der *First Presbyterian Church* in Beaver, Pennsylvania, bestand der erste Schritt darin, die Leute erst einmal dazu zu bewegen, überhaupt über Gemeinschaft nachzudenken. Das ist ein sehr schwieriger Schritt in traditionellen Gemeinden, aber wie Arnold herausfand, ist er zu schaffen.

Arnold erkannte, dass die geografischen Gegegebenheiten in seiner Gemeinde wichtiger waren als vielleicht in anderen Gebieten. Beaver ist eine Kleinstadt in der Nähe von Pittsburgh. „Wir sind eine ganz normale, traditionsverhaftete Kleinstadt. In den 1980er Jahren verlor der Westen Pennsylvanias 40 Prozent der Bevölkerung. Die Stahlgießereien schlossen, und jetzt, 20 Jahre später, beginnt das Gebiet gerade, sich ökonomisch davon zu erholen. Wir sind eindeutig keine Vorreiter-Gemeinde, eher eine Gemeinde aus der letzten Schlachtreihe."

In den ersten, sagen wir mal, drei Jahren, die Arnold dort Pastor war, nahm die Zahl der Gottesdienstbesucher zu – von 350 auf 500. Arnold sagt, das sei „wildes, deutliches Wachstum", wenn man bedenkt, dass die Bevölkerungszahlen in der Gegend noch immer rückläufig sind und die Menschen mit aller Entschiedenheit in die Großstadt ziehen. Abgesehen von anderen Denominationen gibt es noch zehn andere Presbyterianer-Gemeinden im Radius von etwa sechs bis sieben Kilometern. Und die Einwohner jedes Städtchens können sich nur mit Mühe vorstellen, zu einer Gemeinde im Nachbarstädtchen zu gehen, sei sie auch weniger als zwei Kilometer weit entfernt. Die meisten Orte und Städte in der Nachbarschaft sind nämlich von Flüssen umgeben und miteinander durch Brücken verbunden. Diese Brücken sind, nach Arnolds Ansicht, auch psychische Hindernisse, über die die Leute einfach nicht wegkommen.

Arnold erkannte, dass seine Gemeinde sich verschanzt hatte. Da er mit der örtlichen Kultur vertraut war, führte er die Veränderungen nur sehr langsam ein.

„Ich habe sie ausgetrickst und ihnen gar nichts darüber gesagt", scherzt er. Er konnte auf Arbeitszweigen aufbauen wie „Mütter von Vorschulkindern" und „Gemeindebibelkunde", eine intensive Studiengruppe, die in wöchentlichen Veranstaltungen 370 Menschen aus verschiedenen Gemeinden anzieht.

„Wir betonen den inhaltlichen Aspekt sehr stark, nicht die Beziehungen, aber ich hoffe, dass wir uns in den kommenden Jahren mehr zu einer Gruppe des Meta-Stils entwickeln", vertraut Arnold uns an. Er hat verschiedene Bücher über Kleingruppen-Arbeit geschrieben, darunter auch *The Big Book on Small Groups* und *Small Group Outreach*[1]. Er hat im Laufe der Zeit die bestehende Jugendarbeit mit 100 älteren Schülern, die kurz vor dem Abschluss standen, in eine Jugendarbeit auf Kleingruppen-Basis umgewandelt.

Während er langsam beginnt, eine Kleingruppen-Gemeinde aufzubauen, hat Arnold sich ganz entschieden daran gemacht, die Tatsache anzugehen, dass seine Gemeinde sehr zufrieden damit ist, wenn ihnen alles „serviert" wird.

„Ich habe hart daran gearbeitet, die Identität der Gemeinde zu ändern", berichtet er. „Ich versuche, eine Atmosphäre zu schaffen, die jedem deutlich macht: ‚Das kannst du auch selbst tun.' Ich möchte erreichen, dass die Menschen noch einmal über alles nachdenken, was sie bisher als selbstverständlich hingenommen und erwartet haben. Als ich hierher kam, war der Pastor der Einzige, der – nur als Beispiel – Krankenbesuche im Krankenhaus machte. Unsere Gemeinde hat 55 Mitglieder, die ihr Haus nicht mehr verlassen können. Das ist sehr viel. Wenn ich also Besuche mache, nehme ich andere Leute mit, und so lernen sie, wie man das macht. Dann ziehe ich mich aus diesem Dienstbereich zurück."

In der *First Presbyterian*-Gemeinde war es bis zu diesem Zeitpunkt üblich gewesen, dass einfach Leute bestimmt wurden, die in verschiedene Komitees zu gehen hatten. Arnold sagt, dabei habe man nicht darauf geachtet, ob jemand die passenden Gaben oder eine Leidenschaft für die bestimmten Dinge hatte.

„Bei meinem ersten Treffen mit dem ‚Komitee für christliche Erziehung' fragte ich die Leute, was ihnen an christlicher Erziehung gut gefalle und wichtig sei. ‚Gar nichts', antworteten sie mir. Als ich sie daraufhin fragte, warum sie dann in diesem Komitee säßen, antworteten sie, man habe ihnen mitgeteilt, in welchem Komitee sie zu sitzen hätten." Arnold erinnert sich: „Ich sah einen nach dem anderen an und sagte ihnen: ‚Sie sind aus diesem Komitee entlassen.' Danach fragte ich sie, welche Art von Dienst sie denn gerne in der Gemeinde täten. Zuerst wurden sie nervös, dann sagten sie Dinge wie: ‚Wo möchten Sie denn, dass wir dienen?' Ich entgegnete: ‚Bitte, bitte, suchen Sie nicht nach einer freien Stelle oder einem Schwachpunkt, den es zu verstärken gilt. Denken Sie über Ihre Berufung nach, Ihre Fähigkeiten und Leidenschaft. Ich glaube ganz fest an das Priestertum aller Gläubigen.'"

Diese Philosophie hat einen neuen Bereich für die Arbeit mit Kleingruppen erschlossen. Die Menschen, die gemeinsam einen Dienst versehen, haben sich zu Dienstgruppen zusammengeschlossen, und die Gemeinde hat es zur Voraussetzung für Mitgliedschaft gemacht, dass sich jeder in einem Dienst in der Gemeinde engagiert. „Wir lassen sie nicht dieser Gemeinde beitreten, wenn sie in dieser Gemeinde nichts zu tun haben", sagt er.

Trotz der einzigartigen Herausforderungen seiner Gemeinde sagt Arnold, er fühle sich genau an die Stelle berufen, an der er sei. „Meine Familie liebt das Leben hier", erklärt er. „Wir lieben die Leute, die hier leben. Wenn du den Umgang mit den Leuten magst, dann neigen sie dazu, im Gegenzug auch dich zu mögen."

Die Geschichte von Jeff Arnold sollte Ihnen Hoffnung, Einblick und Zuversicht schenken.

> Überall gibt es Menschen, die davon überzeugt sind, dass der Aufbau von Gemeinschaft all die Arbeit und jeden Einsatz wert ist, auch wenn sie sich sehr lange abmühen müssen.

Wegmarkierungen

Jede Phase auf dem Weg zu einer Kleingruppen-Gemeinde setzt Gebet und Vorbereitung voraus. Wenn Sie den Start erst einmal öffentlich angekündigt haben, wenn die Neuigkeit erst einmal heraus ist, dann beginnt das eigentliche Abenteuer. Wie gesagt, können wir Ihnen nicht vorhersagen, was genau sich bei Ihnen abspielen wird. Aber wir haben beobachtet, wie unsere Gemeinde die Kleingruppen-Bewegung aufnahm, und haben uns mit Gemeinden in ganz Nordamerika beraten. Dabei haben wir einige grundsätzliche Prinzipien entdeckt.

Sie werden eindeutige Trends beobachten, wenn Sie unterwegs sind zur Kleingruppen-Gemeinde. Die Prioritäten, die Sie anfangs ins Auge fassen, werden durch andere ersetzt werden, während Ihre Kleingruppen-Arbeit sich entwickelt. Zunächst werden Sie Ihr Augenmerk auf die Supervision der Leiter richten, werden zentrale Schulung anbieten und große Veranstaltungen planen müssen, die die Leute auf den Geschmack bringen. Im Laufe der Zeit können Sie sich aus der Supervision zurückziehen, weil Laienleiter ihre Ideen und Energie einbringen und langsam Verantwortung übernehmen. Die Schulung, bei der Sie anfangs alle Zügel in der Hand halten werden, kann in dezentrale Schulung verwandelt werden, weil die meisten Menschen von Mentoren lernen und alle aus den Erfahrungen, die dort ausgetauscht werden. Die Menschen werden anfangen, das Leben in der Kleingruppe zu akzeptieren, zu übernehmen und zu leben. Wenn es so weit ist, müssen Sie nicht mehr so häufig große Veranstaltungen auf die Beine stellen. Das wird Kraft sparen, die Sie in die eigentliche Kleingruppen-Arbeit stecken können.

Bei der Einführung der Kleingruppen werden Sie Ihren Schwerpunkt verschieben. Sie werden bemerken, dass Ihre Leiter in jeder Phase Selbstvertrauen gewinnen. Sie werden immer feinere Systeme brauchen, um Fortschritte nachzuvollziehen und einzelne Fragen zu bewerten, um immer mehr Leiter und Gruppen unterstützen zu können. Leiter ausfindig zu machen und einzubinden wird immer mehr Zeit in Anspruch nehmen. Wenn Sie Ihre ersten Kleingruppen ins Leben rufen, brauchen Sie die Gruppenleiter, die Sie bereits haben, oder Menschen mit Leitungserfahrung nur in die richtige Richtung zu stoßen. Aber wenn Ihre Kleingruppen-Arbeit voranschreitet, werden Sie merken, dass Sie sich etwas Neues ausdenken müssen, um dafür zu sorgen, dass auch die Altgedienten noch weiter geistlich wachsen. Und Sie werden immer weiter neue Leiter brauchen und für ihre Schulung und Ausbildung sorgen müssen.

Eines wird sich nie ändern: Sie werden immer viel Zeit dafür aufwenden müssen, um die Diskrepanz zwischen der Vorbereitung der Leiter auf ihre Aufgabe und der Nachfrage aus der Gemeinde auszugleichen. Es wäre wunderbar, wenn man jeden Leiter wirklich 18 Monate schulen und ausrüsten könnte, bevor er oder sie eine eigene, neue Kleingruppe übernimmt. In den meisten Gemeinden ist jedoch die Nachfrage nach neuen Gruppen so groß und der Bedarf an Hirten so überwältigend, dass man den Schulungsvorgang straffen und beschleunigen muss. Zugegeben, darin steckt ein Risiko.

> Aber das größere Risiko erscheint uns zu sein, wenn wir den Suchenden vor den Kopf stoßen, draußen vor der Tür lassen, und so viele Leute verlieren, die eigentlich für das Evangelium und die Gemeinschaft der Jünger Christi bereit und offen wären.

Die Leiter müssen daher lernen, selbst einzuschätzen, wie lange sie neue Leiter heranbilden müssen, bevor sie sie auf die „Leute loslassen" können. Erinnern Sie sich bitte an das Prinzip, das Carl George aufgestellt hat: Je mehr Supervision Sie den Leitern während ihres Dienstes anbieten, desto weniger Schulung ist im Vorfeld nötig.

Wenn Sie sich die Zeit nehmen, die Fähigkeiten und Fertigkeiten eines Leiters angemessen vorzuleben und die Dinge zu betonen, die ein Leiter charakterlich dringend braucht und entwickeln muss, dann können Sie Leiter in der Pilot- und Aufwärm-Phase ins Experimentieren und Lernen entlassen. So werden sie alle am besten vorbereitet sein, wenn es darum geht, die Kleingruppen-Arbeit tatsächlich ganz offiziell zu starten. Vergessen Sie bitte nie, dass in dieser Arbeit eine schnelle Vorgehensweise oft tödlich ist. Sie müssen unbedingt unmissverständlich leiten, deutlich Ihre Absichten verfolgen und Menschen vorwärts bringen. Und gleichzeitig ist es nicht ratsam, einfach so schnell wie möglich ein paar Gruppen zusammenzuwürfeln. So etwas würde zu schrecklichen Ergebnissen führen.

Wenn Sie sich jeder Phase des Weges zur Gemeinde aus Kleingruppen mit voller Aufmerksamkeit widmen, werden Sie viel besser auf alles vorbereitet sein. Wir sind zuversichtlich, dass Sie es schaffen. Genießen Sie den Weg dorthin.

Schlusswort

Wenn Sie sich darum bemühen, in Ihrer Gemeinde authentische Gemeinschaft zu schaffen, und dies durch Kleingruppen erreichen wollen, dann erfordert das einige Mühe. Aber dieses Ziel ist jedes bisschen Energie, das Sie hinein investieren können, wert. Liebevolle Gemeinschaft, wie wir sie uns wünschen, entspringt und wohnt im Herzen Gottes. Sie entspricht seinem Wesen und Geist, spiegelt sich im Leben und Dienst Jesu Christi wider und ist Teil der „Erbsubstanz" jedes Menschen. Daher sollte man sich alle Mühe geben, sie auch in die Struktur jeder Ortsgemeinde einzubauen. Aber sie kann nicht wie irgendein anderes Programm oder System eingeführt werden. Jesus hat sein Leben hingegeben, um reale Menschen zu retten und freizusetzen – nicht um ein Programm neu zu strukturieren.

Was auch immer in jeder kleinen Gemeinschaft stattfindet – in jeder Gruppe –, muss Menschen hervorbringen, die ganz hingegebene Jünger Christi und seines Auftrages sind. Daher müssen Kleingruppen hartnäckig darum ringen, liebevolle Beziehungen aufzubauen, müssen sich mutig in Diskussionen einmischen, bei denen die Wahrheit Gottes ins Alltagsleben leuchtet, und müssen geistliche Veränderungen hervorbringen. Und wenn die Sünde uns wieder einmal überrannt hat und sich im Fundament einer Gruppe Risse zeigen, ist gesundes Konfliktmanagement ein Muss, um Versöhnung herbeizuführen.

Weil diese Gemeinschaften zerbrechlich und komplex sind, brauchen wir Leiter, die in der Lage sind, die Mitglieder auf dem Pfad des Lebens zum Reich Gottes zu führen. Diese Leiter sollten ihre Herde hüten, wie König David dies getan hat – mit integrem Herzen und fähiger Hand (Psalm 78,72). Leiter erkennen, dass sie ein entscheidendes Bindeglied zwischen den Gemeindegliedern und den Mitarbeitern der Gemeinde sind. Ihnen ist die Verantwortung bewusst, und sie erleben die freudige Spannung, beim Dienst Christi dabei zu sein, indem sie helfen, Gemeinschaft aufzubauen, so wie er sich sie für uns wünscht.

Aber wenn wir diesen Hirten gerecht werden und ihnen helfen

wollen, ihre Berufung zu erfüllen und den Dienst auszuüben, den Gott ihnen anvertraut hat, müssen wir sie schulen, unterstützen und sie mit den besten Hilfsmitteln ausstatten, die es gibt. Begleitung durch Mentoren ist eine Notwendigkeit, kein Luxus, und die Fortbildung der Leiter liegt in der Verantwortung aller, nicht nur von ein paar Erlesenen. Wenn Gruppen blühen sollen, dann müssen sie gut geführt und die Mitglieder gut begleitet werden.

Schließlich müssen sich die Leiter in Ihrer Gemeinde den Herausforderungen stellen, mit denen man konfrontiert ist, wenn man versucht, die Gemeinde zu einer Gemeinschaft aus Kleingruppen umzuformen. Strategische Leitungsentscheidungen müssen gefällt und viele Fragen beantwortet werden. Ihre Gemeinde muss ihre Arbeit schonungslos im Licht der zur Verfügung stehenden Ressourcen betrachten und im Blick auf die örtlichen Gegebenheiten bewerten. Der Übergang zu einer Gemeinde aus Kleingruppen wird Einsatz, Zeit, Gebet und ganz viele Akte der Barmherzigkeit erfordern. Sie werden ganz zweifellos oft zum Reißbrett zurückkehren, allein oder – wie könnte es anders sein – im Team, in der Gruppe. Aber um der Leute willen, die ihnen anvertraut sind und künftig noch anvertraut werden, um dieser Leute willen geben Sie bitte nicht auf! Seien Sie beharrlich und bleiben Sie am Ball!

Wenn jemand in Chicago oder Umgebung leben möchte, dann muss er sich an die Straßenverhältnisse hier gewöhnen. Wir sagen oft: „Wir haben zwei Jahreszeiten – Winter und Straßenbau." Wenn Sie Sportfan sind und erleben wollen, wie die *White Sox* zum Sieg rennen, dann müssen Sie auf der Kennedy- oder Eisenhower-Schnellstraße fahren, um zum Stadion zu kommen, und im Sommer bedeutet das einen Aufenthalt durch Straßenreparaturen. Und wenn noch das gelegentlich liegen gebliebene Fahrzeug dazukommt oder ein Unfall, dann entwickelt sich alles zum Verkehrs-Alptraum. Es kann eine sehr lange Fahrt werden, wenn man das denn noch „Fahrt" nennen möchte, jedenfalls viel länger als geplant. Aber das ist alles vergeben und vergessen, wenn Sie ins Stadion kommen, mit Ihrem Zwölfjährigen an der Hand, wenn seine Augen wie die Kerzen am Weihnachtsbaum aufleuchten und wenn Sie beide das Spielfeld sehen, das Popcorn riechen, sich einen Hotdog schnappen und miterleben, wie ausgerechnet sein Lieblingsspieler die wichtigen Punkte macht. Sie sehen sich an und lächeln. Die Kennedy-Schnellstraße ist dann höchstens noch eine verschwommene Erinnerung.

Wenn Sie die Straßen auf dem Weg zum Aufbau einer Gemeinde aus Kleingruppen sicher durchfahren wollen, dann sollten Sie das mit neuen Reifen und Stoßdämpfern tun. Es ist keine glatte Fahrt, sondern sie führt über viele Schlaglöcher, und gelegentlich werden Sie liegen bleiben. Manchmal werden Sie auch einen Unfall haben oder miterleben; und es gibt an dieser Schnellstraße eigentlich dauernd Baustellen und ewig Staus. Aber die Belohnung, die Sie erwartet, wenn Sie das Ende der Schnellstraße erreicht haben, ist die Mühe wert – jedes „Durchstehen" eines Staus, jede Reparatur Ihres Vehikels, alle Geduld, die unterwegs nötig war.

Wir bei *Willow Creek* können uns heute einfach nicht mehr vorstellen, wie das wäre, wenn unsere Gemeinde keine Kleingruppen hätte – ohne den nicht enden wollenden Strom von Geschichten und Berichten über Lebensveränderung und geistliches Wachstum von Menschen, die sich im Namen Jesu versammeln, um einen der „Einander"-Befehle praktisch zu leben. Die Fahrt war schwierig, aber die Belohnung war die Mühe wert.

Und wie steht es mit Ihnen? Sind Sie bereit, sich auf die Reise zu begeben? Sind Sie willig, viel zu geben, einiges zu erdulden und doch treu am Ball zu bleiben?

Bill Hybels hat einmal vor einer Gruppe von Gemeindeleitern über das Thema „Kleingruppen" gesprochen und dabei die folgenden Anmerkungen gemacht, die uns als sehr angemessenes Ende unseres Buches erscheinen – wenn auch nicht unserer Geschichte, denn die geht in Ewigkeit weiter. Und sollten unsere Worte auf Ihrer Reise keine guten Begleiter gewesen sein, so hoffen wir, dass seine Worte Sie ansprechen: Vielleicht ziehen Sie doch noch einmal die Möglichkeit in Betracht, dass das Reich Gottes für Ihre Gemeinde schon hinter der nächsten Biegung beginnen könnte.

„Wenn Sie der Anblick eines Menschen, der früher niemals aus sich herausgegangen wäre, der noch nie seine Gefühle mitgeteilt und noch nie jemandem ein Geheimnis anvertraut hat, jetzt im Kreise mitfühlender Brüder und Schwestern sitzt und problemlos Liebe und Zuneigung gibt und entgegennimmt – wenn der Anblick eines solchen Menschen in einem solchen Kreis etwas tief in Ihnen zum Schwingen und Singen bringt, dann sollten Sie sich ernsthaft

*überlegen, ob Sie nicht doch den Rest Ihres Lebens darauf ver-
wenden wollen, an der Kleingruppen-Revolution teilzuhaben, die
Gott weltweit in seiner Kirche in Bewegung gesetzt hat.*

*Wenn der Gedanke, Sie könnten einen frisch gebackenen Christen,
der noch von so vielem keinen Schimmer hat, in eine fest gefügte
Gruppe langjähriger Christen bringen, wo er geliebt und genährt
würde, die ihm helfen würden, tiefe Wurzeln zu schlagen und sich
fest in der Erde seines neuen Glaubens zu verankern – wenn dieser Gedanke Sie mit Energie und Leidenschaft erfüllt, dann sollten Sie sich uns anschließen, die wir das Banner der christlichen
Gemeinschaft hochhalten und die Leute zum Miteinander in einer
Kleingruppe einladen.*

*Wenn die Vorstellung von sechs Leuten, die um ein Krankenhausbett
stehen, sich an den Händen halten und Lobpreislieder singen,
während ihr Azubi-Leiter, der sie zwei Jahre lang geführt hat, seinen Kampf gegen den Krebs verliert und vor ihren Augen stirbt
– wenn diese Vorstellung der Menschen um ein Krankenhausbett
Ihr Herz ergreift und höher schlagen lässt, dann sollten Sie Ihre
übrigen Pläne aufgeben.*

*Finden Sie heraus, wie Sie sich uns an der Front der Kleingruppen-
schlacht anschließen können, und werfen Sie sich in den Kampf.
Und am Ende Ihres Lebens genügt es doch, wenn Sie vor dem ver-
herrlichten Christus stehen und ihn sagen hören: ,Gut gemacht,
mein Sohn, gut gemacht, meine Tochter. Du hast dein Leben
für dieselbe Sache hingegeben wie ich – für Gemeinschaft. Gut
gemacht!' Wenn der Gedanke daran Ihrem Geist Flügel verleiht
und Ihre Seele weit hinauf ins Blaue fliegen lässt, dann sind Sie
dabei! Geben Sie die anderen Pläne auf! Am besten verabschie-
den Sie sich gleich jetzt von ihnen.*

*Schließen Sie sich der bunten Menge von Idealisten an, die immer
zu wenig Ressourcen haben und Beziehungs-Rebellen sind, die
immer noch glauben, vielleicht naiv genug sind zu glauben, dass
zwei besser sind als einer, dass eine Schnur aus drei Fäden niemand zerreißen kann, dass wir gemeinsam in der Gemeinde Jesu
Christi weit mehr schaffen als das Hundert- und Tausendfache
dessen, was ein Einzelner erreichen könnte. Wenn Sie sich darin
wiederfinden, dann geben Sie das Beste, was Sie geben können
– geben Sie die besten Tage vom Rest Ihres Lebens für diese
Kleingruppen-Revolution und den Kern der Sache, die Jesus
vor Augen hatte, als er sein letztes ausführliches Fürbitte-Gebet
sprach (Johannes 17) – dass seine Nachfolger alle EINS seien.*

*Werden Sie mitmachen? Werden Sie sich jetzt gleich dieser Sache
verschreiben?"*

Wir hoffen, dass Sie einschlagen – dass Sie das Beste geben werden,
was Sie haben, um dabei zu helfen, eine Gemeinde aufzubauen, in
der niemand allein dasteht. Jetzt nicht und niemals mehr.

Daten der Willow Creek-Kleingruppen im Überblick

Beachten Sie bitte: Unsere Struktur ist dem Meta-Gemeinde-Modell nachempfunden, wie es in Carl Georges Buch *Prepare Your Church for the Future* beschrieben wird.

Gruppengröße	ungefähr 4–10 Personen, durchschnittlich 8 (Gruppen, die über 10 hinauswachsen, „gebären" in der Regel zwei oder mehr Tochtergruppen)
Leitung der Gruppe	geschulte Laienleiter und ein Azubi-Leiter (Azubi-Leiter sind Menschen, die sich darauf vorbereiten, einmal eine eigene Gruppe zu leiten)
Häufigkeit der Treffen	einige monatlich, die meisten 2–3 Mal pro Monat, andere wöchentlich, vor allem die Dienstgruppen
Lehrplan	Leiter und Teilnehmer einigen sich auf Materialien (Beispiele: die Kleingruppenserien „Unterwegs mit Gott", „InterAktion" und „Glaube im Kreuzverhör")
Ort des Treffens	variiert, auch wenn die meisten sich in den Häusern treffen; die Teilnehmer entscheiden, wer der Gastgeber der Treffen ist; gelegentlich trifft man sich bei jedem Treffen bei einem anderen Gruppenmitglied
Lebensdauer der Gruppe	hängt ab von dem Ziel der Gruppe: viele Selbsthilfegruppen dauern 9 Wochen; Kindergruppen haben eine Lebensdauer von einem Schuljahr; Erwachsenengruppen haben eine Lebenserwartung von 3–5 Jahren, abhängig davon, ob und wie viele Tochtergruppen sie hervorbringen

Teilnehmer	die meisten Gruppen sind völlig offen (soll heißen, sie haben eine Kerngruppe, die Neuankömmlinge gerne willkommen heißt und den „leeren Stuhl" einsetzt, um Gäste einzuladen)
Kleingruppen-Typen	- bezogen auf Alter/Lebensphase (Ehepaare, Singles, Schüler, Kinder, Kleinkinder etc.) - aufgabenorientiert (Gruppen, die sich vorrangig treffen, um eine Aufgabe zu erledigen oder einen Freiwilligendienst zu leisten) - auf gleichen Interessen beruhend (Gruppen für Kirchendistanzierte sind auf Nichtgläubige ausgerichtet, die sich mit dem christlichen Glauben auseinander setzen können; andere Interessen) - zuwendungsorientiert (wie „Anonyme Alkoholiker", AAA, Trauergruppen, Scheidungsgruppen)
Übersicht über die Gruppen	alle Gruppenleiter haben einen Laien-Mentor, der bis zu fünf Gruppenleiter betreut; die Mentoren werden durch einen „Bereichsleiter" geleitet, der bis zu zehn Mentoren betreut
Statistik	2 700 Kleingruppen, ungefähr 18 000 Personen in Kleingruppen organisiert; etwa 3 500 Leiter und Mentoren

Unterschiedliche Arten von Kleingruppen in Willow Creek

Bei unserer Entwicklung zu einer Kleingruppen-Gemeinde ist ein breites Spektrum an Gruppen entstanden. Das ermöglicht es den Leuten, in jeder Phase ihres geistlichen Wachstums oder ihrer Entwicklung in eine Gruppe einzusteigen. Wir können diese Freiheit und Flexibilität erhalten, weil wir zwei entscheidende Verpflichtungen erwarten: eine Verpflichtung, in allen Bereichen der „fünf Gs" zu wachsen (die unser gemeinsamer Rahmen sind), und eine Verpflichtung, die gemeinsame Struktur zu wahren (die des auf unseren Kontext angepassten Meta-Modells, in der jeder Leiter als Hirten einen Mentor hat). Aus diesem Grund ist jede Gruppe herausgefordert, sich auf eine Art und Weise, die unserer Gemeindephilosophie und unserer Jüngerschaftsstrategie entspricht, um geistliches Wachstum zu bemühen – gleichgültig, was der primäre Fokus oder die Aufgabe einer spezifischen Gruppe ist.

Gemeinsamkeiten

Viele Gruppen in *Willow Creek* sind auf Grund der Erfahrung „gleich und gleich gesellt sich gern" um gleiche Interessen oder Aufgaben herum entstanden. In diesen Gruppen haben die Menschen etwas gemeinsam. Das soll nicht bedeuten, dass die Gruppen engstirnig sind oder Leute ausschließen, die dieses Merkmal nicht haben. Es soll den Mitgliedern einen zusätzlichen Antrieb geben, sich zu treffen: Jeder wird eine Gruppe finden können, mit deren Teilnehmern er bzw. sie etwas gemeinsam hat, weil wir Gruppen für jede Lebensphase und jedes Alter haben. Tatsächlich ist es ja so, dass wir selbst dann, wenn wir annehmen, wir hätten etwas mit anderen gemeinsam, bald entdecken, dass wir in vielem doch ganz anders sind als sie.

In *Willow Creek* gibt es vier unterschiedliche Haupt-Typen von Gruppen mit gleichen Interessen, Aufgaben etc.

Altersgruppen/Lebensphasen-Gruppen

Die meisten Gemeinden setzen diesen Rahmen in irgendeiner Weise für ihr Gruppennetzwerk ein, ob es sich nun um Bibelstunde, Gottesdienstformen oder Kleingruppen handelt. In diesen Bereich gehören Gruppen für Ehepaare, Singles, Schüler, Kinder, Männer, Frauen. Außerdem hat auch unsere „Axis"-Arbeit unter den jungen Leuten (Personen in den Zwanzigern) Kleingruppen-Struktur. Innerhalb dieser großen Gruppen gibt es noch speziellere Untergruppen, die auf genauer Übereinstimmung aufgebaut sind: In der Frauenarbeit gibt es Gruppen für Witwen, allein erziehende Mütter usw., bei den Männern welche für Geschäftsleute, für junge Männer, für Witwer. Dann gibt es die Gruppen für Jungverheiratete oder für ältere Ehepaare, die sich nach dem Auszug der Kinder darauf umstellen müssen, wieder zu zweit „allein" zu sein. Manche Gruppen umfassen ein breites Spektrum von Leuten (wie die Männer- oder Frauengruppen), andere bilden sich um spezielle gemeinsame Lebensphasen oder Lebensbedingungen herum (allein erziehende Mütter, Witwen etc.). Viele Erwachsenengruppen treffen sich abseits des Gemeindegeländes in Häusern, Restaurants, Büros oder Gemeinschaftszentren. Manche treffen sich in der Gemeinde, besonders solche, die vor allem unterrichtet werden (wie Frauen, die an unserem Frauen-Bibelunterricht teilnehmen, der unter der Woche stattfindet).

In unserer *Promiseland*-Arbeit mit den Kindern – unserem Kindergottesdienst und Kinder-Bibelunterricht – gibt es Kleingruppen für alle Altersgruppen von drei Jahren bis elf Jahren. Der Unterricht beinhaltet eine Phase, in der die Kinder Zeit in der Großgruppe verbringen, und eine für die Kleingruppen. In der Plenumszeit hören die Kinder eine biblische Geschichte und führen Aktivitäten miteinander durch. In der Kleingruppenzeit können sie sich über das Gehörte austauschen, Fragen stellen, eventuell aufgestaute Emotionen loswerden – alles unter der Leitung eines Erwachsenen. Wir finden es aufregend und spannend, Kinder in Gruppen heranwachsen zu sehen, während ein Erwachsener sich darum bemüht, ihnen – neben den Eltern – ein guter Hirte zu sein.

Die Gruppe der älteren Schüler zerfällt bei uns in *Sonlight* und *Student Impact*[1]. Wir organisieren sie geografisch, nach Schuldistrikt, damit die Kinder auch unter der Woche nicht weit fahren oder gefahren werden müssen, wenn sie sich mit ihren Freunden aus der Gemeinde treffen wollen. Die meisten Gruppen treffen sich während der Jugendstunden, aber wenn die Kinder zu Jugendlichen werden, tendieren sie dazu, sich außerhalb der Gemeinde zu treffen.

Interessengruppen

Diese Gruppen sind um gemeinsame Interessen herum organisiert, wie Bibelstudium, Gebet, Fürbitte etc. In anderen Fällen besteht die Interessengleichheit in gemeinsamen Fähigkeiten oder betont berufliche Gegebenheiten, wie unsere *Computer Connection,* die schon mehrere Tochtergruppen gegründet hat, oder Gruppen von Menschen in medizinischen Berufen. In jedem Fall hat der Leiter eine Passion dafür, eine gewisse Gruppe von Leuten zu erreichen und sie an die Gemeinschaft anzubinden. Ein gemeinsames Interesse – Arbeit, Hobby, ein Wissensgebiet – ist nur ein Organisationsprinzip. Da die gleiche Leidenschaft in allen gesellschaftlichen Schichten vorhanden sein kann (wie die Begeisterung für Computer), ist in einer solchen Interessengruppe ein breites Spektrum an Altersgruppen oder Lebensumständen vertreten. Auch hier braucht jede Gruppe einen geschulten Leiter, der die Menschen zu geistlichem Wachstum anleitet und darauf achtet, dass sie in der gemeindlichen Gemeinschaft ihren Platz einnehmen.

Eine ganz besondere Interessengruppe ist die Gruppe für Kirchendistanzierte. Sie ist ein sicherer Ort, an dem man sich einbringen kann, wo Menschen ihre Fragen an die Christen und das Christentum loswerden können und wo sich offene Diskussionen über Glaubensfragen entspinnen können. Diese Gruppen müssen von einem standfesten, gläubigen Christen geleitet werden, weil sie darauf ausgerichtet sind, den Suchenden dabei zu helfen, die Wahrheit der Bibel zu erkennen, und gleichzeitig ein Gesprächsforum bereitzustellen, wo man streiten und verschiedener Ansicht bleiben kann. Die Teilnehmer können Antworten auf ihre geistlichen Fragen oder Probleme einfordern und gleichzeitig miterleben, wie das Leben anderer sich ändert, die zum Glauben an Jesus Christus kommen. Diese Gruppen haben in der Regel eine Lebenserwartung von einem halben bis einem ganzen Jahr.

Dienstgruppen

Wenn Mitglieder gemeinsam den Wunsch haben, anderen zu dienen, dann stellt das eine Gelegenheit dar, Gemeinschaft aufzubauen und gleichzeitig die Bedürfnisse der Menschen zu befriedigen. Solche Dienstgruppen sind um besondere Bedürfnisse und Nöte herum organisiert, wie Hilfe für die Armen und Dienste in unserer Innenstadt-Mission. In anderen Fällen kann der gemeinsame Dienst in einer Aufgabe bestehen, die in oder für unsere Gemeinde verrichtet wird – wie Platzanweisen, Parkplatzanweisen, Essen zubereiten und verteilen, Gebäude- und Parkpflege, aber auch etwas Einzigartiges wie unser Autoservice. Dieser besondere *Willow Creek*-Dienst hat allein im vergangenen Jahr Autos für über 100 allein Erziehende bereitgestellt. Zudem garantiert er lebenslangen Gratis-Service für diese Autos. Elf Kleingruppen von Automechanikern machen diesen Dienst von *Willow Creek* möglich. Über 1 000 Autos sind bisher von Gemeindegliedern gestiftet worden, von denen wir viele auch verkaufen, um Ersatzteile für andere Autos erwerben zu können. Gemeinsam eine besondere Aufgabe zu erledigen, lässt in den Beteiligten den Geist des Dienens entstehen und ermöglicht ihnen, eine Gemeinschaft aufzubauen, an der Gott Gefallen hat, während sie gleichzeitig Hand in Hand an derselben Aufgabe arbeiten.

Zuwendungsgruppen

Schließlich haben wir noch Gruppen, deren wichtigstes Ziel es ist, Menschen in einer Krise Zuwendung und Unterstützung zukommen zu lassen oder die Hilfe, die sie brauchen, um ein schädliches Verhaltensmuster zu überwinden – wie Süchte. Zu diesen Gruppen zählen auch Trauergruppen (nach dem Verlust eines geliebten Menschen) und Scheidungsgruppen (in denen die Menschen sich neu orientieren können). Zusätzlich sind da noch die „Pfadfinder" (eine Gruppe für Menschen mit chronischen Krankheiten), die Gebetsgruppen, die *Willow Creek*-Suppenküche, *Special Friends* (die Gruppen für Menschen mit Entwicklungsstörungen oder geistigen Behinderungen), *Heritage* (Gruppen, die Menschen im Altenpflegeheim beistehen) „Christen auf dem Weg der Besserung" (Gruppen für solche, die Abhängigkeit von Alkohol oder anderen chemischen Substanzen loswerden möchten) und *A Safe Place* (Gruppen für Menschen, die gegen die Neigung zum gleichen Geschlecht kämpfen). All diese Gruppen bieten eine verlässliche Gemeinschaft von Menschen und sehr vielen Gemeindegliedern einen Ort, an dem sie dienen können.

Häufig gestellte Fragen

Wie ist es möglich, dass Dienstgruppen „nebenbei" noch Gemeinschaft aufbauen?

Es ist eine große Aufgabe, aber wir haben uns ihr dennoch verschrieben. Manche Gruppen treffen sich nur kurz, bevor sie an die Arbeit gehen oder im Anschluss daran, um den Kontakt zu pflegen und zu beten. Sie bekommen den Großteil der Bibellehre bei oder nach unseren Hauptgottesdiensten in *Willow Creek*. Andere erledigen ihre Aufgaben in der einen Woche und treffen sich als Kleingruppe in der darauf folgenden Woche. Wieder andere schaffen es, sich 30 bis 45 Minuten zu treffen – während oder im Zusammenhang mit ihrem Dienst –, und nutzen sowohl die Gruppenzeit als auch die Aufgabe selbst, um Gemeinschaft zu bauen und zu pflegen.

Was tun eure Kleingruppen für Kinder?

In der Zeit, in der alle zusammen sind, werden ihnen die biblischen Inhalte kreativ vermittelt, zum Beispiel durch Theaterstücke oder unterhaltsame Aktivitäten. Wenn die Kinder in ihre Kleingruppen gehen (wo sie zwischen 20 und 45 Minuten verbringen), dann sehen sie sich diesen Bibelabschnitt näher an, lernen Bibelverse auswendig, beten füreinander und bauen ihre Beziehungen auf und aus – alles begleitet von einem langjährigen Christen, der sich um sie kümmert.

Betreiben all eure Kleingruppen Bibelstudium?

Formales Bibelstudium gibt es überwiegend in den Alters- oder Lebensphasen-Gruppen. Gruppen für Ehepaare, für Männer, Frauen und Singles neigen dazu, für ihre Treffen mehr Zeit anzusetzen. Daher können sie dem Bibelstudium auch mehr Zeit widmen. Interessengruppen verbringen auch einige Zeit mit Bibelstudium, dienen aber auch gelegentlich zusammen. Dienstgruppen studieren die Bibel ein wenig, aber das hängt ganz ab von der Art des Dienstes, der Energie, die er fordert, und der Zeit, die er übrig lässt. Zuwendungsgruppen treffen sich überwiegend zuerst in der großen Gruppe zur Bibellehre und gehen dann in die Kleingruppen, um alles zu besprechen, Gedanken auszutauschen und zu beten.

Nehmen alle Gruppen denselben Lehrstoff durch?

Wegen der Unterschiedlichkeit der Gruppen und ihrer Ziele wäre das äußerst schwierig, vielleicht sogar kontraproduktiv. Wir haben jedoch Zeiten im Laufe des Jahres, in denen wir unser Augenmerk in der Gesamtgemeinde auf einen bestimmten biblischen Gedanken legen – wie Evangelisation oder geistliche Übungen. Dann geben wir eine breite Empfehlung an die gesamte Gemeinde und den Kleingruppen die nötigen Materialien an die Hand. Viele nutzen das – normalerweise aber nicht die Gruppen für Abhängige und einige Dienstgruppen, die ja ihren Schwerpunkt an anderer Stelle haben.

Wir entwickeln auch ein Hilfsmittel, das die Diskussion in der Klein-gruppe begleiten und erleichtern soll und das sich immer auf die Bibellehre der Woche bezieht, die in der *New Community* („Neue Gemeinschaft") erteilt wird. So nennen wir unseren Gottesdienst in der Wochenmitte, während dessen wir die Sakramente austeilen, Bibellehre erteilen und ausführlich singen und Gott anbeten.

Anmerkungen

Einführung

1 Dietrich Bonhoeffer: *Life Together* („Gemeinsames Leben"), New York: Harper & Row, 1954, S. 21.

Kapitel 1

1 Gareth Icenogle: *Biblical Foundations* („Biblische Grundlagen"), Downers Grove: InterVarsity, 1994, S. 13.
2 Gilbert Bilezikian: „Gemeinschaft". Asslar: Projektion J, 1999.
3 DNS ist die Abkürzung für den chemischen Hauptbestandteil unserer Erbinformation, die Desoxyribonucleinsäure. Sie ist äußerst kompliziert gebaut und vernetzt. Einen fest definierten Abschnitt auf der DNS bezeichnet man als Gen.
4 John McCain: *Faith of My Fathers* („Woran meine Väter glaubten"), New York: Random House, 1999, S. 209.
5 Dallas Willard: *The Divine Conspiracy* („Die göttliche Verschwörung"), San Francisco: Harper San Francisco, 1998, S. 318.
6 Diese Formulierung haben diese Menschen selbst gebraucht.
7 Gilbert Bilezikian: „Gemeinschaft", a. a. O., S. 36.

Kapitel 3

1 Carl George: *Nine Keys to Effective Small Group Leadership* („Neun Schlüssel zu wirksamer Leiterschaft einer Kleingruppe"), Mansfield, Pa.: Kingdom, 1997, S. 196.
2 Viele Fachleute folgen der Zahl, die im Buch Numeri angegeben ist, wo von mehr als 600 000 Männer im Kampfes-Alter die Rede ist. So kommt man leicht zu einem geschätzten Minimum von insgesamt 2 Millionen Israeliten.

Kapitel 4

[1] Larry Crabb: *The Safest Place on Earth* („Der sicherste Ort der Welt"), Dallas: Word 1999, S. xiii.

[2] Henri Nouwen: *In the Name of Jesus* („Im Namen Jesu"), New York: Crossroad/Herder & Herder, 1993, S. 43.

[3] Parker Palmer: *To Know As We Are Known: Education As a Spiritual Journey* („Kennen, wie auch wir erkannt sind – Erziehung als geistliche Reise"), San Francisco: Harper San Francisco, 1993, S. 8.

[4] Julie Gorman: *Community That is Christian* („Wirklich christliche Gemeinschaft"), Colorado Springs: Chariot Victor, 1993, S. 98.

[5] *The Road Less Travelled* von M. Scott Peck ist ein klassischer Ratgeber, wie man Liebe, traditionelle Werte und geistliches Wachstum in Beziehungen erreichen und pflegen kann. Auf dieses Buch spielt Coleman hier zweifellos an.

[6] Christine Anderson: *Equipping the Saints* („Die Heiligen ausrüsten"), Nashville: Abington, 2000, S. 50.

[7] Parker Palmer: *To Know As We Are Known*, a. a. O., S. 8.

[8] Henri Nouwen: *The Living Reminder* („Lebendige Erinnerungsstücke"), San Francisco: Harper and Row, S. 13.

[9] Der erste Satz ist die Grundlage jedes Missionseinsatzes bei *Willow Creek*, der zweite unsere Missionsaussage. Beide Formulierungen muss jedes Mitglied der Gemeinde im Schlaf können.

[10] Henry Cloud: *Changes That Heal* („Heilsame Veränderungen"), Grand Rapids: Zondervan, 1993, S. 79-80.

[11] Gareth Icenogle: *Biblical Foundations*, a. a. O., S. 69.

Kapitel 5

[1] *Willow Creek*-„Familiengruppen" umfassen Singles, kinderlose Ehepaare, aber auch ganze Familien. Sie treffen sich ein bis zwei Mal pro Monat, oft drei oder vier Stunden lang, was ein Essen einschließt. Zusätzlich kommen sie auch zwischen den offiziellen Treffen noch zusammen.

[2] Wir stellen monatlich ein Tonband *Defining Moments* („Schlüsselerlebnisse") her, das an alle Gemeinden verschickt wird, die Mitglied der *Willow Creek Association* sind. Diese „Schlüsselerlebnisse" sind Höhepunkte im Leben einer Gemeinde, einer Gruppe oder eines Leiters. Sie führen dazu, dass Menschen sich

verändern und sich neu der Kraft und Gegenwart Gottes bewusst werden.

3 Henri Nouwen: *Making All Things New* („Wie alles neu wird"), San Francisco: Harper San Francisco, 1998, S. 82.
4 Margaret Guenther: *The Practice of Prayer* („Praktisch beten"), Boston: Cowley, 1998, S. 39.

Kapitel 6

1 David Augsburger: „Sag mir die Wahrheit, wenn du mich liebst", Wuppertal: R. Brockhaus, 2001², S. 8–9.
2 Mehr über solche Gruppenverträge auf den Seiten 98-103 in „Authentische Kleingruppen leiten" von Bill Donahue. Dort werden sie als „Kleingruppen-Verpflichtung" bezeichnet.
3 John Ortberg: „Das Leben, nach dem du dich sehnst". Asslar: Projektion J, 1998, S. 129.
4 Gordon MacDonald: „Sich verändern heißt leben". Wuppertal: R. Brockhaus, 2001, S. 56–57. Hervorhebung der Autoren.
5 Sinngemäß entnommen aus Ken Sande: *The Peacemaker's Workbook* („Arbeitsbuch eines Friedensstifters"). Wheaton: Tyndale.
6 Wenn Sie sich intensiver mit dem Vorgang der Vergebung beschäftigen möchten, dann empfehlen wir die Lektüre von Lewis B. Smedes: „Vergeben und Vergessen. Über die heilende Kraft der Vergebung". Francke 2001.

Kapitel 7

1 Henri Nouwen: *In The Name Of Jesus,* a. a. O., S. 42–43.
2 Parker Palmer: *The Active Life* („Aktiv leben"), San Francisco: Jossey-Bass, 1999, S. 31.
3 Henri Nouwen: *In The Name Of Jesus,* a. a. O., S. 40–41.
4 Diese Folgerung mag überraschend scheinen. Sie ist jedoch für die englischsprachigen Leser einleuchtend, weil sie für „Pastor" den Begriff „Minister", das lateinische Wort für „Diener", gebrauchen.
5 Gilbert Bilezikian: „Gemeinschaft", a. a. O.
6 Das Buch „Authentische Kleingruppen leiten" enthält auf S. 170 eine Version dieses Planes.
7 Henri Nouwen: *Life of the Beloved* („Das Leben des Geliebten"), New York: Crossroad/Herder & Herder, 1992, S. 90.

Kapitel 8

[1] Margaret Guenther: *The Practice of Prayer,* a. a. O., S. 7.
[2] Eine von den USA ausgehende christliche Bewegung, die den Männern ganz neu ihre biblische Rolle und Funktion erläutert und ihnen ihre Bedeutung als Ehemänner und Väter neu ins Bewusstsein ruft, wobei besonders auf das Eheversprechen hingewiesen wird.

Kapitel 9

[1] Bob Greene in der *Chicago Tribune* vom 17. Juni 1998. Er beschreibt hier die eindrucksvolle Arbeitsethik des großen Basketballstars Michael Jordan, die dieser beim Erlernen des Baseball-Spieles zeigte, das Jordan (nur) auf Kreisliga-Ebene spielte.
[2] Bill Donahue: „Authentische Kleingruppen leiten". A. a. O.

Kapitel 10

[1] Näheres dazu in Bill Donahue: „Authentische Kleingruppen leiten", a. a. O., S. 170–171.
[2] Bill Donahue: „Authentische Kleingruppen leiten", a. a. O. S. 161 ff.

Kapitel 11

[1] Im Englischen fangen alle diese Hauptworte mit „G" an, die Verben mit „t", daher heißen sie bei den *First Pres* die fünf „Gts". Um dies nachzuempfinden, hier das etwas ungewöhnliche Wort „Grässliches". Eigentlich steht hier im Original „Kummer", „Nöte".
[2] Gareth Icenogle: *Biblical Foundations of Small Group Ministry*, a. a. O.
[3] Die „Triadenmethode" wird in Ogdens Buch *Discipleship Essentials* („Wesentliche Bestandteile der Jüngerschaft"), Downers Grove: InterVarsity, 1998, beschrieben.
[4] Carl George: *The Coming Church Revolution* („Die kommende Revolution in der Gemeinde"), Grand Rapids: Revell 1994.

5 Steven Covey: „Die sieben Wege zur Effektivität". München: Heyne 2000.

6 Auf Deutsch entspräche das GNEBA – „Gib nur eine Bekanntmachung aus".

7 Carl George: *Prepare Your Church for the Future* („Bereiten Sie Ihre Gemeinde auf die Zukunft vor"), Grand Rapids: Revell. 1991.

8 Den englisch Lesenden seien die folgenden Bücher empfohlen: Alan Nelson/Gene Appel/Jim Mellado/Bill Hybels: *How to Change Your Church without Killing It* („Wie Sie Ihre Gemeinde verändern, ohne sie umzubringen"). Nelson: Word, 2001; Everett Rodgers: *Diffusion of Innovation* („Innovations-Verbreitung"). New York: The Free Press, 1962; John P. Kotter: *Leading Change* („Dem Wandel Bahn brechen"). Cambridge, Massachusetts: Harvard Business School, 1996.

Kapitel 12

1 Näheres dazu können Sie in unserem Buch „Authentische Kleingruppen leiten" nachlesen, a. a. O., S. 190 ff.

2 Jim Collins/Jerry Porras: *Built to Last* („Für die Ewigkeit gebaut") HarperBusiness 2002.

3 *Willow Creek Coaches' Handbook*

4 Greg Ogden: *New Reformation* („Neue Reformation"), Grand Rapids: Zondervan, 1992, S. 11–12.

5 Ein Formular des Hirtenplanes finden Sie in „Authentische Kleingruppen leiten", a. a. O., S. 170.

6 Sie erinnern sich noch? Wir haben einen Brief von Lyman Coleman auszugsweise in Kapitel 4 wiedergegeben und so seine Bereitschaft, sich zu öffnen, als vorbildlich vorgeführt.

7 Auf Deutsch etwa: „Die Gemeinde, die dich einbindet".

Kapitel 13

1 Auf Deutsch etwa: „Das große Buch über kleine Gruppen" und „Mission durch Kleingruppen".

Anhang

[1] *Sonlight* ist ein Wortspiel. Das Wort *sunlight* heißt „Sonnenlicht"; das Wort *Sonlight* gibt es eigentlich gar nicht im Englischen. Es klingt jedoch gleich und müsste mit „Sohnlicht" übersetzt werden, bedeutet also so viel wie „Licht durch Jesus". *Student Impact* ist doppeldeutig. Zum einen bedeutet es „Einfluss auf ältere Schüler", zum anderen „Einfluss, den ältere Schüler haben".